OS INDIANOS

COLEÇÃO POVOS & CIVILIZAÇÕES

COORDENAÇÃO JAIME PINSKY

OS ALEMÃES *Vinícius Liebel*
OS AMERICANOS *Antonio Pedro Tota*
OS ARGENTINOS *Ariel Palacios*
OS CANADENSES *João Fábio Bertonha*
OS CHINESES *Cláudia Trevisan*
OS COLOMBIANOS *Andrew Traumann*
OS ESCANDINAVOS *Paulo Guimarães*
OS ESPANHÓIS *Josep M. Buades*
OS FRANCESES *Ricardo Corrêa Coelho*
OS INDIANOS *Florência Costa*
OS INGLESES *Peter Burke* e *Maria Lúcia Pallares-Burke*
OS IRANIANOS *Samy Adghirni*
OS ITALIANOS *João Fábio Bertonha*
OS JAPONESES *Célia Sakurai*
OS LIBANESES *Murilo Meihy*
OS MEXICANOS *Sergio Florencio*
O MUNDO MUÇULMANO *Peter Demant*
OS PORTUGUESES *Ana Silvia Scott*
OS RUSSOS *Angelo Segrillo*

Proibida a reprodução total ou parcial em qualquer mídia sem a autorização escrita da editora.
Os infratores estão sujeitos às penas da lei.

A Editora não é responsável pelo conteúdo deste livro.
A Autora conhece os fatos narrados, pelos quais é responsável, assim como se responsabiliza pelos juízos emitidos.

Consulte nosso catálogo completo e últimos lançamentos em **www.editoracontexto.com.br**.

Florência Costa

OS INDIANOS

Copyright © 2012 da Autora

Todos os direitos desta edição reservados à
Editora Contexto (Editora Pinsky Ltda.)

Foto de capa
Florência Costa

Montagem de capa e diagramação
Gustavo S. Vilas Boas

Preparação de textos
Lilian Aquino

Revisão
Ana Paula Luccisano

Dados Internacionais de Catalogação na Publicação (CIP)
(Câmara Brasileira do Livro, SP, Brasil)

Costa, Florência
Os indianos / Florência Costa. – 1. ed., 5ª reimpressão. –
São Paulo : Contexto, 2025.

Bibliografia.
ISBN 978-85-7244-740-9

1. Cultura – Índia 2. Índia – Civilização 3. Índia – História
4. Índia - Usos e costumes I. Título

12-11393   CDD-954.03

Índice para catálogo sistemático:
1. Índia : História 954.03

2025

Editora Contexto
Diretor editorial: *Jaime Pinsky*

Rua Dr. José Elias, 520 – Alto da Lapa
05083-030 – São Paulo – SP
PABX: (11) 3832 5838
contato@editoracontexto.com.br
www.editoracontexto.com.br

À memória de meu pai, Bolívar, que me inspirou por toda a vida.
Para minha mãe, Sônia, meu maior exemplo de amor e inteligência.
A pessoa mais forte que eu conheço.

SUMÁRIO

INTRODUÇÃO	13
O CARMA DAS CASTAS	19
A pirâmide casteísta	19
Dalits poderosos	22
Pureza e poluição	28
O leque de humilhações	29
O deus dalit	34
Decepção com Gandhi	36
Fuga para os braços de Buda, de Jesus e de Alá	37
Castas baixas não aceitam carma ruim	39
Cotas de castas agitam a Índia	41
Irmã dos brâmanes, rainha dos dalits	42
CALDEIRÃO DOS DEUSES	47
Cow-ka-cola	48
Sadu com celular	50
Medo de fantasmas	56
Templos-vacas	58
Ganesha e Hanuman: os favoritos dos emergentes	62
Disneylândia hindu	64
O super-herói hindu e o terror açafrão	66
O mistério do desaparecimento do budismo	68
A não violência radical	72
Muçulmanos: a segunda maior religião	76
Madre Teresa e os cristãos na Índia	79

RESSURREIÇÃO DO *KAMA SUTRA* — 85

- Homossexualidade criminalizada — 90
- A paixão nos tempos do casamento arranjado — 91
- O paredão das tias casamenteiras — 95
- A nova fórmula do amor indiano — 101
- Depois do casamento, é hora de se apaixonar — 105
- A grande família — 106
- A nora de hoje é a sogra de amanhã — 107
- Teia familiar protetora — 108
- Morte em nome da honra da família — 111

AS FILHAS DO ORIENTE — 115

- Criar uma menina é regar o jardim do vizinho — 118
- Importação de mulheres — 121
- Queima de noivas — 122
- As viúvas de Vrindavam — 124
- A maldição do *Sati* — 126
- A Rainha Bandida e a gangue de rosa — 128
- A força feminina no século XXI — 133
- A Durga Indira e a nora poderosa — 135

HIPERMERCADO ESPIRITUAL — 141

- Carma capitalismo — 145
- O guru da tecnologia da informação — 147
- O guru que se dizia mágico — 148
- Gurus sexuais, mentiras e videoteipes — 150
- Babas-verdes — 151
- Astros poderosos — 152
- Os imperadores da ioga — 155
- A guerra de patentes da ioga e da aiurveda — 159

MITOLOGIA *VERSUS* HISTÓRIA — 165

- A guerra dos historiadores — 167
- Os mitos estão vivos — 169

O pacificador	174
A Índia sofisticada	177
A chegada dos muçulmanos	178
A era do Taj Mahal	179
O imperador viciado	183
O imperador apaixonado	183
E NASCE UMA NOVA ÍNDIA	**187**
A joia da Coroa	188
Indianos na cor, ingleses no gosto	189
A herança dos *sahibs* brancos	190
O parto da Índia	193
A luz que se apagou na vida dos indianos	196
Marajás varridos da nova Índia	198
Uma dinastia trágica	200
Rainha da Itália	203
Tudo em família	204
Povão vota em massa, classe média esnoba eleição	205
A barulhenta mídia indiana	209
Bakshish para o chazinho	210
A fronteira mais perigosa do mundo	212
Jihad caxemirense	217
Futebol como escape	219
Os guerreiros islâmicos da internet	221
Guerras e o terror do Exército dos Puros	224
Índia deixa de ser pária nuclear	226
Arapongas e espiões	228
***CURRY* CULTURAL: CINEMA, LITERATURA E ESPORTE**	**233**
A vida na tela	234
Quando o rico não é mais o vilão	237
Tabus bollywoodianos	238
A reinvenção de Bollywood	239
Idolatria	244

Tollywood, Mollywood e outras "wood"	245
Cinema-arte	246
Televisão: a febre dos *reality shows* e a rainha das novelas	247
Música *masala*, danças mitológicas e o "Picasso" indiano	248
Que língua é essa? A era do hinglish	253
Literatura em inglês	259
Literatura em outras línguas	263
Escritores *fast-food*	264

NAMASTÊ, ÍNDIA: COMIDA, VESTUÁRIO E MAIS COTIDIANO   267

O mito do *curry*	271
Laboratórios de especiarias	271
A cozinha no dia a dia	274
Minoria vegetariana	277
Boca doce	278
Para matar a sede	280
Choque cultural	283
Cor é vida, branco é morte	285
O conforto do *salwar kameez*	288

A GUERRA FRIA DE BUDA   293

Budas comunistas	299
Nova geração contra o pacifismo do Dalai	302
Os guerreiros de Buda	306
Chíndia: entre tapas e beijos	311
Quando Buda sorriu	314

ÍNDIA RICA E INDIANOS POBRES   317

Novos brâmanes atropelam Gandhi	318
Índia na Lua	320
Bangalorização dos empregos: a guerra fria entre Índia e EUA	323
A fuga de cérebros e o retorno de alguns deles	325
De dia falta água, de noite falta luz	326
Celulares sim, toaletes não	330

A favela-indústria: Dharavi	333
Famílias ossudas	336
A guerra dos números da pobreza	340
A Índia brilha para quem?	344
Curandeiro no papel de médico	345
A última grande sociedade rural do mundo	347
Maoistas no coração da Índia	351
O ENIGMA DO ELEFANTE	**361**
Limpadores de orelha e outras profissões peculiares	367
Operário em construção	373
O sonho da universidade	377
Gente, gente, gente	378
CRONOLOGIA	**383**
BIBLIOGRAFIA	**391**
ICONOGRAFIA	**395**
A AUTORA	**397**

INTRODUÇÃO

De encantadores de cobras a engenheiros de *software*, a Índia é vítima frequente dos estereótipos. As tentativas de enquadrar os indianos e seu país em uma moldura fixa, porém, dão frequentemente com os burros n'água. É perigoso generalizar sobre um país com mais de um bilhão de pessoas, divididas em milhares de castas, com sete religiões e mais de vinte línguas oficiais. Os indianos atropelam definições categóricas por um motivo que encanta alguns e assusta outros: para cada afirmação, o oposto também pode ser verdadeiro. Como se fosse um labirinto espelhado, as imagens são contrapostas com seus reflexos inversos. A Índia é espiritual e material. Pacífica e violenta. Rica e pobre. Antiga e moderna. Cultiva a democracia, mas mantém as castas. Criou o *Kama Sutra*, mas veta beijos nos filmes de Bollywood. Pode-se dizer que os indianos são vegetarianos e falam inglês. Mas também que não é bem assim. É possível afirmar que hindus e muçulmanos se dão bem, mas o oposto é válido também.

Então, como conhecer esse povo que fascina tanto o Ocidente (e que, por sinal, também tem um certo fascínio por ele)? Começamos com uma pitada de história. Os indianos absorveram todas as invasões que sofreram, mas mantiveram suas tradições. Dizem que nenhuma época eliminou a anterior. Assim, o nosso século seria o topo de um edifício com os séculos anteriores nos andares de baixo. Não foram destruídos. E nem poderiam, pois a noção de tempo da Índia tradicional é cíclica. Não tem começo, nem fim. Segue adiante continuamente. Ao descer de escada e ignorar o atalho confortável do elevador, você vai vivenciar um pouco cada um deles. Na memória indiana, o passado se confunde com o futuro. E isso é evidente até no vocabulário: a palavra *kal* em hindi quer dizer tanto *amanhã* quanto *ontem*.

Sua história é uma das mais antigas e fascinantes do mundo: há 5 mil anos surgia uma misteriosa e sofisticada civilização que exibia cidades planejadas sem precedentes na época e que dão inveja a muitas atuais. Mas, ao mesmo tempo, a Índia é um dos países mais jovens do planeta: apenas 65 anos de independência. Muitas de suas contradições são resultado do choque de sua antiguidade e de sua juventude. Por sinal, juventude é o que não falta por lá: há 600 milhões de pessoas com menos de 25 anos no país. A demografia parece estar a seu favor, enquanto a China envelhece a passos largos. Mas as caóticas cidades indianas, que já sofrem com apagões crônicos e falta de água, vão ter que se preparar para a chegada de mais e mais gente nos próximos anos.

A fama da Índia foi construída em cima de sua transformação econômica, a partir da década de 1990. A revolução da tecnologia da informação e dos *call centers* mudou sua imagem no exterior. Houve uma explosão empresarial e as multinacionais indianas começaram a fincar seus pés no primeiro mundo. O banco de investimentos Goldman Sachs – o mesmo que criou o termo BRICS (Brasil, Rússia, Índia, China e África do Sul) – projetou que a Índia será a terceira economia mundial em 2040. Os profissionais da computação se multiplicam na Nova Economia. Eles simbolizam o nascimento de uma Índia moderna que subiu no palco do mundo globalizado.

O crescimento tem chacoalhado o alicerce social e político do país. Os atritos nunca foram tão visíveis. A nova elite consumista atropela o ascetismo gandhiano. Começam a surgir cidades futurísticas e condomínios de luxo isolados da miséria. Mas explodem conflitos em torno de aquisição de terras de milhões de pequenos proprietários para construir a Nova Índia. A corrida desenfreada pelo enriquecimento criou um leque de máfias que atuam nas mais variadas áreas, como mineração, mercado imobiliário, terras e querosene. A "Índia Incrível" que chama atenção mundial apresenta indicadores sociais (ainda) deploráveis. Exemplo dessa convivência nem sempre pacífica: há mais celulares entre a população do que banheiro em suas casas.

Muitas eras ainda colidem umas com as outras. Basta sair alguns quilômetros das grandes cidades para se deparar com carros de boi e camelos no meio das ruas e mulheres carregando potes de barro com água na cabeça, enquanto se esforçam para cobrir os rostos com um véu, como fazem há milhares de anos. Quase dentro de Délhi, a 45 minutos das imponentes avenidas em torno do Parlamento indiano, é possível ver vilarejos que parecem ter saído dos livros medievais, com os mais velhos de turbantes coloridos nas cabeças, acocorados fumando seus narguilés. Os milenares *sadus* – homens santos do hinduísmo seminus – não sumiram de cena: são responsáveis pelo maior festival religioso do mundo, o Kumbh Mela, cada vez mais gigantesco. Mas eles se adaptaram aos novos tempos e perambulam pelo país de trem, munidos de celular e outras parafernálias eletrônicas. Já os *saperas*, que viviam de "encantar" serpentes com suas "flautas mágicas", não conseguiram acompanhar as mudanças e praticamente desapareceram.

Essa diversidade atrai. O que há de mais interessante para ver na Índia é de fato o seu povo: os mais variados tipos étnicos, que falam línguas diferentes, se vestem cada um a sua maneira e rezam para deuses distintos. E é gente que não acaba mais. Uma em cada seis pessoas dos sete bilhões de habitantes do planeta é indiana. E em duas décadas, eles vão ultrapassar o número de chineses. A multidão muitas vezes sufoca.

Cada metro é disputado por seres humanos e animais. A Índia caberia dentro da região Norte do Brasil, mas tem seis vezes a nossa população. Qualquer pequena porcentagem é um grande número na Índia. Por causa de sua imensa população, estudiosos fizeram previsões catastróficas de fragmentação política nos seus primeiros anos de independência. Eles baseavam-se na ideia de que seria impossível unir um povo tão diverso e ao mesmo tempo alimentar tantas bocas. A unidade indiana, porém, sobreviveu a vários testes: movimentos separatistas, guerrilha maoísta, ondas avassaladoras de fome, terrorismo islâmico e sangrentos conflitos comunais entre hindus e muçulmanos. A verdade é que os indianos têm uma habilidade única de lidar com a diversidade e o caos. Já houve quem descrevesse o país como uma "anarquia funcional".

E certamente o *jugaad* colabora com essa imagem. É o "jeitinho indiano". Literalmente, "tentar fazer algo funcionar". Assim como o "jeitinho brasileiro", o *jugaad* é tido pelos indianos como uma qualidade e ao mesmo tempo um defeito. É aclamado como uma prova do talento dos indianos em improvisar quando é necessário, como quando transformam uma máquina de lavar roupa em um gigantesco liquidificador de *lassi* – o milk-shake local feito de iogurte, açúcar e gelo. Para todos os problemas, os indianos acabam apelando para o *jugaad*. Mas o seu jeitinho também é acusado de ser a razão de tudo o que há de malfeito na Índia: do serviço do encanador não profissional ao asfalto vagabundo das estradas. Muitas coisas acabam ficando como estão: o *jugaad* já deu um jeitinho na situação, qualquer que seja ela.

E se conhecemos de perto o "jeitinho", temos mais dificuldade em entender as castas. Longe de acabar, o fenômeno foi reforçado com as cotas em empregos governamentais e em instituições de ensino. A família continua sendo a instituição mais importante, mas o conservadorismo comportamental dos últimos séculos começa a ser rasgado. A tentativa de ressuscitar a era do *Kama Sutra* – produto da deslumbrante Índia antiga, quando o sexo era visto como um direito a ser conquistado, assim como a riqueza – enfrenta reações contrárias. Os jovens abraçam o amor, malvisto pelos tradicionalistas, mas só se casam se tiverem a aprovação dos pais. A nova geração criou um tipo único de união: o "casamento arranjado por amor".

Ao contrário de outras democracias, os indianos adoram votar. O povão comparece em massa nas urnas, enquanto a classe média – irritada com a corrupção – costuma ficar em casa no dia da eleição. O país manteve até agora uma impressionante estabilidade política, com a transferência pacífica de poder, praticamente sem rupturas institucionais. No geral, os indianos se orgulham de sua liberdade, do seu Estado secular e de sua Constituição. A paz democrática é ameaçada de vez em quando por grupos radicais religiosos, que acendem a fogueira do comunalismo, um fantasma que assombra os indianos desde a sangrenta Partição, em 1947. Mas apesar de a Índia ter nascido em um parto doloroso, a sua independência foi um exemplo universal de luta pacífica liderada pela "grande alma" Mahatma Gandhi e pelo carismático Jawaharlal Nehru.

O país do pacifismo, porém, é uma potência nuclear, com mísseis de alcance médio e o terceiro maior exército do mundo. A Índia se orgulha de seu programa espacial que há quatro anos enviou uma missão não humana para investigar a superfície da Lua. Enquanto os indianos se preparam para futuras missões em Marte, batizam seus mísseis balísticos intercontinentais com nomes de antigos deuses védicos. Os épicos milenares, como o *Mahabárata*, sequestram a imaginação dos indianos até hoje: quando são mostrados na televisão, param o país. Não há Super-Homem que rivalize com Rama, o príncipe perfeito do Ramaiana. Os indianos amam a sua cultura e não deixam seus mitos morrerem.

A Índia geralmente causa um impacto intenso sobre os forasteiros, desde o primeiro de todos os viajantes: Megasthenes, embaixador grego no século IV a.C., contava em seu relato, *Indika*, ter encontrado um país gigantesco, com uma população imensa e uma sociedade governada por um sistema de castas, na qual a honra e a sabedoria eram os principais valores. Essas e outras descrições de estrangeiros que visitaram o país nos séculos seguintes alimentaram uma imagem de "Índia misteriosa" que fascinou o Ocidente por muito tempo. O escritor americano Mark Twain (1835-1910) — que viajou um ano pelo país — descrevia, deslumbrado, que vira uma "terra de sonhos e de romances, de fabulosa riqueza e pobreza, um lugar de centenas de línguas, de muitas religiões e milhões de deuses, mãe da história, avó da lenda e bisavó da tradição".

Costuma-se dizer na Índia que os estrangeiros experimentam um ciclo de fortes emoções enquanto vivem no país. A primeira fase é de tremendo entusiasmo: tudo na Índia parece maravilhoso. Na segunda, nem tudo é maravilhoso. Na terceira, tudo é abominável. Não necessariamente as fases acontecem nessa ordem. Nem branca, nem preta, a Índia é um leque de tons variados do cinza e só com bastante tempo se consegue enxergar suas nuances cromáticas. Durante os seis anos em que morei na Índia — desde 2006, quando desembarquei em Mumbai para ser correspondente do jornal *O Globo*, até 2012, quando já vivia em Nova Délhi — as três fases do ciclo se renovaram constantemente. E exatamente como a noção de tempo indiana, todas as Índias — desde a maravilhosa até a abominável — convivem umas com as outras sem se anularem.

* * *

Minha eterna gratidão a Rodolfo Fernandes, que comandava a redação de *O Globo* em 2006, quando eu parti do Brasil a caminho da Índia para ser correspondente do jornal. Rodolfo vai ser sempre um exemplo para nós, jornalistas. À querida amiga Cláudia Sarmento, que arquitetou minha ida para a Índia pelo *O Globo* e me deu apoio nos momentos mais difíceis. Meus agradecimentos a todos os meus colegas da redação de *O Globo*, especialmente à equipe da editoria O Mundo, dirigida por Sandra Cohen.

Agradeço a amizade de todos com quem cruzei e convivi nessa aventura indiana. Minha gratidão especial à Angélica Cavalheiro, pela ajuda, companhia e amizade em Mumbai. À Denise Nickel, pelo carinho nos momentos finais do livro, em Délhi.

O destino me fez entrar para uma família indiana no meio da minha jornada. Obrigada a ela, especialmente a meus sogros, Yatindra e Vinod, e também Vipin, Namrata, Ekta, Rohit, Sanjay, Sanchit e Sunny. Meus agradecimentos ao brilhante fotógrafo Anindya Chattophadya por ceder tão gentilmente algumas de suas melhores fotos. Obrigada especial a Jaime Pinsky e Luciana Pinsky, da Editora Contexto, por toda a sua paciência durante o processo de elaboração deste livro.

À toda a minha família brasileira, tios e primos, pela torcida constante. A meu irmão Valeriano, minha irmã Cordélia, e aos meus sobrinhos Gabriel, Isadora e Carol, fontes de inspiração. Aos primos-irmãos Miriam e Leandro que, do Brasil, sempre me injetaram ânimo, e da Suíça me resgataram para recarregar as baterias no meio da minha trajetória indiana. À Patrícia, minha irmã, que foi a primeira a tomar a corajosa decisão de desbravar a Índia. No primeiro ano vivemos juntas e dividimos as aventuras indianas. Eu não teria ido para a Índia se não fosse por ela.

Este livro nasceu pelo incentivo de Jorgemar Félix, o Jof, meu conselheiro de todas as horas. Foi ele que me colocou em contato com a Editora Contexto e me deu as mais preciosas dicas. Mesmo estando do outro lado do mundo, Jof sempre esteve perto durante os meus seis anos de Índia.

E finalmente a Shobhan Saxena, pelo seu amor infinito, inteligência e paciência de monge budista. Em todas as nossas viagens juntos pela Índia, ele foi muitas vezes meus olhos e meus ouvidos. Este livro nunca teria sido feito sem ele.

O CARMA DAS CASTAS

A PIRÂMIDE CASTEÍSTA

Durante uma viagem de trem entre Délhi, a capital indiana, e Amritsar, cidade no estado do Punjab, eu dividi o *coupé* de quatro camas com uma simpática família de agricultores. Curiosos como em geral são os indianos, eles começaram a conversar comigo, através do filho adolescente, o único que falava alguma coisa em inglês. "Qual o seu nome?", "De que país você vem?", "Você é casada?". Parecia um interrogatório. Em seguida, a avó do menino perguntou: "Qual é a sua casta?". Eu expliquei que eu não tinha casta. Foi um choque. "Como isso é possível? Todo mundo tem uma casta", disse a mulher. Na Índia, você pode mudar o seu nome, a sua religião e a sua nacionalidade. Mas não a sua casta. É algo que nasce com você e o segue até a sua morte. Não há escapatória.

A pirâmide da complexa hierarquia casteísta figura em textos milenares e segue uma receita básica: os homens não são iguais. Existe uma rígida escala determinada pelo nascimento da pessoa, e nada vai mudar isso, independentemente do seu sucesso social ou econômico na vida. Por tradição, as castas eram formadas por pessoas que, hereditariamente executavam o mesmo trabalho de seus antepassados, passando de pai para filho, e mantinham a identidade através do casamento dentro da mesma casta.

Os indianos passaram a usar a palavra *casta* (traduzido para o inglês como *caste*) por influência dos portugueses, que chegaram à Índia a partir do século XV. A tradicional pirâmide social hindu tem os brâmanes (religiosos e mestres) no topo, seguidos pelos xátrias (guerreiros, governantes e reis) e pelos vaixás (comerciantes). Essas são as três varnas (do sânscrito, "cor") da elite, que eram as categorias sociais que se ramificaram em milhares de castas, chamadas de *jati* em sânscrito. Em quarto lugar estão os shudras (trabalhadores braçais), as chamadas castas baixas. Pela tradição, eles teriam a obrigação de servir aos que estavam acima deles. Abaixo de todos estavam os "intocáveis", como eram chamados até 60 anos atrás: eles eram tão desprezados que não constavam do sistema de casta. Eram os marginalizados, chamados hoje de dalits (oprimidos), termo politicamente correto popularizado por escritores na década de 1970 para ressaltar a opressão histórica a que eram (e são) submetidos. O termo acabou substituindo a expressão *harijan* (filhos de Deus), criada por Mahatma Gandhi, rejeitada pelos dalits, que o consideravam paternalista. Os antigos textos hindus sustentavam o mito de que essas quatro castas teriam surgido de várias partes do deus Brahma, o criador do mundo. De sua cabeça, teriam saído os brâmanes. De seus braços, os xátrias. De suas coxas nasceram os vaixás. E de seus pés surgiram os shudras.

Mas a divisão da sociedade em quatro grupos já não é mais capaz de explicar a complexidade da Índia moderna. Como classificar, por exemplo, os profissionais da indústria de tecnologia da informação, um físico nuclear ou um engenheiro? Novas castas e subcastas surgem e outras desaparecem com o tempo. Hoje, as pessoas não necessariamente praticam mais as funções tradicionais. Há brâmanes faxineiros e dalits professores universitários ou empresários. Mas a herança casteísta ainda é clara: a maioria dos dalits é pobre, e o grosso da elite indiana é composto pelas castas altas.

Uma curiosidade que revela a profundidade do papel das castas na sociedade é que a maioria dos mais poderosos empresários indianos pertence a comunidades de mercadores. Apesar de os brâmanes estarem no topo da pirâmide casteísta, eles não dominam o clube dos gurus capitalistas. Entre os dez maiores bilionários indianos, oito são da comunidade dos bânias, subcasta dos vaixás. Nas camadas logo abaixo da dos bilionários – a dos milionários e ricos – o leque casteísta se ampliou nos últimos trinta anos, com mais empresários vindos das cada vez mais poderosas castas camponesas que ascenderam e migraram para a atividade industrial. Mas na corrida pelo ouro do século XXI, os brâmanes acharam o seu nicho: eles estão bem representados nas empresas que lidam com conhecimento, como as de tecnologia da informação.

A origem exata do sistema de castas continua um enigma. Teria surgido durante o período Védico, entre os anos 1500 a.C. e 600 a.C., quando foram produzidos os Vedas, textos religiosos, assunto do capítulo "Mitologia *versus* História". A codificação de castas começou realmente depois do chamado Manusriti (por volta do século IV d.C.), uma espécie de código de conduta. Nele havia conceitos sobre comida pura e impura, ritos de casamento e punições para quem desafiasse o que estava escrito. Os textos prescreviam diferentes punições para um mesmo crime, dependendo da casta de cada um. Um shudra que insultasse um brâmane poderia ser condenado à morte. Mas um brâmane que assassinasse um shudra era punido com uma multa equivalente a de ter matado um cachorro ou um gato.

A dominação brâmane teve altos e baixos. Sempre houve disputa de supremacia entre a orgulhosa elite religiosa brâmane e a poderosa nata dos militares e governantes

Mulher brâmane de Jodhpur, a "Cidade Azul" do Rajastão, apelidada assim pelas cores das casas dos brâmanes.

xátrias. No século VI a.C., dois príncipes xátrias criaram o jainismo e o budismo como contraposição ao sistema de castas pregado pelo bramanismo, como eram chamados os vários cultos hindus naquela época, assunto do capítulo "Caldeirão dos deuses". O príncipe Siddharta Gautama – o Buda – nunca aceitou o casteísmo pregado pelos sacerdotes brâmanes. Mas vários movimentos reformistas dentro do hinduísmo durante a história pregavam a igualdade entre as pessoas. O movimento Bhakti, por exemplo, na Idade Média, se rebelou contra as distinções de casta e descartou rituais brâmanicos.

A Constituição da Índia independente defendia princípios democráticos e seculares e tornou ilegal a discriminação baseada nas castas. Mas o sistema sobreviveu e acabou contribuindo para a construção de uma psique coletiva que enfatiza a lealdade dentro de subgrupos e a obsessão por hierarquias e *rankings*. Na esfera estritamente pessoal, o preconceito resiste mesmo entre a classe média urbana, principalmente na hora de casar. Mas as amizades são cada vez menos definidas por castas.

DALITS PODEROSOS

N. K. Chandan é um orgulhoso dono de uma fábrica de computadores e de uma imobiliária. No meio de infinitos campos verdes que se espalham por quilômetros nos subúrbios de Ghaziabad, a uma hora de carro da capital indiana, Chandan construiu um escritório moderno, com potentes aparelhos de ar-condicionado, mesas de vidros e confortáveis sofás de couro. Mesmo em um dia ensolarado e quente, Chandan veste terno e gravata e exibe lustrosos sapatos pretos de bico fino. Do lado de fora, seu atento motorista, sempre de olho no patrão, o espera dentro de um Pajero branco. Rodeado de quatro de seus empregados, todos brâmanes, à primeira vista, ele parece mais um empresário indiano que conseguiu navegar no sucesso econômico do país nos últimos anos. Chandan, no entanto, é um dalit. Ele faz parte de uma nata felizarda chamada pelos indianos de *dalits crorepatis* (dalits milionários). Recentemente, esses endinheirados e a classe média dalit começaram a despontar na mídia como exemplos de ascensão na Nova Índia.

"Para nós é uma questão de honra dar emprego para castas altas porque tradicionalmente nós somos os empregados e muitos deles pensam que nós, dalits, somos incompetentes para sermos empregadores", diz Chandan, que vive com a mulher e dois filhos em uma imensa casa em um bairro de classe média alta em Délhi. Na parede do escritório, fotos emolduradas de Bhim Rao Ambedkar, o "pai dos dalits", uma das figuras mais brilhantes da história da Índia, advogado e intelectual que foi ministro nos primeiros anos da independência e liderou os trabalhos da Constituição indiana. "Mais do que tudo, Ambedkar nos deu dignidade e razão para lutar pela igualdade, e é isso que estamos fazendo", diz. Chandan, 42 anos, filho de um pequeno funcionário público, lembra que ele e seus três irmãos nunca tinham comida suficiente e na escola aturavam humilhações de professores e colegas. A duras penas, ele conseguiu estudar Engenharia Elétrica em uma faculdade na capital indiana. "A atmosfera em Délhi era bem melhor do que no interior, mas mesmo assim eu sempre era lembrado da minha casta. Alguns dos meus colegas gozavam da minha cara dizendo que eu não precisava me preocupar com emprego depois da faculdade porque o governo me daria um de qualquer forma", conta, referindo-se às cotas no serviço público criadas na década de 1950. Ele decidiu provar que não precisava desses benefícios e se aventurou na iniciativa privada. "Ser um dalit e começar um negócio não é fácil na Índia porque você tem dificuldades de conseguir empréstimos de bancos. No momento em que você dá o seu sobrenome, as portas podem se fechar", contou. Ele começou a comprar computadores velhos e rejeitados na Europa. Sua equipe conserta cada um deles ao custo de US$ 100 cada e os revende. Por causa da explosão dos cybercafés na Índia, com tanta gente sem computador em casa, seu negócio floresceu e hoje ele emprega 50 pessoas. Agora que os negócios começaram a prosperar, ele começou a investir em terras e imóveis.

Muitos empresários dalits escondem a sua identidade de casta para evitar o estigma social e a perda dos negócios. O engenheiro Arun Khobragade é diretor-gerente da RAS Frozen Food, uma empresa que vende vegetais, frutas congeladas, polpa de manga e de tomate, e tem um movimento anual de US$ 600 mil. "Eu não identifico a minha casta quando faço negócios por causa do forte preconceito que ainda existe com relação a dividir refeições com dalits. A minha empresa vende comida. Tenho certeza de que se eu me identificar vou perder clientes. Isso aconteceu com muitos amigos meus", diz Khobragade, em uma conversa durante um jantar de empresários dalits no apartamento de um deles em Délhi.

Milind Kamble, presidente nacional da Câmara de Comércio e Indústria Dalit, lançada em dezembro de 2011 em Mumbai e que reúne mil empresários, explica que resolveu lançar a entidade justamente por isso. A ideia é ajudar os dalits que enfrentam problemas específicos como empreendedores. "Nós enfrentamos muito preconceito e falta de confiança na nossa capacidade. Temos mais dificuldades para obter empréstimos do que os outros, por exemplo. Um dos nossos principais objetivos é integrar os dalits à nova economia", conta. Filho de um professor primário, Kamble é formado em Engenharia e hoje preside a Fortune Construction Company, uma empresa de US$ 20 milhões e com centenas de funcionários. "Como a maioria dos estudantes dalits, eu também tive que ouvir ironias no dia em que chegava com roupa nova no colégio. Os colegas de casta alta perguntavam se eu tinha recebido o dinheiro da bolsa de estudo e me chamavam de genro do governo. Eu ficava muito magoado, mas não podia fazer nada. Meu pai era professor e não dependia da bolsa de estudo para comprar roupas para os seus filhos."

É comum ouvir de um indiano urbano de classe média que casta é coisa do passado, que ninguém mais presta atenção a isso. Antigamente, os chamados "intocáveis" viviam segregados da vida social hindu: eram proibidos de entrar em templos, obrigados a viver nos arredores dos vilarejos, distante dos outros de "castas superiores". Hoje, a situação mudou muito nas grandes metrópoles. Mas no interior do país – onde vive 70% da população – o preconceito ainda é muito forte. A praga das castas persegue os indianos há milhares de anos e resiste até hoje. A cultura cosmopolita falhou em abolir o casteísmo. Basta olhar os classificados matrimoniais dos jornais de domingo para perceber isso: os anúncios são divididos por castas e subcastas. O mesmo acontece com os sites matrimoniais. Notícias de agressões a dalits – muitas vezes reações negativas à ascensão social deles – são corriqueiras. Uma rápida espiada nos jornais é suficiente para verificar os ataques a que os dalits são submetidos: "Dalit tida como bruxa é obrigada a desfilar nua em Bihar"; "Sete dalits queimados vivos em briga de casta", "Cinco dalits linchados em Haryana"; e assim por diante.

Apesar de todos os problemas ainda enfrentados pelos dalits, muita coisa está mudando para eles na Nova Índia. O escritor e sociólogo Chandra Bhan Prasad é um dos intelectuais dalits mais conhecidos do país. Nascido na comunidade dos chamar, filho de pais analfabetos, Prasad frequentou a principal universidade da Índia, a Jawaharlal Nehru University (JNU), onde fez mestrado em Política Internacional. Ele é um bom exemplo dos que conseguiram ascender. Prasad rompeu o cerco e hoje é pesquisador visitante do Centro de Estudos Avançados da Índia, da Universidade da Pensilvânia (EUA), onde fez um estudo mostrando que a situação dos dalits melhorou após as reformas econômicas dos anos 1990. Ele constatou que os dalits se fortalecem economicamente, mudam de profissão e, com isso, começam a romper as amarras do sistema de castas. Autor do livro *Dalitphobia: Why do They Hate Us?*, publicado em 2006, Prasad me explicou que os dalits têm migrado para as cidades, onde se dedicam a várias profissões, como caminhoneiros, operários de fábricas, de construções, eletricistas, mecânicos. "Das cidades, eles mandam dinheiro para suas famílias no campo, e elas também começam a se libertar das amarras feudais dos senhores de terras", disse ele, que ainda lembra a forma como era obrigado a chamar os adultos de castas altas quando era menino: de *babu-sahab* (mestre). Hoje, os dalits, principalmente nas cidades, já se sentem à vontade para usar o termo comum de tratamento *bhaiya* (irmão), quando se referem a qualquer pessoa da mesma faixa etária, mesmo de castas altas. Com isso, o estilo de vida também tem mudado. Começam a consumir produtos como xampus, pasta de dente, comida processada, entre outros. Ou seja, são consumidores dentro desse *boom* da economia indiana. Há alguns anos, conta Prasad, os dalits não podiam vestir calças que cobrissem seus tornozelos e eram proibidos de colocar sapatos. "Eram obrigados

Há uma casta de lavadores e passadores de roupas. São os dhobis. Na foto, vê-se a imensa lavanderia a céu aberto de Mumbai chamada de Dhobighat.

a se vestir de forma que parecessem feios e inferiores", diz. Hoje, os dalits voltam das cidades para os vilarejos bem-vestidos, com sapatos e tênis. A violência que ainda acontece é resultado da reação à melhoria da situação econômica dos dalits, assegura Prasad. Ele compara isso com a reação dos brancos racistas americanos na década de 1960, durante o processo de ascensão dos negros. "As castas mais altas esperam que os dalits continuem com a mesma subserviência de antes e isso não acontece porque nas cidades os dalits se libertam do sentimento de submissão", explicou.

Ainda há vestígios de discriminação casteísta também nas cidades: a ascensão dos dalits é mais visível nas repartições públicas e nas instituições de ensino, onde foram beneficiados com as cotas. Mas em alguns setores eles ainda são praticamente inexistentes. "Não há dalits nas redações de jornais, nas propagandas de televisão, nos filmes de Bollywood, e poucos são empregados nas grandes corporações", diz Prasad. Um estudo do Centro para Estudos de Sociedades em Desenvolvimento, de Délhi, mostrou que não havia nem mesmo uma pessoa de casta baixa ou dalit entre 315 editores de jornais, revistas e canais de televisão na capital indiana: 90% deles são de castas altas, que não passam de 20% da população.[1]

Outro estudo, divulgado em 2007 por Carol Upadhya e A. R. Vasavi, do Instituto Nacional de Estudos Avançados de Bangalore, mostrou que a grande maioria da mão de obra da indústria de tecnologia da informação é composta por indianos de casta alta: dos 132 engenheiros de *softwares* entrevistados, 71% pertenciam às camadas privilegiadas, sendo que metade era formada por brâmanes. Há quem diga que esses profissionais já são uma espécie de subcasta, com os mesmos hábitos, rotinas, interesses e poder aquisitivo semelhante: nos classificados matrimoniais já há colunas dedicadas aos pretendentes da indústria de tecnologia da informação. Onde encontram oportunidades, os dalits aproveitam a chance e entram pelas portas que se abrem diante deles. Mas ao procurarem se livrar das funções a que foram tradicionalmente obrigados a cumprir, às vezes são alvos da ira dos que estavam acostumados a serem servidos.

Em 2009, por exemplo, a comunidade Ahirwar virou notícia nos jornais por ter se recusado a continuar a fazer o trabalho de coletar carcaças de animais e de arrancar suas peles para o uso comercial. Ramesh Ahirwar, um agricultor de 38 anos que vivia em Nander, vilarejo do estado de Madhya Pradesh, passou a ser ameaçado pelos vizinhos de casta altas, que chegaram a jogar carcaças de animais em frente de sua casa para lembrá-lo de sua "missão". Ramesh bateu o pé, recusou-se a remover e limpar a carcaça, como sempre fizeram seus antepassados, e denunciou a perseguição à polícia. Sua história foi levada a várias ONGs de defesa dos dalits, que enviaram um time ao local para apurar o que estava acontecendo. Descobriram que vários dalits estavam sendo boicotados, impedidos de trabalhar para um dos principais projetos sociais do governo contra a miséria. Há uma intensa discussão sobre se a discriminação por castas pode ser considerada oficialmente uma forma de racismo. O assunto foi travado em vários debates internacionais, como a Conferência Mundial do Racismo em Genebra, na Suíça, em 2009. O governo indiano conseguiu uma vitória ao impedir que uma resolução que equiparasse o casteísmo ao racismo fosse aprovada e a palavra *dalit* foi excluída do documento final, para decepção de entidades como a Human Rights Watch.

Ainda há muito caminho pela frente diante dos dalits: mais de um terço deles vive abaixo da linha da pobreza. As castas ainda são um divisor econômico na Índia. O economista Sukhadeo Thorat diz que, durante os vinte anos de crescimento econômico na Índia (décadas de 1990 e 2000), a pobreza em áreas urbanas declinou muito mais devagar entre os dalits e indígenas do que entre os demais. Em 2010, Thorat e a socióloga americana Katherine S. Newman, diretora do Instituto de Estudos Regionais e Internacionais da Universidade de Princeton, editaram um livro sobre discriminação econômica na Índia moderna: *Blocked By Caste: Economic Discrimination in Modern India*. Eles responderam por correspondência a anúncios de empregos em empresas privadas divulgados em jornais e descobriram que candidatos com sobrenome fictícios dalits ou muçulmanos tinham menos sucesso em serem chamados para entrevistas do que aqueles com sobrenomes de casta alta hindu.[2]

A Índia é uma das sociedades mais estratificadas do mundo. Nas faculdades de Ciências Humanas das universidades, casta é um dos tópicos obrigatórios do currículo: sem a sua compreensão, não é possível entender a sociedade indiana. O sobrenome de um indiano e seu estado de origem funciona como uma espécie de código casteísta: é através dessas informações que se identifica a sua casta. Mas perguntar a casta de alguém é uma enorme grosseria nas cidades, onde as pessoas tendem a ser politicamente corretas e tomam cuidado com esse assunto espinhoso.

Muitos indianos urbanos contam que cresceram sem a noção de casta, mas quando foram para o interior pela primeira vez sentiram a profundidade do problema. Já ouvi várias histórias de pessoas de casta alta que contam terem sido destratadas por habitantes também de castas altas do interior porque aceitaram um prato de comida ou uma xícara de chá na casa de uma família de casta baixa. Na Índia rural, é comum se perguntar, sem constrangimento, a casta da pessoa. Nos vilarejos do interior, as pessoas se conhecem e sabem a casta um do outro, daí a resistência em quebrar o preconceito nesses grotões. Nas grandes cidades, onde ninguém sabe quem é quem, essa identificação é impossível. Como saber, por exemplo, a casta do cozinheiro ou do garçom do restaurante que se frequenta?

PUREZA E POLUIÇÃO

Os princípios da "pureza" e da "poluição" são ensinados de geração a geração, explica o cientista político Kanch Ilaiah, um dos principais intelectuais dalits da Índia de hoje, autor do livro *Why I am not a Hindu*. Segundo ele, a distância entre os que fazem trabalhos manuais e os indivíduos de castas mais altas é demarcada desde cedo através da construção de uma imagem negativa de rejeição aos dalits. Tradicionalmente, há um desprezo pelo trabalho manual, como varrer o chão, pintar a casa, lavar louça e, sobretudo, limpar toaletes. O que fundamenta a chamada "intocabilidade" são justamente os conceitos de "pureza" e de "poluição". Uma casta é classificada como "alta" se o seu modo de vida é julgado "puro" e "baixa" se a sua atividade for considerada "poluente". Um brâmane seria o mais "puro", por essa crença. Mas mesmo entre as várias castas e subcastas brâmanes, há gradações de "pureza". Ocupações que coloquem a pessoa em contato com a morte ou com substâncias do corpo seriam as mais "poluentes": os varredores, os lavadores, os barbeiros, os trabalhadores que mexem com carcaças de animais ou com couro, como os sapateiros. Assim, os "intocáveis" seriam os mais "poluídos", e mesmo entre eles há gradações de "impureza". A posição no *ranking* entre esses dois extremos costuma ser altamente disputada. Um dos mais

Em toda a Índia os sapateiros oferecem seus serviços nas calçadas. Eles são da comunidade dalit chamar, que trabalha tradicionalmente com couro de animais.

numerosos grupos dalits é o dos chamar: os que trabalham com couro de animal. Hoje é uma das comunidades mais ativas politicamente na Índia, com representantes no primeiro escalão do governo.

A hierarquia do sistema de castas é tão entranhada na cultura comportamental que provoca um efeito dominó: o preconceito casteísta não é colocado em prática apenas pelas pessoas de castas altas. Mesmo os que estão na base da pirâmide casteísta encontram outras "castas inferiores" para se impor como superiores. A disputa econômica, social e política entre os que estão abaixo das castas altas é ferrenha. Hoje em dia, por exemplo, boa parte da violência contra os dalits é cometida não pelas castas altas, mas pelas intermediárias – geralmente formadas por pequenos donos de terras.

Entre os próprios dalits há o fenômeno dos mais "intocáveis" entre os "intocáveis". Os chamados doms, uma comunidade que trabalha cremando corpos na beira dos rios, como o Ganges, são alguns dos mais desprezados. Os catadores de lixo e limpadores de latrinas de casas de família se acham superiores aos que fazem o mesmo serviço em banheiros públicos. Eles removem fezes humanas de latrinas secas, sem sistema hidráulico, ainda muito comum no interior do país, apesar de esse tipo de sanitário ser proibido desde 1993. Diariamente eles vão de latrina em latrina nas pequenas cidades retirando os excrementos, colocados em uma cesta de palha, levada sobre suas cabeças.

O brâmane Bindeshwar Pathak ficou famoso na Índia ao dedicar sua vida para ajudar os limpadores de latrinas secas, que somariam hoje cerca de 500 mil pessoas no país todo. Um dos chamados gandhians – seguidores das ideias de Mahatma Gandhi –, Pathak fundou em 1970 a ONG Sulabh, hoje muito famosa: ela faz campanha pela substituição de toaletes secos pelos modernos, com descarga, e oferece treinamentos profissionais para que esses trabalhadores possam mudar de vida. Vários episódios na vida de Pathak o fizeram seguir esse caminho. Quando criança, ele tocou em um "intocável" e acabou forçado a engolir urina e fezes de vaca, além de água do rio Ganges, considerado sagrado, "para se purificar", como era parte do costume. Uma cena que o marcou para sempre foi ver um garoto ser atacado por um touro. As pessoas correram para socorrê-lo, mas alguém gritou que o menino era um "intocável", e elas desistiram de salvá-lo.

O LEQUE DE HUMILHAÇÕES

Na favela de Ghatkopar, em Mumbai, a médica Swati Vasant Ughade dá cursos de meditação budista para mulheres dalits. Como ela, todas se converteram do hinduísmo para o budismo, para fugir do preconceito das castas. Swati, uma chamar, adotou o nome budista Amitamati, que significa "consciência infinita". Ela reuniu um grupo de vinte mulheres para uma entrevista que eu fiz para o jornal *O Globo* em novembro de 2006. Elas contaram as tristes histórias da condição de "intocabilidade" que oprimiram seus familiares e antepassados. Mas todas disseram que vivem melhor do que seus pais. Kamal Wagchaure, 60 anos, foi a primeira a relatar sua trajetória: ela ajudava os pais, agricultores, em terras de famílias de "castas altas", em Nashik, vilarejo no estado de Maharashtra. "A gente não podia falar com os outros de casta alta, nem comer junto com eles, ou beber água da fonte deles, para não contaminá-los. Eles jogavam a comida para a gente de longe. Não queriam chegar perto. Fico feliz de ver que hoje aqui na cidade a gente não é mais tratada assim e que os nossos filhos não vão sofrer como a gente ou nossas mães sofreram por ser intocáveis", disse Kamal, cuja neta havia acabado de entrar para uma faculdade de computação. Mas ela lembrou que ainda sobraram outras formas de preconceito nas cidades. "A professora deu nota mais baixa para a minha neta, apesar de ela ter acertado tudo na prova. Mas a menina exigiu que a professora, de uma casta alta, mostrasse o erro. A professora voltou atrás", contou orgulhosa.

Vestida com um sari (longa peça de pano que envolve e cobre todo o corpo das indianas) lilás e branco, combinando com as pulseiras coloridas nos dois braços, como é a tradição indiana, Manisha Shardul, 62 anos, lembra que no tempo dos seus pais, às vezes os "intocáveis" eram obrigados a colocar uma vassoura nas costas: "A vassoura era para varrer o local por onde passassem, de forma que apagassem suas marcas de pés na terra onde as pessoas de casta alta pisariam." Essa era uma forma de opressão muito comum no interior antigamente. Outras normas impostas aos antigos "intocáveis" eram a de manter distância das pessoas de "casta alta" para evitar "contaminá-las" com suas sombras. Manisha foi faxineira, 30 anos atrás, numa casa onde ela era impedida de usar o mesmo copo e prato dos patrões, de casta alta. "A gente era vista como impura. Não podíamos tocar nas coisas das pessoas de casta alta porque senão elas diziam que ficariam impuras também", lembra. Hoje, ela ainda é faxineira, mas não enfrenta preconceito na empresa de informática onde trabalha.

Com um filhinho de 1 ano no colo, a mais nova das mulheres ali presentes demonstrava certa irritação em meio aos relatos de humilhações do passado. Chegou a sua vez de falar. Gayatri, de 25 anos, protestou porque as mais velhas destacavam os aspectos negativos de seu país diante de uma estrangeira: "Não é mais assim, não sei por que estamos lembrando dessas histórias antigas. Os dalits hoje estão muito melhor do que antes." Mas a professora Swati – chefe de uma seção de um hospital de Mumbai – lembrou que ela própria ainda é alvo de preconceitos. Ela sofre resistência de seus subordinados de casta alta. "Muita gente de casta alta não aceita ver os dalits ascendendo. E se recusam a receber ordens da gente", conta. No final de um encontro de quase quatro horas, as "ex-intocáveis", cada uma com uma rosa vermelha na mão, se preparavam para me cumprimentar com o tradicional *namastê*, colocando as palmas juntas e inclinando o torso. Quando me viram abraçar e dar dois beijinhos na professora de meditação budista, elas formaram fila. Cada uma delas me deu um abraço.

Nas metrópoles não há mais espaço para aquelas opressões que chegam às raias do absurdo. Indianos de casta alta se engajam em movimentos que lutam contra o casteísmo: já vi muitos deles ironizando suas próprias castas por nutrirem esses preconceitos irracionais em pleno século XXI. Mas o leque de humilhações a que os dalits ainda são submetidos no interior é extenso. Até hoje, por exemplo, muitos deles costumam ter problemas para dividir as fontes de água pública com as castas altas. Em vários casos, os governos locais constroem tanques de água separados para eles: é a única forma de acabar com os conflitos. A entrada de dalits nos templos hindus é outro tabu resistente nos grotões. De vez em quando acontecem cerimônias de "purificação" dos templos

Mulheres dalits budistas da favela do bairro de Ghatkopar, em Mumbai.

após a entrada de um dalit. A "limpeza" de um famoso templo dedicado ao deus Shiva, após a visita de uma fiel dalit, virou caso de polícia em janeiro de 2008, no estado de Odisha. O episódio ganhou publicidade porque ela era integrante do primeiro escalão do governo daquele estado. Assim que a dalit deixou o local, os sacerdotes brâmanes fecharam as portas do templo, jogaram fora todas as oferendas dadas por ela, mudaram as vestes dos ídolos que ela tocou e lavaram o chão que ela pisou.

Em fevereiro de 2009, um grupo de dalits foi impedido de participar de um evento religioso no templo de Hanuman – o deus hindu representado pela imagem de um macaco, como veremos no próximo capítulo. Os sacerdotes do templo de Bhilwara, um vilarejo no Rajastão, impuseram uma condição para permitir a entrada dos dalits no templo: a de que eles bebessem urina e comessem fezes de vaca. Era uma espécie de ritual de "purificação" com os excrementos do animal sagrado.

Outra forma de discriminação na Índia rural acontece na mesa: muitos não comem e não bebem junto com dalits. Também não aceitam comida preparada por eles. Não raro estudantes de escolas governamentais se recusam a comer a merenda escolar preparada por cozinheiras dalits. Muitas crianças continuam sendo humilhadas nas salas de aula. São frequentes as denúncias de que elas são obrigadas a limpar os toaletes das escolas, de que são forçadas a sentar nas cadeiras do fundo das salas e de que os professores não corrigem os seus deveres de casa porque se recusam a tocar em seus cadernos. O jornal *Hindustan Times* publicou em 2009 a reportagem "Apartheid escondido da Índia", baseada em uma pesquisa feita pela ONG Jansahas, com o apoio da Unicef. A notícia ganhou repercussão por ter sido publicada em meio às eleições gerais para o Parlamento: alunos dalits de várias escolas do estado de Madhya Pradesh eram obrigados a comer longe dos colegas de castas altas. As crianças dalits entravam em filas diferentes na hora de receber a merenda e no lugar dos pratos de alumínio dados aos demais alunos, elas recebiam folhas de bananeira, sobre as quais era colocada a comida. Uma consequência desse tipo de discriminação é a desistência dos dalits de mandarem seus filhos para as escolas ou a própria recusa das crianças em continuar frequentando um ambiente tão hostil.

O mesmo levantamento evidenciou também preconceitos contra mulheres nos centros de saúde governamentais: médicos de castas altas se recusavam ou cobravam propinas para tocar nas pacientes dalits. Em outubro de 2009, a ONG Avsarjan Trust, que trabalha pelos direitos dos dalits, organizou uma manifestação de crianças da comunidade dos balmikis. Essas crianças eram obrigadas a tirar das ruas corpos de pequenos animais mortos, como gatos e cachorros. O palco do protesto foi o *ashram* (retiro espiritual) Sabarmati, no estado do Gujarat, onde viveu Mahatma Gandhi, símbolo da luta contra a intocabilidade.

Há, ainda, "muros casteístas" que separam as comunidades. Um vilarejo do distrito de Madurai, no estado de Tamil Nadu, ganhou fama negativa em outubro de 2008 quando a Frente pela Erradicação da Intocabilidade, uma organização que reúne 150 entidades de defesa dos dalits, denunciou a existência de um muro casteísta, que acabou demolido. Essa entidade documentou várias manifestações de intocabilidade praticadas em 2 mil vilarejos daquele estado. O estudo mostrou 80 tipos de práticas de intocabilidade e de atrocidades cometidas contra dalits.[3] A lista incluía a proibição de dalits de falar no celular na presença de pessoas de casta alta, proibição de usar sapatos, de ter cachorro macho (para não copular com cadelas dos bairros dos moradores de casta alta), de morar fora de seus guetos, de usar o mesmo crematório e de frequentar os templos usados pelos devotos de casta alta. Isso tudo apesar de, desde 1989, o país ter uma lei contra essas discriminações: o "Ato de Prevenção de Atrocidades".

Um dos massacres de dalits que mais chocou o país aconteceu em 2006: uma família de quatro pessoas, mãe e três filhos, foi trucidada por seis indianos de casta alta em Khairlanji, vilarejo do estado de Maharashtra. Só sobrou o marido, que escapou do massacre porque se escondeu atrás de uma árvore: ele se tornou uma espécie de símbolo da opressão que ainda resiste ao tempo. O motivo do crime foi disputa de terras, mas a mídia indiana bateu na tecla de que a barbárie dificilmente aconteceria se a família dalit ocupasse uma posição mais alta na pirâmide casteísta. Em 2009, a Justiça finalmente decretou pena de morte para os seis assassinos e prisão perpétua para outros dois envolvidos.

No dia 21 de abril de 2010, um grupo de 300 homens e mulheres invadiu a comunidade dos balmikis no vilarejo Mirchpur, no estado de Haryana, Norte da Índia. Incendiaram e saquearam as casas mais prósperas. Os balmikis tradicionalmente limpam latrinas. No total, 20 casas balmikis foram incendiadas pelo grupo dos jats, uma comunidade agrária que se acredita superior aos dalits. Suman, uma menina paraplégica de 17 anos, e seu pai, Tara Chand, 70 anos, não conseguiram escapar a tempo. Foram carbonizados dentro de suas casas. Tudo começou quando a cadela Ruby, de uma família dalit, latiu para um jovem jat, que reagiu jogando uma pedra no animal. Os donos reclamaram e esse foi o pretexto para a violência. Antes de serem incendiadas, as casas dos balmikis mais prósperos – os que já tinham pequenos negócios – foram saqueadas, como a de Phoolkali Devi e seu marido Chander Singh: eles perderam as joias no valor de U$ 500 e os US$ 1.000 que tinham guardado para o casamento de sua filha.

Mas hoje há uma diferença com relação ao passado, quando ocorrem esses crimes bárbaros: os dalits não se escondem mais e não desistem até que a justiça seja feita.

O DEUS DALIT

Mahatma Gandhi lutou durante a vida toda contra o fenômeno da intocabilidade. Mas foi outra figura histórica que ganhou o coração dos dalits indianos: Bhim Rao Ambedkar (1891-1956), o maior líder da história, tratado como se fosse um verdadeiro deus dalit. Sua imagem – em pinturas, fotos ou estátuas, geralmente cobertas por flores e velas – é muito mais comum de ser vista por toda a Índia do que a de Mahatma Gandhi. Para um visitante estrangeiro que nunca ouviu falar de Ambedkar, é um mistério as muitas imagens desse homem de terno e gravata, com os cabelos penteados para traz e ajeitados com brilhantina e óculos de aro redondo.

Ambedkar era um mahar, uma importante comunidade dalit: eles podiam ser porteiros, auxiliares de polícia, removedores de carcaças de gado e soldados do Exército. Antigamente, por serem considerados "impuros" nos vilarejos do interior, os chefes de família mahars carregavam sempre um bastão com sinos pendurados nas pontas. Dessa forma, os outros poderiam se afastar deles quando ouviam o barulho.[4] Ambedkar sentia a discriminação desde criança: ele nunca esqueceu episódios como a recusa de barbeiros de cortar o seu cabelo ou a sua expulsão de um carro de boi quando a pessoa que o dirigia descobriu que ele era "intocável".

Com o apoio financeiro de marajás – os então nobres indianos –, Ambedkar foi o primeiro dalit a estudar no exterior. Nos Estados Unidos, ele completou o mestrado em Economia pela Universidade de Colúmbia, com uma tese sobre o comércio na Índia da Antiguidade. Ambedkar foi o primeiro "intocável" a conseguir um doutorado na história indiana, defendendo a tese *A evolução das finanças provinciais na Índia britânica*, na mesma universidade americana. Na Inglaterra, ele estudou na London School of Economics, onde defendeu outra tese: *O problema da rupia*. Quando ele voltou para a Índia, tentou se estabelecer como advogado em Bombaim – como era chamada a cidade de Mumbai naquela época –, mas foi difícil atrair clientes: mesmo tão estudado, ele continuava um "intocável". Ambedkar passou, então, a liderar manifestações pela permissão de uso dos tanques públicos de água pelos dalits.

Brilhante acadêmico e um carismático ativista, foi um dos maiores personagens de toda a história indiana. Ministro da Justiça, Ambedkar foi alcunhado de "pai da Constituição", que, em 1950, proibiu finalmente a intocabilidade e inaugurou a política de ação afirmativa no mundo, com a concessão de cotas para dalits e indígenas no serviço estatal e nas instituições de ensino. "Ambedkar foi o primeiro líder intocável de toda a Índia. Por sua capacidade, ele é quase um enigma: como ele conseguiu se arrastar para longe do atraso social, adquirir tal estatura e se transformar em um genuíno homem de Estado?", observa o sociólogo francês Christophe Jaffrelot, especializado em Índia,

"Você não tem terra porque outros a usurparam. Você não tem cargos porque outros os monopolizaram. Você é submetido a humilhações, não porque tenha cometido pecados em vidas passadas, mas por causa da tirania superpoderosa dos que estão acima de você. Direitos perdidos nunca são reconquistados apelando para a consciência dos usurpadores, mas por uma luta sem fim." O texto atribuído a Bhim Rao Ambedkar estampa cartaz feito por estudantes dalits no campus da Universidade Jawaharlal Nehru, a mais famosa da Índia, em Nova Délhi.

ressaltando a "mente extraordinária" e "a vontade de ferro" do líder dalit.[5] Ambedkar é um símbolo tão poderoso até hoje que de vez em quando acontecem conflitos quando grupos de castas altas e intermediárias destroem ou colocam coroas de chinelos no pescoço de suas estátuas, para simbolizar a humilhação. Em 2006, a Índia viveu um momento de forte tensão, com a destruição de uma estátua de Ambedkar no estado de Maharashtra, onde ele nasceu, por grupos que queriam provocar os dalits: houve uma onda de protestos de rua, queima de trens e apedrejamento de carros e ônibus em Mumbai.

Curiosamente, Ambedkar não conseguiu manter uma relação de confiança com a esquerda indiana, que negligenciava a questão das castas porque considerava que elas seriam automaticamente aniquiladas assim que o socialismo vencesse. Mas Ambedkar dizia que para construir uma sociedade justa na Índia era preciso primeiro destruir os fundamentos da injustiça, que eram as castas. Ele costumava reclamar dos preconceitos casteístas impregnados mesmo entre os sindicalistas indianos influenciados pela esquerda. Nos anos 1930, por exemplo, esses sindicatos controlavam as fábricas têxteis. Como o trabalho envolvia passar saliva nos fios, os trabalhadores de casta alta se recusavam a trabalhar com os dalits.

DECEPÇÃO COM GANDHI

Ambedkar e Mahatma Gandhi, dois grandes ícones da Índia, eram rivais. Na sua luta contra a intocabilidade, Gandhi costumava limpar toaletes para dar o exemplo – um insulto para uma pessoa de casta alta. O líder pacifista era um bânia, casta tradicionalmente dedicada ao comércio. Mas, apesar de condenar o preconceito e a violência casteísta, chegava a defender em certos aspectos o sistema, que, ao determinar a cada um uma função na divisão de trabalho, contribuiria para criar uma sociedade sem conflitos, como observa Christophe Jaffrelot. "Eu acredito que a casta salvou o hinduísmo da desintegração [...]. Mas como outras instituições sofreu de excrescências. Eu considero as quatro divisões em si fundamentais [...]. O sistema de casta não é baseado em desigualdade, não há a questão de inferioridade [...]. A lei da hereditariedade é eterna e qualquer tentativa de alterá-la pode levar a mais confusão [...]", discursou Gandhi em 1920.[6] Ambedkar dizia que a intocabilidade nunca seria abolida enquanto as castas existissem. "Como se pode acreditar que o senhor Gandhi é amigo dos intocáveis quando ele deseja manter a casta? Intocabilidade é apenas uma extensão de castas. Sem abolição das castas não há abolição da intocabilidade."[7]

Gandhi é uma figura histórica controvertida para muitos indianos e malvista por muitos dalits até hoje. Em uma visita que fiz a um grupo de homens dalits budistas em uma favela de Mumbai, em 2006, eles me perguntaram qual era o indiano mais admirado no Brasil. "Gandhi", eu respondi. Todos me olharam com profunda decepção. Eu tentei explicar que não havia nenhuma predisposição contra Ambedkar no Brasil. Os brasileiros simplesmente desconheciam a sua existência. Já Gandhi, expliquei a eles, havia se tornado extremamente famoso para o grande público depois do filme *Gandhi*, de Richard Attenborough, vencedor de vários Oscars na década de 1980. Ambedkar e Gandhi travaram debates ferinos sobre como promover os então "intocáveis". Um exemplo foi a proposta de Ambedkar de criar um eleitorado separado para os dalits. Gandhi era contra porque temia a divisão da sociedade hindu e acabou vencendo o cabo de guerra utilizando a tática que adotaria mais tarde na luta contra a independência: a greve de fome. Ambedkar cedeu para que Gandhi encerrasse seu jejum, mas a mágoa ficou guardada e até hoje lideranças dalits acusam o líder pacifista de ter boicotado a ascensão política dos então intocáveis.

Nos anos 1930, Gandhi lutou para acabar com a proibição da entrada de dalits nos templos hindus. Mas por pressão dos radicais, que rejeitavam a sua luta contra a intocabilidade, Gandhi chegou a fazer concessões consideradas inadmissíveis para os intocáveis, como a de que os templos fossem "purificados" por sacerdotes brâmanes. Os dalits também consideravam ofensivo o termo *harijans* (filhos de Deus) que Gandhi havia escolhido para se referir a eles e o acusavam de tentar promover com isso o sentimento de caridade e paternalismo. "Se os dalits eram filhos de Deus, as outras crianças eram filhos de quem, do diabo? Se Gandhi gostava tanto da palavra *harijan*, por que ele não se chamava assim?", protestou Mayawati em uma entrevista em 1994, pouco antes de se tornar a primeira dalit a governar um estado, como será visto mais adiante.[8]

FUGA PARA OS BRAÇOS DE BUDA, DE JESUS E DE ALÁ

Ambedkar converteu-se ao budismo no dia 14 de outubro de 1956, um mês e meio antes de morrer. Ele demorou muitos anos para tomar essa decisão e antes disso havia flertado com outras hipóteses, como a de se converter ao cristianismo. No dia da cerimônia de sua conversão, meio milhão de dalits seguiram o seu caminho. Poucos

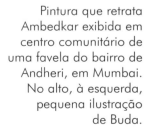

Pintura que retrata Ambedkar exibida em centro comunitário de uma favela do bairro de Andheri, em Mumbai. No alto, à esquerda, pequena ilustração de Buda.

políticos cresceram tanto em estatura após a morte como Ambedkar. Seus seguidores o chamam de Bodhisattva, uma encarnação de Buda. Até hoje, políticos dalits costumam promover conversões em massa ao budismo. "Infelizmente, para mim, eu nasci um hindu intocável. Estava acima do meu poder prevenir isso. Mas está dentro do meu poder a recusa de viver sob condições ignóbeis e humilhantes. Eu solenemente asseguro que não vou morrer um hindu. O objetivo de nosso movimento é conquistar a liberdade social, econômica e religiosa para os intocáveis. Essa liberdade não pode ser alcançada a não ser pela conversão", discursou ele em 1936, duas décadas antes de se converter ao budismo.

A estratégia da conversão para outras religiões que não têm o sistema de casta foi e continua sendo usada pelos dalits para tentar fugir da opressão. Muitos migraram para o cristianismo, para o sikhismo e para o islamismo. Apesar de essas religiões defenderem o igualitarismo, em todas elas há fiéis de casta alta e de casta baixa na Índia, como será visto no capítulo "Caldeirão dos deuses". Ambedkar levou muito tempo para se converter porque acreditava que o hinduísmo pudesse ser reformado. Mas no final da vida, poucos meses antes de morrer, deu o braço a torcer. "Gandhiji ["ji" é o sufixo de respeito em hindi], eu não tenho terra natal. Como eu posso chamar essa terra de minha e essa religião de minha quando nós somos tratados pior do que gatos e cachorros e não conseguimos água para beber?", disse Ambedkar para Gandhi.[9]

O hinduísmo teve muitos movimentos reformistas e líderes progressistas – como o famoso guru Swami Vivekananda (1863-1902) – que eram contra o sistema de casta. Hoje, vários gurus hindus continuam promovendo campanhas contra o preconceito casteísta. Muitos hindus argumentam que o sistema de casta é um reflexo da tradição da sociedade indiana e não fruto do hinduísmo em si: a prova seria a existência do casteísmo em outras religiões na Índia, e também em países do sul da Ásia, como o Paquistão e Bangladesh – ambos com maiorias islâmicas.

Em 2007, testemunhei, ao lado de uma multidão de 100 mil pessoas, a conversão em massa de milhares de dalits ao budismo, em uma cerimônia a céu aberto, sob um sol escaldante em Mumbai, no auge do esturricante verão indiano. Puttu Lal era um dos milhares que naquele dia decidira "pedir refúgio" no budismo – como eles costumam dizer –, seguindo o exemplo de Ambedkar. Lal é de uma família de musahars, apelidados de "comedores de ratos", uma das mais baixas e miseráveis categorias dos dalits. Os indianos de outras castas, mesmo baixas, nutrem um profundo desprezo por eles: têm cheiro de quem come rato, dizem. Depois de toda uma vida de opressão, Puttu Lal, então com 50 anos, diz que deveria ter feito isso antes. "Nós sofremos uma miséria sem fim e os que nos oprimiram prosperaram. Os milhões de deuses nunca se importaram com a gente", contou. Depois da conversão, Puttu Lal passou a ser chamado de Bhikshu Sadanand e não quer mais lembrar seu passado de humilhação, quando teve a sua pele riscada com uma faca por ter tentado entrar para a escola.

CASTAS BAIXAS NÃO ACEITAM CARMA RUIM

A crença tradicional é a de que os indianos de casta baixa acreditam que pagam nessa vida um "carma ruim" do passado, e que somente na próxima encarnação poderão nascer em melhor condição se praticarem boas ações. Mas as pessoas desprezadas não se enxergam como inferiores. Nenhuma casta admite que vale menos do que outra. Muitas vezes há rivalidade entre elas e algumas chegam a se detestar. Há inúmeras associações de castas espalhadas no país e no exterior e cada uma faz propaganda de seu grupo. Todas têm as suas próprias teorias enaltecedoras de como surgiram. A mitologia propagandeada historicamente pelos brâmanes – aquela que eles teriam nascido da cabeça do deus Brahma – foi a predominante por causa da influência dessa elite. Muitas das supostas castas baixas recontam com orgulho os seus mitos de origem, bem diferentes da mitologia bramânica.

Alguns grupos dalits, por exemplo, sustentam o mito de que seriam originários do deus Shiva: eles geralmente explicam que sua posição hierárquica foi "rebaixada" por algum incidente, como terem sido enganados por um dos deuses hindus. Também há comunidades dalits que reivindicam terem pertencido originalmente à categoria dos xátrias, os poderosos governantes e guerreiros.

Dipankar Gupta – um dos mais renomados sociólogos da Índia atual – conta que, em seus levantamentos de campo pelo país, nunca encontrou um membro da chamada "casta baixa" que aceitasse a tradicional subordinação. Gupta me explicou em uma entrevista como o *status* de casta pode flutuar historicamente. Ele conta o caso de uma cozinheira que seu grupo de pesquisa contratou enquanto faziam entrevistas no interior do estado do Gujarat. Ela foi apresentada ao grupo como sendo da subcasta dubla, supostamente "baixa". A cozinheira disse ao sociólogo que ela e sua comunidade tinham plena noção de que não eram "poluídos", nem se consideravam de casta baixa. As pessoas de sua subcasta acreditavam serem descendentes de uma casta alta, a dos guerreiros rajputs, ligados ao grupo dos xátrias. Segundo ela, seus ancestrais cometeram um erro que fez com que eles despencassem na hierarquia casteísta: eles teriam dado abrigo a um homem de casta baixa e com isso "se poluíram". "O *status* das pessoas de casta baixa pode variar se elas tiverem poder econômico. Os ezhavas (que vivem em Kerala, no sul da Índia) eram intocáveis no século XIX, mas hoje ascenderam socialmente. Os jats (tradicionalmente voltados para a agricultura) ascenderam na hierarquia casteísta e hoje são uma casta poderosa. Empregam até brâmanes pobres nas suas propriedades", diz o sociólogo.

Os yadavs, casta agrária intermediária, espalharam a teoria fantasiosa de que seriam descendentes de Krishna, uma das encarnações de Vishnu, já que a lenda diz que o deus hindu era um vaqueiro e sempre aparece representado ao lado de uma vaca sagrada. Mulayam Yadav, ex-ministro-chefe de Uttar Pradesh, chegou a ser anunciado como um avatar de Krishna. As bedias, subcasta das prostitutas, clamam pertencer ao grupo dos orgulhosos rajputs: o raciocínio é de que já que a maioria de seus clientes são rajputs e a identidade de casta é transmitida sanguineamente pela linha paterna, seus filhos também são rajputs.

Segundo o economista Amartya Sen, movimentos contra o sistema de castas foram organizados várias vezes na história indiana, com variáveis graus de sucesso: "[Esses movimentos] fizeram bom uso de argumentos que questionam crenças ortodoxas. Muitos desses contra-argumentos são registrados nos épicos, indicando que nunca faltou oposição à hierarquia, mesmo nos dias iniciais do arranjo de castas."[10] Antes de Ambedkar, Jotirao Phule (1827-1890), um mali, subcasta dos jardineiros, foi considerado o fundador do movimento anticasteísta. Nos anos 1970, alguns dalits decidiram partir para retaliações contra a violência das castas altas. Inspirado no grupo "Panteras Negras" dos Estados Unidos, o "Panteras dalits" pregava um ativismo político radical na década de 1970, com a distribuição de propaganda provocativa, incentivando a reação quando fossem atacados. Seu lema era: "Não vamos ficar calados, vamos retaliar." Na década de 1990, o estado de Tamil Nadu, no extremo sul do país, vivenciou intensos movimentos batizados de antibrâmanes. Tudo isso criou uma atmosfera favorável para a criação de uma intensa contracultura dalit, com poetas e escritores de sucesso. Outra forma de tentar fugir do estigma de casta baixa é copiar o comportamento dos brâmanes. Esse fenômeno ficou conhecido como "processo de sanscritização", porque os brâmanes sempre monopolizaram o aprendizado da língua sânscrita, como será visto no capítulo "*Curry* cultural". Kanch Ilaiah, cientista político dalit, explica, no entanto, que muitas vezes essa estratégia não surte efeito. "Muitos dalits tentam se sanscritizar e mudam seus nomes originais, de forma que pareçam brâmanes. Mas assim que se descobre que a pessoa não é de casta alta, ela volta a ser tratada como antes."[11]

Até hoje são comuns os casos de assédio de estudantes e professores de casta alta sobre os dalits. A mídia divulga histórias de perseguição que acabam em suicídios. De 2008 a 2011, 18 estudantes dalits se mataram em 16 instituições de ensino superior onde eles entram através de cotas, segundo Ratnesh Kumar, sociólogo dalit da Fundação Insight, que ajuda alunos beneficiados por cotas. "Apesar de as castas intermediárias também serem beneficiadas, a campanha de ódio é direcionada principalmente na direção dos dalits. As cotas na verdade acabaram sendo usadas como um chicote contra nós", protesta Kumar, em uma entrevista que me concedeu. "Eu não diria que as cotas falharam em acabar com a discriminação. Pelo menos tem alguma interação entre estudantes de castas diferentes. Eu, por exemplo, que sou um dalit, conheci minha mulher, de uma casta intermediária, na faculdade onde estudei. Sem as cotas eu nunca a encontraria", diz. Os alunos dalits que moram nos alojamentos escondem suas identidades: guardam os retratos de Ambedkar dentro das malas e usam sobrenomes neutros que não denunciam casta. O inferno começa quando os colegas descobrem a sua casta. Perdem lugar na mesa de jantar e os amigos se tornam mais distantes. Às vezes acabam sendo pressionados para vagar o lugar no alojamento. Começam a ouvir piadinhas e recebem cotoveladas "acidentais". "Se o aluno tira notas boas, o assédio piora", garante Ratnesh Kumar. "Meus amigos que trabalham como gerentes de bancos e em empresas do setor privado escondem o sobrenome. Muitos fazem isso porque senão não são promovidos e perderiam clientes", conta. "Quando eu apresentei meu projeto de doutorado sobre Ambedkar, o professor me criticou e perguntou por que todos os dalits querem pesquisar Ambedkar", lembrou Kumar.

COTAS DE CASTAS AGITAM A ÍNDIA

Mesmo sendo uma praga milenar, as castas são um dos assuntos que mais pegam fogo na Índia do século XXI. A política de ação afirmativa pioneira do governo indiano (desde 1950), que busca corrigir as injustiças históricas, alimentou a fogueira das castas. Tudo começou com a promulgação da Constituição, três anos após a independência: 22,5% das vagas em cargos públicos e em instituições de ensino foram reservadas aos dalits e à população indígena. Estes últimos eram os habitantes originais da Índia, que tradicionalmente vivem nas florestas e áreas remotas do país, e não estão incluídos na pirâmide casteísta, assunto do capítulo "Índia rica e indianos pobres". Muitos aplaudem essa primeira fase de criação de cotas, por ter sido a única forma de possibilitar a ascensão mínima a esses grupos. Quarenta e sete anos depois da implantação das cotas, a Índia teve o seu primeiro presidente dalit: Kocherie Raman Narayanan (1997-2002).

Mas ao longo do tempo, as castas intermediárias – geralmente agricultores, pequenos e médios proprietários rurais com forte poder de pressão política – passaram a exigir serem favorecidas com as cotas: elas representam uma imensa fatia da população e alegavam que também eram vítimas de discriminação. A pressão desse eleitorado precioso surtiu efeito e as cotas foram estendidas em 1990, com a reserva de 27%

das vagas do emprego público para essas comunidades, batizadas oficialmente pelo governo de "Outras Castas Desfavorecidas". A decisão desencadeou uma onda de protestos violentos, com alguns até se imolando em público. Em 2006, essas castas intermediárias conquistaram também outra grande vitória: o direito de 27% de cotas sobre as vagas no ensino superior. Uma nova onda de protestos violentos de estudantes de castas altas varreu as ruas do país. Os críticos dessa segunda fase da política de ação afirmativa alegam que os novos beneficiários não são tão oprimidos quanto os dalits e os indígenas. Seriam, sim, a "nata" da Índia rural. O número de indianos incluídos nessas categorias intermediárias varia entre 41% a 52% da população: ou seja, podem ser mais de 600 milhões de pessoas. Já os dalits são quase 200 milhões de pessoas (16% da população), enquanto os indígenas representam 8%, cerca de 100 milhões, de acordo com o censo de 2001. Todas as castas altas somam no máximo 240 milhões de pessoas.

Até agora ninguém sabe ao certo quantas subcastas existem no total, mas são milhares: podem chegar até 10 mil. A última vez que as castas foram enumeradas em um censo foi em 1931, ainda durante a colonização britânica. A ideia de contabilizar as castas voltou a ser debatida. Os críticos dizem que o ato de etiquetar cada indiano com o nome de uma casta ajuda a perpetuar o sistema. Ainda assim, essa enquete está sendo feita. Os analistas preveem um fenômeno oposto ao que aconteceu em 1931, quando muitas pessoas tentavam se colocar em castas mais altas. Dessa vez, muitos deverão agir de forma pragmática, ignorando o *status* social, e deverão identificar-se como pertencentes às castas mais baixas, pois assim poderão ser beneficiados com as cotas. O fenômeno do "rebaixamento" do *status* de castas já existe. Várias subcastas "altas" reivindicam ser "rebaixadas" para intermediárias ou baixas, e algumas delas já organizaram protestos de rua.

IRMÃ DOS BRÂMANES, RAINHA DOS DALITS

Foi a partir de meados dos anos 1980 que uma pequena, mas crescente, camada de dalits educados passou a competir por espaço na política. Há cinquenta anos, Ambedkar havia criado dois partidos, mas houve muitos rachas entre os dalits: a união foi impossível. Em 1984, o líder dalit Kanshi Ram fundou o Bahujan Samaj (Partido da Maioria da Sociedade), que acabou se tornando a terceira principal legenda do cenário político indiano. Kanshi Ram foi um químico que estudou através do sistema de cotas e conseguiu um emprego da mesma forma no laboratório do Ministério da Defesa. Hoje o rosto todo-poderoso dos dalits é o de uma mulher: Mayawati, o fenômeno político mais intrigante da Índia moderna. Como muitos dalits, Mayawati não tem sobrenome. Ela é conhecida por dois apelidos: Behenji ("honrada irmã") e "Rainha dos dalits". Aos 39 anos, em 1995, Mayawati – da comunidade dos chamar – se tornou a primeira dalit a dirigir um estado na Índia. Até março de 2012, fim de seu quarto mandato como ministra-chefe do estado de Uttar Pradesh, ela governou 190 milhões de indianos, um Brasil inteiro. O próprio apelido Behenji representa a relação familiar – tão importante na Índia – de Mayawati com seus eleitores: ela jurou permanecer solteira para dedicar sua vida aos dalits. Mayawati cortou seus cabelos, uma atitude rara no país, onde as mulheres mantêm as madeixas compridas até o fim da vida, um símbolo da feminilidade.

Nos anos 1970, Kanshi Ram, mentor de Mayawati, costumava dizer que se um dalit cruzasse com um brâmane e uma cobra na rua, ele devia se desviar do brâmane. No início de sua carreira, Mayawati incentivava seus apoiadores a dar chineladas nos brâmanes, tal era a animosidade entre os dois extremos da pirâmide casteísta. Mas em 2007, Mayawati surpreendeu o país com sua vitória retumbante nas eleições do estado. O segredo do sucesso foi o que ficou conhecido como "Engenharia Social" de Mayawati: a aliança dalit-brâmane, um experimento político inusitado na história. Ironicamente, ela se transformou na defensora dos brâmanes enquanto continuava sendo a "Rainha dos dalits". Pela primeira vez, os "ex-intocáveis" passaram a ser bajulados por brâmanes. Mayawati chegou até mesmo a defender a criação de cotas para brâmanes pobres em empregos públicos. "Eu prefiro ser conhecida como líder de todas as comunidades porque em cada uma delas há gente pobre e desempregada", disse Mayawati em uma de suas raras entrevistas, em julho de 2008.[12]

A Índia vivia o auge do fenômeno de coalizões de castas em eleições. Ambedkar esperava que a democracia aniquilasse o sistema de castas. Mas o que aconteceu foi o contrário: a política casteísta é cada vez mais forte. A última coisa que os partidos querem é aboli-las: há uma corrida desenfreada entre as castas para assegurar benefícios e cotas dos governantes. Os indianos costumam dizer, com efeito de linguagem pelo jogo de palavras em inglês: *In India you do not cast your vote, you vote your caste* ("Na Índia você não vota o seu voto, vota a sua casta").

Mayawati lutou durante muito tempo com um imenso problema de imagem pública: ganhou fama de governante imperial, autoritária, vingativa, e de que se deliciava em humilhar seus servidores de castas altas. Cenas de funcionários brâmanes tocando nos pés da "Rainha dos dalits" – o tradicional cumprimento de respeito dos indianos – foram transmitidas por canais de notícias como um escândalo. Mas o mesmo acontece com Jayalalitha, a ministra-chefe de Tamil Nadu que tem templos construídos em sua homenagem, e a mídia nunca achou ofensivo: ela é brâmane.

Aterrorizada com a possibilidade de ser assassinada em um país que teve tantos líderes mortos em atentados, como será visto no capítulo "E nasce uma nova Índia", Mayawati só andava cercada de dezenas de seguranças fortemente armados, ou de helicóptero, aumentando a percepção de arrogância. Mas ela de fato foi alvo de muitas ameaças e manifestações de ódio enquanto governou. Em uma reação extremada, disse certa vez uma política rival de casta alta que Mayawati "merecia ser estuprada" – como são de fato muitas mulheres dalits violentadas por homens de casta alta. Depois, a política se desculpou, mas foi presa e teve sua casa incendiada pelos apoiadores de Mayawati.

Somente depois da vitória de Mayawati, em 2007, os jornalistas passaram a levá-la a sério. Muitos temiam que ela conseguisse alcançar o sonho de se tornar primeira-ministra da Índia. "Nada pode me impedir de me tornar a primeira-ministra", disse à revista *India Today*.[13] O estado de Uttar Pradesh já fez 8 dos 13 primeiros-ministros do país, reforçando o adágio de que quem governa aquele estado, governa a Índia. É o estado politicamente mais importante do país: das 543 cadeiras da Câmara Baixa do Parlamento, Uttar Pradesh tem 80 representantes. Mayawati já chegou a ser comparada com Obama em 2008, em meio à novidade da vitória de um negro nos EUA. Logo após a eleição dele, uma faixa apareceu em Lucknow, capital de Uttar Pradesh: "Se Obama é presidente dos EUA, Mayawati pode ser primeira-ministra da Índia."

Os dois partidos tradicionalmente de casta alta – o secular Congresso e o nacionalista hindu BJP – procuram promover líderes de castas baixas e dalits entre as suas lideranças. De uma família brâmane da Caxemira, considerado um dos mais nobres na escala casteísta, Rahul Gandhi – batizado de "príncipe herdeiro" da dinastia Nehru-Gandhi, como será visto no capítulo "E nasce uma nova Índia" –, tentou conquistar os dalits de Uttar Pradesh jantando e dormindo em suas casas. Mas não teve sucesso na eleição de março de 2012, que também destronou Mayawati. Os dois levaram uma rasteira do partido que representa as castas agrárias e intermediárias: o Partido Samajwadi (Partido Socialista – que de socialista só tem o nome), dirigido pelo ex-ministro-chefe do estado Mulayam Yadav, inimigo visceral da "Rainha dos dalits".

A principal crítica que se faz a Mayawati é a sua obsessão por estátuas e por homenagear líderes dalits à custa do erário público. Ela inaugurou imensos parques monumentais com motivos budistas e inúmeras estátuas de líderes dalits, incluindo ela própria, além de fileiras de elefantes de pedra rosa, o animal-símbolo de seu partido. "Eu não vou permitir que os dalits abaixem a sua cabeça para ninguém", prometeu. A mídia a acusa de ter esbanjado dinheiro público: ela teria desembolsado um total de US$ 600 milhões em milhares de monumentos.[14] Mayawati se defende das críticas dizendo que somente heróis e líderes de casta alta foram homenageados na história da Índia.

Nascida em 1956, com oito irmãos, filha de um funcionário de baixo escalão do Departamento de Correios e Telégrafos, e de uma mãe analfabeta, Mayawati conseguiu estudar Direito na Universidade de Délhi e se diplomou em Pedagogia, o que a possibilitou dar aulas em escolas públicas. "Nem mesmo para uma criança pequena há escapatória para a praga de ser um dalit. Meus pais frequentemente me levavam de ônibus para a casa dos meus avós. No caminho, eles começavam a conversar com outros passageiros. Mas assim que eles descobriam que éramos chamar, paravam de falar com a gente. No início, isso apenas me confundia. Mas depois, minha mãe me explicou que havia divisão de castas e que nós éramos considerados impuros e poluídos. Desde muito pequena eu aprendi a odiar o sistema de castas com toda a minha força", contou Mayawati em sua autobiografia *My Life of Struggle and the Path of the Bahujan Movement*. Mayawati carregou dois fardos: além de ser dalit, o de ser mulher em uma sociedade patriarcal. Seu pai, que quase abandonou a mulher por ter dado à luz três meninas em sequência, sugeriu que Mayawati acumulasse seu salário de professora primária para o seu dote de casamento. Mas Mayawati guardou o dinheiro para bancar a sua autonomia financeira quando decidiu abandonar a casa do pai, com quem ela nutria uma relação de muita mágoa por ter menosprezado as filhas.

Os correligionários acusam a mídia de ser preconceituosa, por expor com estardalhaço mais os excessos da líder dalit do que os dos políticos de casta alta que também usurpam o dinheiro público sem parcimônia. Mas foram os excessos de Mayawati que ficaram marcados na imaginação popular, e isso contribuiu para sua derrota em março de 2012.

Em abril de 2012, ela apresentou sua declaração de renda à Justiça: US$ 18,5 milhões. O dobro do que tinha em 2007. Uma das políticas mais ricas do país, ela argumenta que seu dinheiro e joias são fruto de contribuições feitas por seus apoiadores dalits, que a encaram como um símbolo do sonho de ascensão social e que, portanto, não querem vê-la vestindo frugais saris de algodão branco, mas suntuosos conjuntos de túnicas e calças de seda e brincos de diamante. Em torno de Mayawati há um leque de histórias e mitos que ressaltam o seu estilo imperial. Difícil saber o que é verdade. Suas festas de aniversários passaram a ser cobertas pela mídia para evidenciar sua ostentação de riqueza. Ela aparece sempre enfeitada com joias e é presenteada com imensas coroas de notas de mil rupias. Por causa da avalanche de críticas, Mayawati ergueu uma cortina de ferro ao seu redor, quase intransponível. Ela praticamente se tornou inacessível para a mídia. Isso fez com que Mayawati azeitasse uma gigantesca máquina de propaganda. Lucknow se transformou em um exemplo vivo da marca da Behenji, durante o seu governo, com *outdoors* e cartazes, e o azul predominando nas ruas, nas cores da iluminação pública e nos uniformes de policiais de trânsito: essa é a cor do partido dos dalits.

NOTAS

[1] Jean Drèze e Amartya Sen, "Putting Growth on Its Place", em *Outlook*, New Delhi, p. 56, 14 nov. 2011.
[2] Rukmini Shrinivasan, "Backward Forward?", em *Crest*, New Delhi, 26 fev. 2011.
[3] Pallavi Polanki, "Untouchability Declassified", em *Open Magazine*, New Delhi, pp. 30-3, 12 a 18 jun. 2010.
[4] Christophe Jaffrelot, *Dr. Ambedkar and Untouchability*, New Delhi, Permanent Black, p. 21, 2005.
[5] Idem, p. 8.
[6] Idem, p. 61.
[7] B. R. Ambedkar, *Gandhi & Gandhism*, New Delhi, Critical Quest, 2008, p. 22.
[8] Ajoy Bose, *Behenji: a Political Biography of Mayawati*, New Delhi, Penguin Books India, 2008, p. 82.
[9] Wendy Doniger, *The Hindus: an Alternative History,* New Delhi, Penguin Books India, 2008, p. 634.
[10] Amartya Sen, *The Argumentative Indian*, London, Penguin Group, 2005, p. 10.
[11] Kanch Ilaiah, *Why I Am Not a Hindu*, Calcutta, Samya, 1996, p. 68 e 89.
[12] Somini Sengupta, "A Daughter of India's Underclass Rises on Votes that Cross Caste Lines", em *The New York Times*, New York, 18 jul. 2008.
[13] "Mayawati: No One Can Stop Me from Becoming PM", em *India Today*, New Delhi, pp. 22-32, 18 ago. 2008.
[14] Pravin Kumar e Ashish Tripathi, "Da Behenji Code", em *Crest*, New Delhi, 5 mar. 2011.

CALDEIRÃO DOS DEUSES

Em agosto de 2011, em plena monção, o período das chuvas, as ruas de Délhi estavam especialmente escorregadias. Sonu Tomar, o Mogli, nunca foi cuidadoso no volante. Dirige correndo, tirando fina dos outros carros. Mas em uma noite chuvosa ele pagou caro pela imprudência. Motorista de um ponto de táxi, ele cometeu um "pecado mortal" para muitos hindus: atropelou e matou uma vaca sagrada. Mogli, que costumava me transportar pela cidade por mais de dois anos, foi apelidado assim porque tem um jeito selvagem: além de temperamento agressivo, parece grunhir quando fala no dialeto de Bundelkhand, um distrito do centro da Índia com fama de celeiro de gangues. Com um rosto ossudo e físico raquítico, ele parece ter menos do que os seus 21 anos. Mas apesar de franzino, Mogli é metido a valentão. No entanto, a sua braveza não o salvou da punição por ter matado o animal sagrado. Nos primeiros três dias após o acidente, Mogli ficou escondido em casa com medo de represálias. O dono do ponto de táxi tentou extorquir US$ 200 do motorista, o dobro de seu salário mensal. Ele ameaçou denunciar Mogli à polícia e passou a descontar o equivalente a US$ 30 por mês de seu salário de US$ 100 durante quatro meses. Sua penitência não parou por aí. Mogli telefonou para a mãe e contou o drama. Aos prantos, ela exigiu que ele fosse "se purificar" nas águas do Ganges. Caso contrário, sua família cairia em desgraça e seu noivado com uma moça de seu vilarejo iria ser rompido. Mogli viajou para a cidade de Allahabad, na beira do rio sagrado, a 12 horas de trem de Délhi, e finalmente deu os mergulhos sagrados. Mas a sua via-crúcis continuou. Ele teve que oferecer almoço para todo o seu vilarejo como parte de sua punição religiosa, que lhe custou o equivalente a US$ 600, seis vezes o seu salário mensal.

Poderoso estereótipo da Índia, a vaca é o animal mais sagrado para os hindus. Vários outros também são reverenciados. No templo Karni Mata, no Rajastão, os ratos são tidos como divindades. Karni Mata é uma figura mitológica simbolizada por um rato que se acredita ser a encarnação da deusa Durga. Os ratos sagrados circulam aos milhares por ali, onde são alimentados com comida e leite despejado em vasilhas. Os devotos chegam a beber das tigelas dos ratos, uma forma de se abençoar. Outro animal adorado em algumas partes do interior da Índia é a cobra: a crença é de que elas não atacam quem as reverencia. Mas nenhum animal instiga tanto o sentimento religioso extremado entre os hindus como a vaca. O historiador Dwijendra Narayan Jha, da Universidade de Délhi, mexeu em um grande vespeiro ao lançar o livro *The Myth of The Holy Cow* ou "O mito da vaca sagrada". Especializado em História Antiga da Índia, Jha mostrou evidências, citadas por outros historiadores renomados, de que se comia carne de vaca já no chamado período Védico (1500 a.C. a 600 d.C.), quando era comum o sacrifício de animais pelos religiosos brâmanes. O livro foi proibido pelo governo da época, liderado pelo BJP (Bharatiya Janata Party), o Partido do Povo da Índia, nacionalista hindu. O historiador teve que ficar confinado por um tempo em sua residência dentro do *campus* da universidade para se proteger das ameaças de morte dos radicais. "Quando você usa a palavra *vaca*, as pessoas perdem a razão", comentou ele na época. Contam os livros de história que um dos fatos que alimentou o famoso Grande Motim Indiano de 1857 – o primeiro movimento de resistência à dominação britânica – foi o boato de que gordura de vaca e de porco estaria servindo para lustrar as balas usadas pelos chamados *sipais* (soldados indianos que serviam o exército colonial britânico). Isso teria reforçado o clima de revolta entre soldados hindus, por causa da vaca sagrada, e entre muçulmanos, que consideram o porco um animal impuro.

O tabu em torno do consumo da carne de vaca começou a partir do primeiro milênio d.C. Segundo Jha, os brâmanes teriam se tornado vegetarianos para tentar retomar o terreno que haviam perdido para o budismo, que criticava o sacrifício de animais. Já no século V d.C., matar uma vaca passou a ser um crime tão grave quanto o de assassinar um brâmane: naquela época as punições dependiam da casta a qual a vítima pertencia. Há alguns anos, Edward Luce, ex-correspondente do *Financial Times* na Índia, sentiu na própria pele a sensibilidade do tema "vaca sagrada". Em um debate na televisão durante uma campanha eleitoral, um ex-ministro do BJP ficou irritado com o jornalista porque ele dissera que a população não parecia ligar para a promessa de seu partido, de banir o abate de vacas. O eleitorado, segundo Luce, estava mais preocupado com a inflação e com a constante falta de água e de luz nas suas casas. O ministro ficou irado e, com o dedo em riste na cara do jornalista, esbravejou: "Não desrespeite a vaca. Ela é um animal sagrado. Você está desrespeitando a vaca?", conta Luce.[1]

COW-KA-COLA

Na Índia urbana, ainda são comuns as famosas cenas de vacas impassíveis no meio do trânsito enlouquecido em que ninguém respeita ninguém. Muitos hindus oferecem comida a elas: os mais ardorosos acreditam ser auspicioso ofertar a uma vaca o primeiro *roti* do dia, um pão sem fermento feito em casa. Mas apesar de toda essa santidade, as vacas urbanas não são bem alimentadas e acabam sendo obrigadas a pastar lixo, disputado com cachorros vira-latas. Com os estômagos cheios de plástico, vários animais são levados para as salas de operação. Muitas pertencem a templos hindus urbanos ou são de vilarejos colados às grandes cidades.

Vinod Das cuida de 40 vacas "vira-latas" doadas a um templo do deus Hanuman, em plena capital indiana. O lugar é uma Gaushala, um abrigo de vaca, que visitei em 2008. Vinod parece uma reencarnação de um personagem bíblico: seu corpo é coberto por um comprido pano branco de algodão. Os cabelos compridos são enrolados em um coque bem próximo da nuca. Sua barba, que começa a ficar grisalha, se estende até abaixo do pescoço. A Gaushala fica em uma espécie de imenso porão escuro e úmido, ao qual se chega descendo uma rampa. Luzes brancas estão sempre acesas para as vacas, que também se aliviam do calor de Délhi com ventiladores pregados nas paredes – um luxo que a grande maioria dos indianos nem sonha em ter. O ambiente cheira a estrume misturado com incenso de jasmim. Nas paredes, pôsteres de Krishna, uma das encarnações do deus Vishnu: ele é o amável menino que sempre está ao lado de vacas. "Doar vacas para templos hindus é um ato profundamente religioso. Todos os anos organizamos uma *puja* especial (cerimônia religiosa hindu). "Várias pessoas doam vacas que são enfeitadas e alimentadas com doces e *roti*", explicou Vinod. Sua santidade é ligada à imagem de animal generoso, maternal, que oferece infinita quantidade de leite e seus derivados, importante fonte de proteína para os vegetarianos.

Algumas empresas ligadas aos nacionalistas hindus comercializam produtos como repelentes de mosquito, loção pós-barba, sabonetes e xampu feitos com urina e fezes do animal sagrado. A exótica Goloka Pay, por exemplo, é uma bebida gelada feita de urina de vaca destilada, com extratos de ervas: você pode escolher nos sabores laranja ou limão. A bebida foi rapidamente apelidada pela mídia indiana de "Cow-ka-cola". Foi dentro do *ashram* (retiro espiritual) de Baba Ramdev, o poderoso guru de ioga da Índia – assunto do capítulo "Hipermercado espiritual" – que em junho de 2010 vi pela primeira vez a garrafinha com o remédio de urina de vaca. É preciso preparar as narinas antes de abrir a garrafa. Sai um cheiro fortíssimo que empesteia o ar. Eu fiz isso dentro do quarto do hotel onde estava hospedada, em Haridwar, uma das cidades sagradas para os hindus: parecia que o ambiente havia se transformado em um estábulo. Tive que mudar de quarto. Se já é difícil cheirar aquilo, beber é impossível. No rótulo do produto, a promessa mirabolante de que ele é benéfico para o fígado, para o coração, para combater pressão alta, diabetes e até câncer.

Os grupos radicais sempre tentaram sequestrar o espinhoso assunto da vaca sagrada para as arenas política e religiosa. Costumam espalhar a ideia falsa de que o "pecado" de comer carne de vaca teria chegado com o desembarque do islã na Índia, o que não é verdade. Algumas vezes, muçulmanos e dalits são atacados, sob a acusação de terem abatido vacas. Em janeiro de 2012, por exemplo, um comerciante muçulmano de gado, de 25 anos, foi espancado, e sua cabeça, sobrancelha e bigode, raspados pelos violentos militantes radicais hindus.

A tradição de protestos em defesa das vacas vem desde o século XIX. Em 1966, um grupo de *sadus* – os homens santos hindus – organizou uma manifestação contra o seu abate que ficou para a história. Aos gritos de "A vaca é nossa mãe", eles lideraram uma multidão raivosa de 125 mil pessoas diante do Parlamento que acabou tocando fogo em carros e ônibus. A polícia reagiu: oito mortos e mais de cem feridos. O tabu de não comer carne de vaca – chamada pelos indianos de bife – tem causado tensões recentes em meios universitários, onde convivem estudantes de castas altas, dalits e muçulmanos. Em abril de 2012, estudantes dalits da Universidade de Osmania, em Andhra Pradesh, se revoltaram para assegurar o direito de comerem bife nos refeitórios: os confrontos deixaram cinco feridos. A reivindicação de se ter bife no menu das universidades se espalhou para outros estados: a carne de vaca se transformou em um novo símbolo de sua afirmação cultural contra a opressão das castas altas.

A Constituição recomenda aos 28 estados indianos que aprovem suas respectivas leis sobre a proibição do abate. Em vários estados isso foi feito, mas em alguns não. Em janeiro de 2012, o governo de Madhya Pradesh, dominado pelos nacionalistas hindus, aprovou uma lei draconiana: o abate tornou-se uma ofensa punível com no mínimo sete anos de cadeia, mesma pena para tentativa de homicídio e sequestro.

SADU COM CELULAR

Além das vacas sagradas, os *sadus* são outro estereótipo religioso indiano. A existência deles é reconhecida pelo Ocidente desde o ano 300 a.C., quando foram batizados de "filósofos nus" pelos visitantes gregos. Séculos mais tarde passaram a ser chamados de "faquires" pelos viajantes europeus, embora essas figuras que ficaram conhecidas por deitarem em camas de pregos fossem na verdade ascetas muçulmanos. A principal motivação para se tornar um *sadu* é o desejo de alcançar a chamada iluminação espiritual. Mas há entre esses vários casos de pessoas desajustadas, com sérios problemas familiares e sociais que resolvem adotar o caminho da "renúncia". Alguns criminosos se "fantasiam" de *sadus* para fugir da polícia.

Nos tempos em que a Índia caminhava pelo socialismo de Jawaharlal Nehru, o governo tentou até mesmo criar os "*sadus* governamentais": distribuiu carteirinhas de identificação e ainda ofereceu a eles treinamento para combater os males da sociedade, como corrupção e preconceito de casta. A classificação também era uma forma de discernir os verdadeiros *sadus* dos falsos. Mas a iniciativa não surtiu efeito. Nehru chegou a pedir aos indianos que abrissem os olhos com relação aos *sadus* e para que não acreditassem neles cegamente. Entre os tipos de *sadus*, os chamados *nagas* são os mais famosos: eles simbolizam seu ascetismo com a nudez e cobrem os corpos com cinzas tidas como sagradas. Há um leque de condições para se tornar um *sadu*. A primeira é abdicar dos prazeres sexuais: o objetivo é reter o sêmen e convertê-lo em energia espiritual. Outro prazer proibido é o da gula: eles comem no máximo uma refeição vegetariana por dia. Alguns deles costumam se submeter a provas de tortura física para tentar mostrar que dominaram totalmente a mente, como andar sobre o fogo ou ficar de pé em uma só perna, ou permanecer com um dos braços estendidos durante anos. Outra austeridade mental é o voto de silêncio: o objetivo é conservar a energia mental e criar distância social.

Os *sadus* sobrevivem de doações: dinheiro e comida. Muitos moram em abrigos especiais, geralmente ao lado de templos hindus, espalhados por toda a Índia. Os mais reclusos vivem em cavernas, em tendas no meio de florestas, em campos de cremação, ou acampados na beira de rios sagrados. Por serem homens santos do hinduísmo, ganharam uma aura de pacifistas. Mas muitos deles têm tradição de militância guerreira alimentada pelas invasões islâmicas no norte da Índia no período medieval. Chegaram a formar regimentos de "soldados santos". Os *sadus* sempre cultivaram uma renhida rivalidade entre si. De um lado, os *shaivas*, devotos do deus Shiva. De outro, os *vaishnavas*, seguidores do deus Vishnu. *Shaivas* e *vaishnavas* já travaram batalhas sangrentas no passado para determinar quem iria liderar as procissões de banhos sagrados no rio Ganges. Uma competição alimentada pelo desejo de controlar os lucrativos centros religiosos.

Na Índia moderna e emergente, as tentações são muitas para quem tenta ser um asceta. Vários *sadus* aderem à febre do consumismo e ao conforto. Hoje é comum vê-los com relógios de pulso, falando em celulares e ouvindo rádio. Mas, no geral, a vida deles continua bem simples. Swami Shardanand falava animadamente em seu celular quando eu o vi sentado no chão de mármore do lado de fora de um templo hindu na cidadezinha de Bodhgaya, em dezembro de 2010. Bodhgaya é sagrada para os budistas por ter sido ali, sob uma imensa árvore, que Buda alcançou a iluminação, como será visto mais adiante. O lugar também atrai hindus, que transformaram Buda numa das encarnações de Vishnu.

Shardanand estava vestido com uma calça branca e um xale laranja, a cor do fogo que queima as impurezas. O *sadu* tinha a barba tão comprida que sua longa ponta era amarrada em um elaborado nó debaixo do queixo. Os cabelos nunca cortados e trançados eram amarrados em um imenso coque no alto da cabeça. Na sua testa, entre os olhos, o desenho de um tridente, a marca registrada de Shiva. A base de Shardanand é um *ashram* (retiro espiritual) da cidade sagrada de Vrindavam. Ele viaja sem parar, nunca fica em um lugar mais do que um mês, como manda a tradição dos ascetas hindus: eles devem abandonar o conforto da vida doméstica. Pelo celular, ele mantém o contato com outros colegas *sadus*, planeja suas viagens e reserva tickets de trem. "Eu estou à procura de Deus e da paz. Daqui, vou para algum lugar que ainda não sei", diz. Ele brigou com o líder do seu *ashram* e não sabe se vai voltar. "Nós já renunciamos ao mundo. Não importa onde eu vou viver", comenta ele em um refinado hindi, que sinaliza uma boa educação e sua origem em uma família abastada antes de largar tudo. Shardanand está na quarta e última fase de vida do hinduísmo, a chamada *sannyasa*: a primeira é *brahmacharya* (celibato), até por volta dos 25 anos, antes de casar. A segunda é *grihastha*, dedicada à família. A terceira é *vanaprastha*, quando os filhos já são independentes e o casal se aposenta. É o momento de começar a se desligar de desejos mundanos, buscar a meditação e a espiritualidade. A última fase, *sannyasa*, é quando a pessoa renuncia totalmente ao mundo material.

São nas cidades sagradas do hinduísmo que mais se veem *sadus*. Há 25 anos, Shiv Shankar abandonou sua carreira de médico para abraçar a vida de asceta. A caminho de seu alojamento, um quartinho em um cortiço de uma ruela em Varanasi, a mais sagrada cidade para os hindus, Shiv me convidou para um *masala chai*, o chá indiano com leite, temperado com especiarias e açúcar. Estávamos no meio das monções indianas, em julho de 2011, e começava a chover. Paramos em um vendedor ambulante do Ghat Dasaswamedh, a mais famosa das várias escadarias que dão acesso ao rio Ganges. Shiv abandonou Calcutá (hoje rebatizada de Kolkata), sua cidade natal. Cansou da vida de médico. "Eu resolvi largar a medicina tradicional porque ela não trata das pessoas como um todo. Nunca mais voltei para lá, não gosto de cidades grandes", conta. Como todos os *sadus*, ele não gosta de falar de sua vida passada: ela já foi abdicada, não deve ser lembrada. Ele prefere o presente: dá aulas de ioga, filosofia hindu, mitologia e meditação para visitantes de todo o mundo que desembarcam por lá. Apesar do caos total e do barulho da cidade, ele acha Varanasi uma cidade "pacífica". Fala inglês perfeitamente, tem um discurso articulado e se mostra muito bem infor-

Figuras tradicionais do hinduísmo, os *sadus* são encontrados facilmente pelas ruas indianas e costumam levar uma vida simples. Mas alguns não dispensam a modernidade do telefone celular.

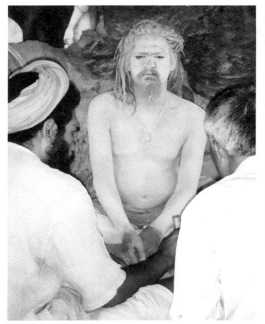

mado sobre os protestos contra a corrupção na política e os desdobramentos da crise econômica mundial na Índia. É muito diferente de boa parte dos *sadus*, geralmente simplórios. Shiv me leva para ver a Aarti: a inesquecível cerimônia religiosa hindu na beira do Ganges que atrai uma multidão todos os dias. No caminho, ele compra um graveto de *neem* (*Azadirachta indica*, uma planta do Sul da Ásia com poderes antibactericidas). Uma senhora enrolada em um sari puído, acocorada, arrumava os gravetinhos, que vendia por duas rupias cada (equivalente a cinco centavos de dólar). Ela colocava pacientemente um a um em cima de um plástico no chão, ignorando o cheiro de lixo úmido acumulado nas ruas. Shiv, assim como milhões de indianos, só escova os dentes com eles. É preciso morder o graveto e mastigar a sua ponta para se formar uma espécie de escova de dente natural.

Milhares de devotos esperam o início da *puja* (cerimônia religiosa hindu) no rio Ganges, na cidade de Haridwar.

Os sacerdotes de Varanasi são escolhidos a dedo para participar da *puja*, como é chamada a prece hindu: são todos jovens e bonitos, impecavelmente vestidos com luxuosas túnicas e *dhotis* – o pano amarrado na cintura e nas pernas que Gandhi tornou famoso. Tudo de seda combinando nas cores creme e laranja. Os sacerdotes brâmanes, que transmitiram oralmente os ensinamentos dos *vedas*, monopolizam há mais de três mil anos a mediação entre as divindades e os devotos. Eles recitam mantras sagrados em sânscrito e fazem oferendas ao Ganges, que para os hindus é uma deusa: Ganga. Acredita-se que essa deusa desceu dos céus para ajudar os homens a conquistar a morte e lidar com a vida. Os belos *bhajans*, músicas religiosas hindus, tocam em alto-falantes, amplificando a atmosfera sagrada, para deslumbre da multidão espremida pacientemente no Ghat Dasaswamedh. A margem do rio é coberta por esses ghats (escadarias), com templos alinhados. Essa impressionante *puja* pública tornou-se a mais famosa da Índia. Por isso mesmo é um espetáculo obrigatório para os milhões de turistas que visitam Varanasi, cidade que os indianos gostam de propagandear como sendo a mais antiga do mundo. Na beira do rio, um zigue-zague constante de pessoas e animais. Sacerdotes oferecem seu serviço de "intermediários" entre os mortais e os deuses, recitando mantras sagrados e colocando no rio a cesta com oferendas à deusa. Crianças circulam pela beira do rio vendendo cestas de flores por US$ 0,25 cada, em um inglês americanizado aprendido com os turistas. Milhares de garrafas de plástico são vendidas por camelôs para quem quiser coletar a água sagrada do Ganges. Até mesmo ali na beira do rio as vacas sagradas disputam espaço com as pessoas.

A melhor forma de observar a fé hindu é espiar os devotos por um bom tempo na beira do Ganges. A sujeira do rio é ignorada: o corpo de uma porca, já inchado, flutuava bem perto do local onde eles mergulhavam, entre uma prece e outra. Esses banhos são aconselhados para preparar a alma para a viagem final para a libertação do *Samsara*, o ciclo de mortes e renascimentos, dor e sofrimento. Essa libertação é o que os hindus chamam de *moksha*. O *Samsara* é regido pela lei do carma, a influência de ações passadas em vidas futuras. Se na morte da pessoa o carma for predominantemente positivo, acredita-se que ela renascerá em uma condição melhor, em uma casta superior, por exemplo. Se for negativo, a pessoa será rebaixada na próxima vida, ou poderá renascer com uma forma de vida inferior, como um animal. No coração do hinduísmo está o darma, que é ao mesmo tempo a ordem do universo, a lei, o dever, a ação correta. O darma é um conceito fluido: cada ação pode ser correta ou errada, cada caso é um caso. Assim como os cristãos carregam no ombro o conceito da culpa, os hindus são atormentamos pela noção de impureza. Mas isso não tem nada a ver com a sujeira real: a água do Ganges, mesmo imunda, é considerada própria para limpar a alma.

MEDO DE FANTASMAS

As famosas imagens de corpos sendo cremados no Ganges são vistas geralmente de um determinado ghat, reservado apenas para as cerimônias fúnebres. Queimando o corpo, acreditam os hindus, a alma se desligaria mais facilmente do mundo material. Somente *sadus* e crianças são enterrados: a crença é de que os homens santos já alcançaram um alto nível de desapego. Já as almas das crianças não tiveram tempo de desenvolver o apego. Como muitas vezes a madeira não é suficiente para queimar tudo até o fim, corpos meio carbonizados são despejados no rio. Na tentativa de resolver esse problema, foram colocadas tartarugas carnívoras para comer os corpos jogados no rio, mas elas têm sido caçadas. Um forno elétrico foi instalado em Varanasi em 1989 para fazer cremações mais acessíveis e ecológicas, mas os equipamentos costumam parar por falta de manutenção: popularizar um crematório elétrico na cidade mais sagrada da Índia é uma tarefa árdua. Além da tradição religiosa de cremar com lenha, outro fator que motiva a desconfiança da eficiência do sistema elétrico é o errático suprimento de energia, por causa dos frequentes apagões de horas a fio. Quando os fornos foram instalados, lendas de corpos apodrecendo dentro deles por causa dos apagões assombravam muitos. Superstições foram alimentadas por mitos como o de que o morto poderia se transformar em um fantasma se não fosse cremado em fogueira natural. O rio que recebe 5 milhões de peregrinos por ano e é tido como capaz de limpar os pecados está mais sujo do que nunca, como será visto no capítulo "Hipermercado espiritual".

As ruas de Varanasi são caóticas, imundas e supercomerciais. Vacas deitadas em grupos parecem ilhas no meio das ruas, entre riquixás (transporte de três rodas comum no trânsito indiano), carros, motos, vendedores ambulantes de legumes que circulam com tábuas sobre rodas que eles empurram com os braços. Andar por ali é um assalto aos sentidos: buzinaço incessante, cânticos sagrados que escapam das lojas de artigos religiosos, músicas pop de Bollywood tocadas em alto-falantes. Uma sinfonia caótica que entra pelo seu ouvido enquanto suas narinas tentam se defender da invasão dos vários tipos de cheiros, como os de lixo, estrume e óleo requentado das frituras preparadas pelos vendedores ambulantes. Os olhos também se cansam do bombardeio visual: os anúncios de tudo o que se possa imaginar se sobrepõem uns aos outros em muros, paredes, fachadas de lojas, *outdoors*. Os barcos de madeira ancorados na beira do Ganges são todos pintados com propagandas das gigantes indianas de telecomunicações, como Reliance, Airtel e Tata Indicom, alguns dos principais ícones do crescimento econômico.

Imensa imagem de Shiva pintada em coluna na beira do rio Ganges, na principal escadaria que leva ao rio sagrado, na cidade de Varanasi.

A cidade é devotada completamente a Shiva, com suas imagens espalhadas por todos os cantos. Somente fotos de atores de Bollywood – que vendem de pilhas a cuecas – competem com o deus. Em julho, as ruas de Varanasi são ocupadas pelos *kanwarias*, os "andarilhos de Shiva". São jovens vestidos de laranja que viajam a pé em procissões de vários dias até as cidades na beira do Ganges para coletar a água sagrada. Em seus vilarejos, dentro dos templos, a água sagrada é jogada sobre os chamados *lingam*, as representações do falo ereto sagrado de Shiva, que simbolizam a fecundidade. Hoje em dia surgiu uma nova modalidade: os *kanwarias* da classe média emergente endinheirados que percorrem a procissão não mais a pé, como manda a tradição ascética, mas de motos e carros.

Turistas e devotos ficam na mira dos comerciantes, que usam táticas criativas para atrair a clientela. O exemplo mais curioso que vi foi em uma das ruas que desembocam no Ganges: uma imensa "vaca sagrada" branca esparramada no chão de uma loja de roupas, a Chikan Corner. Os vendedores, atrás dos balcões, entediados, nem olhavam para o animal. Entrei para conversar com o dono, Omprakash. Na verdade, o animal era um touro. Foi batizado de Nandi, em homenagem ao touro de Shiva, também sagrado. As estátuas de ambos estão no fundo da loja. O Nandi de carne e osso é um poderosíssimo "garoto-propaganda". Hordas de visitantes entram lá atraídos pelo bicho. Omprakash costuma alimentar o mito hindu de Nandi dizendo que o touro olha o tempo todo para a estátua do deus e de seu animal. "Ele chega religiosamente todos os dias às 7h da manhã, quando a loja abre, e só vai embora quando as portas se fecham", conta. O animal sai uma vez por dia para amealhar oferendas na feira da rua ao lado. Os concorrentes o acusam de "corromper" o touro oferecendo a ele frutas e vegetais frescos. "A minha loja já apareceu em todas as televisões do mundo e isso atrai inveja dos outros", reage Omprakash. A imagem do bicho passou a ser estampada no letreiro de neon da fachada e na própria nota fiscal da loja.

TEMPLOS-VACAS

Muitos tiram vantagem da imagem de animais sagrados. É comum ver pessoas caminhando com vacas, touros, macacos e elefantes para pedir dinheiro. Os "templos-vacas" são uma mão na roda para os devotos sem tempo. Vestidos com roupas coloridas e celebrativas, com chifres enfeitados, eles carregam um minialtar sobre o lombo com pequenas imagens de deuses hindus. *Sadus*-ambulantes as levam de porta em porta, oferecendo a salvação em domicílio e recolhendo a oferenda monetária. Há também os "templos-riquixás", com seus motoristas fazendo o papel de sacerdotes. E também os minitemplos espalhados pelas cidades, bastante práticos por causa da falta de espaço na Índia: são cubículos com as paredes cobertas de azulejos. Dentro deles, imagens sagradas diante das quais os devotos depositam as oferendas. Esses são exemplos da simplicidade de se praticar o hinduísmo. É uma religião sem formalidades. O fiel não precisa necessariamente se deslocar para um templo. As casas hindus têm um canto reservado para as *pujas*, como são chamadas as preces diárias. Há uma crença forte nas imagens das divindades. Para um hindu, é importante ter a *darshana*: ver os deuses e ser visto por eles. Isso traz sorte e mérito espiritual. Hoje em dia, alguns templos

O boi Nandi passa o dia todo dentro da loja Chikan Corner. No fundo da loja, uma estátua de Shiva montado no seu Nandi, seu mitológico boi. Segundo Omprakash, dono da loja, o Nandi de carne e osso passa o dia olhando para a imagem do Nandi inanimado.

mais modernos passaram a oferecer até *darshanas* on-line, com câmeras ao vivo que facilitam a vida dos devotos.

Construído como símbolo dos novos tempos por um empresário mecenas que apoiou o movimento de independência e foi amigo de Mahatma Gandhi, o templo Birla, em Délhi, simboliza o ideal do culto sem preconceitos de casta. Uma imponente construção cor de tijolo e creme, com uma escadaria enfeitada com leões de mármore na entrada, é um exemplo de limpeza e organização. O templo é em homenagem a Vishnu. Mas vários outros deuses estão ali representados. Suas imagens são banhadas, recebem comida e são vestidas com roupas exuberantes, brilhosas, com rendas e lantejoulas. Os deuses hindus nunca são figuras distantes no alto de um céu inatingível. E não são apenas as imagens dos templos que podem ser consideradas sagradas. Conta-se nos círculos diplomáticos de Délhi a história de uma imagem do deus Ganesha, com cabeça de elefante, colocada na frente de uma embaixada apenas para efeito decorativo. Os indianos, no entanto, não o viam como um enfeite. Depositavam oferendas ali. Os responsáveis pela embaixada colocaram um letreiro pedindo que não depositassem flores, doces e frutas no local. Mas o pedido foi totalmente ignorado. A única saída foi retirar o Ganesha de lá. A relação do devoto com os deuses é de tanta familiaridade que quando se está com raiva, pode-se ir a um templo e reclamar com o deus. Em uma cena famosa do filme *Deewar* – um dos maiores clássicos de Bollywood –, o galã Amitabh Bachchan reclama com Shiva: "Você é apenas um pedaço de pedra. Se você tem problemas comigo, não desconte em cima da minha mãe."

A mitologia hindu contabiliza 330 milhões de deuses e seus avatares. Mas muitos hindus acreditam que exista um deus que pode ser reverenciado através dessa multidão de divindades. O devoto geralmente tem o seu ou a sua "Ishta deva", a divindade escolhida de acordo com o seu gosto. Mas há uma trindade sagrada: Brahma, o deus da criação do universo, Vishnu, o preservador, e Shiva, o destruidor: para criar, é preciso destruir.

Apesar de ser tão importante, Brahma é ausente no cenário indiano. Nunca se vê imagens dele. Há um único templo famoso em sua homenagem, na cidade de Pushkar, no Rajastão.

Os deuses são reverenciados por seus vários aspectos. Em Délhi, por exemplo, há um curioso templo de Shiva dedicado a seu avatar enraivecido: Bhairon. Ele só é apaziguado quando bebe álcool. Em julho de 2011, quando visitei o templo, cerca de 50 devotos se enfileiravam diante de sua imagem para oferecer garrafas de Old Monk, famoso rum local, além de Evening Special e Imperial Blue, marcas populares de uísque indiano. Um cheiro intenso de álcool é o sinal de que você está chegando perto da imagem de Bhairon. Depois de oferecer as garrafas ao deus em um gesto sim-

Cabeça de elefante e corpo de menino: Ganesha é um dos deuses mais queridos dos indianos.

bólico, o uísque está abençoado e pode ser consumido: passa a ser chamado de *prasad*. O mesmo acontece com doces, frutas e biscoitos oferecidos a qualquer outro deus. Muitos devotos sentam na grama ali mesmo e esvaziam as garrafas. O mais surreal é a fila de mendigos sentados no chão da saída do templo. Eles estendem copos de plástico vazios na sua direção: não para recolher moedas, mas para que você divida com eles a bebida abençoada.

Vishnu é reverenciado principalmente através de seus avatares: Rama, o príncipe heroico do épico *Ramaiana*, e Krishna, o simpático vaqueiro e amante. A religiosidade dos indianos é exercida de forma festiva, com uma celebração atrás da outra. "Doze meses, 13 Festivais", dizem eles com orgulho. Nenhum país tem tantos feriados como a Índia. A maior de todas as festas é o Divali, o Festival das Luzes, em homenagem a Rama, assunto do capítulo "Mitologia *versus* História".

Uma das mais impressionantes demonstrações de devoção e fé no planeta é o Kumbh Mela, que ganhou fama internacional por reunir uma multidão de mais de 70 milhões de devotos e *sadus* durante os seus três meses de duração. Os indianos dizem que nenhuma outra congregação religiosa no mundo atrai um número tão grande de pessoas como essa. Os *sadus* se desentocam de seus abrigos, cavernas, tendas e viajam aos milhares até o local do Kumbh Mela. O ponto auge são as suas procissões até a beira do rio, onde dão os mergulhos sagrados.

Outra celebração impressionante é o Holi, ou o Festival das Cores, um verdadeiro carnaval hindu que acontece todos os anos em março. Quando os brasileiros se despedem do seu carnaval, a Índia cai na folia por um dia. As regras da conservadora sociedade indiana costumam ser quebradas e os indianos se misturam em brincadeiras nas ruas, ignorando divisões de castas e classes. Mulheres e homens até flertam. Todos querem se divertir, jogando tintas e pós coloridos uns nos outros. Até mesmo os políticos entram na folia: todos os anos os jornais publicam fotos de ministros completamente coloridos da cabeça aos pés no meio da multidão. Enquanto dançam sob a batida rítmica dos tambores, os foliões se abastecem de *bhang*, uma bebida bastante peculiar vendida livremente até em lojas do governo. É uma mistura de leite com haxixe, açúcar e frutas secas, tradicionalmente apreciada pelo deus Shiva. A festa é baseada na lenda de Holika, um demônio feminino irmã de um rei-diabo. Irritado com o seu filho por ser devoto ardoroso de Vishnu, o rei pediu a Holika que matasse o rapaz. Mas ela falha e Vishnu aniquila o rei. A moral da história é de que o bem sempre prevalece sobre o mal. Para celebrar isso, bonecos de Holika são jogados na fogueira.

GANESHA E HANUMAN: OS FAVORITOS DOS EMERGENTES

Alguns festivais são dedicados totalmente a um só deus. Uma vez por ano, a poderosa Durga, destruidora de demônios, hipnotiza a Índia. Ela é representada como uma guerreira montada em um tigre e reverenciada por seus dois aspectos: benevolência e força. Oferendas são dispostas diante de suas imensas estátuas em exposição em vários bairros das cidades. As mais bonitas ganham prêmios oferecidos por associações de moradores. Mas o que talvez simbolize melhor a Índia moderna é o festival em homenagem ao deus-elefante Ganesha. Considerado um destruidor de obstáculos poderoso, ele encarna a prosperidade, a sabedoria e a inteligência. Também chamado de "senhor do começo", a divindade-elefante é invocada pelos fiéis antes de iniciar um trabalho novo, um negócio, uma prova, uma viagem, a mudança para uma nova casa. Ele é representado com uma caneta na mão com a qual teria escrito os 100 mil versos do épico *Mahabárata*. Por isso, é também a divindade protetora dos escritores e estudantes.

Ganesha se encaixa perfeitamente nas aspirações da Índia globalizada. Daí seu festival ser cada vez mais popular e concorrido, principalmente no coração financeiro indiano, Mumbai. Cortejos tomam conta das cidades. Ao som de tambores e músicas, os indianos dançam, cantam e carregam suas imagens até rios, lagos, mar ou piscinas artificiais. Elas são imersas na água, uma teatralização de sua volta à casa que costuma causar muitos danos ao meio ambiente. Por isso, o governo faz campanhas para o uso de materiais ecológicos nas imagens de Ganesha. Segundo a sua lenda de nascimento, a deusa Parvati queria tomar banho e pediu a um garoto que tomasse conta da porta. Quando Shiva, marido de Parvati, viu um desconhecido ali, mandou decepar a sua cabeça. Furiosa, Parvati exigiu que seu marido trouxesse o menino de volta à vida. Shiva mandou seus guardas trazerem a cabeça do primeiro ser que encontrassem pelo caminho. Acharam um elefante e o decapitaram. Essa criatura, corpo de menino, cabeça de elefante, ganhou poderes divinos e conquistou o coração dos indianos.

Hanuman, o deus-macaco, não tem um festival desse tipo, mas em compensação é uma divindade em ascensão na Índia moderna. Hanuman ganhou mais popularidade entre a classe média emergente, e as preces são publicadas em livrinhos-miniaturas vendidos nas grandes redes de livrarias em shopping centers. Ele é admirado pela sua força física e coragem que ajudaram Rama a derrotar o demônio Ravana no épico *Ramaiana*. Barack Obama ganhou muitos fãs na Índia depois que saiu uma reportagem

Meninos brincam em lago escalando estátua que representa Durga, em Délhi.

em uma revista americana na época de sua campanha eleitoral, em 2008, sobre sua devoção a Hanuman: ele até carregava um pequeno talismã do deus hindu no bolso.

Um dos templos mais tradicionais em homenagem a Hanuman, no coração de Délhi, costumava ser frequentado por macacos. Isso não é uma grande novidade porque macacos circulam livremente pelas ruas da capital indiana e de outras cidades, como será visto no capítulo "O enigma do elefante". O que começou a chamar a atenção no principal templo de Hanuman de Nova Délhi há alguns anos foi a presença constante de um macaco específico, que, segundo diz o mito urbano da capital indiana, batia ponto ali diariamente para rezar e depois ganhar as bananas-oferendas. Quando morreu, uma multidão acompanhou o cortejo fúnebre do animal, que ficou com fama de ser a reencarnação de Hanuman. Os bonequinhos de Hanumans de plástico laranja são uma febre, pendurados em espelhos retrovisores de riquixás a BMWs.

DISNEYLÂNDIA HINDU

Uma das atividades mais importantes e tradicionais do hinduísmo são as peregrinações, chamadas de Thirthas – os hindus acreditam que elas trazem carma positivo. É uma tradição as famílias tirarem férias juntas: família unida peregrina unida na Índia. Algumas peregrinações são bastante espinhosas, como o Himalaia, a cadeia montanhosa sagrada que mitologicamente seria a casa de Shiva. A mais difícil de todas é Amarnath, uma caverna no alto do Himalaia, no estado de Jammu & Caxemira, que atrai cerca de 22 mil peregrinos diariamente durante um mês e meio no verão, o único período possível de visitá-la. A quase quatro mil metros acima do nível do mar, essa peregrinação é talvez a mais perigosa: no ano de 2011 cerca de 70 pessoas morreram em acidentes ou devido a problemas de saúde nessa trajetória.[2] A grande atração da caverna é uma formação de gelo natural com a forma de um *lingam*, o falo sagrado de Shiva.

O crescimento econômico impulsionou a indústria das peregrinações. Metade dos pacotes de viagens vendidos na Índia é de turismo religioso. Para os novos ricos, pacotes especiais incluem transporte de helicópteros a pontos de difícil acesso. Outro local que atrai muitos peregrinos é o famoso templo Tirupati, no estado de Andhra Pradesh, dedicado a Venkateswara, uma das encarnações de Vishnu. Sua imagem – decorada com joias que pesam quilos de ouro – atrai uma multidão de 60 mil pessoas por dia. Os indianos, que adoram apostar grandiosidades, dizem que o templo é a instituição religiosa mais rica do mundo depois do Vaticano. Em 2009, um político ofertou uma coroa de ouro incrustada de diamantes no valor de US$ 8,5 milhões, uma das maiores doações da história do templo. Aqueles que fazem doações generosas de ouro conseguem furar a fila para ver o ídolo, que pode demorar o dia inteiro. Outra oferenda muito comum, essa feita em geral pelos pobres, são cabelos: o templo ameaíha milhões de dólares por ano com a exportação dessa matéria-prima para perucas.

Um dos maiores símbolos da Índia emergente hindu é o templo Akshardham, apelidado pela mídia de "Disneylândia hindu". É um imenso palácio rosa-claro suntuoso, todo esculpido com motivos hindus, que desponta no meio da feiura dos conjuntos habitacionais cinzentos caindo aos pedaços da região leste de Délhi. O templo – um tributo ao guru Bhagwan Swaminarayan (1781-1830) – foi construído em 2005 e custou mais de US$ 40 milhões, boa parte vindo da rica diáspora indiana. Akshardham é, na verdade, um complexo cultural e de entretenimento que exibe a tradição religiosa do país com pitadas de nacionalismo exacerbado. Em 15 minutos de barco em um lago artificial, o visitante passeia por um túnel onde está exposta a história da Índia. A "Disneylândia hindu" oferece ainda fontes musicais, sala de cinema e uma praça de alimentação vegetariana, inspirada em cavernas de meditação da Índia antiga.

O hinduísmo passou a ser retratado como uma religião mais ou menos unificada somente a partir do século XIX. Antes, os cultos a diversos deuses eram chamados de bramanismo, uma espécie de precursor. Muitos consideram essa religião uma filosofia de vida. É menos centralizada do que as outras crenças. Não tem fundador, profeta ou um livro único sagrado. Com exceção dos radicais, os hindus têm uma longa tradição de tolerância. A própria origem da palavra *hinduísmo* não é religiosa, mas geográfica: vem do nome do rio Indus, que hoje fica no Paquistão. Na época em que Alexandre, o Grande, invadiu a região, os persas passaram a se referir às pessoas que viviam ao leste do rio Indus como hindus. E o território começou a ser chamado de Índia. O nome do rio era Sindhus, mas os persas não conseguiam soletrar o "S". O hinduísmo é extremamente adaptável: absorve constantemente novas divindades, filosofias e até assimila facetas de outras crenças.

A religião abandonou o sacrifício de animais, passou a adotar o vegetarianismo e a ideia da não violência por influência do jainismo, explicado mais adiante. Conversões não existem: os hindus são resultado de seu carma na vida anterior – aqueles nascidos em uma família hindu e em uma casta particular. Os únicos países com grandes concentrações de hindus no mundo são a Índia (mais de 80% da população), que é secular, e o vizinho Nepal (mais de 90% da população), onde o hinduísmo é religião estatal.

O SUPER-HERÓI HINDU E O TERROR AÇAFRÃO

Mas os hindus radicais passaram a querer transformar a sua religião em algo que ela não é: uniforme e monolítica. E ainda criaram divindades nacionais hipermasculinizadas e heroicas. A principal delas, Rama, o protagonista do *Ramaiana*, tornou-se um ícone da filosofia nacionalista hindu, o chamado Hindutva. Esse projeto político culminou em vários atos de violência contra outras religiões. Em 1992, uma multidão de hindus fanáticos, liderada por *sadus* ensandecidos, demoliu uma mesquita construída no século XVI na cidade de Ayodhya, em Uttar Pradesh: a chamada Babri Masjid. O argumento, não comprovado, foi de que a Babri Masjid havia sido construída no lugar onde Rama havia nascido, embora ele não seja um personagem comprovadamente histórico. Os radicais hindus planejavam construir um templo no local.

Sua destruição provocou violentos conflitos que deixaram dois mil mortos, horrorizando a nação fundada com um ideal de tolerância religiosa. A cidade de Ayodhya se tornou o maior símbolo da guerra santa hindu-muçulmana. No ano seguinte, mais de mil muçulmanos foram massacrados nas ruas de Mumbai, resultado da tensão gerada com a destruição da mesquita. Como consequência, um grande atentado terrorista atingiu a cidade, com a explosão de 13 bombas que matou 257 pessoas e feriu 750. O ataque foi orquestrado por um mafioso muçulmano com "negócios" de contrabando, tráfico de drogas e especulação imobiliária, que teria fugido para o Paquistão.

Os conflitos comunais são um dos maiores fantasmas que assombram a Índia. No dia 27 de fevereiro de 2002, um trem cheio de ativistas hindus teria sido atacado, segundo militantes hindus, por muçulmanos no estado de Gujarat: 60 hindus morreram queimados. Mas até hoje não se sabe a causa exata do fogo. Nos dias seguintes, gangues massacraram 2 mil muçulmanos, estuprando as mulheres, queimando suas casas e assassinando homens e crianças, enquanto a polícia local assistia de braços cruzados.

Mais de 90 mil muçulmanos fugiram de suas casas. Os grupos radicais hindus inspiraram-se no fascismo europeu com células semimilitarizadas uniformizadas em estilo semelhante às criadas por Benito Mussolini.

Os mais extremistas passaram recentemente a se inspirar até no terrorismo fundamentalista islâmico. Entre 2006 a 2008, promoveram uma série de ataques, um deles, a explosão de uma bomba no "trem da amizade" entre a Índia e o Paquistão em 2007, matou 68 pessoas. A prisão de um *sadu* acusado de terrorista, Swami Aseemanand, 59 anos, em novembro de 2010, foi um choque para muitos. A partir daí foi desvendada toda a rede do que foi batizado pela mídia de "terror açafrão", em referência à cor símbolo do hinduísmo. Eles alegavam represália ao terrorismo promovida por fundamentalistas islâmicos: seu novo lema é o olho por olho.

Na verdade, atentados terroristas cometidos por hindus não são uma novidade: o primeiro deles foi o próprio assassinato de Mahatma Gandhi, como será visto no capítulo "E nasce uma nova Índia".

A Índia é uma espécie de caldeirão espiritual, berço do hinduísmo, do budismo, do jainismo e do sikhismo. Além disso, abrigou quatro religiões que vieram de fora: o islamismo, o cristianismo, o zoroastrismo e o judaísmo (esta última é inexpressiva hoje porque muitos judeus migraram para Israel). O secularismo e a rica cultura filosófica indiana deram espaço para a proliferação de várias correntes religiosas e filosóficas. Mesmo em um país profundamente religioso, o ateísmo floresceu, com várias correntes de pensamento na história que negam a existência de Deus e da alma. O próprio Buda tinha uma abordagem cética sobre a existência de Deus. Um dos textos de filosofia materialista, do século XIV, dizia: "Não há céu, não há libertação final, nem qualquer alma nesse mundo [...] foi somente para a sua sobrevivência que os brâmanes criaram todas as cerimônias para os mortos."[3]

A Índia é um país onde uma mulher italiana de herança católica (Sonia Gandhi) abriu caminho para um sikh (seguidor do sikhismo), Manmohan Singh, ser declarado primeiro-ministro (em 2004) por um presidente muçulmano, Abdul Kalam (em 2002-2007) em uma nação de maioria hindu. Os dois maiores governantes de sua história foram um budista (Ashoka, o Grande) e um muçulmano (Akbar, o Grande), ambos tratados no capítulo "Mitologia *versus* História". Apesar da partição sangrenta em 1947, que veremos mais para frente, os indianos aceitaram o secularismo como um valor básico. Mas essa é uma história de sucessos e fracassos. Quando o escritor francês André Malraux perguntou ao agnóstico Nehru no final de sua vida qual havia sido sua tarefa mais difícil, ele respondeu: "Criar um Estado secular em um país religioso." O Estado indiano procura proteger as minorias religiosas, mas acaba exagerando, segundo os críticos. Muitos se queixam de que, em nome da religião, a liberdade de expressão na maior democracia do mundo seja atropelada frequentemente. A Índia foi o primeiro país a banir o livro *Versos satânicos*, de Salman Rushdie, em 1988, por pressão de grupos muçulmanos. Organizações cristãs conseguiram a proibição do livro e do filme *Código Da Vinci*. Uma das maiores vítimas dessa censura religiosa foi o pintor Maqbool Fida Husain, o "Picasso indiano", alvo de inúmeras ações de grupos radicais que o acusavam de haver ofendido a fé hindu por pintar um quadro de uma deusa nua e desenhado o contorno da Índia como um corpo feminino. Sua casa em Mumbai foi vandalizada e, em 2010, ele abdicou de seu passaporte indiano e se autoexilou em Dubai e em Londres, onde morreu em 2011, aos 95 anos. Qualquer comentário sobre qualquer religião pode causar uma enorme polêmica. O espaço para senso de humor é mínimo. Há alguns anos, um inofensivo comercial americano irritou os indianos mais sensíveis: mostrava Gandhi em um bar, com uma caneca de cerveja, dizendo: "Nada como a cerveja Swiller para quebrar um jejum." Ainda bem que os indianos ainda não descobriram que o Brasil tem uma cerveja chamada Brahma.

O MISTÉRIO DO DESAPARECIMENTO DO BUDISMO

Três religiões nasceram na Índia como crítica a determinadas práticas hinduístas: o budismo, o jainismo e o sikhismo. O budismo surgiu há mais de 2.500 anos, quando o príncipe Siddharta Gautama teve a revelação, chamada de *bodhi*, daí o seu nome Buda, o Iluminado. O budismo surgiu criticando a divisão de castas e o sacrifício de animais em templos como oferendas aos deuses. A iluminação de Buda aconteceu debaixo de uma figueira no norte da Índia, em Bodhgaya, onde hoje é o estado de Bihar, um dos mais pobres do país. O lugar é o principal ponto de peregrinação budista da Índia: atrai 1,5 milhão de turistas espirituais de todo mundo a cada ano. Essa figueira, tida como a sexta geração da famosa árvore de Buda, acabou se transformando em alvo de disputa há alguns anos: a comercialização de suas folhas e de pedacinhos de seu tronco provocou a ira de monges budistas, que registraram queixa na polícia contra religiosos hindus do templo de Mahabodhi, construído há 1.500 anos em frente à árvore sagrada. Hoje o templo é meio budista, meio hinduísta, já que Buda foi transformado em uma das encarnações de Vishnu pelos hindus. A árvore mais famosa do mundo vive cercada de um formigueiro de peregrinos que disputam cada centímetro sob a gigantesca sombra de sua copa. Todos querem meditar ali e, quem sabe, se iluminar. Quando eu visitei o local, em dezembro de 2010, havia uma congregação mundial de budistas: centenas de monges e leigos de vários países se esparramavam e montavam acampamento pelo imenso parque em volta da árvore.

Mas além de sentar aos pés da figueira, os peregrinos de Bodhgaya costumam circular pelos belos monastérios budistas construídos recentemente e bancados por outros países com população budista, como Tailândia, Japão, Coreia do Sul e Butão. Do lado de fora de seus portões, um cenário que parece ter saído dos tempos de Buda: mendigos maltrapilhos e esfomeados ao lado de imensas montanhas de lixo disputadas por ratazanas, porcos selvagens, vacas e vira-latas. Acompanhando o ritmo do

Dois meninos monges budistas tibetanos em Bodhgaya, estado de Bihar.

crescimento econômico dos últimos anos, Bodhgaya está salpicada de obras e novas construções, boa parte delas hotéis. Apesar de ficar no coração da miséria, a cidade tem hoje até um aeroporto internacional, construído especialmente para receber as hordas de turistas budistas de todo o mundo.

O príncipe Siddharta Gautama, que viveu por volta do século v a.C., era um xátria, o segundo grupo da pirâmide casteísta, depois dos brâmanes. Ele pertencia ao clã dos shakya, uma casta de governantes nobres. Com 29 anos, já casado e pai de um menino, Siddharta saiu pela primeira vez do palácio e encontrou a dura realidade: viu pessoas velhas, doentes, famintas, moribundas e corpos. A partir daí, ele decidiu dedicar sua vida para encontrar a libertação do sofrimento causado pelos desejos e apegos. Daí a necessidade de se eliminar tudo isso. É quando se atinge o nirvana, o fim da desilusão: um estado de absoluta iluminação e serenidade. Budismo é o nome em inglês do que os seus seguidores chamam simplesmente darma, o ensinamento que Buda pregou por mais de 40 anos. Ele acabou morrendo, de disenteria, já octogenário, depois de comer carne de porco estragada. Mas o darma de Buda continuou por mil anos após a sua morte como o maior fator determinante da civilização indiana, apoiado por príncipes e reis.

Ainda é um mistério como o budismo desapareceu quase completamente da terra onde nasceu o seu fundador. Essa religião só sobreviveu em algumas comunidades no meio do Himalaia indiano. O maior adversário do budismo foi o bramanismo. Na época medieval, movimentos devocionais religiosos brâmanicos tornaram-se populares e os hindus passaram a adotar uma postura agressiva contra os budistas. O bramanismo se fortaleceu ressuscitando práticas supersticiosas populares e acabou engolindo o budismo. A pá de cal foi dada pelos invasores muçulmanos. Mas o budismo já havia migrado para os países vizinhos: foi um dos produtos de exportação cultural de maior sucesso da Índia. Foi somente a partir dos anos 1950 que o budismo começou a ressuscitar, com a conversão do líder dalit Bhim Rao Ambedkar. Até esse momento, a Índia tinha apenas pouco mais de 180 mil budistas. Segundo o censo de 2011, 7,9 milhões de indianos seguiam o budismo. Mas comparando-se com o total da população, o número de budistas é insignificante: apenas 0,8%.

Outro fato que fez o budismo crescer de novo em solo indiano foi a fuga do 14º Dalai Lama do Tibete para a Índia em 1959. Mas a presença dessa religião ainda é concentrada em comunidades dalits em várias cidades do país, em alguns lugarejos da Cordilheira do Himalaia e nos assentamentos dos refugiados tibetanos. Por causa do Dalai, o vilarejo onde ele mora, McLeodganj, nos pés do Himalaia, entrou para o circuito da moda entre os neobudistas estrangeiros que desembarcam na Índia com o sonho de serem recebidos pelo seu líder espiritual.

Budista indiano no templo de McLeodganj, em frente à casa do 14º Dalai Lama. Na foto, a roda da reza, que contém mantras sagrados.

Do lado de sua residência, está o famoso templo Tsuglag Khang, ou Catedral Central. Ali, dezenas de monges, divididos em pares, debatem filosofia budista em exercícios diários. Para os leigos, parece uma briga: eles discutem em tom alto e a cada argumento batem as palmas das mãos. Alguns devotos se jogam no chão como um mergulho: é uma prostração diante do imenso Buda dourado dentro do templo. O ambiente é dominado pelo cheiro de incenso e de manteiga colocada dentro das *dyias*, as lamparinas usadas nas preces. Mas McLeodganj, assunto do capítulo "A guerra fria de Buda", não tem importância histórica para o budismo. Fundado durante a colonização britânica, o vilarejo do Dalai Lama não tem nenhuma relação com a vida de Buda, como as cidades de Bodhgaya e Sarnath, este último o local onde Buda pregou o seu primeiro sermão, no estado de Uttar Pradesh.

Cinquenta anos após a chegada do Dalai Lama à Índia, já há uma rede de monastérios budistas tibetanos espalhada pelo país: seus visitantes e devotos são mais estrangeiros do que indianos. A três horas de carro de McLeodganj fica o monastério de Sherablin, uma bela construção em estilo tibetano, vermelho-escura e amarela, as cores dos hábitos dos monges budistas. Espremido no meio de uma floresta de pinheiros e cedros, de cara para o paredão das montanhas, o monastério de Sherablin ficou famoso em 2003, depois que seu belo coro de monges ganhou o Grammy na categoria Música Mundial. Tenam Lama, um monge tibetano nascido no Nepal, secretário do monastério, foi o encarregado de receber o prêmio nos EUA. Ele conta rindo que ninguém ali em Sherablin tinha a menor ideia do que era o Grammy. "Nós só descobrimos depois que recebemos a notícia de que havíamos sido premiados", lembrou em 2007, durante uma das visitas que fiz ao monastério, que hoje tem até uma espécie de hotel para acomodar os visitantes que procuram ali fazer cursos de filosofia budista e meditação. A história da premiação dos monges de Sherablin começou com um casal budista da Nova Zelândia que queria reproduzir no centro religioso que eles abriram em seu país o canto que ouviram no monastério. Assim, o coro dos monges foi gravado e transformado no CD *Sacred Tibetan Chant: The Monks of Palpung Sherabling Monastery*. "Alguém nos EUA que ouviu o CD nos indicou", contou Tenam Lama.

A NÃO VIOLÊNCIA RADICAL

Assim como o budismo, o jainismo também nasceu como uma crítica ao hinduísmo, especialmente o sacrifício de animais. Vardhamana Mahavira (599-527 a.C.), o fundador da religião jain, era contemporâneo de Buda e viveu na mesma região do norte da Índia. Ambos eram nobres, da mesma casta, abandonaram a vida de conforto para se tornar ascetas e buscaram a iluminação. A origem da palavra *jain* deriva de *jina*, que significa *conquistador espiritual*. Mahavira pregava uma doutrina semelhante à do budismo: de libertação do desejo, do sofrimento e da morte.

Mas ele tinha uma teoria bem mais radical: defendia a rejeição total do mundo material e a prática extrema da não violência, a chamada *ahimsa*, que depois foi abraçada por Mahatma Gandhi. Nenhum ser vivo, nem mesmo um verme, poderia ser morto ou ferido. Por isso, os jains mais convictos tomam cuidados extras quando caminham. Evitam pisar em qualquer ser vivo no chão. Os mais radicais costumam levar um espanador para varrer os lugares onde sentam e usam uma máscara na boca, do tipo médica, para não inalar nenhum inseto. Os jains evitam comer raízes, como batata e beterraba, porque microrganismos podem morrer no momento da colheita. Muitos deles não aceitam nem mesmo que carnívoros morem em seus prédios.

No Hospital dos Pássaros, fundado pelos jains há 80 anos na cidade velha de Délhi, a maioria dos pacientes são pombos que convalescem em gaiolas espalhadas em um comprido corredor. O cuidado com eles vai até os mínimos detalhes: os ventiladores de teto são engaiolados para não ferir nenhum pássaro. As paredes são pintadas com desenhos de pavões e músicas devocionais relaxam os animais, entre eles uns poucos coelhos. Nenhum carnívoro é admitido. Mas o veterinário Ashish Jain nega que o hospital discrimine outros animais. "Délhi já tem 250 clínicas para cães e gatos. Os pássaros só têm o nosso hospital como ajuda. Nós recebemos uma média de 60 pássaros por dia", defende-se.

Os jains também acreditam, assim como os hindus, que a soma das ações de uma pessoa determina a natureza de seu renascimento futuro. Mas não creem em um deus criador: nisso se assemelham aos budistas. O jainismo nunca se espalhou para fora da Índia como aconteceu com o budismo. Por isso é uma religião quase desconhecida em outros países. São uma comunidade pequena: 4,2 milhões ou apenas 0,4% da população. Mas são muito influentes e curiosamente, apesar da pregação de ascetismo, são endinheirados e costumam se dedicar ao comércio e às finanças. Seus monges praticam a austeridade de forma muito mais severa do que os ascetas de outras religiões. Eles não raspam a cabeça, mas arrancam o seu cabelo pela raiz, fio por fio. São proibidos de pedir comida: se alimentam do que recebem voluntariamente. Alguns demonstram sua total renúncia ao mundo viajando completamente nus: todas as formas de apego trazem sofrimento.

Essas austeridades e jejuns radicais influenciaram todas as religiões indianas. Uma tradição jain provoca polêmicas furiosas até hoje na Índia: a *santhara*, o lento ritual de jejum até a morte. É a abnegação não violenta do corpo. A pessoa deixa de comer e beber água até morrer. É uma decisão espiritual tomada quando a pessoa sente que a vida já cumpriu seu objetivo.

Com frequência a mídia divulga histórias de jains que cometeram *santhara*. Ativistas de direitos humanos protestam dizendo que o ato é um mal social que deve ser considerado suicídio, proibido por lei. Geralmente, a pessoa que adota *santhara* faz os parentes prometerem não chorar ou se vestir de branco quando morrerem: essa é também a cor do luto para os jains. Isso porque há uma crença de que tratar a morte com tristeza significa prender a alma ao mundo terreno e evitar a sua libertação.

Séculos depois do budismo e do jainismo, já na Idade Média, surgiria uma nova religião indiana: o sikhismo. Para muita gente fora da Índia, o sikhismo evoca a imagem de homens barbudos, com cabelos compridos escondidos sob turbantes, e com valores marciais. Mas essa religião nasceu defendendo ideias pacíficas, de tolerância e igualitarismo. É a crença mais jovem da Índia. Surgiu no século XVI com o primeiro de uma série de mestres espirituais: Guru Nanak (1469-1539). Ele abandonou a família temporariamente, tornou-se um andarilho, jejuou e meditou. A palavra *sikh* vem do sânscrito *shishya*, ou seja, *discípulo*: os sikhs são discípulos dos seus gurus. A nova fé absorveu elementos do islamismo e do hinduísmo. No exterior, os sikhs são frequentemente confundidos com muçulmanos. Depois do atentado de setembro de 2001, eles passaram a ser atacados por americanos que achavam que eram árabes ou afegãos. Dez anos depois do atentado, em dezembro de 2011, foi lançado na Índia o filme *I am Singh*, do diretor Puneet Issar, mostrando essa discriminação e o racismo enfrentado por eles. Organizações sikhs promovem campanhas de esclarecimento sobre sua religião em vários países. Na França houve proibição de uso dos turbantes sikhs nas escolas em 2004. No Reino Unido, eles lutaram com sucesso na década de 1970 pelo direito de usar seus turbantes no lugar dos capacetes de motos.

O maior símbolo da defesa do igualitarismo no sikhismo são as chamadas *langars*, as cozinhas comunitárias das *gurduwaras*, os templos sikhs. Lá são preparadas e servidas refeições para qualquer pessoa que entre no templo. Todos sentam-se juntos para comer, de mendigo a milionário, de dalit a brâmane. No templo Dourado, o principal ponto de peregrinação dos sikhs, equivalente ao Vaticano para os católicos – na cidade de Amritsar, no Punjab –, a *langar* prepara refeições para centenas de milhares de pessoas por dia. Geralmente são servidos os pratos básicos dos indianos em quantidade ilimitada: lentilha, arroz, vegetais e pão. Apesar de ser feita em quantidade para alimentar um exército, a comida é bastante saborosa. Os fiéis esperam sentados no chão de um imenso salão a chegada dos voluntários com os caldeirões de arroz e lentilha. No lago artificial do templo Dourado, uma das mais belas construções religiosas que vi na Índia, os devotos dão mergulhos sagrados que são uma espécie de benção. Alguns rezam dentro da água, outros sentados na sua beira, outros dentro do próprio templo. A atmosfera espiritual é enfatizada com músicas devocionais e cantos dos versos do *Granth Sahib*, o livro sagrado e único objeto de devoção dos sikhs. O sikhismo nasceu rejeitando a idolatria de imagens típica do hinduísmo. Mas com o tempo, o *Granth Sahib*, disposto dentro do templo, passou a ser adorado quase como um ídolo: é cuidadosamente envolvido em tecidos decorados e recebe até oferendas.

Apesar da pregação igualitária, o preconceito de castas acabou migrando para o sikhismo, assim como aconteceu com outras religiões que teoricamente negam o casteísmo. No início, foram abolidos todos os sobrenomes que denotavam casta: os sikhs passaram a se chamar Singh. Mas até hoje muitos escrevem o sobrenome que indica a sua casta alta após o nome Singh como uma forma de ressaltar a sua origem.

Guru Nanak pregava, como os hindus, que ao seguir o seu darma, os devotos poderiam se livrar do círculo infinito de renascimento e alcançar o *moksha*. Mas para ele, essa libertação significava a união com Deus.

Caldeirão dos deuses | 75

Fiel sikh faz suas preces no lago sagrado diante do templo Dourado, o principal ponto de peregrinação dos sikhs, na cidade de Amritsar, no estado do Punjab.

Os sikhs passaram a ser perseguidos pelos imperadores da dinastia islâmica Mogol e por causa disso se tornaram guerreiros, formando uma comunidade marcial chamada Khalsa. Eles deveriam, entre outras coisas, deixar barbas e cabelos crescerem, e usar uma pulseira de aço no braço direito, simbolizando uma "algema moral". As pulseiras acabaram virando uma moda, usadas por indianos, principalmente homens, de outras religiões. Há várias teorias para explicar os cabelos e as barbas compridos. Uma delas, a de que os sikhs seguiam a tradição dos ascetas indianos e com isso enfatizariam o ideal dos "soldados-santos". Outra versão era a de que eles se preparavam para lutar contra os guerreiros muçulmanos dos imperadores mogóis: com cabelos e barbas compridos, os sikhs se pareceriam com os lutadores tribais islâmicos da região onde hoje fica o Paquistão e o Afeganistão. Essa tradição marcial os levou para as fileiras do exército indiano. São uma minoria de 2% da população, mas muito bem representados nas Forças Armadas, nos esportes, na indústria do transporte e na agricultura.

MUÇULMANOS: A SEGUNDA MAIOR RELIGIÃO

A mais importante minoria religiosa do inesgotável leque espiritual indiano é a dos muçulmanos: cerca de 150 milhões, o que faz da Índia o terceiro país com maior população islâmica do mundo, depois da Indonésia e do Paquistão. A fé islâmica desembarcou na Índia no século VIII, cem anos após ter nascido. A Índia teve vários imperadores muçulmanos, como será visto no capítulo "Mitologia *versus* História". Após a Partição, os muçulmanos foram enfraquecidos com a fuga de sua elite de advogados, médicos e professores para o Paquistão. Apesar de sua força numérica, eles permanecem marginalizados e amargam os piores índices econômicos e sociais. Frequentemente têm seus direitos violados em batidas policiais após atentados terroristas promovidos por grupos radicais que, segundo o governo indiano, estão sediados no Paquistão.

A cidadezinha de Azamgargh, no estado de Uttar Pradesh, se transformou em um símbolo dessa perseguição: ganhou o apelido de "o ninho do terror". A maioria de sua população de 200 mil habitantes é de muçulmanos. Javed Akhtar, um médico e ativista social que dirige o hospital da cidade, é o porta-voz da revolta local contra a fama negativa da cidade. Seu filho foi preso após uma batida policial, acusado de fazer parte do grupo terrorista Indian Mujahideen, que teria sido responsável por várias explosões em Délhi em 2008, matando trinta e ferindo mais de cem. Mas o filho de Javed acabou fugindo da prisão e está foragido até hoje. Quando o rapaz ainda estava preso, a polícia bateu na porta de Javed e exigiu que ele a ajudasse a localizar outras pessoas como condição para soltar seu filho inocente. "Nossa cidade sofre uma campanha de difamação. Muitos querem que os muçulmanos vivam empobrecidos e em guetos. Nossos meninos estão sendo presos sem nenhuma prova porque estão vencendo na vida", protesta o médico ortopedista, uma figura imponente, alto, fartos cabelos grisalhos e barba. Do lado de fora de sua claustrofóbica salinha escura, de chão de cimento batido, lotada de caixas com velhas próteses de pés e pernas, centenas de pacientes o aguardavam impacientes. A fome dos jovens de Azamgarh por educação é visível nas ruas: os muros da cidade estão cobertos por pôsteres de centros de ensino de computação, de engenharia, e cursos miraculosos de inglês, que prometem fazer o aluno falar fluentemente em 90 dias. Sinais das aspirações dos muçulmanos empobrecidos que querem tentar surfar na onda do crescimento econômico. Um detalhe na cidade que me chamou a atenção é o grande número de casas novas ou em construção. Esse sinal de vitalidade econômica não é da cidade em si, mas dos seus habitantes muçulmanos que trabalham nos países árabes, geralmente como operários, e mandam o dinheiro para suas famílias. Nas cidades indianas, os muçulmanos costumam viver em espécies de guetos, em geral na parte mais decadente. Suas casas são facilmente identificáveis pelas cabras e pelos bodes com coleiras de cordas amarradas nos portões: esses animais são parte de seus cardápios. Os muçulmanos têm dificuldades em alugar apartamentos ou casas em bairros de classe média dominados por hindus. Atores e celebridades de Bollywood muçulmanos costumam protestar publicamente contra isso.

Muçulmanos rezam na mesquita
Kalillulah, em Délhi.

Por serem sub-representados no serviço governamental e nas universidades, a discussão do momento é criar cotas para muçulmanos, assim como já existem para castas baixas. Levantamentos feitos pelo governo mostram que somente 5% deles têm emprego público, apesar de representarem 14% da população. Somente 3,4% da população muçulmana completou a graduação, bem menos do que hindus de castas baixas (15,3%). Cerca de 40% da comunidade muçulmana é analfabeta, mais do que a média nacional, em torno de 30%.[4] Uma minoria entre eles tem profissões de prestígio, como advogados, juízes, médicos e professores. Mas, por outro lado, os muçulmanos estão presentes em bom número em dois nichos de muito apelo popular: em Bollywood e no críquete.

Depois da independência, durante décadas, o governo garantiu a segurança dos muçulmanos em um Estado secular, permitindo a manutenção de uma legislação civil especial para eles. Na Índia, cada comunidade religiosa tem as suas próprias leis que regulam casamentos, divórcios e herança. A lei dos muçulmanos permite, por exemplo, a poligamia. Na prática, apenas 2% dos muçulmanos tem mais de uma esposa, mas eles podem ter até quatro, desde que possam sustentá-las. Em 1986, essa lei entrou no olho do furacão, atacada por feministas e ativistas de direitos humanos. Isso por causa de um polêmico caso de divórcio de um casal muçulmano. Shah Bano havia se divorciado de seu marido, mas recebia de pensão apenas o equivalente a dois dólares por mês. Para ter direito a mais, ela o acionou na Justiça, com base no Código Criminal, válido para todas as religiões. Seu pedido foi aceito pela Justiça de seu estado, mas o marido apelou para a Suprema Corte, abrindo um debate que quase provocou conflitos religiosos. O *lobby* muçulmano no Parlamento aprovou uma lei eximindo as mulheres muçulmanas da proteção do Código Criminal, abrindo uma guerra com feministas e hindus.

Os muçulmanos não formam um grupo coeso único. Há vários tipos de divisões. A primeira delas é a de casta, que migrou para o islamismo, apesar de essa religião rejeitar oficialmente essas diferenças. Assim, os ashraf (nobres) – descendentes dos turcos, árabes e persas – olham com desprezo para a maioria ajlaf, cujos antepassados foram hindus de "casta baixa". Mais desprezados ainda são os arzal, correspondentes aos dalits. Os muçulmanos indianos também são divididos entre sunitas e xiitas, mas os primeiros são a grande maioria. A maior parte deles é chamada de barelvis, fortemente influenciados pelo sufismo, a interpretação mística do Islã, moderados e tolerantes. Uma minoria pertence à Escola Deoband, que reza pela cartilha de um islamismo mais conservador. Os barelvis acusam os deobandis de promover o wahabismo, ramificação do islamismo nascido na Arábia Saudita, do qual Osama bin Laden era adepto. A Escola Deoband acabou sendo apelidada na Índia de "fábrica de *fatwas*" pelo número imenso de decretos conservadores e provocativos que emite, mas que são largamente ignorados, como proibir meninas de usarem calças jeans e ser contra mulheres trabalharem no mesmo ambiente que homens.

Se o islamismo indiano tem uma alma, ela é sufista. Os sufis não seguem normas rígidas do Corão e tem uma relação mais pessoal com Deus através do canto, da poesia e da música, com a qual chegam a um estado de transe.

Um dos mais famosos pontos de peregrinação sufi é Nizamuddin, um enclave muçulmano do século XIII no meio da capital indiana. É uma colmeia de mesquitas e mausoléus, sendo o principal deles em homenagem a Shaykh Nizamuddin Auliya, um grande santo sufi. É preciso andar 10 minutos em ruas labirínticas e claustrofóbicas, lotadas de barraquinhas que vendem rosas para oferendas, vendedores ambulantes do Corão e açougues tão pequenos que pedaços das carcaças de cabras são penduradas do lado de fora. Tudo em meio a cartazes de agências de turismo anunciando pacotes de viagem para Meca. É um mundo totalmente à parte dos bairros hindus ricos que o cercam. Uma multidão é atraída todas as quintas-feiras à noite para um show de música sufi: são os famosos *qawwalis*, hinos devocionais. Os cantores e músicos sentam-se no chão de pernas cruzadas, na beira do túmulo do santo, de olho no montinho de notas de rupias que vai crescendo conforme o tempo passa. No meio da cantoria, acompanhada pelo ritmo das *tablas* e pela sanfona, ouvem-se os refrões "Alá é Grande" e "Deus pode fazer milagres, é a única esperança". Nizamuddin promovia a tolerância entre as religiões e isso o tornou muito popular inclusive entre hindus, budistas e cristãos. O que se diz ali é que o visitante só será capaz de ver Nizamuddin se o seu coração estiver puro e sua devoção for intensa.

Sentado em um canto, um jovem vestido de branco impecável: Altmash Nizami, de 22 anos, conta que pertence à vigésima primeira geração de Nizamuddin. "Nós somos pacíficos. Pessoas de todas as religiões, castas e cores são bem-vindas", diz ele, um estudante de História da Universidade de Délhi. Seu rosto angelical tem uma aura intelectual que lhe é dada pelos modernos óculos com as lentes presas apenas por um fino aro branco que combina com seu celular tipo Blackberry também branco. "Aqui dentro você capta energia positiva, uma vibração que não encontra lá fora", continua ele. Uma mulher toda de vermelho começa a girar o corpo olhando para o céu. "Um espírito se apoderou dela", explica Altmash.

MADRE TERESA E OS CRISTÃOS NA ÍNDIA

A segunda minoria religiosa mais importante são os cristãos: 3% da população. A grande maioria (70%) é formada por católicos romanos. Recentemente, em outubro de 2008, os indianos ganharam o seu segundo santo: o Vaticano beatificou irmã Alphonsa 62 anos após a sua morte. Antes dela, havia um santo patrono de Mumbai que viveu no século XVI: Gonsalo Garcia. Mas a figura católica mais famosa da Índia é Madre Teresa de Calcutá, cujo processo de santificação ainda está em andamento. Nascida em 1910 na Macedônia, ela adotou o nome Teresa já na Índia, em 1931: vinte anos depois, ela ganhou a cidadania indiana. Na década de 1950, fundou a organização Missionárias da Caridade, na cidade de Calcutá, onde organizou um imenso serviço social de ajuda aos miseráveis, como será explicado no capítulo "Índia rica e indianos pobres". Em 1979, ela recebeu o Prêmio Nobel da Paz e morreu em 1997 de ataque do coração. Há um mito que os indianos gostam de contar: dizem que o próprio Jesus teria viajado pela Índia, mais especificamente na região da Caxemira. Em Srinagar, a capital, há até uma capela chamada de Rozabal, ou a "Tumba do profeta". Pequena e verde, com uma cripta no seu interior, contém uma placa dizendo que ali está enterrado Yuza Asaf, que chegou à Caxemira há muitos séculos para "procurar a verdade". A lenda diz que Yuza era o nome hebreu de Jesus. Sobrevivente da crucificação, ele teria ido para Caxemira, onde vivera até os 80 anos.

Mas a história do cristianismo na Índia começou com um dos apóstolos de Jesus: São Tomé. Ele chegou à Índia por volta do ano 50 para pregar os ensinamentos de Jesus em comunidades judaicas do sul, hoje no estado de Kerala. A segunda fase do cristianismo na Índia começou no século XVI com o proselitismo dos portugueses especialmente em Goa, na costa Oeste: a maioria dos cerca de 30 milhões de cristãos indianos vive em Goa e em Kerala. Goa era descrita no fim do século XVII pelos britânicos como uma "Roma na Índia" por estar repleta de missionários católicos. Eles começaram a chegar em 1542 com São Francisco Xavier, um padre basco que ajudou a fundar a Ordem de Jesus. Como embaixador do Papa, ele trouxe a Inquisição para a Índia. Goa passou a ser território do Império português católico. Mesmo em uma terra de maioria hindu, a Inquisição foi imposta até 1812, mas foi principalmente sobre os europeus que lá desembarcaram: os alvos preferenciais eram os cristãos-novos e os judeus. Os indianos que haviam se convertido para o catolicismo, mas ainda insistiam com determinadas práticas do hinduísmo, também estavam na mira da Inquisição portuguesa. O corpo preservado de São Francisco Xavier, na Basílica de Bom Jesus, é disposto ao público de vez em quando, atraindo centenas de milhares de peregrinos. Ele é tão venerado que, em uma dessas ocasiões, uma devota fanática mordeu o dedo do pé do santo e o arrancou, levando a relíquia na boca.

Várias proibições foram impostas aos hindus, como vestir roupas típicas e colocar nomes sânscritos nos filhos. Brâmanes recebiam ordens de vender suas propriedades. Todos os empregos públicos eram priorizados para os católicos. Para preservar seu *status* social, muitos hindus de casta alta acabaram cedendo e se converteram.

Foi o que aconteceu com o avô de David Figueiredo, um publicitário. Depois de perder todo o seu dinheiro, terras e joias no jogo no qual era viciado, pediu empréstimo a um padre católico português, que o ajudou com a condição de que ele se convertesse. O brâmane aceitou, foi empregado na igreja local como ajudante de missa e batizou seus três filhos na igreja. Assim como outros, ele adotou um sobrenome português: Figueiredo, o mesmo do padre. Mas passou a ser considerado um bamonn, título de uma nova subcasta dos brâmanes, somente para cristãos. O sucesso na conversão em Goa foi justamente o de ter permitido aos brâmanes manterem seu *status* social. Os católicos brâmanes, segundo os historiadores, mantinham o seu orgulho de casta e o hábito de casarem entre si, nunca se unindo com pessoas de casta inferior. Várias igrejas em Goa tinham duas portas: uma para os brâmanes e outra para os convertidos de casta baixa. Mas apesar de manter a ligação com seu passado brâmane, a família Figueiredo mudou seus hábitos desde que o primeiro deles se tornou católico. A comida, por exemplo, não é mais vegetariana, e o cardápio inclui porco e até mesmo carne de vaca. Seus funerais e casamentos se tornaram católicos. Pessoas como David vivem um conflito de identidade. São cristãos, mas se destacam da maioria hindu de Goa, pois têm uma identidade brâmane que os diferencia das castas baixas. Abraçaram valores e estilo de vida ocidentais diferentes de muitos indianos. "Eu já fui descrito muitas vezes como estrangeiro. Meu nome é estrangeiro e minha religião também", conta. "Nós ainda somos brâmanes no comportamento. Não casamos com outras castas", contou David, que tem como esposa uma brâmane hindu.

Com o tempo, os indianos convertidos adaptaram o seu catolicismo às tradições hinduístas milenares. Os cristãos indianos exacerbam na sua demonstração de fé e idolatram imagens de Jesus e santos, colocando inclusive oferendas diante de suas imagens, da mesma forma que os hindus fazem com os seus deuses. Em junho de 2008, a Igreja lançou uma versão da Bíblia indianizada, com imagens que faziam referência ao cotidiano dos hindus e de seus personagens históricos. Uma dessas ilustrações, por exemplo, mostrava Maria vestida com um sari. José era representado com um turbante e vestido com o *dhoti* típico dos camponeses indianos.

Hindus e cristãos vivem em harmonia na maior parte do tempo. Mas de vez em quando os primeiros reagem às tentativas de conversões, principalmente de hindus de castas baixas, dalits e indígenas: 70% dos cristãos indianos são dessas comunidades. Em 2008, uma onda de ataques engolfou os cristãos no estado de Odisha, no nordeste, um dos mais pobres da Índia. Hindus queimaram duas mil casas, igrejas e atearam fogo nos próprios devotos, além de estuprarem uma freira: 50 pessoas foram mortas. Cerca de 50 mil cristãos, inclusive freiras e padres, foram obrigados e se esconder no meio da floresta ou em campos de refugiados organizados às pressas. Os radicais hindus ameaçavam os cristãos de morte caso não se reconvertessem ao hinduísmo.

A onda de violência foi detonada após o assassinato de um líder hindu. Segundo a polícia, os assassinos eram guerrilheiros maoistas. Mas grupos radicais hindus insistiram em culpar os cristãos. A Conferência dos Bispos Católicos da Índia decretou greve em todas as 25 mil instituições de ensino dirigidas pela Igreja no país. A Igreja católica dirige a segunda maior rede de ensino da Índia, só ultrapassada pela governamental. Boa parte da elite indiana estuda em escolas católicas, consideradas as melhores do país. Em 1999, Odisha já havia sofrido violência comunal entre hindus e cristãos depois que Graham Stuart Staines, missionário cristão australiano que trabalhava com leprosos abandonados, e seus dois filhos de 9 e 7 anos, foram queimados vivos. O acusado de liderar o massacre foi condenado à prisão perpétua.

Setecentos anos depois da chegada dos primeiros cristãos, desembarcaram na Índia os adeptos de outra religião: do zoroastrismo. Adoradores do profeta Zoroastro, eles vieram do Irã no século VIII fugindo da perseguição dos muçulmanos. São chamados de parsis, do nome Pérsia. Sua principal base hoje é na Índia, onde formam uma minoria numericamente insignificante, mas muito influente. Eles fazem parte da nata da elite: são empresários, políticos, advogados, médicos. O mais famoso é Ratan Tata, descendente da família que criou o império industrial Tata. Alguns estudiosos dizem que Zoroastro teria vivido em 600 a.C. Outros afirmam que essa data é muito anterior: 1200 a.C., o que o tornaria o primeiro dos grandes profetas das religiões mundiais. Os parsis acreditam que ele foi o escolhido de Deus para receber a revelação divina. O zoroastrismo prega a consciência do bem e do mal, com a noção de que as pessoas devem fazer sua opção moral: o destino de cada um dependerá dessa decisão. A vida é uma luta constante entre esses dois opostos. Vários conceitos do zoroastrismo influenciaram outras religiões, como a existência de anjos, o fim do mundo, o julgamento final, o céu e o inferno. O fogo é o foco dos ritos e da devoção dos parsis. Como eles consideram a terra, a água, o ar e o fogo elementos sagrados, os cadáveres não podem ser sepultados, jogados ao mar, nem cremados. Os corpos são colocados no alto de uma grande torre circular de pedra aberta, conhecida como Torre do Silêncio, para serem devorados pelos abutres. Mas estes começaram a morrer nos anos 1990 porque ingeriam carcaças de animais tratados com um remédio que envenenava o seu fígado. Uma enorme polêmica explodiu em Mumbai há alguns anos porque os corpos se acumularam na Torre do Silêncio, em um dos bairros mais ricos da cidade. Os moradores de prédios vizinhos recebiam, pelas correntes do ar, lufadas de podridão. Em setembro de 2006, uma parsi cuja mãe havia morrido decidiu quebrar o silêncio e expôs fotos dos corpos amontoados na torre, provocando um intenso debate. Depois disso, começaram a ser criados abutres em cativeiro. Mas como não eram em número suficiente para dar conta do recado, outras alternativas começaram a ser usadas, como a instalação de placas solares que ajudam a apressar a decomposição dos corpos. Algumas famílias parsis passaram a aceitar enterrar seus mortos em épocas do ano em que o céu fica nublado, quando as placas solares não funcionam.

Só quem nasce de pai e mãe parsis é considerado como tal. Se no censo de 2011 eles somavam 69 mil, hoje seriam apenas 60 mil, pois são cada vez mais frequentes os casamentos mistos. O fantasma da extinção os persegue.

NOTAS

[1] Edward Luce, *In Spite of the Gods: The Strange Rise of Modern India,* London, Little Brown, 2006, p. 164.
[2] Naseer Ganal, "Treacherous Amarnatyh Yatra Claims 70 Lives", em *Mail Today,* New Delhi, 22 jul. 2011.
[3] Amartya Sen, *The Argumentative Indian*, New Delhi, Penguin Group, 2005, p. 24.
[4] Venkitesh Ramakrishnam, "Community on the Margins", em *Frontline,* Chennai, pp. 4, 5 e 7, 15 dez. 2006.

RESSURREIÇÃO DO KAMA SUTRA

Com seus longos cabelos negros, sari colado ao corpo curvilíneo e um apetite sexual insaciável, a bela indiana Savita Bhabhi era a maior fonte de inspiração das fantasias sexuais de milhões de indianos. Ela ganhou vida na internet em 2008 e se transformou na primeira estrela pornô em quadrinhos on-line da Índia. O sobrenome Bhabhi foi especialmente escolhido: significa "mulher do irmão mais velho". O flerte com a cunhada é antigo na psicologia popular indiana. Isso por causa de uma tradição que existia em certas regiões da Índia, em que a esposa do irmão mais velho poderia se casar com o irmão mais novo do marido se ela ficasse viúva, um costume chamado "Niyoga".[1]

Savita seduziu os indianos. O site savitabhabhi.com atraiu 60 milhões de pessoas por mês: 70% de seus admiradores eram indianos. Mesmo casada, ela tinha escapadas sexuais com vários homens: vendedores ambulantes, adolescentes que moravam na vizinhança, empregados, jogadores de críquete e até juízes de concurso de *miss*. A sedutora cunhada usava todos os adereços de uma indiana típica: o sari, o *bindi* no meio da testa, o *mangalsutra* (colar que sinaliza o *status* de casada).

Mas Savita conquistou também um poderoso inimigo: o governo a considerou obscena e inaceitável. Assim, as aventuras sexuais dessa cunhada chegaram ao fim para os indianos. A vida breve de Savita provocou um debate entre eles sobre a censura à pornografia no país e a reprimida sexualidade justamente na terra do milenar *Kama Sutra*, símbolo de uma época em que a Índia celebrava de forma incrível a arte erótica, a sensualidade e o amor. Por muitos séculos, o sexo foi objeto de estudo legítimo na literatura e homenageado nas artes por esculturas em templos.

Ironicamente, na Índia moderna, o erotismo, mesmo expresso de forma artística, se transformou em uma perversão, praticamente um crime. Os indianos hoje ainda estão sob o efeito da ascensão dos ideais puritanos e de abstenção sexual que se iniciou há 300 anos. A Índia do século XXI debate se deve incluir educação sexual no currículo escolar, por exemplo. Em 1991, as camisinhas da marca KamaSutra eram propagandeadas com a seguinte mensagem: "É a sua revolução. É o seu preservativo. É KamaSutra", e a imagem *sexy* de uma atriz. O anúncio foi considerado "vulgar e indecente" pelo Conselho de Imprensa da Índia. Os conservadores estavam determinados a apagar o *Kama Sutra* da memória coletiva indiana.

O mais famoso tratado sexual da história foi criado por volta do século III d.C., por Vatsyayana, do qual pouco se sabe. Era a Época de Ouro da Índia antiga – assunto do capítulo "Mitologia *versus* História" –, quando uma efervescente sociedade urbana vivia em meio a rotas de comércio e de peregrinação, sob uma atmosfera sensual. Poetas, acadêmicos e artistas eram bancados por príncipes e reis. Os sofisticados *nagarakas* ("os habitantes das cidades") eram o público-alvo do *Kama Sutra*. O *kama* (ciência do amor) era levado muito a sério e ensinado também às mulheres. Para os homens, esse estudo era indispensável se quisessem se transformar em líderes de sucesso e em maridos seguros do amor de sua esposa e de outras mulheres. O desejo sexual é explicado nas escrituras milenares hindus como um dos três objetivos fundamentais da existência humana. O outro era o darma – o dever e a tarefa religiosa de cada um. E o terceiro, o *artha*: a necessidade de se adquirir conhecimento e amealhar riqueza. O *Kama Sutra* ressalta a importância de todos os três objetivos.

"Tratada como arte e ciência, a sexualidade tem sido discutida e analisada por mais de três mil anos no subcontinente indiano. Do *Rig Veda* ao *Kama Sutra*, a necessidade sexual foi explorada sem culpa, hipocrisia ou duplicidade", explica a escritora especializada em estudos eróticos Sandhya Mulchandani.[2] O *Kama Sutra* ganhou fama pornográfica no Ocidente, como se fosse apenas um manual do sexo, com suas 64 posições e maneiras de beijar, abraçar e arranhar o amante com as unhas. Mais ainda, ficou com a reputação de um guia sexual exótico tão avançado que só ginastas profissionais seriam capazes de imitá-lo. Vatsyayana explicava a necessidade de um manual desse tipo: "Porque um homem e uma mulher dependem um do outro no sexo, é preciso haver um método." No entanto, não se tratava apenas do ensino cru de técnicas eróticas, como se pensa em geral. O *Kama Sutra* é também um delicioso retrato dos costumes da Índia antiga, com explicações sobre o papel da sedução, da diversão e do prazer na vida dos homens e das mulheres, que não eram ignoradas. "Esse tratado é sobre a arte de viver, sobre como achar um parceiro, manter o poder no casamento, cometendo adultério, usando drogas e também sobre posições na relação sexual. A tirada mais valiosa do *Kama Sutra* é a de que o prazer deve ser algo cultivado", explica o psicanalista e escritor Sudhir Kakar.[3] A mulher no *Kama Sutra* não é tratada como objeto erótico. Era vista como um ser com sentimentos e emoções que deveriam ser entendidos. Havia até a recomendação de que, nas três primeiras noites após o casamento, o homem não tentasse se aproximar da mulher: era preciso usar esse tempo para ganhar a sua confiança e o seu amor.

Um dos maiores símbolos da arte erótica indiana são os famosos templos de Khajuraho, construídos no século x, no estado de Madhya Pradesh, na Índia Central. Ficaram conhecidos como os templos do *Kama Sutra*. Mas as esculturas dos casais fazendo sexo não são uma ilustração pura e simples do *Kama Sutra* como muitos acreditam. São símbolos da união das energias masculina e feminina, ligadas aos rituais tântricos, do início do período medieval: a relação sexual era uma forma de gerar o sêmen em rituais de fertilidade.

Cenas sensuais e mesmo explicitamente sexuais ilustram templos indianos.

A literatura erótica indiana não se resume ao *Kama Sutra*. Durante a Idade Média, outros tratados sexuais foram escritos tendo ele como fonte inspiradora. O ideal erótico dominou a cultura indiana até o século XVII, mas mesmo antes disso começou lentamente a cair em um longo sono: a repressão foi resultado do véu puritano imposto inicialmente pelos invasores islâmicos e depois pelos colonizadores britânicos. Estes depositaram a última pá de cal sobre a rica tradição da cultura erótica indiana, trazendo para o subcontinente missionários cristãos e uma pesada bagagem de moralismo vitoriano. O Código Penal indiano de 1860, moldado pelo governo britânico, considerava o sexo não procriativo um crime. Previa pena de até cinco anos de prisão para o homem que tivesse relações com uma mulher que ele soubesse ser casada.

Depois de ter sido esquecido na terra em que nasceu, o *Kama Sutra* acabou ressurgindo no século XIX. A história da redescoberta do *Kama Sutra* por dois ingleses e seu desembarque no Ocidente é contada em detalhes no livro *The Book of Love: In Search of Kama Sutra*, de James McConnachie. O funcionário civil da Coroa britânica Foster Fitzgerald Arbuthnot e o explorador Richard Francis Burton o traduziram. Deram, assim, a partida para a popularização do que hoje talvez seja o mais famoso livro oriental do mundo. Burton – que exerceu um cargo diplomático no Brasil em 1865 – estudou a cultura sexual da Índia. Mas ele teve que enfrentar a fúria moralista vitoriana da Sociedade para a Supressão do Vício, guardiã moral do mundo editorial britânico, que perseguia infratores com multas e prisões. Em 1883, o *Kama Sutra*, de Vatsyayana, foi impresso clandestinamente em Londres: era uma discreta edição privada oferecida a poucos subscritos, sem ilustrações.

O *Kama Sutra* original também não tinha nenhum desenho, ao contrário do que se imagina. Foi apenas em 1936 que surgiu a primeira ilustração. Arbuthnot dizia que o tratado sexual era uma prova de que os hindus daquela era possuíam uma civilização muito mais avançada do que a Ocidental. O *Kama Sutra* em inglês provocou uma corrida entre editores de livros pornográficos para editá-lo. De origem aristocrática na Índia, o *Kama Sutra* acabou ganhando reputação pornográfica na Grã-Bretanha e nos EUA. Na conservadora Índia moderna, as primeiras tentativas de celebrar o *Kama Sutra* encontraram resistência. Quando serviu de inspiração para um filme em 1996, os censores exigiram que a cineasta indiana Mira Nair cortasse 14 cenas de seu sensual *Kama Sutra: um conto de amor*. Mesmo assim, acabaram banindo a película. A história mostrava com saudosismo os idos tempos de um ideal erótico em um antigo reinado hindu. O elenco e a equipe técnica foram assediados e até ameaçados durante as filmagens.

Hoje, o puritanismo passa a ser rejeitado nas grandes cidades indianas: o *Kama Sutra* começa a ressuscitar. A abertura econômica foi acompanhada pela ocidentalização dos costumes, que trouxe roupas enxutas e atitudes liberais para as mulheres. Ironicamente, a influência estrangeira que afogou a tradição sexual indiana ajuda a resgatá-la. Mas essa revolução sexual ainda é incipiente. A nova geração de mulheres de classe média urbana ocidentalizada já veste minissaias, shortinhos, blusas de alcinha. Mas geralmente elas andam de carro de um lugar para o outro, evitando o assédio na rua. Os bares e restaurantes dos bairros ricos são uma espécie de zona liberada. Demonstrações de carinho em público ainda são um tabu mesmo em grandes cidades. O que se vê, e mesmo assim muito raramente, são casais de mãos dadas. Qualquer que seja o tipo de beijo, deve ser dado dentro de casa, entre quatro paredes. Os jovens urbanos ocidentalizados começam a dar beijinhos quando cumprimentam, mas isso se vê só de vez em quando, em um círculo de elite. Quando os beijos públicos acontecem, se transformam em escândalo. Em abril de 2007, o ator americano Richard Gere, durante um evento de campanha de conscientização da aids, deu um beijo na boca da atriz indiana Shilpa Shetty em público. Foi o suficiente para causar escândalo e fazer a brigada moralista queimar a imagem dos dois atores em público, enquanto jurava defender a honra da mulher indiana, apesar de a atriz não ter ficado nem um pouco chateada com o beijo.

Em janeiro de 2009, extremistas hindus atacaram violentamente garotas indianas que frequentavam um *pub* na cidade de Mangalore, no estado de Karnataka, alegando que mulher não pode beber, usar roupas justas ou andar de mãos dadas com rapazes por ser contra a "tradição hindu". Frequentar barzinhos é um hábito relativamente novo no país: começou a partir dos anos 1990, com a abertura econômica. Naquela época, apenas os ricos frequentavam bares e discotecas que existiam somente dentro de hotéis cinco estrelas. Foi o início de uma batalha entre progressistas e conservadores. As feministas reagiram lançando a campanha da "cueca rosa" para ironizar os fanáticos hindus do grupo Sri Sene Ram ("Exército do Senhor Rama"): uma enxurrada de cuecas cor-de-rosa foi enviada para eles por correio. O protesto criativo ganhou as manchetes e desmoralizou os conservadores.

O namoro indiano é silencioso e discreto. Os casaisinhos são presenças constantes nas mesas mais escondidas dos cafés. Eles nunca se beijam. Tocam nas mãos depois de uma olhadinha para o lado. Falam baixinho, em segredo. Mas mesmo discreto, o namoro indiano provoca a ira dos radicais. O hábito ocidental de comemorar o Dia dos Namorados (Valentine's Day) desembarcou na Índia há 20 anos fazendo barulho. O 14 de fevereiro se transformou em um dia de muita polêmica, com ataques a lojas que vendem cartões para namorados, chocolates e ursinhos de pelúcia: o namoro também não faz parte da tradição hindu, reclamavam os moralistas. Mas a cada ano eles perdem a força e são desmoralizados pela mídia.

Entre os ricos, a liberdade é muito maior para o namoro. Eles lotam as boates, que viraram uma febre nas grandes cidades. Lá dentro, as meninas se soltam, com vestidinhos curtos colados ao corpo, bebem cerveja, e no final da noite sobem no balcão do bar para dançar, como testemunhei em uma noitada de um dos mais famosos *nightclubs* de Délhi. Nas mesas ao lado da pista de dança, namorados se beijavam na boca e os rapazes mais atrevidos passavam a mão nas pernas das meninas. É um dos poucos lugares onde eles podem avançar no contato físico: a outra opção é dentro do carro em uma rua escura ou um apartamento de um amigo. Mas na classe média para baixo, nem isso. As famílias fazem de tudo para que as suas filhas não fiquem malfaladas, o que diminuiria seu valor no mercado de casamento. O sexo antes do matrimônio é um assunto explosivo. Em 2005, a atriz Khushboo pagou caro por ter dito que as mulheres deviam exigir dos parceiros que usassem camisinhas ao fazer sexo antes do casamento, para evitar doenças como a aids. A atriz era tão querida antes da polêmica que seus fãs construíram até um templo hindu no qual a idolatravam como uma deusa. O templo acabou sendo demolido. Cinco anos depois, as acusações na Justiça contra ela, levantadas pelos moralistas, foram finalmente desconsideradas.

HOMOSSEXUALIDADE CRIMINALIZADA

Apesar dessa ausência de carinho em público entre homens e mulheres, a liberdade é total para os homens: eles demonstram toda a profundidade de suas amizades andando nas ruas de mãos dadas, às vezes com dedos entrelaçados ou abraçados. São apenas amigos. Mas muitos estrangeiros que acabam de chegar à Índia pensam que são gays. A homossexualidade também enfrenta fortes preconceitos. Uma lei de 1861, da era britânica, iguala a relação sexual entre homens ou entre mulheres ao sexo feito com animais e com crianças. Um crime que teoricamente poderia ser punido com até 10 anos de cadeia. Poucos indianos foram levados ao tribunal e condenados. Mas a lei sempre foi usada como instrumento para arrancar propina por parte de policiais corruptos.

Em julho de 2009, o Tribunal de Justiça de Délhi tomou uma decisão histórica: descriminalizou o sexo homossexual, o que foi comemorado por ativistas gays como o primeiro passo concreto para os direitos iguais de homossexuais. As Paradas Gays anuais de Délhi são cada vez mais populares, mas a maioria dos participantes usam máscaras para não serem reconhecidos por suas famílias na televisão. Um dos mais famosos ativistas gays da Índia, Ashok Row Kavi, diz que é muito comum os pais forçarem filhos e filhas homossexuais a casarem com parceiros do sexo oposto. Assim, muitos têm vida dupla. Ele conta que uma tia sua já tentou forçá-lo a se casar. Quando Ashok explicou a ela que ele não gostava de mulher, ela respondeu: "Não me interessa se você quer fazer sexo com crocodilos ou elefantes. O que eu não entendo é por que você não pode se casar."

Filho único de uma importante família de origem nobre do estado do Gujarat, Mavendra Singh Gohil – que hoje seria um príncipe caso os títulos de nobreza ainda fossem válidos – causou uma tempestade e um grande conflito com a família ao anunciar publicamente que era gay em 2006, aos 41 anos. Mavendra havia sido forçado pela família a se casar com uma moça da realeza, mas se divorciou em 1992. Transformou-se em um ídolo da comunidade gay. Outro que enfrentou corajosamente o tabu foi o estilista indiano Wendell Rodricks, o primeiro gay da elite a se casar com toda a pompa em solo indiano, em 2002.

Há milênios, a Índia conhece a figura dos eunucos – homens castrados que viviam nos palácios reais e eram vistos como tendo poderes especiais, podendo amaldiçoar ou abençoar as pessoas. É uma crença que persiste até hoje. Os eunucos, chamados na Índia de *hijras*, formam o mais menosprezado grupo entre as minorias sexuais. São homens travestidos de mulheres, sempre com coloridíssimos saris, maquiagem pesada e muitas pulseiras. Vivem de cantar e dançar em festas de casamento e em comemorações de nascimentos de crianças, e também da prostituição.

Toda essa repressão sexual deve levar em conta a herança de ascetismo na Índia. Mahatma Gandhi foi um símbolo da luta contra o sexo pelo sexo, que não fosse para reprodução: para ele, fazer sexo sem o objetivo de reproduzir era um desperdício de energia preciosa. Ele levantou a bandeira do *brahmacharya* (celibato), que colocou em prática em 1901, aos 38 anos, casado e pai de quatro filhos. Seu objetivo era aniquilar o que chamava de "escorpião da paixão". Essa preocupação sexual de Gandhi estava relacionada às ideias de uma das tradições do hinduísmo de que se deve preservar o sêmen para fortalecer-se física, mental e espiritualmente. Um fato da vida de Gandhi que o traumatizou com relação ao sexo foi a morte de seu pai, no exato momento em que ele fazia sexo com sua mulher no quarto ao lado. Gandhi fazia massagens nos pés de seu pai momentos antes, quando sentiu desejo e o deixou para procurar a mulher Kasturbai. "Esse episódio foi uma mancha na minha vida que nunca fui capaz de esquecer. [...] Demorou muito para que eu me livrasse das amarras da luxúria, e sofri muito até dominar meu desejo", desabafou Gandhi em sua autobiografia *Minha vida e minhas experiências com a verdade*.

A PAIXÃO NOS TEMPOS DO CASAMENTO ARRANJADO

Curiosamente, os indianos têm o seu cupido: Kamadeva, o deus de amor, do sexo e do desejo. Ele também carrega uma flecha da paixão que dispara em mortais e em deuses hindus. A Índia antiga mais uma vez traz um exemplo de valorização do amor e do sexo que contrasta com a Índia moderna. Um dos capítulos mais belos da literatura indiana medieval é o poema erótico *Gita Govinda*, composto por volta de 1200 por Jayadeva: relata a vida amorosa de Krishna, reencarnação do deus Vishnu, com as chamadas Govindas, ou vaqueiras por quem ele vivia cercado. O poema foi baseado no antigo mito de que Krishna era um belo sedutor, com um número ilimitado de mulheres. Travesso, gostava de espioná-las tomando banho nos rios. Ele era um deus-amante, cujas explorações amorosas inspiraram músicos e escritores. Seu caso com Radha, uma das vaqueiras, alimentou o imaginário erótico indiano por séculos. Radha ganhou várias interpretações: seria mulher de Krishna ou mulher de outro vaqueiro. O mito Radha e Krishna é mais forte para os indianos do que a história de Romeu e Julieta para os ocidentais.

Outro antigo símbolo do amor indiano foi a paixão medieval do imperador Shah Jahan pela princesa Mumtaz Mahal. O Taj Mahal foi construído para ela, a mando do apaixonado marido, arrasado com a sua morte, aos 38 anos, enquanto dava à luz o décimo quarto filho do casal, em 1631. Taj Mahal é derivativo de Mumtaz Mahal ("A Escolhida do Palácio"). Shah Jahan tinha 20 anos e Mumtaz apenas 14 quando se conheceram. Ele viu a amada pela primeira vez em um bazar real. Filha de um nobre de origem persa, Mumtaz era uma mulher forte que exerceu muita influência política sobre o marido. Shah Jahan era tão apegado à esposa preferida que a levava a todas as campanhas militares, estando ela grávida ou não. Em geral, as esposas e concubinas já eram consideradas muito velhas para o sexo aos 30 anos. Mas Mumtaz continuou a exercer forte atração sexual sobre o marido até o final da vida. Nascida na terra do *Kama Sutra*, Mumtaz ficou famosa por usar técnicas para estimular a relação sexual de ambos, como a contração da vagina (já elástica por ter dado à luz mais de dez filhos) e a aplicação de uma mistura de gengibre em pó, pimenta-do-reino e mel dentro da vagina: isso aumentava o prazer feminino.[4]

Pintura em miniatura de Radha e Krishna, símbolo do casal apaixonado.

O amor deles parecia uma cópia da paixão entre o próprio pai de Shah Jahan e a tia de Mumtaz: o imperador Jahangir e sua última mulher, Noor, que também exercia forte influência política e atração sexual sobre o marido. Shah Jahan viveu mais 35 anos após a morte de Mumtaz. Arrasado com a perda, passou a nutrir um amor obsessivo pela filha mais velha, Jahanara, com 17 anos na época, muito parecida com a mãe. Havia até rumores de que eles tinham uma relação incestuosa. Homem atlético e sensual, o imperador continuou mantendo a fama de amante experiente em uma corte onde os prazeres da carne eram usufruídos sem constrangimento. Ele chegou a construir um cômodo no Palácio coberto de espelhos para as noitadas sexuais com suas amantes.

Noor Mahal, uma das esposas do imperador mogol Jahangir, pai de Shah Jahan (construtor do Taj Mahal). Noor – por quem Jahangir era extremamente apaixonado – coincidentemente era tia de Mumtaz Mahal, para quem foi construído o Taj.
(Pintura em miniatura datada de 1740, exposta no Museu Nacional em Délhi.)

Na prática, porém, o conceito de amor romântico fica limitado a uma fantasia impossível por causa das obrigações para com a família, que muitas vezes escolhe os parceiros para seus filhos. A história de amor de Jawaharlal Nehru, o primeiro governante da Índia independente, é um exemplo disso. Sofisticado e cosmopolita, Nehru, que estudava na Inglaterra, foi obrigado pelo pai a seguir o tradicional caminho do casamento arranjado. "O senhor expressa a esperança de que meu casamento seja romântico. Eu gostaria que fosse, mas eu não consigo ver isso. Não há um átomo de romance na maneira como o senhor está procurando uma noiva para mim e deixando elas esperando por mim aí na Índia", escreveu Nehru ao pai.[5]

Acabou casando-se com a moça que sua família escolheu em 1916. Enviuvou cedo, e já bem mais velho, quando liderava a Índia independente, protagonizou uma das mais belas histórias de amor da Índia moderna: a sua relação amorosa, não se sabe se platônico ou não, com a inglesa Edwina Mountbatten, esposa de lorde Louis Mountbatten, último governante britânico na Índia. Neta de um banqueiro amigo da família real britânica, Edwina tinha 44 anos quando desembarcou na Índia com o marido, que liderou o processo de transmissão de poder britânico para os indianos. O caso era alvo das fofocas da época e na conservadora Índia sempre foi comentado com reservas. "De repente eu percebi (e talvez você também tenha percebido) que há uma ligação profunda entre nós. Que alguma força incontrolável nos atraiu. Eu fiquei emocionado e ao mesmo tempo extasiado por essa nova descoberta. Nós conversamos intimamente como se um véu tivesse sido removido, permitindo que um olhe nos olhos do outro sem medo ou sem embaraço", dizia uma das cartas de Nehru para Edwina.[6] "Você me deixou com um estranho sentimento de paz e felicidade. Talvez eu tenha te trazido o mesmo sentimento?"– perguntava Edwina a Nehru em outra correspondência.[7]

Após a independência, com Edwina de volta à Inglaterra, Nehru dizia que "ainda sentia seu cheiro no ar". Os dois trocaram cartas desde que se conheceram até a morte dela, 13 anos depois, em 1960: na mesinha de cabeceira ao lado de sua cama foram encontradas pilhas de cartas de Nehru. Ele morreu de ataque do coração em 1964, quatro anos depois da amada. Essa história é contada hoje em alguns livros e está sendo lapidada para se transformar em um filme de Hollywood com Hugh Grant no elenco. O governo indiano condicionou a permissão de filmar no país ao compromisso de cortar as cenas de intimidade entre os protagonistas, como os dois na cama, dançando e se beijando. Também foi rejeitada a cena em que o personagem Nehru declarava à amada: "*I love you*". A palavra "amor" foi cortada de seis diálogos. A mídia indiana alimentou a controvérsia. "A história de amor que a Índia não quer que o mundo veja" – foi uma das capas da revista semanal *Outlook*.

A ideia de se apaixonar começou a ser nutrida no imaginário indiano por Bollywood a partir da década de 1950, com fugas de amantes de castas e religiões diferentes, ou a confrontação com os pais, uma atitude tabu até hoje. Entre a elite é possível ter casamento por amor. Indira Gandhi, a filha de Nehru, teve o privilégio de escolher o marido. O mesmo aconteceu com os dois filhos dela, inclusive Rajiv Gandhi, que se apaixonou e casou com a bela italiana Sonia Maino, uma jovem de uma família de classe média que trabalhava em um restaurante para pagar as anuidades em Cambridge, na Inglaterra, onde ela aprendia inglês. Mas mesmo nos filmes, o casal sempre procura conquistar os pais: a aprovação deles é fundamental para sua felicidade. A maior e mais importante celebração da vida dos indianos é o casamento. A maioria é arranjada pelas famílias até hoje, inclusive os de jovens educados em universidades e os que vivem no exterior. Muitos desses imigrantes voltam para Índia somente para casar com a pessoa escolhida pela família. "O consenso em favor dos casamentos arranjados na Índia é surpreendente. O único texto que eu conheço que considera o casamento por amor a melhor forma é o revolucionário *Kama Sutra*. Os casamentos arranjados são raramente vistos como imposição pelos jovens, que chegam a preferir essa modalidade", explica Sudhir Kakar.[8]

O PAREDÃO DAS TIAS CASAMENTEIRAS

É muito comum ouvir histórias de jovens que fogem de ir a casamentos de sua família porque sabem que vão ter que se deparar com o paredão das tias inquisidoras, cuja missão sagrada familiar é arranjar maridos ou esposas para as sobrinhas ou sobrinhos encalhados. A pressão é mais forte para a mulher, claro. A idade média de casamento está aumentando porque se dá mais importância ao estudo e ao trabalho da mulher: hoje está por volta de 25 a 28 anos. O teto para as mulheres é 35 anos. Para os homens, 40 anos. O casamento arranjado ganhou sua versão moderna: os pretendentes têm a palavra final, não os pais. Vários fatores devem ser combinados nessa equação: religião, casta, subcasta, *status* econômico, língua, hábito alimentar e até horóscopo indiano, chamado de *jyotish*. Se não há um pretendente por perto, entre amigos e conhecidos da família, o passo seguinte são os anúncios de jornal. Debruçar-se sobre esses anúncios é a melhor forma de conhecer os valores em jogo no mercado de casamento indiano. Publicados pelas famílias, abusam dos jargões: parecem ilegíveis à primeira leitura. Usam uma linguagem muito peculiar, que só com o tempo se aprende a decifrar. A qualidade mais enaltecida e que todos dizem ter é: "valores tradicionais indianos" ou com "altos valores morais". Também é comum dizer que se quer um "*decent marriage*": ou seja, um casamento decente, sem ser ostentatório ou com exigência de dote.

Os anúncios são divididos por castas, subcastas, profissão e até uma categoria astrológica chamada *manglik* (os nascidos sob influência do planeta Marte, como veremos no capítulo "Hipermercado espiritual"). Outras categorias foram incluídas, como NRI (Non-Residents Indians), ou seja, os indianos que vivem no exterior. Também há a seção "Cosmopolitan", que são os jovens urbanos modernos que não procuram parceiros pelas classificações tradicionais como casta, mas por afinidades pessoais. Qualquer detalhe que aumente o valor da pessoa no mercado é ressaltado,

96 | Os indianos

Duas propagandas de produtos para clarear a pele: em um país de morenos, a pele clara é mania nacional.

até se algum irmão trabalha nos EUA. As exigências são diferentes para "meninas" e "meninos", como os anúncios se referem aos candidatos independentemente de suas idades, de 20 a 50 anos. Nos últimos anos, os adjetivos que descrevem aparência se tornaram mais importantes: todos, homens e mulheres, querem ser claros, magros e altos. Para os homens, o mais importante é sua renda salarial, e em segundo a educação. Com relação à aparência, ter pele clara aumenta seu passe. É comum também se exigir que sejam *teetotaler*: que não bebem álcool, apenas chá. Quanto às mulheres, ainda hoje é possível ver anúncios que pedem uma *homely girl* (moça caseira), que não trabalhe fora e cozinhe. Mas cada vez mais se exige que a mulher tenha bons empregos e educação. O principal atributo que uma candidata deve ter no quesito físico é que ela seja *fair* (clara): esse é o "passe de mágica" que faz a pessoa ser valorizada ou não. O segundo atributo físico para a mulher, recentemente importado do Ocidente, é que seja magra. Os indianos têm olhos de lince para detectar nuances de cores de pele: e para isso usam nomes específicos. Além de *fair*, há o *wheatish*, ou seja, da cor da casca do trigo: nem clara, nem escura. As mais escuras são chamadas de *dusk* (a cor do céu ao entardecer).

A total obsessão dos indianos com a pele branca revelada nesses anúncios gerou uma indústria de cremes, sabonetes e talcos que prometem clarear todas as partes do corpo. Esses produtos – para rosto, corpo, pescoço e mãos – vendem o sonho da "brancura perfeita" num país de maioria de morenos. A última novidade, lançada em março de 2012, deixou as feministas em pé de guerra: um sabonete líquido íntimo que promete clarear a vagina. A propaganda mostra uma bela esposa clara sentada na sala olhando para o marido que está com a cara afundada no jornal, como se ela não existisse. A mensagem subliminar era de que provavelmente não bastava ela ter o rosto branco, alguma outra parte do corpo dela não era clara o suficiente. Depois que ela usa o sabonete, o marido volta a amá-la.

A mensagem de todos esses anúncios é: você só terá valor se tiver a pele clara. A cada produto novo lançado – com seus respectivos comerciais que, em outros países, seriam proibidos por racismo – há um coro de protestos de formadores de opiniões e ativistas, mas dura um tempo e a realidade se impõe. Uma campanha de *outdoor* que surgiu nas ruas da capital Nova Délhi em 2009 mostra o rosto de uma típica indiana morena e a frase: "Eu não sou clara, mas sou linda." Era uma referência à marca de cosmético que virou mania nacional: Fair and Lovely ("Clara e Linda"). A cobrança sobre os homens é bem menor, mas mesmo entre eles a febre do branqueamento pegou: os cremes masculinos para clarear a pele vendem como água. Várias novelas e programas de televisão exploram a obsessão pela brancura. A paranoia

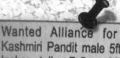

An Affluent & reputed Punjabi Doctor Family of NCR settled in Norway with Traditional Indian Values & Modern outlook is looking for smart Doctor only Punjabi - Hindu boy below 33 who has completed MS / MD and ready to migrate soon to Norway / Europe for their Fair, Slim, Smart & very caring June 1982 Born, 5' 3" Doctor PhD in cardiology girl working in Oslo, Norway in university Hospital. Family own house in Faridabad & is in India till mid April.
Only genuine family May contact Mob.:
9810596602
E-mail:drravigulati@hotmail.com

Respectd Business Rajput family (Tomar) from MP, based in Gurgaon seeks suitable match for their **Son 30/5'9" Smart, Fair, H'some, MBA/Own Business** Looking for B'ful, Fair, Edu. Rajput girl from respectable family. Email biodata with photo at: **sstomar2781@gmail.com**

MANGLIK

MANGLIK 7LPA Del/NCR Bsd H'some Advt. Prfsnal. w'stld Boy30-07-1979/5'7"/2:15 pm Father Kashmiri Pt. Mother Khatri Seeks B'ful Girl. upper cast No Bar. 9811111471 Mail: arazdan76@gmail.com

SM 4 fair, h'some Sindhi boy (Caste no bar) CA 39/ 6' Sr. Mgr Delhi Govt. JV 12 Lpa, own house & Prop. Small family. BHP to saimatri72@gmail.com

JATAV

SM4 Jatav, Smart fair b'ful Girl 27/5'4", Physiotherapist, Father Sr. Mngr in Bank, settled in Delhi. M: 9990387945, E: kumarlovjeet@gmail.com

JATAV fair slim girl MCA MBA 26/ 5'2" job in UK.Father Manager PSU, Brother MCA MBA stld in UK.M: 9868279682 E: ms_arya2009@yahoo.com

Suitable Match for Beautiful Fair, Slim, Manglik Punjabi Arora Girl, 5'5"/ 2.10 pm, 4-11-1981 Faridabad, Master in Mass Communication Working Delhi, 2.5 LPA.
Send Bio-data & Photo
amitarora283@gmail.com
098113 13397

BRAHMIN

JANGID Brahmin match for a girl, March 80 Born, 5'2", B.Sc, M.Sc, PG-Dip Delhi and Ph.D from UK (England) in Cell and Molecular Bio-Sciences, working in Manchester University, seeks suitable boy Doctor, Ph.D, Scientist, Engineer in UK, US or interested to go abroad. Father Dy. Commandant in CISF. Please contact Indore 09977004559, Delhi- 011-25071513 and 9990766898.

SM pref. Del / NCR based for Gaur Brahmin girl Jul. 82 / 5'1", FD NIFT, working as Asstt. Mgr. MNC. # 9999978329. Email: sharmark.1956@gmail.com

A well established Brahmin Business family living in a posh locality of South Delhi seeks alliance for their beautiful ,slim, intelligent and cultured,daughter 33 (looks 24-25 only) 5'5". Girl is a convent educated & MBA, actively involved in family business, widely traveled. Alliance invited from an educated and well settled Boy. Caste no bar Please send mail on:- poojamatrimonial26@gmail.com
Mobile: 9350616080

MGLK. PQM 4 South Del Bsd Gr. Br. MBA fair slim b'ful girl 29/55 wkg as Manager in MNC Pref Delhi NCR Only Cont Sharma 9818662740 8am to 11am & 7pm to 10pm email: kantskg@yahoo.co.in

ALLIANCE INVITED For v'fair b'ful, Gaur Brahmin Girl 27 / 5'3" MBBS doing PG (DNB) Optho, Final Yr. from Govt. Hospital. Belongs to well settled reputed business family in Delhi of Rajasthani Culture. Looking for well educated H'some boy from high class cultured family. Doctor doing / done PG preferred or equally qualified boy from Industrialist family or IAS alikes.
Call : 9818348162
:- Send BHP at :-
drs405@gmail.com

MATCH for Brahmin girl M.Sc./ 31.7.1984 /5'2" / 3.60 Lpa, Nadi Madhya, Non Manglik. Contact: skmatrimonial8@gmail.com Mob: 9868116758

SM 4 Pb. Sr Br. Girl Sept. 80/ 5'3" B.Com, PG - Pub. Rel., Mgr - MNC. Him/Pb. Br. pref. # 011-27291477, 9899873202 Email:

Em busca do par perfeito em anúncios de jornal: informações sobre casta e posição social são comuns.

alimentou uma série de mitos, como o de que a pessoa deve evitar café para que a pele não escureça, ou de que deve beber muito leite para a pele clarear. Eu já ouvi isso de uma mulher de elite enquanto conversava com uma amiga dela: "Sua pele é tão clara! Você deve beber muito leite." Há uma crença geral do ditado indiano: "Se a pele é branca, o amor é à primeira vista." Por causa disso, muitos indianos que vão à praia ou piscina só chegam quando o sol se põe. Amigas já me advertiram várias vezes para "o perigo de ficar morena" por causa da mania de andar sob o sol do escaldante verão indiano. Algumas chegam a cobrir o rosto inteiro com um véu, deixando apenas os olhos de fora.

"Desde que me tornei uma pessoa pública, nove entre dez artigos me descrevem como sendo da cor escura. A cor da minha pele sempre figurou em introduções e comentários sobre mim. Desde pessoas dizendo: 'coitadinha, ela é tão escura!', até os que me elogiavam: 'Você tem traços bonitos apesar de ser escura'", contou a atriz Nandita Das.[9] Segundo historiadores, essa discriminação está ligada às invasões milenares de povos dominadores de pele mais clara, que subjugaram os de pele mais escura, desde as tribos arianas em 1500 a.C. até os colonizadores britânicos. Na Ásia em geral há essa mania, mas o problema na Índia é o desejo de mudar o tom de pele e não apenas, como no Japão, China ou Coreia, de manter a pele clara fora do sol para não escurecê-la.

Mas o critério decisivo no mercado de casamento é mesmo o dinheiro. No caso das famílias de negócios, elas querem fazer alianças através dos casamentos de seus filhos.[10] Depois que as famílias recebem dezenas ou centenas de currículos e os selecionam, começam a marcar as entrevistas: parece procura de emprego. Algumas contratam até detetives para fuxicar a vida dos pretendentes: detectar mentiras ou segredos cabeludos, além dos verdadeiros salários e a posição que ocupam realmente nas suas empresas. Se as negociações correm bem, é organizado um encontro entre os candidatos, situação descrita como a mais desconfortável possível: os dois no meio, desconhecidos, sem nenhuma intimidade, cercados de exércitos de parentes. Antigamente – e ainda hoje em dia no interior –, a moça, em geral supertensa, passa por uma sabatina da possível sogra sobre suas habilidades como dona de casa. Atualmente, nas cidades, os pais apresentam os pombinhos e até os deixam a sós para "trocar impressões". Geralmente, são poucos encontros antes do casamento. Se as famílias entram em um acordo, e os dois aceitam, o próximo passo é a negociação dos detalhes da cerimônia, paga pela família da noiva. O dote é ilegal – como veremos no capítulo "As filhas do Oriente" – mas sabe-se que continua entrando nas conversações, muitas vezes mediado por partes neutras, como os tios.

Outra forma de se encontrar noivos ou noivas, cada vez mais popular, são os sites matrimoniais, que representam um mercado de US$ 57 milhões: eles são visitados por metade da população indiana urbana on-line. O Shaadi.com, por exemplo, é uma instituição nacional: um site com 20 milhões de usuários e 1,3 milhão de histórias de sucesso.[11] O Shaadi.com patrocinou, em 2008, a pesquisa "Changing Preferences of the Indian Youth", com 2 mil homens e mulheres da Índia urbana. Para 46% dos homens e mulheres, a combinação por horóscopo do parceiro não é levada mais em conta. O casamento entre pessoas de castas diferentes é apoiado por 51% dos entrevistados. Mais de 61% dos homens querem mulheres com grau de instrução avançado e 48% optam por mulheres que trabalham fora. Muitos moderninhos ainda preferem casar dentro das mesmas castas para facilitar o convívio: os parceiros teriam os mesmos rituais, costumes, hábitos culturais e alimentares.[12] Em um país onde os relacionamentos antes do casamento ainda são vistos com reservas, a nova geração encontrou na internet uma chance para conhecer melhor possíveis pretendentes sem as tradicionais restrições.

A NOVA FÓRMULA DO AMOR INDIANO

Com um pé na tradição e outro na modernidade, os jovens indianos hoje inventam uma nova fórmula de união: o casamento arranjado por amor. O jovem casal se apaixona e eles convencem os pais a seguirem todo o ritual tradicional. Foi o que os jornalistas Richa e Deetimar fizeram. Na verdade, eles foram bem mais ousados: moraram juntos em Mumbai durante quatro anos até se casarem em Délhi em junho de 2011, na presença das duas famílias. Mumbai é uma das cidades mais populares entre os jovens modernos que querem fugir da pressão da família – desde que a família, claro, viva em outro lugar. Eles costumam mentir, dizendo que dividem apartamentos com amigos do mesmo sexo ou que moram sozinhos. No dia do casamento, Richa parecia mais relaxada dos que as noivas que se casavam com rapazes que mal conhecem. Ela se mostrava confiante, andando bem devagar por causa do peso da *lehenga* (tradicional saia comprida com top) vermelha, a cor dos vestidos de noiva na Índia. A noiva é tão enfeitada que só aparece um pouco do rosto, coberto pelo véu e pelos adereços no nariz, orelha e testa. Nas mãos, o intricado desenho do *mehendi*, feito de hena: a tradição diz que se a cor ficar escura, a noiva terá um marido carinhoso e uma boa relação com a sogra. Logo na entrada do salão onde ela se encontraria com Deetimar, Richa procura olhar para baixo, um sinal de comedimento que as noivas devem demonstrar. É por isso que boa parte delas não abre um sorriso de orelha a orelha nas fotos. Parecem até tristes: é preciso ser tímida. Mas logo depois, ela relaxa e sorri para as câmeras, ao lado do homem com quem casaria dali a algumas horas.

Aplicação de *mehendi* (pasta feita à base de hena) nas mãos de uma indiana. O *mehendi* é enfeite obrigatório nas mãos e pés das noivas.

O raciocínio mais comum entre os pais da elite hoje é o que ouvi certa noite, durante um jantar na casa de amigos, em uma conversa com dois casais hindus ricos, com filhos em idade de casamento. Dizendo-se liberais, os casais contavam orgulhosamente que seus filhos iriam escolher os parceiros. "Mas a única condição é que o pretendente não seja muçulmano", observou um dos pais, com a concordância dos outros. Eu perguntei por quê. Eles disseram: "Os hábitos das famílias são muito diferentes." Ou seja, a escolha está quase totalmente liberada: mas há ainda vários limites. A socióloga Shalini Grover – autora do livro *Marriage, Love, Caste, and Kinship Support: Lived Experiences of the Urban Poor in India* – explica que o casamento puramente por amor, sem o consentimento dos pais, é "uma opção inferior" porque torna a união malvista e desrespeitada diante da sociedade.[13] Seu livro é salpicado com personagens envolvidos em redes de romances que lutam desesperadamente para encontrar qualquer sinal de apoio dos pais.

Dança dos convidados e o noivo a cavalo indo para o local do casamento em 30 de abril de 2012, dia que foi especialmente auspicioso, segundo os astrólogos, para matrimônios. Por isso, houve centenas de casamentos num só dia, o que acabou bloqueando as ruas de Délhi. Ao lado, noiva entra no salão, de maneira comedida, onde será realizada a cerimônia de seu casamento.

Hoje, boa parte das cerimônias de casamento da classe média tem sido organizada em apenas dois dias, não mais em cinco como antigamente: é muito caro e as pessoas já não têm tanto tempo, nem a família, nem os convidados. Uma das cerimônias mais populares é a chamada Festa do *Mehendi*, quando as mãos da noiva são enfeitadas com os intrincados desenhos feitos de hena. Há também o *Sangeet* (noite da música), com muita dança e cantoria. O noivo chega ao local da cerimônia principal – às vezes montado em um cavalo branco – acompanhado de uma banda de músicos vestidos em estilo ocidental, com botas e jaquetas de mangas compridas, até mesmo no infernal verão indiano. Antigamente, o noivo fazia a procissão montado em um elefante, mas isso raramente acontece hoje. Alguns vão de carro mesmo. O noivo veste um longo sobretudo bordado de gola chinesa chamado *sherwani*. A noiva veste sari ou *lehenga* em cores fortes, como vermelho ou rosa-choque. A cerimônia oficial acontece em uma hora determinada pelo astrólogo, muitas vezes de madrugada, quando a maioria dos convidados já se foi. O voto do casamento é feito em torno de uma fogueira sagrada: os noivos dão sete voltas em torno dela, enquanto o sacerdote hindu recita versos em sânscrito. No final, a noiva chorosa diz adeus à sua família e migra para a família de seu marido. Sem beijos, claro.

Mais do que nunca, o casamento na Índia consumista se tornou um medidor de *status* das famílias. Nenhum casamento foi tão rico até hoje quanto o da filha do magnata do aço Lakshmi Mittal, em 2004, em Paris: custou US$ 60 milhões. Vanisha, então com 23 anos, se casou com o indiano Amit Bhatia. Mittal pagou hotéis cinco estrelas para mil hóspedes que vieram de todos os lugares do mundo para cinco dias de festas em castelos e palácios, como o próprio Versalhes. Outro casamento à indiana que ficou para a história foi o de Vikram Chatwal, dono de hotéis de luxo e radicado em Nova York, ex-namorado de Gisele Bündchen. Personificação do novo *playboy* indiano, Chatwal retornou à Índia em 2006 para se casar com a modelo indiana Priya Sachdev. Sua festa durou 10 dias em três lugares: Mumbai, Délhi e a bela Udaipur, cidade histórica da realeza indiana no Rajastão. Contou com 600 convidados do mundo todo, incluindo Bill Clinton e Naomi Campbell. Foi descrito pelo Discovery Chanel como o "O Grande Casamento Indiano". Sinal dos tempos, o casal hoje está divorciado.

Outra festa suntuosa recente, de março de 2011, sacudiu Délhi: o casamento de Yogita e Lalit Tanwar, ambos filhos de políticos milionários, símbolos da nova elite do poder que anda abraçada com o mundo corporativo. O pai do noivo, Kanwar Singh Tanwar, foi o candidato mais rico das eleições da Assembleia de Délhi em 2008. A festança, que custou US$ 50 milhões, teve 18 mil convidados em quatro dias, 100 pratos de culinárias variadas e 12 telas gigantes. A família da noiva deu um helicóptero de US$ 7,5 milhões para a família do noivo.[14] Em geral, os casamentos dos ricos têm orçamentos que chegam a US$ 6 milhões. Esse é o momento de as famílias mostrarem o seu poder de fogo para a sociedade. A aparência é fundamental. Há até competição entre as famílias dos noivos para ver quem atrai mais convidados importantes. As famílias tentam ostentar o quanto podem: as de classe média para baixo se endividam para bancar a festa, que pode custar entre US$ 20 mil a US$ 100 mil. A indústria do casamento indiano fatura anualmente US$ 25,5 bilhões e cresce a uma taxa de 20 a 25% ao ano.

DEPOIS DO CASAMENTO, É HORA DE SE APAIXONAR

Uma famosa empresa de turismo indiana, de olho em pacotes de lua de mel, anuncia: "Depois do casamento, é hora de se apaixonar." No casamento arranjado, a ordem é inversa do ideal do amor romântico. E se o amor não florescer? A maioria tende a aceitar o fato consumado, a não ser que a convivência seja completamente impossível. Mas antes de um divórcio, as duas famílias fazem a intermediação: afinal foram elas que casaram seus filhos. Os indianos costumam dizer que o amor nos casamentos arranjados cresce com o tempo e se torna mais forte do que nos casamentos por amor. Há uma visão geral de que os casamentos baseados em paixão – efêmera e frágil – não duram e acabam em decepção, o que explicaria o alto número de divórcios nos países ocidentais.

Mas o fantasma do divórcio já chegou à nova geração, cada vez menos propensa à rigidez do casamento e aberta a essa opção que até pouco tempo atrás era inimaginável. Segundo o censo de 2001, a taxa de divórcio na Índia era de apenas 1%. Esse cenário começa a mudar. A nova safra de mulheres indianas independentes não se adapta mais ao modelo das tradicionais esposas submissas. Elas estão cada vez menos dispostas a suportar casamentos infelizes. Os casais hoje enfrentam novos problemas que envolvem o fato de a mulher trabalhar fora, a divisão do dinheiro e, ao mesmo tempo, as velhas questões, como a convivência da mulher com os pais do marido.

Em geral, os primeiros anos de casamento são de lua de mel. Para os indianos é o contrário: é a pior fase porque há o choque do conhecimento da outra pessoa a partir do zero. A maior parte se divorcia no início do casamento. Começam a pipocar no mercado on-line os sites de relacionamentos para divorciados. Délhi tinha, em 2004, no máximo três Tribunais de Justiça matrimoniais. Hoje tem 20. Monika, 41 anos, uma publicitária, divorciou-se há 10 anos, no início da onda de liberalização. O marido passou a implicar demais com o tempo que ela dedicava à sua profissão, deixando as tarefas domésticas em segundo plano. De uma família de classe média alta de Mumbai, Monika teve sorte de nascer em um meio liberal: os pais a aceitaram de volta em casa e acompanhada da filha que o casal havia adotado. "Muita gente virou a cara para a minha mãe, alguns a criticavam abertamente, mesmo não tendo nada a ver com a história. Mas minha mãe foi firme e me defendeu. Eu sempre gostei de festas e tinha uma vida social agitada, mas logo após o divórcio eu me tranquei, para evitar os olhares de recriminação. Depois me acostumei e hoje eu sinto que o preconceito é bem menor", me contou Monika em 2006, que está aberta para novos encontros. Os tradicionalistas criticam o fenômeno do divórcio como sendo uma influência negativa do Ocidente e uma "quebra da sociedade tradicional hindu", mas os mais modernos afirmam que isso é um reflexo do poder da nova mulher indiana.

A GRANDE FAMÍLIA

A ideia do "marido-deus" é tradicional na Índia, embora hoje bastante ultrapassada principalmente nas cidades. Bollywood mostrava filmes com cenas de esposas que chamavam os maridos de "meu Deus", enquanto se jogavam a seus pés ou corriam pelos cantos da casa com medo deles na década de 1950. Esse modelo pode ter mudado, mas ainda se percebe, mesmo em relações modernas, a preponderância do homem sobre a mulher. Essa mentalidade patriarcal continua forte na memória cultural. A maior qualidade de uma esposa é a disposição de se sacrificar pelo marido e pela família. Uma das atitudes que simbolizam esse espírito de sacrifício é a mulher comer depois do marido e dos filhos, ou na cozinha, ou no seu quarto, sozinha. Hoje isso é tido como ofensivo pela nova geração urbana. Mas eu presenciei essa cena em casas de classe média de grandes cidades com mulheres na casa dos 60 anos. No entanto, uma jovem de 30 anos que conheci conseguiu finalmente convencer o marido a sair da casa da mãe dele e alugar um apartamento para o casal quando a sogra exigiu que ela comesse apenas os restos de uma refeição depois que todos os hóspedes já estavam satisfeitos.

Um festival muito popular tem raiz nessa ideia endeusadora do homem: o Karwa Chauth. Em um dia do ano a mulher jejua pela saúde do marido. Mas como o marido nunca faz o mesmo pela esposa, as feministas costumam torcer o nariz para esse dia. Graças à glamorização de Bollywood, esse jejum ganha cada vez mais adeptas. Mas, hoje em dia, tem um sentido mais romântico, com os homens oferecendo presentes e jantares a elas assim que o jejum termina.

Tradicionalmente, as esposas nunca chamavam seus maridos pelos nomes, e sim de *aijee* (uma forma respeitosa de "Ei, você"), ou *sunte ho* ("Você está ouvindo?") ou "pai de Pranab", por exemplo, se esse fosse o nome do filho. Na visão tradicional, o casal não é a célula principal da família. Mais importante é a relação de cada um deles com os filhos. Eu sempre notei a distância que as esposas têm dos maridos, mesmo dentro das casas. Muito raramente vi casais de mãos dadas. "Na tradicional família estendida, a moça casa com a família, não apenas com o homem. Uma excessiva intimidade entre marido e mulher era vista com suspeição. Se o homem se tornasse profundamente ligado à mulher, temia-se que ele se comprometesse menos com a família estendida", explica a jornalista Gitanjali Prasad, autora do livro *The Great Indian Family: New Roles, Old Responsibilities*.[15] Antigamente, o patriarca e sua esposa só dormiam juntos quando ele queria fazer sexo. Viviam praticamente separados dentro da casa. Não tinham uma relação de troca emocional e de prazeres como as que existem nas relações modernas. Apenas na elite influenciada pelos britânicos é que o estilo de vida era mais parecido com o do Ocidente. As gerações que casaram a partir da década de 1950 e 1960 já exibiam mais uma vida de marido e mulher moderna. A cama do casal era também das crianças: a intimidade não estava em jogo. Os homens indianos assumem totalmente o papel de pai aos olhos públicos. Extremamente dedicados à família: são eles que carregam os filhos no colo quando estão fora de casa. Do lado de dentro, é a mulher. Nos restaurantes é comum vermos mulheres sentadas à mesa comendo e os homens correndo atrás das crianças que aprendem a dar os primeiro passos.

A NORA DE HOJE É A SOGRA DE AMANHÃ

Os filhos homens costumam morar com os pais após o casamento: formam uma imensa família sob o mesmo teto, com pais, filhos, netos, tios e sobrinhos. Esse é o modelo da chamada família estendida que dominou a sociedade indiana e ainda hoje é forte. As esposas passam a pertencer à família do marido: daí a tradicional guerra entre sogras e noras. Um caso emblemático dessa conflituosa relação aconteceu dentro da família mais importante da Índia: a dos Nehru-Gandhi. Indira Gandhi expulsou de casa a nora Maneka, a jovem viúva de seu filho Sanjay, com um filho de um ano no colo. Maneka queria entrar para a política e Indira era contra. Na Índia, essa briga é sinônimo de novela e é chamada de *saas-bahu* (sogras-noras).

"Sogra já foi nora um dia" foi uma das novelas mais populares da história da televisão indiana. A sogra é geralmente a vilã das tramas: ela trata a nora da mesma forma como foi tratada pela sua sogra. A lista de abusos é longa: vai desde impedir que a esposa tenha muito tempo livre com o marido até, em casos extremos, o assassinato, geralmente ateando fogo, descrito como acidente de cozinha. Hoje em dia há também o oposto: noras que maltratam as sogras. A nora mais querida da Índia é a personagem Tulsi, que por muito tempo foi encarnada pela atriz Smriti Irani. Depois de um casamento arranjado, ela vai viver com uma família má. De pele clara, perfeita para padrão de beleza indiano, devotada ao marido como uma esposa ideal hindu, era uma mártir perfeita: adotou uma menininha que salvou do afogamento e criou o filho do marido com uma amante. Os anúncios matrimoniais buscavam uma nora como Tulsi, que dominou a imaginação dos indianos por muito tempo. Hoje, no entanto, boa parte das mulheres de classe média urbana não entra mais na categoria de noras submissas, especialmente o grupo das que trabalham fora. Mesmo assim, o clichê da nora sofredora ainda é válido, uma realidade longe de ser considerada passado na Índia rural.

TEIA FAMILIAR PROTETORA

Apesar das tensões, há um forte sentido de lealdade e respeito na grande família indiana. Trata-se da mais sólida instituição do país, que praticamente não tem sistema de seguridade social: é um grande colchão de proteção e de conforto. O comprome-

Casal de noivos e a família de ambos em uma cerimônia de casamento em Délhi.

Esquema com nome dos membros familiares

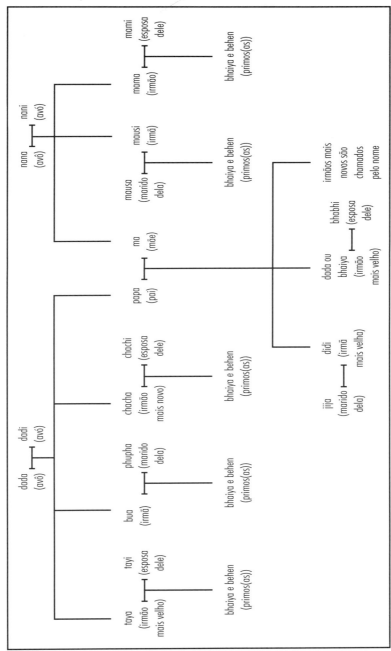

timento do indivíduo é apenas com a sua família: cada uma delas centradas em seu universo. Por isso, quando uma célula nova (uma noiva) entra no novo clã, há um processo de reconhecimento de campo e muitas vezes de atrito em que ela é a parte mais fraca. Ela deve obedecer às regras do clã para o qual entrou, pois a identidade de um indiano é como membro de uma família, não como um indivíduo. Desde pequenos, os indianos aprendem que suas vontades pessoais devem estar submetidas à necessidade de sua família.

A relevância dos laços familiares é revelada pelos inúmeros nomes. Para cada membro há um nome que a criança deve memorizar. O pai é *papa* e a mãe é *ma*. A irmã mais velha é *didi* e o marido dela é *jija*. O irmão mais velho é *dada* ou *bhaiya*, e sua mulher é *bhabhi*. Os irmãos mais novos são chamados pelos nomes. Em português, por exemplo, há somente as palavras *avô* e *avó* para os pais dos pais. Em hindi, há quatro nomes: a avó materna é chamada de *nani*; o avô materno, de *nana*; a avó paterna é a *dadi*, e o avô paterno, *dada*. Um nível de detalhe ainda maior ocorre com os tios. A irmã da mãe é chamada de *mausi* e o marido dela é *mausa*. O irmão da mãe é chamado de *mama*, e sua mulher é *mami*. A irmã do pai é *bua* e seu marido é *phupha*. O irmão mais velho do pai é *taya* e sua mulher é *tayi*. O irmão mais novo do pai é *chacha* e sua mulher, *chachi*. Apesar de tantos nomes para tios e tias, em hindi não há um nome específico para primo. Os primos são chamados de irmãos (*bhaiya*) e irmãs (*behen*), por serem considerados muito próximos.

Mesmo pessoas estranhas se chamam com nomes de famílias, tal a importância do clã na sociedade indiana: o motorista de táxi é o seu *bhaiya* (irmão). Se for um homem idoso, *babuji* (outro nome para pai). A senhora desconhecida que está a seu lado é *mataji* (mãe). A empregada te chama de *didi* (irmã mais velha) se você for mulher, ou *bhaiya* se você for homem. O respeito aos idosos é sagrado. São tão reverenciados que devem ser tocados nos pés quando cumprimentados. Muitas mulheres que passaram dos 50 ostentam seus cabelos grisalhos ou brancos: não há vergonha em ficar velho, mas orgulho de dever cumprido na vida. O conflito de gerações é bem menor do que no Ocidente: os jovens não procuram a ruptura radical com a velha geração. Os mais velhos tendem a ser paternais com os mais novos, que ao mesmo tempo não ousam desafiá-los.

Desde pequenos, os indianos se adaptam às normas hierárquicas: sabem que têm obrigações para com aqueles acima deles. Isso tem reflexos em outras esferas das relações sociais: a reverência por superiores é generalizada. "A determinação no *ranking* ('Essa pessoa é superior ou inferior a mim?') é uma das principais perguntas subconscientes que surgem em um encontro de duas pessoas", observa o psicanalista Sudhir Kakar.[16] A força da família patriarcal hierárquica gerou o fenômeno das dinastias em vários ramos da sociedade, desde a política até Bollywood. Mas hoje, a família estendida começa a perder espaço para a nuclear. Análise dos resultados parciais do censo de 2011 mostra que o tamanho das famílias na Índia urbana está diminuindo: 56% delas têm hoje menos do que quatro pessoas. Dez anos antes, o tamanho da uma família urbana em média era entre quatro a cinco membros.[17]

MORTE EM NOME DA HONRA DA FAMÍLIA

Na Índia, várias histórias de amor acabam em tragédia, com os chamados assassinatos "em nome da honra da família": os parentes acabam matando os que se atrevem a desrespeitar tradições de castas. Muitos apaixonados desistem de enfrentar a ira familiar. Às vezes, os "assassinatos pela honra" são ordenados pelos chamados Conselhos de Castas, uma espécie de justiça medieval que persegue jovens que se apaixonam e desafiam as tradições milenares: foram apelidados pela mídia de "talibãs hindus". Eles decidem quem pode casar com quem. As punições decretadas pelos Conselhos são as mais variadas: os "culpados" podem ser isolados de sua comunidade, banidos do vilarejo, mortos, espancados, enforcados (para parecer que cometeram suicídio) ou submetidos a humilhações públicas, como beber urina e desfilar nus.

Mahendra Singh Tikait, um octogenário chefe do Conselho de Casta do vilarejo de Sisauli, no estado de Uttar Pradesh, resume o casamento por amor da seguinte forma: "Casamentos por amor são sujos. Somente prostitutas escolhem seus parceiros." Ele justifica os assassinatos em nome da chamada *izzat* (honra): "Nós seguimos um código moral pelo qual a honra deve ser protegida a qualquer custo."[18] Tikait defende os Conselhos de Casta como sendo "infalíveis", por contarem com a "sanção divina". Muitas vezes os assassinatos são cometidos com requintes de crueldade, inclusive pelos próprios familiares: ateando fogo na pessoa viva ou esquartejando-a.

A trágica história do casal Manoj e Babli ganhou grande repercussão. Eles se casaram a contragosto da família em um vilarejo do estado de Haryana, em 2007. Os pais de Babli pediram ajuda ao Conselho de Casta local, que anulou o casamento e decretou um boicote social à família de Manoj. Os dois fugiram, mas acabaram sendo sequestrados e espancados por familiares de Babli. Em seguida, o irmão mais velho de Babli a obrigou a beber pesticida. Outros parentes dela estrangularam Manoj. Os corpos foram esquartejados, colocados dentro de um saco e jogados em um canal. Em março de 2010, a Justiça emitiu uma sentença histórica: condenou à morte os cinco assassinos. Foi a primeira vez na história que a Justiça aplicou a pena máxima do Código Penal para crimes de honra da família. O chefe do Conselho de Casta pegou prisão perpétua.

O problema não ocorre apenas em casamentos intercastas. Os Conselhos de Castas também perseguem casais que sejam da mesma *gotra*, ou seja, supostamente de um mesmo clã ancestral mitológico: eles são considerados irmãos, embora não tenham nenhum parentesco real. Essas "*gotras* mitológicas" são atribuídas a um hindu quando ele nasce, herdada pela ascendência paterna. A tradição diz que todos os rapazes e moças de um determinado vilarejo têm a mesma *gotra* e, portanto, são irmãos: estão proibidos de se apaixonar. O casamento entre eles é amaldiçoado como um incesto. Por muitos anos, acreditava-se que assassinatos em nome da honra aconteciam somente em remotas áreas rurais. Mas esses crimes passaram a ser noticiados com mais frequência nas grandes cidades. Não há estatísticas de vítimas dos assassinatos "em nome da honra": estão incluídos na contabilidade dos crimes comuns. Uma leva de análises sociológicas surgiu nos últimos anos para tentar explicar essa prática tão fora de tempo na Índia do século XXI: isso acontece justamente porque a Índia passa por uma rápida transformação de costumes. Há uma colisão entre o velho e o novo, os conservadores e os liberais, entre a velha Índia, que vive nos vilarejos, e a nova Índia, nas cidades. As famílias querem manter o poder de escolher para os seus filhos os parceiros mais adequados para cuidar deles na velhice: esse é o critério de escolha, não a necessidade dos filhos. "O que nos choca sobre esses assassinatos é que eles são perpetrados por parentes próximos e de confiança, dos quais normalmente se espera amor e proteção", diz a socióloga Ravinder Kaur.[19]

Há uma proposta de aprovar uma lei especialmente para os crimes de honra. O problema é a resistência da própria sociedade: muitos desses crimes são aplaudidos pela comunidade e os criminosos vistos como heróis. Esses crimes são cometidos em determinadas regiões, no norte da Índia, e por certas comunidades ou castas que defendem com unhas e dentes o conceito da honra familiar. "Não é comum acontecer os crimes de honra entre os brâmanes e as castas dos comerciantes, que se guiam pelo pragmatismo. A maior parte acontece em castas agrárias e de guerreiros. A cada ano cerca de mil filhas são mortas por se apaixonarem", explica o jornalista Aakar Patel.[20] Isso porque, na cultura camponesa, a honra da família é depositada no corpo da mulher, vista como uma posse. A honra é perdida quando a mulher é levada. E recuperada quando ela é morta.

Na batalha entre conservadores e liberais, estes últimos estão cada vez mais fortes na Índia globalizada. Advogados, professores, jornalistas, estudantes e ativistas de direitos humanos de Nova Délhi criaram um serviço de ajuda telefônica 24 horas para amantes perseguidos pelas famílias, o chamado "Comando do Amor". Quando um voluntário recebe um telefonema, ele contata um advogado do grupo e aciona a polícia. Vários grupos parecidos surgiram em outros estados. Também foi criado um partido político baseado na ideologia do amor: o Indian Lovers Party (Partido dos Amantes Indianos), na cidade de Chennai, capital do estado de Tamil Nadu.[21] A ideologia é o direito de amar e de se casar com qualquer um que se queira, explica o fundador do partido, Kumar Sri Sri, de 33 anos. Seus integrantes ajudam casais perseguidos e dão conselhos a famílias sobre casamentos entre pessoas de castas diferentes. "Amantes de todo o mundo, uni-vos" – é a mensagem da página eletrônica do partido. O logotipo é uma imagem do Taj Mahal dentro de um grande coração com uma flecha transpassada. O próprio Sri Sri vivenciou a oposição de sua família quando se apaixonou pela filha de seu vizinho. Sua família não aceitou porque já tinha oferta de dote de US$ 10 mil por parte da família de outra moça de sua casta. Mas Sri Sri enfrentou a família: casou-se com a amada em 2000 e hoje tem dois filhos. Pelo menos a sua história de amor teve um final feliz.

NOTAS

[1] Sudhir Kakar e Katharina Kakar, *The Indians: Portrait of a People*, New Delhi, Penguin Books India, 2007, p. 13.
[2] Sandhya Mulchandani, *Five Arrows of Kama*, New Delhi, Penguin Books India, 2010, p. VII.
[3] Sudhir Kakar e Katharina Kakar, *op cit*, p. 72.
[4] Diana e Michael Preston, *A Teardrop on the Cheek of Time: The Story of the Taj Mahal*, London, Transworld's Publishers, 2008, p. 189.
[5] Alex Von Tunzelmann, *Indian Summer: The Secret History of the End of an Empire*, London, Simon & Schuster, 2007, p. 33.
[6] Idem, p. 324.
[7] Idem, p. 325.
[8] Sudhir Kakar, "Match Fixing", em *India Today*, New Delhi, 5 nov. 2007.
[9] Nandita Das, "When Fair Is Lovely", em *The Week*, Chennai, p. 76, 7 fev. 2010.
[10] Ira Trivedi, "The New Business of Marriage", em *Brunch- Hindustan Times Weekly Magazine*, New Delhi, pp. 6-10, 30 out. 2011.
[11] Snigdha Poonam, "Casting the Net", em *The Caravan*, New Delhi, pp. 48-59, mar. 2012, .
[12] Damayanti Datta, "The New Mating Game", em *India Today*, New Delhi, 24 mar. 2008.
[13] Malini Nair, "Shaadi Remixed", em *Crest*, New Delhi, 2 abr. 2012.
[14] "High-Flying Wedding", em *Mail Today*, New Delhi, 3 mar. 2011.
[15] Gitanjali Prasad, *The Great Indian Family: New Roles, Old Responsibilities*, New Delhi, Penguin Books India, 2006, p. 43.
[16] Sudhir Kakar e Katharina Kakar, op. cit., p. 8.
[17] Rukmini Shrinivasan, "Median Household Size Drops Below 4 in Cities", em *Sunday Times*, New Delhi, 25 mar. 2012.
[18] Sameer Arshad, "Only Whores Choose Their Partners", em *The Times of India*, New Delhi, 8 set. 2012.
[19] Ravinder Kaur, "Noose Family Ties", em *The India Express*, New Delhi, 23 jul. 2010.
[20] Aakar Patel, "Why the Honour Killing Bill Won't Work", em *The Mint*, New Delhi, 29 out. 2011.
[21] Chennai Koothu e Rahul Jayaram, "A Ballot for Love", em *The Mint*, New Delhi, 21 ago. 2010.

# AS FILHAS DO ORIENTE

Nimi Khana é uma decoradora de hotéis cinco estrelas de sucesso. Ela nasceu no meio do caminho entre o Paquistão e a Índia durante a sangrenta Partição, em 1947. Sua mãe, Surinder Chopra, embarcou em um dos últimos trens que partiam do território paquistanês para o indiano. O marido já estava na Índia tentando arranjar um emprego. Surinder, que já tinha dois meninos pequenos, deu à luz a menina em um quartinho em cima de um celeiro de vacas, já dentro da Índia. Quando a mãe recobrou a consciência, o bebê não estava mais lá. A tia tinha colocado a menina dentro de um saco de juta e largado na rua. Disseram à mãe que a criança não tinha sobrevivido ao parto, mas Surinder insistiu: queria ver o rosto da filha, mesmo morta. Trouxeram o bebê. Estava vivo. Nimi sobreviveu miraculosamente. Mas milhões de outras indianas não têm a chance de nascer.

Nimi é mãe de Ganga, uma boneca de pano com um largo sorriso no rosto que criou para representar as meninas indianas que conseguiram chegar ao mundo. O seu sonho é fazer o governo indiano adotar a boneca como ícone de uma campanha de salvação das meninas. "Ganga é um símbolo que vai dar a milhões de meninas abandonadas um nome, um rosto e uma identidade", diz Nimi.[1] O fenômeno do desaparecimento de meninas se torna cada vez mais forte na Índia moderna.

As mulheres indianas hoje vivem em diversas épocas. Dependendo da região, da classe social e casta a que pertencem, elas podem amargar uma existência quase medieval em uma das sociedades mais patriarcais do mundo. Suas vidas são definidas pelos seus homens. Mas também há as que vivem no século XXI: mulheres da elite urbana que se tornaram cientistas, médicas, juízas, advogadas, escritoras, acadêmicas, políticas, jornalistas, diplomatas, executivas, banqueiras, militares, policiais e pilotas de avião. Mesmo dentro desse privilegiado grupo, porém, algumas tradições perversas sobrevivem, como a preferência por meninos. Durante a cerimônia de casamento, o sacerdote hindu diz para a mulher, recitando um mantra milenar: "Que você seja mãe de cem meninos." No minuto em que a mulher fica grávida, preces sagradas são entoadas por outras mulheres da família: elas pedem que o bebê seja menino ou que um eventual feto feminino seja transformado em masculino. Meninas não são bem-vindas.

Típica mulher de classe
média urbana em
Nova Délhi.

Com o surgimento de técnicas modernas para identificar o sexo do feto, o aborto seletivo ganhou terreno e acelerou o processo de desaparecimento de meninas. Em 2006, a revista médica britânica *The Lancet* anunciou resultado de um estudo segundo o qual meio milhão de fetos femininos eram abortados a cada ano na Índia. Em 2010, o Fundo de População da Organização das Nações Unidas (ONU) divulgou número semelhante: 600 mil abortos de fetos femininos por ano entre 2001 e 2007. A revista britânica *The Economist* chamou de "generocídio" o desaparecimento de mulheres aos milhões na Índia e na China, em artigo de capa publicado no dia 4 de março de 2010: "Mulheres são mortas aos milhões: abortadas, assassinadas e negligenciadas até a morte."[2] Na Índia, há 914 meninas para cada 1.000 meninos na faixa etária de até 6 anos, segundo o censo de 2011. A média mundial é de 1.045 meninas para cada 1000 meninos.[3] É a pior taxa de meninas desde a independência. Em 2001, a situação era um pouquinho melhor: havia 933 mulheres para cada 1.000 homens. O problema vem piorando com o tempo: a Índia produz mais e mais homens. Uma menina indiana entre 1 e 5 anos tem 75% mais chance de morrer do que um menino. A taxa de mortalidade de meninas a partir de 1 ano é maior do que a de meninos, segundo as Nações Unidas. Isso é prova da discriminação na hora de alimentar e de cuidar da saúde: os meninos têm sempre a preferência.[4]

Há uma série de incentivos governamentais para se ter meninas, como dar dinheiro para as famílias, mas isso não tem funcionado. As inúmeras campanhas "Salve a filha" tem encontrando ouvidos moucos. O aborto de fetos femininos se espalhou por famílias de todas as rendas e castas nos últimos 20 anos de crescimento econômico. Não é um fenômeno dos pobres com baixo nível de escolaridade. Ao contrário, o problema é mais grave entre os endinheirados e educados. Essas famílias tendem a ter menos filhos hoje em dia. Mas querem selecioná-los, pagando exames (ilegais) de ultrassom que revelam o sexo do bebê: meninas são descartadas. A apenas 30 km de Délhi, o vilarejo de Malerna – em Haryana, um dos estados mais abastados do país – tem somente 370 mulheres para cada 1.000 homens. Malerna reflete o crescimento econômico da Índia: seus novos ricos construíram casas de dois andares e têm carros nas garagens. Mas são justamente eles que mais rejeitam as meninas porque pensam que terão que dar todo o dinheiro guardado nos dotes das filhas na hora de casá-las. Além disso, essas famílias veem nos meninos uma possibilidade de amealhar mais riqueza através do dote da futura esposa.[5]

Na Índia, sem a política de filho único como na China (onde quem tem o segundo filho é penalizado pelo Estado), se o primeiro filho é uma menina, geralmente ela é aceita. O problema começa se na segunda gravidez o feto é feminino. As famílias modernas tendem a ter no máximo dois filhos: um deles deve ser menino. Várias pesquisas mostram que filhas caçulas costumam ser negligenciadas e têm mais chances de morrer na infância por falta de cuidados médicos e alimentação precária; no caso das famílias pobres, se há pouca comida na casa, os meninos são alimentados primeiro. Vários pais fazem questão de deixar bem claro seu descontentamento por terem tido filhas ao registrarem seus nomes: elas são batizadas de Anaamika ("sem nome", em sânscrito). Ativistas sociais costumam promover campanhas para mudar os nomes dessas meninas, para que elas não fiquem carimbadas o resto da vida com a marca da rejeição.

É normal culpar a mulher por parir uma menina: a crença é de que ela é a responsável pelo sexo da criança. Se a mulher tem um menino, seu *status* dentro da família é elevado. Ela investe a maior parte da sua emoção no menino, que vai ficar na família mesmo depois de casar. A supermãe o torna egocêntrico. A cineasta e jornalista Nupur Basu, em seu documentário *No Country for Young Girls?*, conta a história de Vaijanti, uma mulher de 27 anos forçada a deixar a casa do marido como punição por ter dado à luz três filhas. A cineasta diz que há uma espécie de silêncio conspiratório e consenso social de que os fetos femininos devem ser abortados e de que as mães de meninas passem a ter *status* de segunda classe. "Mulheres das classes altas a baixas sentem a pressão de ter filhos homens. Não tem a ver com a questão socioeconômica", explica Nupur.[6]

CRIAR UMA MENINA É REGAR O JARDIM DO VIZINHO

As indianas ganharam o direito de abortar em 1971, antes mesmo de muitos países ocidentais. Vinte anos depois, o aborto seletivo de fetos femininos foi proibido. Isso porque o censo de 1990 concluiu que a Índia tinha 25 milhões de homens a mais do que mulheres. O governo reagiu aprovando uma lei, em 1994, que proibia a determinação do sexo do feto pelo exame de ultrassonografia: foi uma tentativa de coibir o mal, mas não funcionou. Teoricamente, as mulheres que buscam o aborto seletivo podem ser condenadas a três anos de prisão e a pagar uma multa equivalente a mais de US$ 1 mil. Médicos que informam o sexo do feto podem perder sua licença profissional e estão sujeitos a até cinco anos de prisão. Mas as punições são raras. Muitos encontraram um "jeitinho" e lucram com isso. A lei fica no papel: o aborto seletivo é uma indústria que movimenta milhões de dólares na Índia. Clínicas oferecem pacotes: o casal deposita US$ 400 quando vai fazer ultrassonografia. Se o feto for masculino, eles recebem US$ 200 de volta. Se for feminino, o aborto é feito. Os jornalistas Meena Sharma e Rajesh Shakawat, ambos do Rajastão, investigaram por sete anos a indústria do aborto de meninas, que hoje movimenta em torno de US$ 600 milhões. Eles gravaram um vídeo chocante, com uma câmera escondida, no qual médicos de um hospital diziam a uma paciente que eles poderiam abortar o bebê de 7 meses que ela carregava. Se a criança nascesse com vida, explicaram os médicos, eles a enterrariam viva ou a colocariam dentro de um saco e a jogariam num rio.

"Satyamev Jayate" ("A verdade deve vencer"), o lema nacional da Índia, é o nome que o astro do cinema Aamir Khan escolheu para o seu mais novo programa de televisão, estreado, com o maior sucesso, em 6 de maio de 2012: uma série de entrevistas com personagens que representam a Índia verdadeira, sem *glamour*. O assunto do primeiro programa foi justamente o desaparecimento das meninas na Índia e as torturas pelas quais mulheres de todas as classes e castas passam quando a família de seu marido descobre que ela carrega uma menina no ventre. Muitas mulheres são forçadas a fazer o aborto das filhas pelos sogros e marido. Durante oito anos, Ameesha, de Ahmedabad, que vive no Gujarat, um dos estados mais ricos da Índia, foi obrigada pelo marido a abortar seis vezes porque em todas elas o feto era menina. Na sétima gravidez ela não contou nada ao marido. Fugiu para a casa dos pais e deu à luz uma menina lá. Um dia, a sogra roubou a menina e disse que só a devolveria se Ameesha assinasse os papéis do divórcio, de forma que seu filho pudesse casar de novo e tentar ser pai de um menino com outra mulher. No dia em que entrou com os papéis na Justiça contra o marido, o juiz perguntou: "Qual é o problema? Todos querem meninos." Hoje, Ameesha vive com sua filha na casa dos pais e cria a menina com o suor do seu esforço.

Mulher pobre com seu filho vende bolsinhas de pano bordadas nas ruas de Mumbai.

O caso da pediatra Mitu Khurana foi o que ficou mais famoso. Mitu foi pressionada pelos sogros e pelo marido, um cirurgião ortopédico de Délhi, a abortar em 2003, assim que se soube que ela carregava duas meninas no ventre. Ela se recusou e foi colocada para fora de casa. O marido queria o divórcio para tentar casar de novo. Mitu foi para a casa dos pais. Quando já estava no sétimo mês da gravidez, ela voltou para o marido para tentar reconstruir a vida a partir do nascimento das filhas. Ao ver as meninas recém-nascidas, a sogra – diretora de uma escola governamental – disse para Mitu que elas eram prematuras e não sobreviveriam. Um dia, quando Mitu se preparava para levar as meninas para a casa dos pais dela, a sogra empurrou uma das crianças pela escada. Mas a menina sobreviveu. Mitu desistiu de tentar viver com o marido e os sogros. Foi com as filhas para a casa dos pais e entrou com uma ação na Justiça contra o marido e sua família, todos de alto nível financeiro e educacional: o sogro é professor de Direito de uma universidade em Délhi e as duas cunhadas são acadêmicas com doutorado. Quando foi dar queixa contra o marido, um policial a questionou: "Qual é o problema se os seus sogros e o seu marido querem um menino? Por que você não dá um filho para eles?".[7] O caso de Mitu foi transformado em um símbolo na luta contra o aborto de fetos femininos.

Tradicionalmente, as mulheres são consideradas um peso: as famílias não querem ter que juntar dinheiro toda a vida para pagar o dote de casamento das filhas. Em geral, quando a filha casa, migra para a família do marido levando o dote. Os filhos homens, além de receberem dote, cuidam dos pais na velhice. Um velho ditado diz que "Criar uma filha é como regar o jardim do vizinho".

Outro sintoma desse preconceito contra o nascimento de mulheres são as violências cometidas contra meninas. Antes de surgirem os exames de determinação de sexo do feto, existia a prática de "colocar a menina para dormir" (dar veneno para o bebê), ou afogá-la, ou enterrá-la viva.

Nos primeiros meses de 2012, uma série de agressões a bebês femininos levantou novamente um debate na Índia e provocou a gritaria de entidades de defesa das mulheres. Neha Afreen, de três meses, foi levada a um hospital de Bangalore, a cidade ícone da indústria de tecnologia da informação da Índia, com marcas de mordidas e queimaduras no corpo. Os médicos constataram que ela havia sido espancada tão violentamente que tinha hemorragia no cérebro e na retina. Ela morreu de ataque do coração. O pai da menina – o agressor – exigia da mulher que desse a ele US$ 2 mil como compensação por ela ter "cometido o erro" de ter parido uma menina. Isso aconteceu pouco depois de outra menina, Falak, de dois anos, morrer em um hospital na capital indiana por causa das torturas bárbaras cometidas por seu pai, revoltado por ter tido uma filha.

IMPORTAÇÃO DE MULHERES

As consequências desse fenômeno já são sentidas no desequilíbrio entre os sexos: faltam noivas em algumas regiões do país. O cinema indiano retratou isso no filme *Matrubhumi* (*Mãe Pátria*, de 2003): a história de um vilarejo sem mulheres. Um pai consegue comprar uma noiva para seus cinco filhos, que dividem a mulher entre eles. Isso já está acontecendo. É cada vez mais comum famílias do norte da Índia "comprarem" noivas de outros estados onde há mais equilíbrio de gênero. Com US$ 200 já é possível conseguir uma mulher de algum estado pobre. Mas a compra de noivas tem criado uma nova cascata de perversidades: a moça comprada acaba sendo "dividida" pelos homens da família, assim como acontece no filme, e ela se torna uma escrava sexual. Há casos em que, depois de usada, ela é vendida para outras famílias masculinas.

Alguns retomam práticas medievais, como a chamada *atta batta*, uma espécie de "toma lá dá cá": o rapaz só consegue uma noiva se oferecer em troca uma moça de sua família para casar com algum solteirão do clã dela. Gangues de noivas falsas aproveitam o desespero dos solteiros e apresentam a eles mulheres atraentes como pretendentes. Elas cobram uma taxa da família do noivo para fixar o casamento e somem com o dinheiro.[8]

A praga do dote se espalhou por todas as classes sociais, castas, religiões e regiões do país nos últimos anos. Ele é visto como uma forma de a família do noivo conseguir mais bens materiais que dão prestígio em uma Índia mais e mais consumista. As famílias dos noivos da endinheirada classe média passaram a exigir presentes de luxo. Carros são um dos itens mais pedidos. Dependendo do poder financeiro da família da noiva, o dote exigido é um BMW ou Mercedes, símbolos de ascensão social da elite.

Às vezes o casamento é cancelado devido às chantagens por dotes. Em abril de 2008, Anita Bhalla, então com 28 anos, funcionária de um *call center* de Gurgaon, nos arredores de Délhi, cancelou repentinamente o seu casamento. Na véspera da cerimônia, a família de Varun, o noivo, também um funcionário de *call center*, havia pedido mais dote. Segundo Anita, a família de Varun chantageara: se a família dela não desse um carro no dia seguinte, o noivo não apareceria na cerimônia que já estava toda paga e preparada. A recusa dela provocou um escândalo e fez os pais do rapaz darem a desculpa de que o casamento fora cancelado porque descobriram que a moça era *manglik*, uma característica astrológica pela qual a pessoa nasce sob forte influência do planeta Marte, considerado de mau agouro para o casamento, como será visto no capítulo "Hipermercado espiritual".

Outras se rebelam após o casamento. Pooja Chauhan, 21 anos, ficou famosa em julho de 2007 ao desfilar pelas ruas da cidadezinha de Rajkot, no estado do Gujarat, apenas de sutiã e calcinha. Ela sofria tortura psicológica do marido e dos sogros por mais dote, que piorou mais ainda depois que ela havia dado à luz uma menina.

QUEIMA DE NOIVAS

Em casos extremos, mulheres acabam sendo mortas pelas famílias dos maridos porque não deram o dote exigido. Também acontecem suicídios por causa da tortura psicológica e física a que são submetidas. Antes de casar, a família da mulher praticamente compra um noivo para ela: a relação do casal já nasce baseada exclusivamente no dinheiro. O preço depende do emprego, do estado de saúde dele, da sua idade, entre outras coisas. Profissões respeitáveis como médico ganham altos dotes. Os pais do rapaz querem ser compensados pelo dinheiro que investiram na educação do filho.

Se o dote causa tantas agressões, o governo não deveria proibi-lo? Pois a prática é, sim, proibida por lei desde 1961. Mas só no papel. Os termos "queima de noiva" (*bride burning*) e "mortes por dote" (*dowry deaths*) passaram a ser usados na Índia no final da década de 1970, quando surgiu pela primeira vez um protesto organizado por grupos de defesa das mulheres. Subhadra Butalia ficou famosa por liderar a luta contra o dote. Em 1978, ela testemunhou a queima de uma noiva perto de sua casa. Butalia decidiu escrever um artigo que ajudaria a tornar o caso público e descobriu, enquanto pesquisava os arquivos de notícias de jornais sobre o assunto, que quase uma mulher por dia morria em Nova Délhi em "acidentes de fogão".

"Mortes por dote" é uma classificação específica da lei indiana definida como morte não natural de uma esposa nos primeiros sete anos de casamento, em que pode ser provado que ela tinha sido previamente assediada por dote pelo marido ou pela família dele. A forma mais comum de assassinato é encharcar a mulher com querosene e atear fogo, para depois parecer acidente de cozinha, já que no geral elas são equipadas com fogareiros que funcionam com querosene. Frequentemente, o crime acontece no início do casamento arranjado, depois que fica claro que os pais da noiva não vão responder à demanda dos sogros por mais dinheiro ou presentes. Estudo divulgado pela publicação médica britânica *The Lancet*, em março de 2009, mostrou a extensão do problema: mais de 100 mil mulheres jovens morrem queimadas na Índia a cada ano. A maior parte dessas vítimas tem entre 15 e 34 anos.[9]

"As mortes ligadas ao dote são uma realidade vergonhosa neste país e os números estão aumentando", observou o editorial do jornal *The Times of India* intitulado "End Prejudice", do dia 3 de junho de 2009. Com o aumento do número de casos, a Suprema Corte começou a se manifestar em favor de um endurecimento da lei até chegar à pena de morte. A pena atual varia entre sete anos de cadeia à prisão perpétua. Segundo o Departamento Nacional de Crimes, ligado ao governo, de acordo com as queixas feitas pelas famílias, houve 8.391 mortes por dote no país em 2010, ou seja, uma morte a cada hora. Dez anos antes, haviam sido registradas 6.995 mortes. A taxa de punição que já era baixa em 2000 (37%) piorou em 2010: 34%.[10]

A raiz da fragilidade da mulher é a sua insegurança financeira e a dependência dos homens. Apesar de a Constituição garantir direitos iguais para homens e mulheres, na prática as leis que regem direitos de família e de herança ainda estão cheias de buracos ou não são cumpridas. Depois do casamento, muitas mulheres continuam vulneráveis financeiramente porque os dotes, como apartamentos e carros, são registrados no nome do marido. "Apesar de a lei indiana hoje em dia assegurar oportunidades iguais para filhas e filhos na questão do direito de propriedade, isso raramente é observado. A maior parte das propriedades pertence a homens e não a mulheres", constata o economista Amartya Sen.[11]

Muitas vezes, se a filha leva parte do dinheiro da família dela na forma do dote, ela não recebe a sua cota na herança do pai. Em caso de divórcio, muitas ficam de mãos vazias e são obrigadas a implorar a volta para sua casa. Mas nem sempre elas são recebidas de volta por serem um fardo financeiro e uma vergonha para a família. "O problema está na família das mulheres, que primeiro não quer que elas nasçam, depois quer casá-las cedo sem oferecer-lhes educação profissional, não dá direito de propriedade a elas e evita que elas voltem à suas casas mesmo que o casamento seja um desastre", lamenta Flavia Agnes, famosa advogada especializada nos Direitos da Mulher e diretora da ONG Majlis, que dá assistência legal às mulheres.[12] Nas discussões da lei de propriedade na década de 1950, a maioria dos legisladores, homens, foi contra a ideia de as mulheres herdarem propriedades de seus pais. A lei foi emendada em 2005 para dar direitos iguais para as filhas. Mas o número de mulheres que exigem seus direitos ainda é pequeno porque elas temem estragarem o relacionamento com as suas famílias.[13] Apesar de essa tradição patriarcal ser a regra geral na Índia, há exceções: em algumas comunidades matriarcais no sul do país o rapaz vai morar na casa da família da noiva e a herança é transmitida pela mãe.

AS VIÚVAS DE VRINDAVAM

Várias outras tradições perversas resistem ao tempo, como o casamento infantil e o antigo preconceito contra viúvas. A sociedade indiana sempre foi ambivalente no tratamento das viúvas. Enquanto a maioria vive como respeitáveis membros das famílias estendidas, algumas são expulsas de suas casas e obrigadas a mendigar. A 120 quilômetros de distância de Nova Délhi, a empoeirada Vrindavam, com suas ruazinhas congestionadas de riquixás, carros, animais e mendigos, é conhecida como "a cidade das viúvas". Algumas delas, com as cabeças raspadas, andam encurvadas, com ajuda de bastões: parecem almas penadas pelos cantos das ruas. A tradição de raspar a cabeça é um sinal de renúncia à vida. Com 55 mil habitantes, Vrindavam abriga 21 mil viúvas, muitas delas vestidas de branco – a cor do luto na Índia.

Muitos hindus acreditam que morrer em cidades sagradas como Vrindavam pode assegurar o *moksha*, a libertação do ciclo infernal de nascimento e renascimento, como visto no capítulo "Caldeirão dos deuses". No caso das viúvas, elas esperam que a morte as salvem de serem condenadas a uma vida de sofrimento. Elas acreditam ainda que Krishna – encarnação do deus Vishnu – teria vivido em Vrindavam. Todos os cânticos sagrados são em homenagem a essa divindade. Muitas contam histórias parecidas: enviuvaram cedo, foram maltratadas pela família do marido ou pela própria família delas. Cansadas dos coices da vida, resolveram encontrar a paz em Vrindavam. Mas lá, não vivem nenhum conto de fadas. Para sobreviverem, as viúvas são obrigadas a pedir esmola. A cidade acabou se transformando em um celeiro de *ashrams* para viúvas. Nos bastidores, há muitas histórias de lavagem de dinheiro nos abrigos construídos por empresários desconhecidos. Mais comum ainda são as histórias de prostituição das viúvas mais novas que caem nas redes de gigolôs.

Mohini Giri é uma das viúvas mais famosas da Índia. Nora de um ex-presidente do país, ela enviuvou aos 55 anos e, a partir daí, sentiu na pele a discriminação, mesmo sendo de uma família endinheirada e importante. Ela viu seu *status* social ser rebaixado pelo simples fato de ter tido a infelicidade de perder o marido. Em uma ocasião, chegou a ser expulsa de uma festa de casamento: a crença comum diz que viúvas podem dar azar aos noivos. Decidiu, então, se dedicar à causa. "Eu me visto com saris coloridos e coloco *bindi* na testa, um sinal de mulher casada, mas eu não me importo. Eu continuo celebrando a vida", disse ela em entrevista que me concedeu em novembro de 2010, quando visitei Vrindavam. Na sua ONG Aamar Bari ("Minha Casa"), que funciona há 20 anos como um abrigo, a maioria das viúvas rejeita a tradição de usar roupas brancas e de rasparem os cabelos. São incentivadas a colorirem as suas vidas.

Acima à esquerda, Mohini Giri, viúva que fundou a ONG e abrigo Aamar Bari ("Minha Casa"), em Vrindavam, conhecida como "Cidade das Viúvas" por ser o local que elas escolhem para se refugiar quando são expulsas de casa ou maltratadas.

"Nós vivemos numa sociedade patriarcal onde até hoje as mulheres, ricas ou pobres, têm seus direitos negados. Nossas 40 milhões de viúvas são tratadas de forma triste. Mas as mulheres indianas são muito fortes e resistem", diz Mohini.

Ela começou sua ação social na guerra de 1971 contra o Paquistão, prestando assistência às viúvas dos soldados. Desde menina, Mohini guardava mágoa de ver as viúvas, como sua mãe, serem largadas à própria sorte. "Minha mãe enviuvou cedo, com sete filhos. Eu tinha 9 anos. Tínhamos uma boa situação financeira, mas ela ficou sem nada e nós fomos viver de favor em um *ashram* em Rishikesh. Lá eu virei ajudante de enfermagem de um médico que cuidava dos pobres", conta Mohini, que antes de presidir a ONG Aamar Bari, chefiou a Comissão Nacional para Mulheres, um importante órgão ligado ao governo, que trata de todos os problemas ligados às mulheres. "As mulheres mudaram nesse país, mas a tragédia é que os homens não", opina Mohini.

As conversas com as viúvas de Vrindavam desnudam outra dura realidade. Apesar de o casamento infantil ser ilegal, muitas meninas ficam noivas: 40% delas casaram-se com menos de 12 anos de idade e 6% enviuvaram quando tinham entre 10 e 17 anos, segundo Mohini Giri. Cerca de 40% dos casamentos infantis do mundo acontecem na Índia. A vida das viúvas que "se exilam" em cidades sagradas é mostrada com sutileza no filme *Water*, da cineasta indiana Deepa Mehta.

A MALDIÇÃO DO *SATI*

Um reflexo da crença ainda arraigada de que a mulher é uma possessão do homem é a antiga prática do *Sati*, hoje praticamente extinta: o sacrifício das viúvas na pira funerária do marido. Dessa forma, a viúva poderia ser levada junto com ele para o próximo mundo. "*Sati*" é uma palavra em sânscrito que significa "mulher virtuosa". A tradição de autocremação das viúvas indianas chegou ao auge há 700 anos, quando as mulheres dos haréns dos príncipes-guerreiros do norte da Índia passaram a se imolar ao saberem que seus maridos tinham morrido nas batalhas. Em alguns casos, dezenas ou centenas de mulheres se jogavam ao fogo para evitar caírem nas mãos dos inimigos. Muitas das mulheres deixavam suas marcas de mãos nos muros da casa antes de se jogar na pira funerária: até hoje as marcas das palmas das mulheres autoimoladas estão preservadas, em fortes dos palácios do estado do Rajastão.

Com o tempo, essa prática passou a ser adotada como ato de devoção da mulher ao marido e não apenas em casos de batalhas perdidas. A tradição de autocremação das viúvas deve seu nome a Sati, uma das mulheres do deus Shiva. O mito diz que o pai de Sati se recusou a convidar o seu marido para uma ceia religiosa. Ela se sentiu mortificada e aparentemente foi uma razão para ela se autoimolar. Apesar de Sati não ter se jogado na pira funerária do marido, o termo acabou sendo usado para todas as viúvas que se imolam no fogo onde é queimado o corpo do marido morto. As meninas indianas são criadas ouvindo histórias de outra personagem mitológica feminina que se autossacrifica: Sita, a esposa do príncipe Rama que se jogara na fogueira para provar sua honestidade após ter sido raptada pelo rei-demônio Ravana. Os deuses miraculosamente a resgataram e ficou provado que ela permanecia "pura", transformando-se em símbolo de esposa leal e sofredora, assunto do capítulo "Mitologia *versus* História".

A prática do *Sati* foi banida pela primeira vez pelos britânicos em 1829. Os indianos acreditavam que o *Sati* estava enterrado na história até a morte de uma jovem viúva de 18 anos, Roop Kanwar, em 1987. Seu sogro e cunhado foram acusados de terem forçado a moça a se jogar na pira funerária do marido, Maal Singh, então com 25 anos. No dia 4 de setembro daquele ano, Deorala, um vilarejo no Rajastão, ganhara uma nova divindade: os habitantes acreditavam que a deusa hindu Shakti se manifestara no corpo de Roop. A morte da jovem viúva permanece um mistério até hoje. Seus sogros e inclusive seus pais – orgulhosos do "ato heroico" da filha – garantiram à mídia que ela havia se jogado ao fogo voluntariamente. Eles disseram que ela sentou calmamente na pira com a cabeça de seu marido em seu colo entoando cantos e rezas hindus, diante de uma multidão de centenas de pessoas. Mas as organizações em defesa das mulheres se recusaram a comprar essa versão: insistiram na tese de que uma moça como Roop, que havia estudado e era de classe média, não cometeria o *Sati*. Havia, sim, sido forçada a se jogar na fogueira.

Da noite para o dia, Deorala – a 300 km da capital indiana – tornou-se um concorrido ponto de peregrinação religiosa. Fundos eram coletados para construir o templo em sua honra no lugar. Mais de 500 mil pessoas visitaram o local em peregrinações religiosas nas duas primeiras semanas depois da morte de Roop. Lojas do vilarejo passaram a vender lembranças do *Sati*: um dos itens mais vendidos eram fotos-montagem de Roop sorrindo serenamente enquanto era consumida pelo fogo junto com o corpo do marido, como relatou a jornalista Elisabeth Bumiller, ex-correspondente do jornal *The Washington Post* em Nova Délhi.[14] A morte de Roop chocou a nação, principalmente a elite urbana para quem esse tipo de tradição não existia mais, e teve até repercussão internacional. O país mergulhou em meses de debate sobre a condição das mulheres. Mas a indústria de glorificação do *Sati* permanece forte até hoje no interior, onde há centenas de templos em homenagem à prática.

Vinte três anos após a morte de Roop, repórteres da revista semanal indiana *The Week* foram até Deorala e entrevistaram jovens mulheres. "Eu nunca seria uma *Sati*. Mas meus pais dizem que somente mulheres muito boas se tornam *Satis*. A maioria das pessoas acredita que se você impedir uma mulher de cometer o *Sati*, você pode ser amaldiçoado", explicou Asha Singh, uma estudante de segundo grau que costuma participar de cerimônias religiosas em homenagem à "viúva-deusa" Roop.[15] Em 2002, outro caso de *Sati* provocou comoção na Índia: Kuttu Bai, uma viúva de sessenta e cinco anos, havia se jogado na pira funerária do marido em um vilarejo do estado de Madhya Pradesh, diante de mil pessoas, que gritavam frases em apoio. A polícia disse que tentou evitar o *Sati*, mas foi forçada a recuar pela multidão irada. O jornalista indiano Ambreesh Mishra foi um dos primeiros repórteres a chegar ao local após a morte de Kuttu. "Há muito dinheiro em jogo nessa história porque um ato como o *Sati* coloca o vilarejo no mapa. O lugar passa a ter uma deusa e coleta dinheiro para a construção de templos", disse ele.[16] Em agosto de 2006, os habitantes do vilarejo de Tuslipar, também em Madhya Pradesh, encontraram os restos mortais de Janakrani, uma viúva de 40 anos, na pira funerária de seu marido. O caso abriu nova polêmica e o local do *Sati* virou ponto de peregrinação.[17]

O sacrifício feminino é uma qualidade vendida diariamente na televisão, como observa a colunista Shailaja Bajpai, do jornal *The Indian Express*: "As novelas retratam as mulheres como carneiros que devem ser levados ao sacrifício e para quem o sofrimento é a maior preocupação e ocupação. Até as mulheres que trabalham são subservientes aos homens. Uma advogada de uma novela está sempre preocupada com o bem-estar de seu marido. Mesmo quando ela é sequestrada, a sua preocupação é se o marido está comendo ou não [...]. Se uma mulher é forte e competente ela é a 'Didi Hitler' ('Irmã Hitler')", comentou a jornalista referindo-se ao nome de uma das novelas de sucesso da televisão indiana.[18]

A RAINHA BANDIDA E A GANGUE DE ROSA

De vez em quando surgem personagens femininos que tentam fazer justiça com as próprias mãos. Phoolan Devi (1963-2001), a "Rainha Bandida", foi a mais famosa de todas. A história dela faz lembrar a de Maria Bonita, companheira do cangaceiro Lampião no Nordeste brasileiro. Ela nasceu em uma família de casta baixa em um vilarejo do estado de Uttar Pradesh. Com 11 anos, foi obrigada a casar com um homem de 30 anos, seguindo a tradição indiana dos casamentos infantis. Mas depois de um tempo, o casamento acabou. Ela voltou à casa dos pais, mas ficou marcada socialmente por ter abandonado o marido. Foi acusada de roubo, presa e estuprada em uma delegacia. Em 1979, Phoolan foi raptada da casa dos pais por uma gangue e acabou tornando-se mulher do chefe do grupo. Ela passou a participar das ações de assaltos e sequestros de pessoas de casta alta. A gangue invadiu o vilarejo onde vivia o primeiro marido dela. Ela o esfaqueou e deixou junto ao corpo um recado de advertência contra quem casasse com meninas menores de idade.

Seu segundo marido foi morto por um grupo de casta alta e ela, em vingança, acabou liderando a matança de 22 homens da mesma casta dos assassinos. A polícia não conseguia prendê-la e o governo Indira Gandhi teve que negociar a sua rendição em 1983. Ela foi presa e acabou libertada em 1994, quando formou um grupo para ensinar mulheres de casta baixa como ela – as vítimas mais comuns da violência sexual – a se defenderem. Dois anos depois, ela foi eleita para uma cadeira na Câmara Baixa do Parlamento. Sua história terminou em 2001, quando foi assassinada a tiros. A "Rainha Bandida" tornou-se um mito no imaginário dos indianos, glorificada pela mídia: sua história foi contada em livros e filmes, como *Bandit Queen* (1994), do prestigiado cineasta indiano Shekhar Kapur. A obra chegou a ser indicada para concorrer ao Oscar de melhor filme estrangeiro. Mas o filme estava mergulhado em controvérsias: a própria Phoolan Devi havia reclamado por causa das fortes cenas de estupro coletivo. Organizações feministas encamparam o seu protesto e o caso foi parar na Suprema Corte. O filme não foi liberado a tempo para concorrer à premiação.

Sampat Devi Pal não chega a ser uma "Rainha Bandida", mas chefia um grupo de 10 mil mulheres em Bundelkhand, também em Uttar Pradesh, batizado de Gulabi Gang (Gangue de Rosa). Casada aos 12 anos de idade, ela teve o primeiro filho com 15 e fez notícia pela primeira vez quando estapeou um policial em 2007 por não punir um homem que havia agredido uma mulher. Ela não foi agredida de volta por causa de sua gangue de mulheres do lado de fora da delegacia. Cinco anos depois, Sampat Devi Pal reuniu um grupo de amigas para dar uma coça em um vizinho que costumava espancar diariamente a esposa. A partir daí, várias mulheres passaram a pedir ajuda a ela. "Não adianta pedir ajuda aos homens. Nós mulheres temos que lutar por nós mesmas", diz Sampat, que explica ter escolhido o rosa porque as outras cores já haviam sido "sequestradas" por partidos políticos e organizações religiosas.[19] Ela ficou tão famosa que já foi assunto da mídia internacional, de livros, documentários estrangeiros e fez turnês pela Europa.

Mas essas reações "olho por olho, dente por dente" não ajudaram a diminuir o nível de violência contra as mulheres. Um crime típico é o ataque de ácido. Geralmente é cometido por homens cujos pedidos de casamento ou assédios sexuais foram rejeitados. Eles jogam ácido no rosto e no corpo da vítima, que ou morre, ou fica desfigurada. De vez em quando, maciços protestos de rua liderados por mulheres da classe média das grandes cidades conseguem mobilizar a opinião pública, quando a panela de pressão explode: geralmente em determinados casos de violência que provocaram revolta e viraram escândalos nacionais. Um dos mais notórios foi a morte de Jessica Lal, uma jovem modelo e atendente de bar assassinada a tiros, diante de 200 pessoas, pelo filho de um político poderoso e rico, na capital indiana, em 1999. Isso porque ela havia se recusado a servir bebida a ele depois que o bar havia fechado. Manu Sharma, o assassino, foi solto após todas as testemunhas terem, estranhamente, voltado atrás nos depoimentos originais da Justiça. Mas milhares de pessoas foram às ruas protestar em vigílias com velas nas mãos e o caso teve que ser reaberto. Em dezembro de 2006, Sharma foi condenado à prisão perpétua. O assassinato inspirou o filme de Bollywood *No One Killed Jessica*.

Mas o caso de violência contra mulher que mais atraiu a atenção nos últimos tempos foi o do brutal estupro coletivo da estudante de fisioterapia Jyoti Singh Pandey, de 23 anos. Ela e um amigo voltavam do cinema no dia 16 de dezembro de 2012, um domingo. Jyoti foi estuprada por seis homens dentro de um ônibus em movimento. Ela foi violentada também com um pedaço de metal que esfacelou seu intestino. Depois de uma hora e meia de tortura, os dois foram "cuspidos" do ônibus, nus, destroçados e humilhados.

Um *tsunami* de protestos violentos alagou a Índia, arrasando a imagem do país no exterior. Jyoti foi enviada para um hospital em Cingapura, mas ela acabou morrendo 13 dias depois. Os cartazes dos protestos homenageavam Nirbhaya ("Destemida"), o codinome que a mídia colocou na moça, já que as leis impedem a divulgação dos nomes das vítimas de estupro. As mulheres não apenas gritavam por justiça, mas reivindicavam a liberdade de se vestir como quiser, de pensar com independência, de sair à noite. Nove meses depois do crime, quatro dos agressores foram condenados à pena de morte. Quanto aos outros dois que participaram do estupro, um era menor de idade e, nesse caso, pela lei a pena máxima é de três anos de prisão. O motorista do ônibus havia se suicidado na cadeia.

Os casos registrados de estupro vêm aumentando. Alguns especialistas sugerem que isso deve ser um sinal de que as mulheres tenham adquirido mais coragem para denunciar depois do maremoto de protestos: a polícia de Nova Délhi contabilizou 1.121 casos a mais nos primeiros oito meses de 2013 do que no mesmo período de 2012. A Índia registrou um total de 24 mil casos de estupro (um a cada 20 minutos) em 2012, segundo a NSSO, organização do governo que trabalha com estatísticas. Mas esses números oficiais incluem apenas os ataques denunciados à polícia. Os especialistas no assunto afirmam que é muito comum não denunciar para que a vítima e sua família não fiquem estigmatizadas.

Ao contrário do que pode parecer, os números de estupro na Índia (1,8 por mil habitantes em 2010), segundo a ONU, são menores do que nos Estados Unidos (27,3), por exemplo. Mas a falha em coibir e punir esses crimes é gritante. Mesmo depois de toda a comoção em torno do caso de Jyoti, a reação de boa parte é culpar as mulheres pelos ataques.

Cada vez que ocorre um caso que vira escândalo há um embate entre modernistas e os defensores da chamada "cultura do vilarejo". Estes últimos geralmente culpam a mulher por ter "provocado tentação no homem". As vítimas muitas vezes são jovens mulheres com empregos na nova economia, como os *call centers*. Comparando com outros países, ainda se vê poucas indianas como vendedoras de lojas ou como garçonetes, por exemplo. Mesmo nos salões de cabeleireiro, a maioria dos funcionários é homem: é raro ver, por exemplo, uma mulher manicure. Os ataques são uma reação às mudanças dos últimos vinte anos. Os homens não estão acostumados a ver as mulheres ocupando espaço público e elas estão mais e mais presentes nas ruas, nos escritórios. As antigas noções de onde é lugar da mulher estão sendo derrubadas e isso tem provocado ansiedade nas fatias mais conversadoras. A globalização dos últimos vinte anos criou empregos que requerem mulheres à noite: esse é um dos motivos de choque entre a Índia antiga e a Índia moderna.

Em abril de 2012, a revista semanal *Tehelka* fez uma reportagem enviando jornalistas disfarçados de universitários para mais de vinte delegacias. Os repórteres constataram que quase todos os chefes de polícia culpavam as mulheres pelos estupros: por causa das roupas que vestem, porque têm namorados, porque frequentam bares e porque trabalham com homens. Alguns deles disseram que se uma mulher faz sexo consensual com um homem, então ela não deveria reclamar que amigos daquele homem tentassem ter sexo com ela também.[20] Em março de 2012, organizações de defesa das mulheres reclamaram contra uma ordem da administração de Gurgaon, cidade satélite de Délhi, de que mulheres não poderiam mais trabalhar depois das 20h. Foi uma reação ao estupro coletivo de uma moça que trabalhava em um shopping à noite, poucos meses depois de uma funcionária de um *call center* ter sido violentada por um grupo de homens. As autoridades sempre tendem a se eximir de responsabilidade dizendo que não podem garantir segurança: a solução é as mulheres se trancarem em casa. Quando isso acontece, as feministas vão para as ruas exigir o direito básico de liberdade de ir e vir – com cartazes como "A noite também é nossa". O fato é que há até hoje uma tendência de inverter o problema: a mulher deve se proteger para não ser atacada.

Mulheres de casta alta ficavam em casa. Mas as pobres sempre tiveram de ganhar a vida. Na foto, operárias descansam nos arredores do Forte de Amber, no Rajastão, onde trabalham como ajudantes de obra.

Com frequência as universidades são palcos de protestos por causa de eventuais ordens para que as alunas não usem calça jeans justas ou camisetas colantes. As feministas repudiam essas insinuações, lembrando que roupa não provoca estupro: afinal, a maioria das mulheres atacadas veste saris e os conservadores *salwar kameez*, a túnica comprida com calça que não deixa aparecer curva nenhuma. Nos grotões do Norte da Índia – onde parte das indianas continua a amargar uma vida medieval – até hoje é comum ver mulheres cobrirem totalmente o rosto com parte do tecido do sari quando andam pela rua. Um resquício do antigo "*purdah*" (palavra de origem persa que significa "cortina"), um costume que hoje não é mais seguido: as mulheres, especialmente as de casta alta, eram mantidas trancafiadas dentro de casa para não serem vistas por outros homens. As pobres tradicionalmente nunca foram mantidas em casa porque sempre tiveram que trabalhar para sobreviver. Ter uma mulher trancada em casa dava prestígio para os homens: significava que eles eram ricos o suficiente para não mandá-las para o batente.

Há um debate no meio acadêmico sobre a origem desse costume: uns dizem que chegou à Índia através das invasões islâmicas. Mas há historiadores que sustentam que o hábito é anterior à chegada dos muçulmanos. Até um século atrás, viajantes observavam como era difícil ver mulheres: elas estavam sempre dentro de casas e, quando saíam, usavam véus cobrindo o rosto todo. Até hoje as mulheres de famílias conservadoras e mais simples, de determinadas comunidades do Norte do país, continuam preocupadas em cobrir o rosto na presença de outros homens que não sejam o marido. A moça que vende leite, iogurte e ricota em uma vendinha de um dos mercados mais afluentes de Délhi, que eu frequentava todos os domingos, cobre o rosto inteiro com um véu todas as vezes que seu sogro aparece por lá.

A FORÇA FEMININA NO SÉCULO XXI

A Índia tem uma relação contraditória e complexa com a mulher: elas são subjugadas pela tradição, mas cada vez mais as mulheres urbanas se fortalecem. Elas estão no centro das mudanças que acontecem hoje na patriarcal sociedade indiana.

Mahatma Gandhi foi um dos responsáveis por tirar as mulheres de casa e levá-las para o espaço público. Elas tiveram papel fundamental no movimento de desobediência civil contra o Império britânico nos anos 1930 e depois nos protestos pela independência. Os britânicos viam com surpresa multidões de mulheres em comícios para ouvir Gandhi. Em 1925 – meio século antes da eleição de Margareth Thatcher como primeira líder mulher de um grande partido britânico – Sarojini Naidu foi eleita a primeira mulher presidente do Congresso Nacional Indiano, a organização que deu origem ao Partido do Congresso, hoje também dirigido por uma mulher, Sonia Gandhi. O papel que elas desempenharam no movimento nacionalista criou uma consciência pública favorável às mulheres da elite em suas profissões.

Há muitos exemplos de indianas fortes que romperam barreiras nos últimos anos e que são reconhecidas até internacionalmente. As listas de mulheres poderosas publicadas por revistas internacionais incluem sempre indianas. A relação das 30 mulheres mais inspiradoras do mundo divulgada em 2010 pela revista americana *Forbes*, por exemplo, incluem Arundhati Roy, escritora premiada e ativista política (assunto do capítulo "*Curry* cultural"), e Indra Nooyi, executiva da PepsiCo, a primeira mulher a ocupar a chefia dessa empresa. Ela é a indiana que alcançou o mais alto escalão nas corporações americanas. Dentro da Índia, várias mulheres passaram a despontar como executivas do sistema financeiro e de grandes corporações nos últimos anos: elas ocupam 11% dos cargos executivos de grandes empresas indianas.

Naina Lal Kidwai, a executiva-chefe do banco HSBC da Índia, é uma das mais admiradas dentro do país. Ela penou para quebrar o conservadorismo dos pais, mas conseguiu convencê-los a mandá-la para a Harvard Business School. Foi a primeira indiana graduada lá. Chefe da maior instituição privada financeira da Índia, o banco ICICI, Chanda Kochhar é outra indiana poderosa. Em seu banco, 40% do gerenciamento do alto escalão está nas mãos de mulheres. Da mesma forma, as mulheres ocupam a metade da diretoria do Banco Central Indiano.[21] Kiran Mazumdar Shaw é também um grande ícone da elite feminina indiana no mundo dos negócios: presidente da Biocon, a maior empresa indiana de biotecnologia, que ela criou na década de 1980, Kiran foi apelidada de "rainha da biotecnologia indiana" pela revista britânica *The Economist*.

As mulheres da classe média urbana – as que trabalham fora ou não – vivem um processo de transição. Elas tentam manter o equilíbrio entre a tradição e os novos valores ocidentais que pregam a total independência financeira com relação aos homens e ampla liberdade de decisão em todos os detalhes de suas vidas. As que vivem em famílias estendidas – junto com sogras, cunhadas e tias – contam com a ajuda delas para cuidar dos filhos. Até pouco tempo atrás boa parte das mulheres de classe média abandonava a ideia de trabalhar fora após a universidade: o casamento era o único objetivo de suas vidas e, após receberem o diploma universitário e casarem, viravam donas de casa. Foi na década de 1970 que as primeiras mulheres começaram a entrar no mercado de trabalho. Mas somente as que tinham a benção de suas famílias. Essa geração lutou, com sucesso, por direitos básicos, como licença-maternidade. Para a atual geração, a batalha é negociar sua entrada em grandes números em ambientes tradicionalmente masculinos. O surgimento dos *call centers* e das companhias de *softwares* no fim dos anos 1990 abriu as portas para muitas mulheres: elas representam hoje 30% do total da força de trabalho do setor da tecnologia da informação.

O crescimento do emprego feminino, no entanto, ainda é um processo incipiente. Da força de trabalho indiana, 56% é composta de homens e 23% de mulheres, segundo a NSSO. A Índia é um dos países com menor participação da mulher na economia, segundo estudo "Índice

Global de Gêneros 2010", do Fórum Econômico Mundial: no cômputo geral, o país ficou em 112º lugar entre 134 países. O melhor desempenho da Índia é sem dúvida na participação de mulheres na política (ficou em 25º lugar). Mas no quesito participação das mulheres na economia, o país amarga a 125ª posição. Em educação feminina, fica em 116ª, e em saúde e sobrevivência, 128ª.[22] Estudo do Banco Mundial sobre Igualdade de Gêneros e Desenvolvimento, divulgado em 2012, mostrou que entre 1983 e 2010 a participação da força de trabalho feminina ficou estagnada em 35%, contra percentagens próximas de 60% no Brasil, na Rússia e na China, por exemplo.[23] O próprio primeiro-ministro Manmohan Singh lamentou, em fevereiro de 2012, durante uma conferência sobre o trabalho, que um dos "recursos mais subutilizados na Índia" eram as mulheres.

A DURGA INDIRA E A NORA PODEROSA

A mulher chegou ao topo na política há mais de quarenta anos na Índia: em 1966, com a ascensão de Indira Gandhi ao cargo de primeira-ministra. Em novembro de 2010, a revista americana *Time* incluiu Indira na lista das 25 mulheres mais poderosas do século XX, ao lado da ex-premiê britânica Margareth Thatcher, da israelense Golda Meir e da alemã Angela Merkel. Mas ela se tornou primeira-ministra exclusivamente pelo fato de ser filha de Jawaharlal Nehru, o primeiro governante da Índia independente: a ascensão das mulheres na política como extensão dos homens de suas famílias é uma tradição arraigada em outros países da região, como Paquistão e Bangladesh. Mas na época de Indira, a Índia já era um dos poucos países do mundo a ter regularmente embaixadoras e enviar representantes femininas para as Nações Unidas e delegadas para conferências internacionais.

Quando nasceu, em 1917, sua avó teve uma reação típica da Índia tradicional: "Deveria ter sido um menino." Mas o avô de Indira teria dito: "A filha de Jawaharlal (Nehru) vai provar ser melhor do que mil meninos." A menina um dia governaria um sexto da população mundial durante 18 anos: foi a mulher que exerceu por mais tempo o cargo de primeira-ministra no mundo. Ao assumir o posto, aos 49 anos, Indira enfrentou recessão, fome, detonação da primeira bomba atômica indiana, guerra com o vizinho Paquistão e escândalos de corrupção. Os líderes do Congresso achavam que Indira seria facilmente manipulável quando a escolheram. Não imaginavam que uma mulher seria capaz de ter uma liderança independente. Indira acabou se impondo de forma até autoritária. O seu lema naquela época procurava mesclar sua imagem com a da Mãe Índia: "Indira é Índia e Índia é Indira." Ela chegou a ganhar *status* divino. Artistas a pintaram como uma Durga, a poderosa deusa hindu montada em um tigre. Seu assassinato, em 1984, criou uma onda emocional de simpatia por outras mulheres que entravam na política e muitas acabaram sendo eleitas no pleito de 1988.

Na Índia atual, uma das figuras mais poderosas é uma mulher: Sonia Gandhi, nora de Indira. Apelidada de "madame", ela é a presidente do Partido do Congresso. Mas isso se deve totalmente ao fato de ela ser a viúva do ex-primeiro-ministro Rajiv Gandhi. De qualquer forma, ela é a mulher mais importante da Índia hoje e foi incluída na lista da revista americana *Forbes* de 2010 entre 68 mulheres e homens importantes do mundo: Sonia ficou em nona colocação no *ranking*, um lugar acima de Bill Gates. Entre os dez primeiros da lista, apenas duas são mulheres: a chanceler alemã Angela Merkel e a própria Sonia. A revista destaca que apesar de sua origem italiana e relutância em entrar para a política, Sonia exerce influência ímpar sobre os 1,2 bilhão de indianos.

A lista das figuras femininas com força na política continua. De 2007 a 2012, a Índia foi presidida por uma mulher: a advogada Pratibha Patil. Sua marca registrada é o uso do sari à moda tradicional, cobrindo sempre a cabeça e com blusa de manga comprida mesmo no verão, o que costuma ser criticado pelas feministas que acreditam que dessa forma a presidenta estaria propagandeando hábitos conservadores. Ela foi chefe de Estado, mas o poder de mando concentra-se nas mãos do primeiro-ministro.

Até março de 2012, quase 400 milhões de indianos viviam em três estados governados por mulheres. Foi quando Mayawati, chamada de *behenji* ("respeitada irmã"), perdeu o cargo de ministra-chefe de Uttar Pradesh, depois de cinco anos, como visto no capítulo "O carma das castas". Restaram Jayalalitha Jayaram, uma ex-atriz de cinema, que governa o estado de Tamil Nadu, e Mamata Banerjee, em Bengala Ocidental. As duas ocupam no imaginário popular uma posição de autoridades maternais ou de irmãs mais velhas. Não são casadas: talvez porque com família elas não pudessem se dedicar tanto à política. E ninguém cobra isso delas: suas vidas particulares não são exploradas pela mídia. Os apelidos tiram qualquer resquício de sexualidade sobre elas: uma é chamada de irmã (Mamata) e

O *bindi* na testa, entre os olhos, é um dos muitos enfeites que as indianas gostam de usar no dia a dia.

Cartaz pede cota de 33% para mulheres no Parlamento. Ele foi afixado em uma parede do *campus* da Universidade Jawaharlal Nehru, em Délhi.

outra de mãe (Jayalalitha). São vistas como políticas fortes, sem nenhum resquício de figuras masculinas com autoridade sobre elas.

Jayalalitha chegou à política ironicamente pelas mãos do amante, o ministro-chefe de Tamil Nadu, M. G. Ramachandran, morto em 1987. Mas ela se manteve no poder por mérito próprio. Chamada por todos de *amma*, ou "mãe", Jayalalitha tem um jeitão maternal. Mas é alvo de muitas denúncias de corrupção. Ela continua promovendo o populismo e o clientelismo no seu terceiro mandato. Assim como a deusa Durga, ela usa enormes *bindis* no meio dos olhos, um sinal de força.

Mamata Banerjee, a todo-poderosa de Bengala Ocidental, é a *didi* ("irmã mais velha") que destronou os comunistas do poder depois de 30 anos à frente do estado. Com fama de incorruptível, mas também de ser imprevisível e de ter o pavio curto, *didi* — que nunca teve nenhuma figura masculina associada a seu nome — só usa saris amarrotados de algodão branco, cor que indica simplicidade, e chinelos de borracha, para reforçar a imagem de honesta. Na Índia há pouca ênfase na aparência da mulher política, comparando-se com a excessiva preocupação com isso no Ocidente. Não há obrigação de estar sempre bem-vestida, magra e elegante. Mas isso também vale para o político homem: a aparência não importa.

No Parlamento, as mulheres indianas têm 11% de representação. Quase 70% delas chegaram lá por conexões familiares: pelas mãos de seus maridos, pais e irmãos.[24] A porta-voz da Casa também é, pela primeira vez, uma mulher e dalit: Meira Kumar, uma advogada de fala doce e diplomata de paciência infinita, fluente em espanhol e sânscrito. Hoje a Índia discute com fervor a ideia de adotar cota para mulheres no Parlamento, o centro do poder político do país. Em 1993, as mulheres já haviam conquistado a cota nos conselhos políticos locais espalhados pelos 600 mil vilarejos do país, os chamados Panchayats. Esses conselhos administram os serviços públicos e resolvem disputas em assuntos diversos, como casamento e propriedades. Desde então, a cada cinco anos, mais de um milhão de mulheres são eleitas para um terço das vagas desses conselhos. As indianas, hoje, procuram reproduzir essa revolução silenciosa em outras esferas.

NOTAS

[1] Anindita Ghose, "Ganga, the Universal Girl", em *The Mint*, New Delhi, 17 out. 2009.
[2] "Gendercide: The World-Wide War on Babies", disponível em <http://www.economist.com/node/15606229>, acesso em fev. 2012.
[3] Snigdha Poonam, "Casting the Net", em *The Caravan*, New Delhi, pp. 48-59, mar. 2012.
[4] Rukmini Shrinivasan, "India Deadliest Place in World for Girl Child", em *The Times of India*, New Delhi, 1º fev. 2012.
[5] Kabeer Sharma, "In the Boy Zone", em *Open*, p. 30, 17 ago. 2009.
[6] K. S. Dakshina Murthy, "Love in the Time of Foeticide", em *The Hindu*, Chennai, 24 ago. 2008.
[7] Faisal M. Naim, "Keeping the Female Alive", em *The Hindu*, Chennai, 10 fev. 2011.
[8] Mihir Srivastava, "Fake Wives for Sale", em *India Today*, New Delhi, p. 28, 16 jun. 2008.
[9] "Fires Are Big Killer of Indian Women", em *Associated Press*, 2 mar. 2009, disponível em <http://www.nytimes.com/2009/03/03/health/03fire.html>, acesso em fev. 2012.
[10] Subodh Varma, "One Bride Burnt Every Hour", em *The Times of India*, New Delhi, 27 jan. 2012. Os números do periódico *The Lancet* são muito superiores aos dados oficiais da polícia (que se referem à quantidade de queixas), pois se baseiam no censo, nos atestados de óbitos dos hospitais urbanos e nos relatórios verbais das autópsias em comunidades rurais.
[11] "Many Faces of Gender Inequality", em *Business Economic*, New Delhi, p. 38, 1 a 15 abr. 2010.
[12] Flavia Agnes, "Home Is Where the Hurt Is", em *Eye Magazine The Hindu*, Chennai, pp. 19-20, 4 a 10 mar. 2012.
[13] Rema Nagarajan, "Inheritance of Loss", *Crest*, New Delhi, 5 mar. 2011.

[14] Elizabeth Bumiller, *May You Be the Mother of a Hundred Sons: a Journey Among the Women of India*, New Delhi, Penguin Books India, pp. 47-48, 1991.
[15] Neha Bajpai, "Where Sati Is Glorified", em *The Week*, p. 40, 31 jan. 2010.
[16] Disponível em http://news.bbc.co.uk/ 2/hi/south_asia/2180380.stm, acessado em fev. 2012.
[17] Faysal Mohammed Ali, "Visitors Flock to 'Sati' Village. BBC", 23 ago. 2006, disponível em http: //news.bbc.co.uk/2/hi/ south_asia/5278898.stm, acesso em fev. 2012.
[18] Shailaja Bajpai, "Saints and Sinners", em *The Indian Express*, New Delhi, 12 abr. 2012.
[19] Nilanjana S. Roy, "Fighting for Safe Passage on Indian Streets", em *International Herald Tribune*, New Delhi, 3 ago. 2010.
[20] Abhishek Bhalla e G. Vishnu, "The Rapes Will Go on", em *Tehelka,* New Delhi, pp. 41-8.
[21] Heather Timmons, "Female Bankers in India Earns Chances to Rule", em *The New York Times*, New York, 27 jan. 2010.
[22] Anahita Mukherji, "Some Lessons from Rwanda", em *The Times of India*, New Delhi, 13 nov. 2011.
[23] Editorial, "For Women it Is Still a Long Haul", em *Hindustan Times*, New Delhi, 15 out. 2011.
[24] Patrick French, *India, An Intimate Biography of 1,2 Billion People*, New Delhi, Penguin Books India, p. 119, 2011.

HIPERMERCADO ESPIRITUAL

Uma figura franzina, com barba grisalha e cabelos desgrenhados surge de mansinho do meio da mata que devora o retiro espiritual (*ashram*) mais famoso do mundo. O local abrigou os Beatles durante seis semanas, há mais de 40 anos, e fica em Rishikesh, uma das cidades sagradas para os hindus, aos pés do Himalaia, a cinco horas de trem de Nova Délhi. Malay Chakraborty parece um fantasma da contracultura: seu rosto é dominado pelo peso da armação preta típica da década de 1960, que prendem as grossas lentes de seus óculos. É espécie de guia turístico informal, já que o lugar está oficialmente fechado. Chakraborty e um único segurança dão plantão no que sobrou do "*Ashram* dos Beatles", em meio à floresta do Parque Nacional Rajaji, frequentado de vez em quando por elefantes e leopardos.

É preciso andar alguns quilômetros no meio do mato, desviando das famílias de macacos que tomaram conta do local, para encontrar os vestígios da badalada "viagem ao misticismo oriental" dos "garotos de Liverpool" em 1968. Era uma época em que o Ocidente se voltava para a Índia em busca de inspiração e iluminação. O mundo vivia o auge da contracultura, o meio de vida alternativo, a moda *hippie*, as drogas, a liberdade sexual. Enquanto explica quase em sussurro o que os Beatles vieram fazer ali e que músicas eles compuseram inspirados na Índia, Malay Chakraborty anda com cuidado para que os espinhos das plantas não rasguem a barra de sua *dhoti*, um pano branco de algodão que parece uma espécie de saia longa, um traje típico, como será explicado no capítulo "*Namastê*, Índia". Ele mostra a principal atração do lugar: a casa onde Paul McCartney, John Lennon, George Harrison e Ringo Starr ficaram hospedados é simples, pequena, hoje semidestruída, com desenhos e pichações em hindi nas paredes. Do alto de uma colina, a alguns metros de distância da casinha, os Beatles podiam admirar, no meio do silêncio da floresta, o rio Ganges, que divide a cidade de Rishikesh ao meio.

O abrigo fica a apenas alguns minutos do coração do *ashram*, uma construção de quatro andares: era ali o quartel-general de Maharishi Mahesh Yogi, o guru responsável pela globalização da espiritualidade indiana na década de 1960. Ele passou à história como o "guru dos Beatles". Filho de um inspetor de impostos do governo, formado

Prédio principal do *ashram* de Maharishi Mahesh Yogi onde os Beatles se hospedaram. Hoje está coberto pelo matagal.

em Física, ele exportou para o mundo a meditação transcendental, que transformou em marca registrada para impedir que outros viessem a ganhar dinheiro com a técnica que aperfeiçoou e com a qual enriqueceu. Como milhões de outros jovens que se deixaram levar pelo movimento *hippie*, o mais famoso grupo de *rock* do mundo viajou para a Índia para reabastecer a sua criatividade nos "mistérios do Oriente".

Beber da fonte indiana foi muito produtivo. O grupo compôs ali dezenas de músicas incluídas no *Álbum branco*. "Dear Prudence", por exemplo, foi escrita em homenagem à obcecada irmã da atriz americana Mia Farrow: Prudence não cedia aos apelos dos Beatles, que cantavam na sua porta tentando fazê-la sair do retiro espiritual. Ela ficava enfurnada o tempo todo em uma das várias cavernas de meditação do *ashram*, algumas delas construídas em forma de iglu no meio da floresta e que resistem até hoje. Outras vezes, ficava em quartos com ar-condicionado dentro do prédio principal do *ashram* de Yogi. Tudo muito isolado do caos indiano.

George Harrison, o guitarrista dos Beatles, o mais exaltado de todos, foi quem liderou a viagem do grupo para o "Oriente Místico". Os Beatles encontraram Maharishi

Yogi pela primeira vez em uma palestra sobre meditação no Hotel Hilton em Londres, em 1967, um ano antes da viagem à Índia. Mais tarde, George Harrison se tornou devoto de Krishna e adotou o hinduísmo. A Índia, contou George, abriu a "enorme porta da minha consciência".

Havia boatos de que o guru – que dizia ser celibatário – estaria interessado sexualmente em mulheres hospedadas no *ashram*. A música "Sexy Sadie" teria sido escrita por um John Lennon decepcionado com o seu guru. Os Beatles estavam preocupados também com a promoção de Maharishi em cima do nome deles. Eles acabaram rompendo com o guru, mas mesmo isso não impediu a intensa publicidade internacional, com o rosto do "guru dos Beatles" nas capas de revistas como *Life*, *Time* e *Newsweek*, sempre vinculado com a imagem dos seus discípulos mais famosos. Maharishi Mahesh Yogi foi um dos que abriram as portas para a globalização da espiritualidade indiana, promovendo a imagem de uma Índia sagrada, que atrai hordas de turistas até hoje. Ele acabou amealhando milhões de seguidores e construiu um império multimilionário com

Sala da casa onde os Beatles viveram
no complexo do *ashram* do guru
Maharishi Mahesh Yogi, em Rishikesh.

Ponte suspensa sobre o rio Ganges, na cidade sagrada de Rishikesh, apelidada de "a capital da ioga".

um leque de negócios que vai desde propriedades até empresas que vendem medicina aiurvédica e cosméticos. Para Maharishi não havia conflito entre o materialismo da vida cotidiana e o caminho espiritual: a "iluminação" poderia ser alcançada sem necessidade de renúncia material, uma pregação muito conveniente para os endinheirados. Essa fórmula do sucesso é repetida incansavelmente até hoje pelos gurus que reencarnam na Índia em um ciclo infinito alimentado pelo lucrativo mercado da espiritualidade.

Maharishi Mahesh Yogi mudou-se para a Holanda na década de 1990. Morreu em fevereiro de 2008, aos 91 anos de idade, logo após o anúncio da Nasa de que os Beatles seriam ouvidos no universo através da transmissão da música "Across the Universe" para a estrela Polaris, a 431 anos-luz da terra. O refrão da música composta por Lennon em 1968, no auge da paixão pela Índia, era uma invocação ao guru Maharishi: "*Jai Guru Deva Om*", do sânscrito, "Glória ao Deus Divino". Ele deixou um império avaliado em até US$ 5 bilhões.

Essa busca pelos "conhecimentos orientais" na Índia havia sido desencadeada em fins do século XIX, quando Swami Vivekananda (1862-1902) desembarcou em Chicago levando na mala os mais importantes ensinamentos filosóficos hindus para o famoso Parlamento das Religiões do Mundo. Ele foi ovacionado com o seu discurso durante o qual disse: "Todas as religiões são a verdade." Vivekananda foi o primeiro guru a exportar para o Ocidente a ideia de um hinduísmo reformado, acolhedor e aberto para outras crenças. Muitos outros gurus indianos fizeram as malas e conquistaram o Ocidente. A partir da década de 1970, levas de ocidentais começaram a invadir a Índia na crença de encontrar gurus capazes de livrá-los do tédio e do desespero de um mundo cada vez mais materialista. Mas, dentro da Índia, a imagem de que os estrangeiros eram drogados e libertinos ganhou força. Em um país com uma cultura conservadora, os *hippies*, com poucas roupas e muita energia para festas regadas a haxixe e álcool, não eram bem-vistos. Os novos *hippies* de hoje que invadem Goa para participar de maratonas *rave* regadas a *ecstasy* continuam a passar a mesma impressão negativa.

Quando os Beatles desembarcaram em Rishikesh, a Índia era um país independente havia apenas 21 anos. Enquanto os ocidentais queriam descobrir os mistérios do Oriente, os indianos daquela época estavam preocupados em erguer o seu país dos escombros de séculos de colonização: tinham pouco tempo para viagens esotéricas.

CARMA CAPITALISMO

Os gurus são chamados também de babas: essa palavra carrega um sentido de profundo respeito, geralmente para se referir a uma figura paterna. Eles cumprem tradicionalmente um papel acolhedor de mestre e conselheiro para os que enfrentam problemas sérios familiares, profissionais ou de saúde. Boa parte deles são babas simples, com uma vida ascética e realmente dedicados ao aperfeiçoamento espiritual e a ajudar os outros em seus *ashrams* espalhados por todo o país. Vários analistas sociais explicam que os gurus, de certa forma, fazem o papel de psicólogos, uma profissão que na Índia ainda não é tão comum quanto em outros países. Há uma extensa rede de retiros espirituais que abrem suas portas não só para os mais desesperados, mas também para o ensino da filosofia hindu, de técnicas de ioga e de meditação, além de propagandearem a culinária vegetariana, que obedece aos princípios da medicina tradicional aiurveda (tradicional medicina indiana à base de ervas). Em geral, os devotos pagam o que podem, se podem.

Mas o crescimento econômico provocou o surgimento de um novo fenômeno na Índia do século XXI: os "babas-empresários". Eles podem ser sérios ou impostores. O que os une é o enriquecimento: operam conglomerados de *ashrams* como se fossem CEOs de multinacionais. Alguns apresentam-se como encarnações de deuses ou possuidores de espíritos elevados. Uns se especializam no mercado de bem-estar físico, propagandeando a ioga. Outros, na promoção do bem-estar espiritual, promovendo a meditação e as peregrinações. Com muito dinheiro no cofre, eles começam a investir no setor imobiliário e na criação de faculdades privadas, boa parte de qualidade duvidosa, duas minas de dinheiro.

Aqueles com mais espírito comercial chegam a transformar seus *ashrams* em espécies de hotéis. A diferença é que eles emitem apenas recibo de doação, e não de pagamento por diárias: assim, ficam milagrosamente isentos de impostos.

Há os babas-empresários articulados, que dirigem carros modernos, têm celulares, cartões de visita, diplomas de pós-graduação em Economia, Filosofia e Engenharia. Inteligentes, afáveis, exibem um estilo moderno e acessível. Falam com naturalidade sobre temas contemporâneos, como os novos desafios para o crescimento da indústria da tecnologia da informação e os desdobramentos do último escândalo de corrupção. Outros vieram de baixo e não demonstram a mesma sofisticação. Há os que circulam com ricos e celebridades em jatinhos e flertam com políticos para ganhar benefícios. Seus rostos são propagandeados como estrelas de cinema nas grandes cidades.

Os babas-empresários redefiniram o papel dos tradicionais gurus na nova Índia. Revolucionaram suas práticas, comercializando agressivamente seus serviços religiosos para servir aos desejos dos novos consumidores endinheirados. A televisão é o meio mais importante de acesso aos devotos-clientes, que não precisam se transformar em ermitões meditando em isoladas cavernas no Himalaia para buscar a tal espiritualidade indiana. Os gurus da Nova Era são acessíveis a um toque do controle remoto – e por isso passaram a ser chamados de promotores do "hinduísmo tele-evangélico".

Um dos precursores dos babas-empresários foi o carismático Osho, codinome de Rajneesh Chandra Mohan. Nascido em 1931, era o mais velho de 11 filhos de um comerciante de roupas. Antes de se tornar mestre espiritual em 1966, havia trabalhado como jornalista, fotógrafo e professor de Filosofia. Assim como o "guru dos Beatles", Osho também era um verdadeiro ímã de estrangeiros. Seu famoso *resort* de meditação – na cidade de Pune, no estado de Maharashtra – atrai até hoje, 20 anos depois de sua morte, 200 mil visitantes por ano. Ele escandalizou a Índia com sua pregação contra as instituições, como casamento, e com suas ideias abertas sobre sexo, o que lhe rendeu o apelido de "Sex guru". Na década de 1970, borbulhavam boatos sobre orgias no seu Resort Internacional de Meditação. Mas apesar das polêmicas, ele encontrou muitos aliados na elite indiana, que o defendiam por ter ajudado a desmistificar o sexo na puritana Índia. Osho migrou para os Estados Unidos em 1981, onde enriqueceu: chegou a colecionar 90 Rolls Royce, o que reforçou sua imagem de "guru dos ricos". Foi deportado em 1985, acusado de violar a lei de imigração. Osho era contra o ascetismo: a pobreza, segundo ele, não era necessariamente um valor espiritual. Ele dizia que a Índia precisava de um choque de capitalismo, de tecnologia moderna e de investimento em ciência para sair da miséria. Um discurso que atraía a nata da elite.

A Índia do século XXI acabou se transformando em fonte inspiradora do chamado carma capitalismo: novas técnicas para aperfeiçoar a liderança e encontrar paz interior em grandes corporações. Os executivos globais mergulham no misticismo oriental em busca de redução do estresse de um ambiente extremamente competitivo. A sabedoria do *Bhagavad Gita* – detalhada no capítulo "Mitologia *versus* história" – passou a ser reinterpretada em uma espécie de manual de sucesso material para o mundo moderno.

O GURU DA TECNOLOGIA DA INFORMAÇÃO

A nova geração da tecnologia da informação, estressada e endinheirada, tornou-se um dos alvos prediletos de gurus. Um dos campeões de audiência da elite tecnológica indiana é o sofisticado guru Sri Sri Ravi Shankar, filho de um homem de negócios da indústria automobilística, formado em Literatura Védica e em Física. Ele criou, na década de 1980, uma imensa corporação espiritual batizada de "A Arte de Viver". O *ashram* do "guru dos techies" fica a 40 km da cidade de Bangalore, o Vale do Silício indiano. Atrai cerca de três mil pessoas por dia, a maioria no fim do expediente. Rosto sorridente, ele é uma figura afável e inteligente. Diz ter cerca de 300 milhões de seguidores em 151 países. Cabeludo e barbudo, prefere robes brancos aos laranjas típicos dos homens santos hindus. O duplo Sri foi adotado para não ser confundido com o famoso músico de sitar Ravi Shankar. A necessidade de alívio da tensão é um dos principais atrativos da sua badalada técnica de respiração rítmica chamada "sudarshan kriya". Baseando-se nas milenares técnicas de ioga, ele ensina que a respiração é o segredo esquecido da vida e que pode trazer a paz interna. O guru segue a tradição da meditação transcendental: ele também foi discípulo de Maharishi Mahesh Yogi. Segundo Edward Luce, correspondente do jornal *Financial Times* na Índia durante cinco anos e autor do livro *In Spite of the Gods*, o fundo financeiro para a construção do *ashram* veio em parte das companhias de *software* nos arredores de Bangalore e também dos lucros com os cursos de técnicas de respiração e de meditação.[1]

Mulher dá demonstração de meditação em festival de Astrologia tradicional indiana em Nova Délhi.

Sri Sri Ravi Shankar – que enfrenta a concorrência pesada de outros gurus modernos – começou a cultivar a imagem de pacificador. Sua mensagem é de que a felicidade deve ser levada não só para seus devotos, mas também para todo o mundo. Assim, Shankar tem peregrinado entre acampamentos de refugiados de todos os tipos, dado palestras para vítimas dos talibãs, do tsunami, de terremotos, da guerrilha maoista indiana, para líderes empresariais dos acarpetados salões do Fórum Econômico Mundial na Suíça. Sri Sri conseguiu até mesmo conquistar os paquistaneses e arrancou um visto para visitar o país. Mas antes, a missão diplomática paquistanesa em Nova Délhi se certificou de que ele não iria propagar o hinduísmo no país onde o islamismo é a religião oficial.

Shankar repete a fórmula de gurus anteriores e não procura vender nenhuma religião específica: assim, atrai cristãos, budistas, hindus, ateus, judeus e muçulmanos.

O GURU QUE SE DIZIA MÁGICO

Na tradição hindu, as divindades descem à Terra como seres humanos e seres humanos ascendem com o *status* de deuses. E assim surgiu Sathya Sai Baba, que dizia ser uma tripla reencarnação: do deus hindu Shiva, da força feminina Shakti e do popular guru Sai Baba de Shirdi, que pregava o sincretismo religioso. A imagem de Shirdi, morto em 1918, pode ser vista até hoje em adesivos e pequenas estátuas em toda a Índia. Sathya Sai Baba, cuja marca registrada é o cabelo afro raro entre indianos, foi um dos mais importantes homens-santos produzidos na Índia. E um dos mais ricos também. Durante seis décadas, amealhou mais de 40 milhões de devotos em 165 países, em torno de seu império espiritual avaliado em US$ 9 bilhões.[2] Ele era um guru simples, um pregador autodidata sem frases de efeito em sânscrito tiradas das escrituras sagradas hindus, como outros. Vinha de uma pobre família de vaqueiros. Com 14 anos, depois de ter sido mordido por um escorpião, se declarou a reencarnação de Sai Baba de Shirdi. Sathya Sai Baba permitia que seus discípulos reverenciassem Alá, Cristo ou Krishna. Todos seriam recebidos de braços abertos em seu *ashram*. Ele costumava dizer: "Eu sou um Deus. Você também é um Deus. A única diferença entre nós é que você não está consciente disso." O que atraía tanta gente era a fama de milagreiro. Ele foi muitas vezes desafiado a provar as suas mágicas, como fazer surgir relógios Rolex do ar e produzir cinzas sagradas. "Milagres são meus cartões de visita", afirmava.

Entre todos os babas-empresários, Sathya Sai Baba talvez tenha sido o que mais financiou obras de caridade e isso era devidamente usado a seu favor: sua fundação financiou projetos de fornecimento de água em regiões atingidas pela seca, escolas, universidades e hospitais. Todos os políticos se prostravam diante dele, até os ateus mais arraigados. Seu culto resistiu a vários escândalos. Em 1993, seis pessoas foram mortas a tiros nos aposentos dele, no que depois foi configurado como disputa entre devotos para quem iria ter mais proximidade com o guru. Em 2001, foi acusado de pedofilia e assédio sexual por ex-devotos, mas nada foi provado contra ele. Morreu em abril de 2011, aos 85 anos, uma década antes da sua própria previsão. Sua influência ficou evidente com um desfile de todos os principais políticos do país e de celebridades de Bollywood e do críquete em sua despedida, da qual participaram cerca de 900 mil pessoas.

Sua cidade natal, Puttaparthi, no estado de Andhra Pradesh, teme ser esquecida pelos devotos. De um vilarejo lamacento, Puttaparthi passou a ser um agitado centro espiritual, com aeroporto privado, universidade, hospitais, torres de condomínios e até estádio esportivo. Ganhou conexões de internet, água encanada e eletricidade, um luxo se comparada com qualquer outra cidade pequena do país. O rosto de Sathya Sai Baba está estampado em todos os cantos da cidade, circula em carros e nos riquixás motorizados amarelos que ziguezagueiam pelas ruas. *Outdoors* exibem suas frases-chavões, como "Ama a todos, sirva a todos". Sem contar mais com o guru, as visitas à cidade murcharam e dezenas de internet-cafés fecharam suas portas. Os fiéis se perguntam quando ele vai reencarnar. Mesmo após a morte, ele continua provocando polêmica, com a disputa dos bens milionários entre seus parentes e administradores do império espiritual. Também continua criando mitos, como o de que teria deixado um possível testamento. No fim de junho de 2011, a fundação Sathya Sai abriu os aposentos particulares do guru. Um sobrinho dele anunciou a descoberta de quase US$ 2,4 milhões em dinheiro, 98 quilos de peças de ouro, 307 quilos de prata, muitas câmeras fotográficas, relógios e, curiosamente, 500 pares de tênis, todos de seu tamanho, perfumes, *sprays* e gel de cabelo. "Todos esses gurus pescam seus seguidores no mesmo lago dos indianos que ascendem economicamente, os indianos que vivem no exterior e os estrangeiros", diz Meera Nanda, autora do livro *God Market: How Globalization Is Making India More Hindu*.[3]

As prateleiras do hipermercado espiritual indiano também oferecem divindades femininas. A mais famosa é Mata Amritanandamayi, ou Amma, apelidada "Guru do abraço". Ela vive no estado de Kerala, no sul do país, dona de um estilo maternal. É considerada por muitos um avatar da energia feminina Shakti. Seu poder estaria concentrado no seu abraço, que faz devotos chorarem de emoção. Eles fazem filas quilométricas só para abraçá-la: descrevem benefícios espirituais, emocionas e até materiais após o contato físico com ela. Seus discípulos acreditam que Amma os libera do carma ruim acumulado pelo modo de vida consumista ocidental. Nascida em 1953 em uma família de casta baixa, ela conseguiu escapar de um casamento arranjado. Seus abraços começaram quando ela tinha 15 anos: fazia isso para confortar os outros. Assim como Sathya Sai Baba, Amma ficou conhecida por suas inúmeras obras de caridade, instituições de ensino e serviços de saúde para a população carente, bancados pelas contribuições de seus devotos.

GURUS SEXUAIS, MENTIRAS E VIDEOTEIPES

Nos últimos anos, vários gurus se viram envolvidos em escândalos que foram parar nas páginas de cobertura policial dos jornais. Em fevereiro de 2010, o guru Shiv Murut Dwivedi foi preso sob a acusação de dirigir um negócio de prostituição e acabou sendo batizado pela mídia de "Sex Baba". Um mês depois, cenas de sexo do guru Swami Nithyananda com uma mulher foram gravadas e transmitidas por redes de televisão causando imenso furor, já que ele se diz celibato, sendo ainda por cima a mulher uma devota. Seu *ashram*, em Bangalore, foi atacado e ele teve que renunciar à chefia de sua organização.

Engenheiro mecânico, Nithyananda tem discípulos muitos jovens, articulados e bem-educados que deixaram carreiras na indústria de *software*, bancos e marketing para seguir o chamado espiritual. Segundo a mídia indiana, os devotos, quando ingressavam no *ashram*, assinavam documentos se comprometendo a não divulgar nenhum detalhe do que fariam lá dentro. Uma das cláusulas dizia: "O voluntário entende que o programa pode envolver o aprendizado e a prática de segredos antigos tântricos associados com o êxtase feminino e masculino, incluindo o uso de energia sexual para aumentar a conexão espiritual, o prazer, a harmonia e a liberdade." São tantos os casos picantes envolvendo os gurus indianos que Bollywood tem no forno o roteiro de um filme sobre o assunto, batizado de *God and Sex*.

BABAS-VERDES

Em outro extremo dos babas-empresários estão os chamados babas-verdes. Esses nunca enriquecem. Pelo contrário. Vivem espartanamente em *ashrams* de chão de cimento, usam robes esfarrapados, velhos chinelos de borracha. Estão dispostos até a dar suas vidas pelas causas que abraçam. Costumam fazer greves de fome – e até morrem no meio do protesto – para defender os elementos da natureza considerados sagrados pelo hinduísmo. O guru Swami Nigamanand morreu em junho de 2011, aos 36 anos, depois de 115 dias de jejum contra mineradoras que jogam dejetos não tratados no Ganges. O *ashram* onde ele vivia, Matra Sadan, acessível por uma alameda quebrada e cheia de buracos na beira do rio sagrado, travava uma heroica batalha contra a máfia de mineração da cidade de Haridwar. Muitos seguem esse caminho extremo de fazer greve de fome, uma herança do método de luta de Mahatma Gandhi.

Bem diferente das corporações dos babas-empresários, nos *ashrams* dos babas-verdes não há muro, portões de ferro ou seguranças para protegê-los. Nigamanand foi apelidado de "o baba real" pela mídia indiana, já saturada dos escândalos criminosos, sexuais, políticos e financeiros nos quais muitos dos outros começaram a se ver envolvidos nos últimos anos. Além das mineradoras, há muitas represas mal planejadas ao longo do Ganges que obstruem o seu fluido natural e reduzem o oxigênio das águas, já sujas com o lançamento de cinzas e corpos semicarbonizados, como visto no capítulo "Caldeirão dos deuses". Quem vive às suas margens está exposto a doenças como hepatite, disenteria, tifo e cólera. O Ganges, que nasce no Himalaia e morre na Baía de Bengala, corta mais de 2.500 quilômetros, banha a área mais populosa do mundo, onde vivem quase 900 milhões de pessoas, muitas das quais dependem dele para se lavar, cozinhar e beber. Os esforços para limpar suas águas começaram nos anos 1980, mas ele continua um dos rios mais poluídos do mundo. Em 2011, o governo indiano assinou um acordo com o Banco Mundial para usar um empréstimo de US$ 1 bilhão para financiar novas obras para sua limpeza. A meta é limpá-lo até 2020.

ASTROS PODEROSOS

A crença em gurus é um reflexo de uma forte tradição cultural ligada a superstições arraigadas. A Índia declarou a sua independência no dia 15 de agosto de 1947, exatamente quando o relógio batia meia-noite. Foi a data escolhida por lorde Mountbatten, então governador-geral britânico da Índia. "Mountbatten cometeu a imperdoável falta de anunciar a sua escolha sem primeiro ter consultado representantes do mais poderoso corpo oculto da Índia, os *jyotishis* (astrólogos)", relatam Dominique Lapierre e Larry Collins no clássico *Freedom at Midnight*.[4] Segundo o *The New York Times*, na sua edição do dia 16 de agosto de 1947, o entusiasmo pela independência havia sido prejudicado por dois fatores. Um foi a partição da Índia, com a criação de uma nação hindu e outra muçulmana, que deixou grandes minorias infelizes nos dois lados: "O outro – uma peculiaridade hindu cuja importância o Ocidente subestima – foi o fato de que astrólogos, nos quais milhões de hindus acreditam, descobriram uma posição não auspiciosa das estrelas na manhã do dia 15 de agosto. Na Índia, essa é uma consideração séria que não passa despercebida pela imprensa", dizia o *The New York Times*. Os astrólogos diziam: era preferível a Índia tolerar os britânicos um dia mais do que arriscar a sua sorte.

Apesar de Nehru ser um racionalista empedernido, a Índia teve primeiros-ministros e ministros-chefes que não moveriam um músculo sem a permissão de um astrólogo. Muitos só fazem acordos políticos depois de consultá-los. Os casamentos são um dos principais meios de renda dos astrólogos indianos: nos dias apontados por eles como auspiciosos, acontecem milhares de cerimônias que bloqueiam as ruas por horas. Mahendra Singh Dhoni, estrela do críquete, pegou os indianos de surpresa quando os jornais do dia 6 de julho de 2010 anunciaram que ele havia se casado, apenas 24 horas após o noivado. O casamento estava previsto para acontecer somente em 2011, mas teve que ser realizado antes porque Dhoni entrou em um dos mais auspiciosos anos para casar, segundo a mídia.

Em muitos casos, os astros decidem não só datas de casórios, mas também a escolha de noivos, o fechamento de negócios, a compra de imóveis, o dia para mudar de casa, e assim por diante. Os astrólogos verificam os horóscopos dos pretendentes para

Astrólogo, que também lê palma da mão e rosto, no Palácio da Cidade, em Jaipur, capital do estado do Rajastão.

saber se há incompatibilidade entre os noivos: isso faz parte do "pacote" do casamento arranjado pelos pais dos noivos. Uma das perguntas mais frequentes que os pretendentes se fazem quando se conhecem é justamente se a noiva ou o noivo são *manglik*, ou seja, o fato de uma pessoa nascer em um dia e um horário em que a posição do planeta Marte exerce uma influência negativa sobre o futuro do casamento, segundo a crença. Assim, se uma pessoa é *manglik*, ela deve se casar com outra pessoa *manglik* porque as influências negativas se anulariam. Isso é levado tão a sério que nos classificados de casamento – publicados nos jornais de domingo – há colunas específicas de pretendentes *mangliks*. Em fevereiro de 2007, os jornais indianos divulgaram a notícia, não confirmada, de que a atriz mais badalada de Bollywood, a ex-Miss Mundo (1996) Aishwarya Rai havia se casado com uma árvore, em uma cerimônia hindu simbólica. Segundo a imprensa, isso teria ocorrido antes de seu casamento com o ator Abishek Bachchan. Esse casamento simbólico com uma árvore pertence a uma tradição milenar para anular o efeito negativo do *manglik*. Assim, de acordo com a superstição, casando simbolicamente com uma árvore antes da cerimônia verdadeira, a maldição, ou a influência maligna, é desviada para a árvore. O assunto causou muita polêmica e a atriz negou o casamento com a árvore.

No início de cada ano, são publicados e vendidos em livrarias e bancas de jornais os chamados *Panchang*: manuais astrológicos que identificam os períodos auspiciosos do ano, que vendem como água. A crença em datas auspiciosas faz com que os indianos lotem as joalherias uma vez por ano, em um determinado dia, entre abril e maio, de acordo com o calendário lunar. As joalherias ficam tão cheias que os clientes costumam esperar em fila até serem atendidos. É o Akshay Trithiya, cada vez mais comemorado pela endinheirada classe média indiana: acredita-se que nesse dia comprar ouro traz sorte. A crença é de que o alinhamento da lua com o sol é tido como perfeito para trazer bom carma: o ouro é um símbolo do sol, o metal mais auspicioso de todos. A prata também é um metal associado à prosperidade. Os indianos preferem usá-la como objeto de decoração para funcionar como convite para a entrada de riqueza na casa. As pedras semipreciosas e preciosas também têm um valor mais do que monetário. Boa parte dos homens indianos usa um ou mais anéis de ouro ou prata incrustados com suas pedras da sorte. Elas são determinadas pelos astrólogos, que escolhem inclusive em que dedo devem ser usados.

Os números também inspiram cuidados especiais. É comum oferecer dinheiro com denominações que terminam em uma rupia – como 51, por exemplo. Envelopes vendidos nas papelarias já vêm com moedas de uma rupia coladas de forma que a pessoa só precisa colocar uma nota de 50 ou 100 ou 500 rupias. Portas de casas e para-lamas de carros carregam um penduricalho feito de limão e pimenta-malagueta verde, às vezes feito de plástico: é o amuleto mais popular entre os indianos. No interior, os fenômenos naturais são enfrentados muitas vezes com uma boa dose de misticismo. A crença no desconhecido é tão intensa que, em meados de 2006, durante as monções, uma histeria coletiva atingiu Mumbai. Com o excesso de chuva, a taxa de sal da água do mar caiu. O boato de que, por um milagre, a água da praia de Mahim ficou doce se espalhou como pólvora. Milhares de muçulmanos, hindus e cristãos correram para mergulhar na praia mais poluída da cidade e beber sua "água milagrosa". A mídia batizou a histeria de "a loucura das monções". As pessoas compravam garrafas de água mineral, jogavam o conteúdo fora para enchê-las com a água marrom e imunda do mar. Levavam para seus parentes, amigos e até para pessoas doentes. Mães davam a água para seus bebês acreditando que tinha poderes curativos. Os hospitais chegaram a reservar leitos para os futuros doentes, sob o temor de uma epidemia de doenças como cólera e febre tifoide.

Com certa frequência, a Associação dos Racionalistas Indianos ataca os promotores de superstições, faz campanhas contra crendices e tenta prevenir as pessoas contra as fraudes de todos os tipos. Eles perseguem gurus que espalham mitos milagreiros como o de que são capazes de explodir pedras com o poder da mente e levitar. Sanal Edamaruku, presidente da associação, é o racionalista mais famoso do país. Em março de 2008, ele aceitou o desafio do guru Surender Sharma, que garantiu que poderia matá-lo ao vivo na televisão através de seus poderes sobrenaturais. O guru usou todas as suas poções mágicas feitas de farinha de trigo, óleo, papel, sementes de mostarda, enquanto recitava mantras mágicos. Uma hora depois de muita repetição de mantra, Edamaruku continuava vivo e vitorioso diante das câmeras. O guru, desesperado, alegou que o racionalista estava protegido por uma entidade divina suprema.

OS IMPERADORES DA IOGA

Nos anos 1970, os indianos testemunharam a ascensão de um místico que ganhou a aura de um dos homens mais influentes do país: o controverso Dhirendra Brahmachari (1924-1994), um carismático instrutor de ioga que se tornou um dos conselheiros mais próximos de Indira Gandhi. Foi apelidado de "Rasputin da Índia", uma referência ao místico russo que ganhou notória influência sobre os Romanov, a última família imperial russa. Brahmachari ganhou espaço no canal estatal Doordarshan e tornou-se, assim, o primeiro teleguru de ioga da Índia, com um popularíssimo programa transmitido semanalmente na década de 1980. Dhirendra também convenceu Indira Gandhi a incluir aulas de ioga no currículo escolar. Assim, o Rasputin indiano foi o primeiro responsável pelo renascimento em massa da ioga no país. Sua fama ultrapassou as fronteiras e Dhirendra acabou sendo convidado pelo governo soviético a ensinar ioga a cosmonautas em Moscou. Muito distante de ter uma vida simples geralmente apregoada pelos iogues, ele enriqueceu e ostentou suas posses. Ironicamente, o mestre da ioga tornou-se sócio de uma fábrica de munição. Por ter seu próprio avião, acabou sendo alcunhado o "*Swami* voador" (ou "Santo Voador"). Sua popularidade como instrutor de ioga foi prejudicada por um leque de denúncias, como contrabando, evasão fiscal, lavagem de dinheiro e corrupção. Dhirendra morreu aos 70 anos em um acidente com seu avião particular em 1994.

A ioga voltou a dar músculos a outro mestre nos últimos anos, tão popular que também sonha em entrar para a política: Baba Ramdev, o mais polêmico guru do bem-estar físico da Índia do século XXI. Rishikesh é a chamada capital mundial da ioga, a 25 quilômetros de Haridwar. Viajantes de todo o mundo desembarcam ali para fazer suas meditações e *asanas*, como são chamadas as posturas de ioga. As duas cidades – Haridwar e Rishikesh – são o quartel-general de Baba Ramdev. Seu rosto coberto por uma vasta barba preta indomável está espalhado por toda a região em pôsteres e *outdoors*.

O "guru da ioga" dirige um império multimilionário avaliado em pelo menos US$ 200 milhões. O mestre cinquentão cresceu vertiginosamente com a ajuda da televisão: é o mais popular teleguru da Índia, contorcendo o seu abdome "tanquinho" para pelo menos 30 milhões de telespectadores diários de seu programa de ioga transmitido pelo seu próprio canal, o Aastha ("Fé"). Ele também ensina exercícios respiratórios ao ar livre em campos de ioga que atraem até 20 mil pessoas. Um lugar na turma do gargalo pode custar U$ 600. Ele se transformou em uma espécie de estrela de *rock* que todos querem ver ao vivo, mesmo depois de assisti-lo na televisão várias vezes. O império Ramdev lucra com a *franchising* de sua marca para os que querem abrir centros de ioga pelo país afora: são oferecidas mais de 100 mil aulas por dia administradas por mais de 1 milhão de professores treinados. Os estrategistas de sua organização perceberam que, no interior da Índia, onde vive a maioria da população, a televisão a cabo não atinge o povão.

O segredo do sucesso do "guru da ioga" está em decodificar o novo cenário de saúde de uma classe média que hoje sofre de inúmeras doenças crônicas, como diabetes, hipertensão e obesidade. A melhor propaganda é o seu corpo malhado, que ele adora exibir e que ajuda a vender seus DVDs expostos nas prateleiras das lojas, ao lado dos de atrizes de Bollywood, em sessões de ginástica com corpos igualmente esculpidos. As elásticas imagens de Ramdev se balançando sobre as mãos com pernas entrelaçadas ao redor do pescoço intrigam os espectadores. Do *campus* de sua organização em Haridwar, a Patanjali Yogpeeth Trust – que ganhou *status* de universidade de ioga e de aiurveda –, ele toma conta do império que inclui, entre outras coisas, um hospital superespecializado com capacidade para 300 leitos, alojamentos e uma imensa rede de comércio de produtos como sucos, geleias, sabonetes, pasta de dente, DVDs, livros e os mais variados remédios à base de ervas e alguns até manufaturados com urina de vaca, como foi visto no capítulo "Caldeirão dos deuses". Ramdev já flertou até com o ramo do turismo: organizou em 2008 um luxuoso cruzeiro espiritual de sete dias batizado de "Ioga no Mar", com direito a pregações, refeições vegetarianas, além das sessões de ioga e de meditação.

Seu império cresceu tanto que, em 2009, ele comprou uma ilha na Escócia, segundo a imprensa indiana, onde há ruínas de um castelo medieval, para construir um retiro de ioga cinco estrelas. Em apenas 15 anos, ele teve uma ascensão fulminante: come-

Prédio da Faculdade de Aiurveda Patanjali, que pertence ao complexo do *ashram* milionário de Baba Ramdev, em Haridwar. Ramdev é o mais popular teleguru indiano, dono de programas de ioga na televisão de imenso sucesso.

çou como vendedor ambulante de poções energéticas aiurvedas, e passou a poderoso chefe de uma verdadeira corporação que viaja de jatinho pelo país. Mas ele se tornou uma frágil vidraça ao propagar um curandeirismo ilimitado pela ioga. Prometeu curar centenas de doenças, de gripe a câncer, pelos seus exercícios e remédios aiurvedas. Passou a atacar a medicina moderna e o estilo de vida ocidental. Uma parlamentar comunista chegou a acusar a sua farmacêutica de usar ossos humanos e testículos de animais como ingredientes em determinados produtos. A acusação não foi comprovada, mas o perseguiu por muito tempo. Seus musculosos discípulos vandalizaram o quartel-general do Partido Comunista da Índia em Délhi. Em 2006, Ramdev afirmou ter a cura da aids e o ministro da Saúde o recriminou. Ele teve que retirar o que disse para não ser processado. Em 2007, outro escândalo: ele começou a propagandear uma droga que ajudaria as mulheres a dar à luz filhos homens.

Ramdev passou, então, a dar opiniões políticas: alimentava entre seus devotos a fantasia de um Estado forte, que enforca criminosos, corruptos e adúlteros. Entre as suas visões de Estado estão as de que notas de alto valor devem ser banidas para dificultar a economia do dinheiro sujo e a de que as vacas devem ser poupadas do matadouro. Ele pertence a uma importante subcasta intermediária dedicada tradicionalmente à criação de gado, mobilizada pela causa do movimento de proteção às vacas. Entre suas propostas para reformar a sociedade indiana, estão a de passar a considerar a homossexualidade "uma doença" – que, segundo ele, pode, é claro, ser curada com suas *asanas* de ioga miraculosas – e a de que as atrizes de Bollywood devem ser vistas como imorais porque namoram e não casam cedo com um noivo escolhido pelos pais, como manda a tradição.

Ele é o guru símbolo do nacionalismo hindu exacerbado. "Seja indiano, fale línguas indianas, vista roupas indianas, beba bebidas indianas", diz o guru que simboliza a classe média ascendente não ocidentalizada. Sempre se despede de seu público dizendo: "*Bharat Mata ki Jai*" ("Vida Longa à Mãe Índia"). Ramdev ataca as multinacionais e diz que através da ioga a Índia pode se tornar de novo uma potência mundial, como era na Antiguidade: "A revolução vai começar pela ioga." A lista de alegações contra Ramdev inclui a de que o dinheiro doado para a sua fundação espiritual – livre de impostos – tem sido usado para vitaminar as suas dezenas de empresas.

Ele anunciou em abril de 2010 que, além de continuar ajudando os indianos a "limpar" seus corpos e mentes, iria se empenhar para varrer a corrupção da democracia indiana e prometeu criar um partido político. Por alguns dias de junho de 2011, Baba Ramdev mobilizou milhares de seguidores contra a corrupção, ajudado por um contexto favorável de escândalos bilionários envolvendo políticos, empresários e jornalistas. Ele chegou a Délhi no início de junho de 2011 em grande estilo: desembarcou de um jatinho cujo aluguel era de US$ 5 mil a hora. Milhares se aglomeraram em um parque da capital indiana, sob um calor de mais de 40 graus e umidade de quase 80%, para vê-lo jejuar, exigindo do governo que trouxesse de volta os bilhões de dólares escondidos no exterior. O guru caminhava pelo palco com seus tradicionais chinelos de madeira, cabelo preto e barba esvoaçante. Os que não puderam ver o show ao vivo, assistiram pela televisão. "Traga de volta os US$ 500 bilhões de dinheiro sujo guardados em bancos estrangeiros para que cada família pobre possa prosperar", dizia.

Antes de terminar o primeiro dia de jejum, a polícia estragou a festa lançando gás lacrimogêneo para dispersar a multidão. Com seu corpo sarado e elástico, Ramdev saltou do palanque para o meio do povo e escapou. Demorou mais de uma hora para capturá-lo. Estava vestido de mulher. Mas o véu de tecido meio transparente que ele colocou na cabeça não conseguiu esconder a floresta preta em seu rosto. Arrastado dali, ele foi levado de volta para a sua cidade sagrada na beira do Ganges e proibido de voltar à capital indiana por um bom tempo. No mesmo dia, os indianos viram, de queixo caído, Ramdev às lágrimas – e ainda vestido de mulher – contando em uma entrevista transmitida pela televisão que a polícia tentara matá-lo.

Transtornado pela raiva e humilhação, jurou que iria arregimentar um exército de lutadores treinados nas tradicionais lutas marciais indianas: eles seriam tirados de seus quadros de malhados instrutores de ioga. Mas suas bravatas contra o dinheiro sujo indiano nos bancos suíços não foram levadas muito a sério por boa parte da opinião pública mais informada, que ainda guardava na memória as notícias de enriquecimento de seu império espiritual com direito até a uma ilha escocesa.

A GUERRA DE PATENTES DA IOGA E DA AIURVEDA

A ioga foi levada para o Ocidente durante o século XIX, quando os primeiros gurus indianos viajavam para ensinar a técnica em outros países. Naquela época, a ioga era malvista nos Estados Unidos, associada com promiscuidade sexual: chegou a ser taxada de "fraude criminal" e uma "prática abominável" contra a pureza das mulheres americanas. O indiano Tirumali Krishnamacharya (1888-1989) é frequentemente descrito como o "pai da ioga moderna". Estudioso em sânscrito e em filosofia hindu, Krishnamacharya passou sete anos estudando ioga com um mestre tibetano. Na década de 1920, ele foi convidado pelo marajá de Mysore, cidade no estado de Karnataka, a dar aulas em seu palácio. Uma amiga do marajá, a soviética

Zhenia Labunskaia, se apaixonou pela ioga e adotou um nome indiano, Indra Devi, com o qual viajou pelo mundo para ensinar a técnica que havia aprendido com Krishnamacharya. Ela convenceu os líderes do seu país a abrir as portas para a ioga na então URSS – onde a técnica era proibida por ser considerada religiosa. Indra Devi acabou migrando para os Estados Unidos em 1947 e, em Hollywood, ganhou o apelido "a primeira-dama da ioga".

Outro discípulo do mestre Krishnamacharya, o guru Bellur Iyengar, foi um dos principais responsáveis pela exportação da técnica milenar indiana para o Ocidente. Em 1966, ele publicou o livro *Light on Yoga*, considerado uma verdadeira Bíblia das posturas, com 300 páginas de instruções e fotografias. Iyengar passou a atrair a atenção internacional a partir de 1952, quando introduziu a ioga ao famoso violinista Yehudi Menuhin, em sua visita a Índia. Ele simplificou complexas *asanas* e demonstrou os benefícios dessa atividade para sua nova audiência: o que era visto como uma prática mística secreta, passou aos poucos a ser encarado como uma terapia física e mental acessível para qualquer um. Seu conceituado instituto de ioga na cidade de Pune, no estado de Maharashtra, e a chamada "ioga Iyengar" atraem gente do mundo todo. Em 2004, a revista *Time* o incluiu na lista das pessoas mais influentes do planeta.

Os tipos de ioga que mais fazem sucesso no Ocidente são os que focam no preparo físico. Com a moda da ginástica, a ioga também ganhou pontos e daí o surgimento de outras modalidades centradas mais na força e flexibilidade do que na meditação e na respiração. O Ocidente tem sido exposto durante vários anos a um leque de estereótipos indianos. Nem todos mentirosos, nem todos verdadeiros. Uma das imagens mais fortes que se têm dos indianos é de que eles são verdadeiros iogues, capazes de fazer contorcionismos diários ao levantar e saudar o sol com o tradicional "*Surya Namastê*". Mas não é assim.

Na Índia, ioga não significa apenas os elásticos exercícios, mas todo um estilo de vida que inclui dieta vegetariana e prática da meditação diária. Na verdade, as *asanas* são apenas uma pequena parte – a menos valorizada – da ioga tradicional. Essas posturas não são um fim em si mesmas, mas apenas a preparação para a prática espiritual e meditativa. A palavra *ioga* significa "união da mente com o corpo": é um meio para alcançar a iluminação espiritual. O texto mais importante sobre o assunto, o chamado "Ioga sutra", foi provavelmente escrito pelo sábio Patanjali há dois mil anos. A ioga tem dois aspectos principais: além das *asanas*, as *pranayamas* (exercícios de respiração). Controlar a respiração pelos exercícios de *pranayama* significa controlar a mente.

Nos últimos tempos, há muitos indianos inconformados com a apropriação dessa técnica pelos ocidentais, principalmente nos EUA, onde há um mercado estimado de 16 milhões de praticantes, a maioria da chamada hataioga, com alongamentos, respi-

Estátuas que mostram as *asanas*, as posturas de ioga, instaladas em *ashram* de ioga em Kerala, estado no sul da Índia.

ração e muitas posturas corporais. É comum ouvir indianos culpando os americanos por reduzir a sua espiritualidade de rica tradição a meros exercícios de ginástica.

Em 2010, o governo anunciou que iria proteger o patrimônio cultural da ioga, patenteando cerca de mil posturas. Isso porque muitos gurus passaram a registrar direitos autorais das *asanas* que criavam. Segundo as autoridades indianas, já foram feitos mais de 250 pedidos de patentes relacionados à ioga fora da Índia. Cientistas e pesquisadores indianos gravaram em vídeos centenas de posturas e técnicas originadas na Índia: um verdadeiro banco de dados da ioga, com a documentação de todos os conceitos, posturas e terminologias para que passassem a ser reconhecidas como propriedade pública da Índia.

A campanha para preservar as raízes da ioga começou depois que Bikram Choudhury, famoso instrutor de origem indiana que se tornou o queridinho de Hollywood, registrou a patente de sua "ioga Bikram" em 2002. Apelidada também de "*hot* ioga", essa modalidade oferece aos alunos um extenuante exercício a uma temperatura ambiente de 40 graus. Ele tornou-se milionário ao atrair uma galáxia de estrelas a partir de sua base em Los Angeles: Madonna, Shirley MacLaine, Susan Sarandon, entre outras. A Fundação Hindu-Americana, que concentra o grosso do poderoso *lobby* indiano nos EUA, denunciou recentemente o "estupro da ioga" e deslanchou uma campanha para que os americanos deem o crédito da ioga para os hindus. Ironicamente, a nova geração indiana – cada vez mais obcecada com a febre do *fitness* e em imitar os corpos esculpidos dos atores de Bollywood – adota os estilos ocidentalizados de ioga, importados principalmente dos EUA.

O debate de quem é o dono da ioga envolveu os principais jornalistas americanos, em artigos nos seus blogs e na primeira página de jornais. De um lado, os nacionalistas hindus. De outro, indianos como o guru *new-age* Deepak Chopra radicado nos EUA, que costuma dizer que o hinduísmo não tem a patente da ioga. A fundação acusou Chopra e outros gurus bem-sucedidos de venderem conceitos hindus sem dar o devido crédito.

A preocupação dos indianos em preservar seu patrimônio milenar também chegou às portas da aiurveda. Em 2009, a Índia criou um banco de dados on-line chamado Biblioteca Digital de Conhecimento Tradicional, com referências a textos milenares do chamado Sistema Indiano de Medicina, do qual a aiurveda faz parte. O governo licenciou 200 mil tratamentos locais como propriedade pública livre para serem usados, mas proibidos de serem vendidos como marcas. Isso aconteceu depois que cientistas descobriram que já haviam sido expedidas mais de 2 mil patentes no exterior de ingredientes pertencentes ao sistema tradicional de medicina indiano. Até o início do século XX, a aiurveda era o principal sistema de medicina praticado na Índia. Porém, perdeu espaço entre a elite para a medicina ocidental, impulsionada pela colonização britânica: começava ali a tendência, que ainda se mantém, de os jovens indianos irem estudar medicina no exterior. A grande maioria da população indiana usa a medicina tradicional, não só pelo costume, mas também por causa do custo, muito menor do que o da medicina ocidental. É uma filosofia milenar que se propõe a explicar o funcionamento do corpo humano e da mente: "aiur" significa vida e "veda", ciência.

O médico aiurvédico geralmente prescreve uma dieta vegetariana. Apenas em casos muito excepcionais, ele vai receitar alguma carne, inclusive de vaca. Os textos médicos da aiurveda advertem que a carne de vaca é "pesada, quente, doce" e de digestão difícil. Essa medicina tradicional foi responsável pela criação de muitos tabus na culinária indiana, como será visto no capítulo "*Namastê*, Índia". Segundo a aiurveda, há três tipos de alimentos: *sattvic* (puros), *rajasic* (estimuladores) e *tamasic* (prejudiciais à saúde). Os alimentos *sattvic* são os considerados de melhor qualidade, facilmente digeríveis: ajudam a promover a imunidade e não são tão condimentados. É uma dieta que inclui vegetais, frutas, lentilhas, iogurte, leite, frutas secas, arroz integral, mel, entre outros. Os alimentos *rajasic* são considerados de média qualidade: têm alta concentração de proteína e geram nível alto de energia física. Incluem açúcar, carnes, queijo, ovos e raízes. Os alimentos *tamasic* são de baixa qualidade: em geral, são comidas processadas.

As doenças físicas são sempre relacionadas com a mente. Para se chegar ao bem-estar, é preciso equilibrar a energia, chamada de *dosha*, dividida em três tipos: *vata*, *pitta* e *kapha*. O princípio da existência de três *doshas* é a base do tratamento: a maioria das pessoas teria um tipo de *dosha* predominante e isso, segundo a aiurveda, é determinado por uma série de fatores, como herança genética, influência astrológica e carma. A primeira coisa que o médico aiurvédico investiga em um paciente durante a consulta é que tipo de *dosha* é predominante nele. Há um leque de tratamentos, de medicação à base de ervas, massagens com óleos de vários tipos e programas de desintoxicação. Suas formulações são mencionadas em textos milenares. O mapa do corpo humano da aiurveda tem sete chacras principais, ou pontos, sinalizados ao longo da espinha dorsal. Acredita-se que os chacras gerem energia: as doenças surgem quando eles estão bloqueados. Cada chacra é associado com a saúde de uma parte do corpo. Segundo os ensinamentos antigos, o objetivo seria que um determinado tipo de energia, chamada de *kundalini*, possa fluir por todos os chacras.

A aiurveda teria começado a ser praticada há cerca de 3 mil anos. Pela sua lenda de criação, um grupo de 52 sábios e homens santos deixaram seus vilarejos e cidades e foram viver nos pés do Himalaia, onde queriam aprender como erradicar as doenças do mundo. Eles eram os chamados *rishis*, os divinamente inspirados.

NOTAS

[1] Edward Luce, *In Spite of the Gods,* London, Little Brown, 2006, p. 177.
[2] Amarnath Menon, "Up in the Heir", em *India Today*, New Delhi, pp. 30-2, 25 abr. 2011.
[3] Meera Nanda, *God Market: How Globalization Is Making India More Hindu*, New Delhi, Random House India, 2009, p. 92.
[4] Dominique Lapierre e Larry Collins, *Freedom at Midnight*, New Delhi, Vikas Publishing House, 1997, p. 209.

MITOLOGIA
VERSUS HISTÓRIA

Como a Índia começou é um mistério. Enquanto as pirâmides brotavam das areias do Egito, uma civilização com centros urbanos sofisticados se desenvolvia na Índia há cerca de 5 mil anos, em plena Era do Bronze. Dariam inveja a muitas cidades indianas do século XXI. Mas ninguém sabe quem eram seus habitantes, que língua falavam e, o mais intrigante de tudo, como eles sumiram do mapa. Arqueólogos de vários países utilizam as técnicas mais avançadas para tentar decifrar os enigmas da civilização Harappa, antes chamada de civilização do Vale do Indo. Os especialistas tentam traçar as origens desse mundo que ficou esquecido até o século XX. E eles têm pressa. A atmosfera salina dos sítios arqueológicos corrói os tijolos das paredes das casas milenares. Mais de US$ 20 bilhões já foram gastos em 30 anos para preservar o local, que está sob proteção da Unesco.

As ruínas indicam que seus habitantes viviam em confortáveis cidades, cuidadosamente planejadas. Tinham um complexo sistema de suprimento de água e as casas eram amplas e bem desenhadas. Muitas delas tinham dois andares, com quartos, salas, cozinhas e escadas que levavam a terraços. Os banheiros contavam com sistema de descarga de água conectado com canos que descarregavam o esgoto em valas cobertas para conter o cheiro: um luxo para milhões de indianos do século XXI. Paredes foram construídas com tijolos padronizados de qualidade tão alta que muitos acabaram sendo usados na construção de ferrovias pelos colonizadores britânicos mais de quatro mil anos depois. Segundo os especialistas, eles possivelmente gozavam o mais alto padrão de vida da época.

Ninguém sabia da existência desse mundo perdido até a segunda década do século XX. Foi quando arqueólogos britânicos e indianos descobriram Harappa e Mohenjo-daro, as duas grandes cidades daquela imensa civilização. Um território hoje correspondente ao oeste e norte da Índia, e leste do Paquistão. Era maior do que a soma da área ocupada pelas civilizações do Egito antigo e da Mesopotâmia. O coração das escavações arqueológicas é Mohenjo-daro, no atual Paquistão, a 300 km da

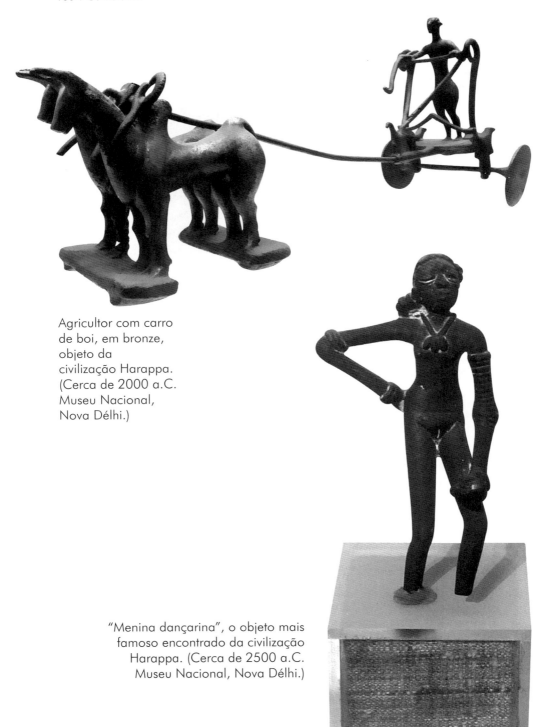

Agricultor com carro de boi, em bronze, objeto da civilização Harappa. (Cerca de 2000 a.C. Museu Nacional, Nova Délhi.)

"Menina dançarina", o objeto mais famoso encontrado da civilização Harappa. (Cerca de 2500 a.C. Museu Nacional, Nova Délhi.)

metrópole Karachi, perto do rio Indo. Os arqueólogos acreditam que Mohenjo-daro era possivelmente a maior cidade do mundo naquela época, com mais de 80 mil habitantes. Nos seus canais, as embarcações transportavam pedra, madeira e algodão exportado para a Mesopotâmia. Mas, por volta do ano 1800 a.C., essas cidades magníficas foram abandonadas de forma repentina. Ninguém sabe ao certo como isso aconteceu. Uma das chaves do mistério poderia estar na escrita pictórica dessa civilização. Mas ela ainda não foi decifrada.

A suspeita mais forte é de que a civilização Harappa desapareceu após um desastre ecológico provocado por uma extrema mudança climática que transformou a área em um deserto. Desconfia-se de que um forte terremoto pode ter provocado o desvio de curso de rios, secando as cidades. Existe uma antiga teoria de que essa civilização havia sido destruída pelas tribos arianas. Mas as ossadas encontradas não têm nenhum sinal de ferimento provocado por armas. Ou seja, não há sinal de confronto. Além disso, os arianos chegaram em 1500 a.C., cerca de 300 anos depois do fim da civilização Harappa. O mistério ainda está para ser desvendado.

A GUERRA DOS HISTORIADORES

Os arianos foram os primeiros invasores de uma série que entraria na Índia em ondas sucessivas. Eles vieram provavelmente da Ásia Central e dividiram-se em três braços: um foi para a Índia, outro, para a Europa, e o terceiro, para o Irã. Através dos séculos, essas tribos pastorais se espalharam pelo subcontinente indiano, levando um animal novo: o cavalo. Incrivelmente, essa simples constatação provocou uma guerra entre historiadores e grupos fundamentalistas hindus que queriam provar a tese de que a cultura indiana não tinha recebido nenhuma influência externa.

Isso aconteceu quando nacionalistas radicais hindus – que lideraram a coalizão parlamentarista de governo entre 1998 e 2004 – adulteraram o conteúdo de livros escolares: o objetivo era "ensinar" as crianças que a Índia era o "berço da civilização mundial". Mas, para isso, era preciso reescrever a História, mostrando que os arianos teriam nascido dentro do subcontinente indiano. Para que essa distorção histórica se sustentasse era necessário "provar" que os cavalos não haviam sido trazidos de fora. A "evidência" era uma imagem que mostrava cavalos em representações pictóricas dos sítios arqueológicos daquela civilização antiga. Os principais intelectuais indianos escreveram um livro-denúncia listando todas as distorções feitas. O debate pegou fogo. Os nacionalistas radicais chegaram a tentar articular a prisão de alguns historiadores, como Romila Thapar, a mais conhecida especialista em História Antiga da Índia, alvo de campanhas de ódio, acusada de "antinacionalista". Finalmente, em 2000, um especialista em sânscrito da Universidade de Harvard (EUA) provou que a imagem dos cavalos nos sítios arqueológicos havia sido forjada em computador.

A constatação de que as tribos arianas invadiram o subcontinente se fortaleceu com uma descoberta feita no século XVIII: a de que a língua que aquelas pessoas falavam tinham origem externa. Era o sânscrito, que pertencia à mesma família da maioria das línguas europeias, assunto do capítulo "*Curry* cultural". Na verdade, o termo "ariano" não define um grupo racial, mas linguístico: se refere ao grupo de pessoas que falam línguas indo-europeias. O conceito "ariano" provocou muita confusão durante anos e foi manipulado politicamente em vários momentos da história, na Índia e em outros países. Isso aconteceu especialmente entre o fim do século XIX e início do XX, quando os arianos foram mostrados como "conquistadores superiores", identificados com as castas altas que haviam subjugado as "raças inferiores", ou seja, as castas baixas. Essa tese também foi conveniente para os colonizadores britânicos: a de que um povo alto, branco, superior e nobre teria vindo de fora, exatamente como eles se projetavam para os indianos. Teorias como essa inspiraram, mais tarde, Adolf Hitler. O mito da "raça ariana superior" provoca efeitos até hoje. Em 2007, o cineasta indiano Sanjeev Sivan lançou o documentário *Achtung Baby: in Search of Purity*, sobre o fenômeno de mulheres alemãs viajando para a região da Caxemira, no Norte da Índia, para serem engravidadas por homens de uma comunidade chamada Brokpas, que elas acreditavam serem de "raça pura ariana".[1]

Os nazistas também trouxeram da Índia um símbolo milenar e o distorceram: a suástica. Eles a cooptaram para simbolizar a "raça ariana" e a transformaram em sinônimo da morte e do ódio. Mas na Índia, a suástica representa a vida e é associada à boa sorte nas quatro direções cardeais. É pintada nas portas das casas, para rechaçar espíritos malignos. É comum ver suásticas em letreiros de lojas, em estampas de camisas e em objetos de decoração.

Tudo o que se sabe dos arianos que desembarcaram na Índia foi preservado através de milhares de hinos poéticos sagrados compostos em homenagem a deuses e reis. Essa coleção de hinos – de três mil anos atrás – foi o primeiro estágio da mitologia hindu. Memorizados por sacerdotes brâmanes, foram transmitidos oralmente durante séculos. Eram os chamados *vedas* (do sânscrito, "conhecimento"). Dividiam-se em quatro. O *rig veda* é o mais antigo, de 1500 a.C., e também o mais famoso. Os outros três são o *sama veda*, o *yajur veda* e o *atharva veda*.

A chamada civilização védica (entre 1500 a 600 a.C.), criada pelas tribos invasoras, marcou, assim, o período de nascimento da cultura indiana. Foi nessa época que surgiu o sistema de castas. Os *vedas* falavam de um permanente conflito entre os arianos e os habitantes originais do subcontinente, os chamados *dasa* ("escravos"). Um embate que terminou com a vitória dos arianos (do sânscrito *árya*, ou "nobres"). No fim do período védico, são compostos os *upanixades*, uma série de comentários sobre os *vedas*. Esses comentários formam a coluna vertebral da filosofia hindu e incluem reflexões sobre a condição humana e o universo, com alta dose de espiritualidade. A vida espiritual da civilização védica baseava-se em sacrifícios de animais e rituais mágicos. Seus habitantes reverenciavam a natureza. Os principais deuses eram diferentes do hinduísmo moderno: Agni (fogo), Surya (sol), Indra (chuva e trovões), Vayu (vento) e Varuna (oceano).

OS MITOS ESTÃO VIVOS

Em um país com uma civilização tão antiga quanto a indiana, história e mito sempre andaram de mãos dadas. Em setembro de 2007, outra polêmica histórico-mitológica mobilizou o país. Nacionalistas radicais hindus entraram com uma ação na Justiça para impedir a construção de um grande canal entre a Índia e o Sri Lanka que iria reduzir a distância de viagem dos navios em 650 km. Sem o canal, os navios são obrigados a contornar o Sri Lanka para chegar à Índia.

Avaliado em US$ 560 milhões, o canal não saiu do papel por causa de Rama: um personagem da mitologia indiana criado há milhares de anos. Os nacionalistas hindus alegavam que o canal destruiria uma ponte que teria sido construída por Rama. Ele é a encarnação de Vishnu, um dos principais deuses do panteão hindu, e também herói-protagonista do poema épico mais popular da Índia: o *Ramaiana*. A ponte de Rama é uma cadeia natural de bancos de areia que se estende por 30 km entre a Índia e o Sri Lanka. Segundo a lenda, que extremistas hindus afirmam ser história, Rama teria construído a ponte para tentar resgatar sua mulher, Sita, raptada por Ravana, demônio-rei de Lanka (atual Sri Lanka). Os estudiosos do renomado Instituto de Arqueologia da Índia enviaram um laudo à Suprema Corte sustentando que a ponte é obra da natureza, e não de Rama. Os arqueólogos foram taxativos: Rama é um personagem mitológico, sem nenhuma evidência histórica. Protestos de rua pipocaram pelo país com vários feridos.

Os milenares textos épicos são sagrados. Não há megaprodução de Hollywood que possa rivalizar com qualquer filme que beba na fonte do *Ramaiana* ou do *Mahabárata*, o outro grande épico do país. Há milênios, esses poemas inspiram pintores, escultores, cineastas, escritores, autores de histórias em quadrinhos, roteiristas de televisão e até criadores de jogos de computador. Os épicos são constantemente reinventados e reinterpretados. No fim dos anos 1980, a televisão indiana capturou a imaginação do país ao transmitir séries sobre os dois poemas. O *Mahabárata*, em 94 episódios, foi o primeiro grande sucesso da história da televisão indiana. Em 1987, o *Ramaiana* foi contado em 52 capítulos durante as manhãs de domingo. Muitas cidades ficavam desertas – uma visão raríssima na Índia. A grande maioria não tinha televisão. Mas os que tinham abriam as suas portas para vizinhos, amigos e familiares. Reuniões do governo eram canceladas e remarcadas para outro horário. Trens faziam paradas extras em estações onde havia aparelhos de televisão. A audiência chegou a 600 milhões de telespectadores na época. Quando a série acabou, houve protestos e greves. De tempos em tempos, os épicos voltam às telas da televisão, reinterpretados à luz do momento atual e com novos atores.

O *Ramaiana*, ou "A viagem de Rama", teve várias interpretações durante os séculos. Mas a versão mais famosa é a do poeta Valmiki, do qual se sabe muito pouco: pode ter vivido em qualquer período entre 500 a.C. a 100 a.C. Rama é uma espécie de Príncipe Valente com forte apelo popular, um herói perfeito, sem nenhum tipo de complexidade. É o filho mais velho e sucessor natural do rei de Ayodhia, Dasharatha, que tem três mulheres. Uma delas consegue convencer o rei a banir Rama de Ayodhia. Ela queria instalar o seu próprio filho no poder. Rama obedece ao pai sem reclamar e concorda em ir para o exílio na floresta com a mulher, Sita. Lá, eles vivem 14 anos em uma vida de renúncia e ascetismo, como manda a tradição. Ravana, um rei-demônio, rapta Sita, e a leva para a sua cidade, Lanka. Mas Rama consegue resgatá-la. Ele contou com a ajuda preciosa de um exército de macacos liderado por Hanuman, uma das divindades mais importantes do panteão hindu. Rama volta para Ayodhia com Sita e se torna o rei. Mas há rumores entre os súditos de que Sita não seria mais pura. Afinal, ela havia vivido no mesmo teto de Ravana enquanto estava raptada. Para provar sua castidade, Sita se submete a uma prova de fogo, literalmente. Mas o fogo não a queima: um sinal de que ela é ainda pura. Mesmo assim, os rumores persistem. Rama não a aceita mais em seu palácio. A infeliz Sita segue, resignada, para o exílio na floresta. Lá, ela dá à luz dois filhos, que cria sozinha. A principal mensagem do poema é a importância do darma, ou seja, o dever moral e religioso de cada um: um conceito fundamental da filosofia hindu. A obediência cega de Rama ao pai, por exemplo, e a submissão de sua

Menina devota de Rama, o príncipe herói do épico *Ramaiana*, em festival em homenagem a ele, em Délhi.

vontade pessoal à família são exemplares em uma sociedade em que essa é a instituição mais poderosa, como visto no capítulo "Ressurreição do *Kama Sutra*".

O *Ramaiana* é tão importante que a Índia para por cinco dias, todos os anos, no mês de outubro, para comemorar a volta de Rama do exílio: é o Divali (Festival das Luzes) e também o Ano-Novo hindu, como será visto no capítulo "Índia rica e indianos pobres". É o maior de todos os feriados indianos, comemorado com pompa, inclusive nos países onde há a presença da diáspora indiana. Parece um feriado híbrido de Natal com Ano-Novo: une troca de presentes, com visitas familiares, muita comida e festança na rua. No Divali, Lakshmi também é homenageada. As casas e prédios ganham molduras iluminadas, formadas por pequenas lâmpadas de várias cores, penduradas em paredes, telhados, janelas e muros: é preciso ajudar Rama a achar o caminho de volta e fazer com que o espírito de riqueza de Lakshmi entre em sua casa, trazendo sorte financeira no ano que se inicia. Em um país onde os apagões

Indianos aos pés do imenso boneco de Ravana, o demônio do épico *Ramaiana*, antes de ele ser queimado durante o Dussehra, festival que representa a destruição do mal.

são diários, as cidades costumam ficar na penumbra à noite. Mas no Divali, Rama é o soberano e ninguém pensa em economizar energia elétrica: a escuridão sai de cena, e as cidades se iluminam. Intensas chuvas de fogos de artifício tornam o ar irrespirável: camadas de fumaça cobrem os céus.

Vinte dias antes do Divali, os indianos lembram que Rama matou o demônio e comemoram o fim de Ravana. Nas praças públicas e parques de todo o país, gigantescos bonecos bigodudos do demônio de dez cabeças são queimados, para delírio das multidões. Essa cerimônia é tão popular que na capital indiana a "malhação de Ravana" conta sempre com a presença do primeiro-ministro.

O segundo épico mais popular da Índia é, de longe, o mais longo poema do mundo. Tem 100 mil versos. Ou seja, sete vezes mais que os gregos *Ilíada* e *Odisseia* juntos e 15 vezes maior que a Bíblia. Mas existe uma curiosa superstição que pode servir de desculpa para não enfrentar a obra: diz a lenda que quem termina de lê-la, especialmente dentro de casa, terá brigas na família, exatamente como acontece em suas páginas. A data de composição é incerta: entre 400 a.C. e 400 d.C. *Mahabárata* pode ser traduzido como "A grande História da Índia". *Maha* significa "grande". *Bhárat* é o outro nome oficial do país. Conta a guerra entre dois grupos de primos, descendentes do rei Bhárat: os Pândavas e os Kauravas. A sangrenta batalha de 18 dias ocorre quando os Kauravas tentam enganar os Pândavas para tomar o reino de suas mãos. Após uma carnificina, os Kauravas são derrotados e o bom governo dos Pândavas, restabelecido. Mas essa vitória teve um preço altíssimo: quase todos os heróis morrem, dos dois lados.

Poucos indianos têm uma edição completa de *Mahabárata* em casa. Mas muitos têm cópias de uma parte especial do épico: a *Bhagavad Gita,* ou "Canção Sagrada". É o mais conhecido e celebrado texto sânscrito. A escritura mais influente de toda a extensa filosofia hindu. Quando a grande batalha está para começar, Arjuna – o general dos Pândavas – se pergunta: é correto travar uma guerra sabendo-se de antemão que muitas vidas serão aniquiladas? Krishna – encarnação do deus Vishnu – responde a Arjuna: ele deve cumprir o seu darma, o seu dever. Arjuna, um representante da casta guerreira, não pode ignorar a sua missão. Deve lutar, não importam as consequências. Krishna proclama, assim, a necessidade de todos seguirem os deveres de sua casta. Não há salvação individual fora da responsabilidade social. O *Mahabárata* apresenta super-heróis motivados pelas três metas da vida, segundo a filosofia hindu: além do *darm*a, o *artha* (prosperidade material) e o *kama* (prazeres dos sentidos). O que mais atrai nele até hoje é o conflito. Não o físico entre Pândavas e Kauravas. Mas o confronto simbólico entre o bem e o mal, entre o certo e o errado, entre o dever social-religioso e a vontade pessoal. Dentro da sua narrativa de guerra, o *Mahabárata* abraça quase todos os valores e sentimentos humanos. Logo no início do grande poema, o aviso: "O que for encontrado aqui pode ser encontrado em qualquer outro lugar. Mas o que não for encontrado aqui jamais será encontrado em outro lugar." Segundo a lenda, a guerra teria ocorrido em um campo de batalha na cidadezinha de Kurukshetra, a 118 km de Délhi. Para os indianos, não importa que esse seja um mito tão distante no tempo. A atual Kurukshetra é um ponto de peregrinação: sobrevive até hoje da fama de ter sido cenário da *Bhagavad Gita*. Muitos acreditam que morrer em Kurukshetra garante a libertação do ciclo infernal de renascimentos. Tudo na cidade lembra os versos do poema. As crianças estudam na Escola Lorde Krishna. Os jovens fazem da loja de Sucos Krishna seu ponto de encontro. Quem tem problemas de saúde, corre ao Hospital Krishna. E para os que estão com fome, há o "pé-sujo" Krishna Dhaba.

O PACIFICADOR

Há muito tempo, as lendas indianas atravessam fronteiras e desembarcam na imaginação de povos de outros países. Em 327 a.C., o general macedônico Alexandre, o Grande, pisou no subcontinente indiano municiado com os relatos históricos de Heródoto e também alimentado com várias fantasias: a de que naquela terra rica, povoada por pigmeus e homens que viviam dois séculos, insetos gigantes escavavam o ouro da terra e as famosas sedas nasciam das árvores.

Mas a realidade foi cruel. Um dos maiores conquistadores do mundo antigo, Alexandre sofreu com os impressionantes exércitos indianos: milhares de elefantes de guerra serviam como uma espécie de poderosos tanques da Antiguidade. A estratégia militar dos governantes indianos era semelhante ao do jogo de xadrez, inventado na Índia por um brâmane. O próprio rei conduzia o seu exército montado em um elefante que ficava atrás de seus peões, tomando o cuidado de não ser atingido. Se o rei fosse morto, seu exército seria eliminado.

O conquistador com fama de invencível foi obrigado a dar meia-volta. Desistiu da Índia, de onde saiu ferido e acabou morrendo tempos depois. Alexandre, o Grande, não conseguiu alcançar o sonho de ver o rio Ganges em Pataliputra, uma das maiores cidades do mundo entre 400 a.C. e o quarto século de nossa era. Hoje, a cidade chama-se Patna, capital do estado de Bihar.

Duas décadas depois da invasão de Alexandre, o embaixador grego Megasthenes chegava ao subcontinente. Ele testemunhou a vida na corte de Chandragupta Maurya, o fundador do primeiro grande império indiano, entre 320 e 185 a.C. Do relato de

Megasthenes, *Indika*, só sobraram alguns trechos que foram reproduzidos por vários escritores clássicos.

A Índia sempre atraiu interesse externo pela sua fama de terra exótica. O relato de Megasthenes serviu como esboço para a criação da imagem de um lugar mágico e deslumbrante do Oriente longínquo. O embaixador grego descreveu uma sociedade dividida em castas. Constatou que os indianos também tinham seus "filósofos". Eram, na verdade, os brâmanes, que exerciam o monopólio sobre qualquer tipo de conhecimento. Os gregos ficaram encantados em descobrir outro lugar onde seus habitantes reverenciavam a sabedoria.

Chandragupta Maurya liderava um império altamente organizado, azeitado por uma sofisticada máquina administrativa. O imperador tinha como braço direito o autor de um dos primeiros tratados do mundo sobre conquista e manutenção do poder. Muitos séculos antes do florentino Nicolau Maquiavel ter escrito *O príncipe*, a Índia produziu um detalhado estudo sobre Administração Pública, Economia Política e Estado: o *Arthashastra*, ou "a Ciência da Riqueza". Riqueza, nesse caso, era o reino. Foi composto por Chanakya, apelidado de Kautilya, um brâmane e mestre do imperador. Com reflexões psicológicas sobre a natureza humana e seus pontos fracos, era um sofisticado manual de governança. O *Arthashastra* é estudado até hoje em faculdades de administração e negócios e também por analistas militares indianos. A ideia central é promover a prosperidade do Estado, do rei e o seu fortalecimento no poder. Isso dependeria das qualidades pessoais do governante e de seus ministros, da sua riqueza, da força de seu exército e da habilidade de sua diplomacia no cultivo de aliados. "O inimigo de meu inimigo é meu amigo", dizia. Chanakya recomendava o envio de espiões a territórios inimigos. Ele também ensinava que o poder político estava diretamente relacionado com a prosperidade econômica. Chanakya ressaltava a importância do comércio exterior e de um eficiente sistema de cobrança de impostos. A corrupção era uma praga já conhecida: "Assim como não se pode saber se um peixe está bebendo água de um lago, é impossível saber quando um funcionário do governo está roubando dinheiro."

Foi nesse momento que surgiu o maior imperador da Índia de todos os tempos, uma das figuras mais fascinantes da História: Ashoka, o Grande. Neto de Chandragupta Maurya, Ashoka tinha quase todo o subcontinente em suas mãos e contava com uma burocracia altamente eficiente, moldada na sabedoria do *Arthashastra*. Ele governou por mais de três décadas, entre 268 a 232 a.C., uma época em que o Império Romano ainda estava para nascer e os bárbaros habitavam a Europa. Mas Ashoka começou o seu governo com uma imagem muito negativa. No início ele era autoritário, repressivo e belicoso com os vizinhos. Possuía um exército poderosíssimo: uma cavalaria de

30 mil soldados, uma infantaria de mais de meio milhão de homens e quase 10 mil elefantes. Ele chegou a ser apelidado de "Ashoka, o Cruel". Mas oito anos depois de sua ascensão ao poder, ele passou por uma grande reviravolta pessoal que o transformou radicalmente.

O episódio que o fez mudar foi a conquista sangrenta do reino de Kalinga, no nordeste da Índia. As consequências foram devastadoras: 100 mil mortos. A terrível visão do banho de sangue no campo de batalha o perseguiu como um fantasma e ele acabou se arrependendo. Mais de dois mil anos atrás, Ashoka abraçou o pacifismo, adotando a não violência e o conceito de compaixão, pregado pelo budismo, ao qual se converteu. Sua influência foi fundamental para a exportação dessa religião para outros países da Ásia. No final de seu império, o budismo dominava a Índia, deixando o bramanismo em segundo plano, como visto no capítulo "Caldeirão dos deuses".

Ashoka implantou o primeiro Estado de Seguridade Social do mundo e foi pioneiro na defesa de ideias ecológicas. Ele dizia que "florestas não devem ser destruídas desnecessariamente". Também defendia os direitos dos animais promovendo o vegetarianismo e criando hospitais veterinários. Ashoka também foi pioneiro na defesa do secularismo, a tolerância de todas as religiões, um desafio para a Índia até hoje. A grandiosidade desse imperador só foi resgatada de forma completa a partir do século XIX, com a descoberta pelos exploradores britânicos dos seus decretos pacifistas, inscritos em rochas e pilares de pedras, espalhados pelas fronteiras de seu império. Eram os chamados "Editos de Ashoka": uma espécie de "Dez Mandamentos" budista. O que se contava antes era um misto de história e mito: um rei que matara 100 irmãos e se arrependera, convertendo-se ao budismo. A História indiana sempre foi confundida com a sua mitologia. O processo de redescoberta do passado indiano começou na Índia britânica pelas mãos de arqueólogos ingleses: eles criaram o Arquivo Arqueológico da Índia e assim surgiram entre os indianos as profissões de arqueólogos e historiadores.[2]

Ao livrar-se do jugo britânico, o Estado indiano adotou o símbolo de Ashoka: os quatro leões sob um pilar, sinalizando força e autoridade, e o chamado chacra, ou a roda do darma, a representação gráfica budista que simboliza o ciclo da vida. O chacra está estampado no centro da atual bandeira tricolor oficial da Índia: o laranja significa a tradição da espiritualidade, o verde representa a importância da agricultura e o branco, a paz.

Após a morte de Ashoka, por volta de 232 a.C., o Império Maurya perdeu a força e acabou desaparecendo. O subcontinente viveu, então, um longo período de instabilidade política. Demorou 500 anos até a Índia experimentar a sua Era de Ouro nas ciências e nas artes, promovida pelos iluminados imperadores da dinastia Gupta.

A ÍNDIA SOFISTICADA

Um dos sonhos mais acalentados por intelectuais indianos está previsto para se concretizar até 2014, ao custo de pelo menos US$ 1 bilhão: a reencarnação da Universidade de Nalanda, um dos maiores símbolos da Era de Ouro patrocinada pelo Império Gupta entre os séculos IV e VII. Um dos maiores centros de estudos da época, Nalanda tinha capacidade para abrigar 10 mil estudantes e 2 mil professores. Foi a primeira universidade de qualidade no mundo, 600 anos mais velha do que Bologna (Itália), a mais antiga universidade europeia. Sobreviveu até 1197, quando foi arrasada por invasores muçulmanos. O que restou são ruínas no atual estado de Bihar. Foi uma destruição de proporções bíblicas que transformou em cinzas uma das maiores bibliotecas do planeta.

Em 2006, foi anunciada a reconstrução de Nalanda sob o patrocínio de alguns países asiáticos, como China e Japão, além da Índia. Um grupo de intelectuais está à frente do monumental projeto, entre eles o economista Amartya Sen. Contemporâneo do Império Romano, o Império Gupta também produziu outros centros de conhecimentos famosos, como o de Taxila, no atual Paquistão. Essas universidades da antiguidade indiana – que ensinavam Filosofia Budista e Hinduísta, Lógica, Gramática e Astronomia – eram as Oxford e Harvard da época, verdadeiros ímãs de estudantes estrangeiros: eles vinham principalmente da China, da Pérsia e da Grécia.

A tradição indiana de ceticismo e questionamento favoreceu o florescimento da ciência. A Índia Antiga respirava uma atmosfera favorável à busca do conhecimento de dar inveja à Europa de dez séculos depois. Mil anos antes de Galileu Galilei (1564-1642), o grande matemático indiano Aryabhata já defendia a tese de que a Terra era redonda e de que girava em torno do Sol. Aryabhata – que, ao contrário de ser perseguido, foi promovido – calculou corretamente a circunferência da Terra. Graças à Índia, o mundo ganhou o sistema decimal, de nove dígitos, e o zero. Esse sistema numérico foi levado da Índia para o Oriente Médio e de lá chegou à Europa através dos árabes. Foi por isso que o Ocidente passou a chamá-los de numerais arábicos. Sem esse sistema não seria possível o surgimento da era de computadores no século XX, quando a Índia brilharia novamente. Muitos se perguntam hoje se essa tradição matemática não foi um dos fatores que contribuíram para transformar a Índia moderna em uma das estrelas do mundo informatizado. A Índia continuou produzindo cérebros científicos reconhecidos mundialmente, como o matemático Srinivas Ramanujam (1887-1920) e o físico Chandrasekhar Venkata Raman (1888-1970), que ganhou o Prêmio Nobel de Física em 1930.

A produção monumental de conhecimento indiano era bancada por uma economia vitaminada. No ano I d.C., a Índia era uma das maiores potências globais daquela época. Sua economia representava um terço do PIB mundial: era a segunda maior depois da China. No ano 1000, a economia indiana representava 28% do PIB mundial. Mas a partir do fortalecimento dos exploradores britânicos, a economia indiana começou a murchar: a Índia estagnou na era colonial, segundo o economista e historiador Angus Maddison.[3] O século XVII foi o ponto de virada econômica mundial, com o enfraquecimento do Oriente e a ascensão do Ocidente, especialmente a Europa. Na Era de Ouro, Índia e China – os dois gigantes asiáticos e globais – estavam mais próximas do que nunca. Uma série de viajantes chineses acadêmicos testemunharam, entre os séculos V e VII, o desenvolvimento indiano. Eles foram aprender filosofia budista e beber na fonte do conhecimento espiritual da Índia.

As artes fervilhavam, com a produção das maiores esculturas e murais da Índia Antiga, como os das majestosas cavernas budistas, jainistas e hindus de Ajanta e Ellora, patrimônio mundial da Humanidade declarado pela Unesco. Grandes templos hindus começaram a ser construídos, com a revitalização do bramanismo. O império Gupta declinou a partir do século VII por divisões internas. A história indiana entrou novamente em um período de fragmentação política. As dinastias Maurya e Gupta tinham suas capitais baseadas no Norte. O Sul da Índia sempre reivindicou ter sua própria história, com seus laços comerciais de muitos anos com outras civilizações, como a egípcia e a romana. Uma das dinastias mais importantes foi a dos reis Cholas (850 a 1100 d.C.), grandes patronos da literatura, escultura, pintura, música, dança e teatro. Historicamente, o Sul não foi tão alvo da cobiça externa como aconteceu com o Norte. O mais famoso Império do Sul foi o de Vijayanagar, fundado no século XIV. Era uma aliança de reis hindus contra a ameaça de governantes muçulmanos que já dominavam o Norte da Índia.

A CHEGADA DOS MUÇULMANOS

Os primeiros muçulmanos desembarcaram na costa de Kerala, no sul, no século VIII: eram comerciantes árabes, não conquistadores. Mas na mesma época, outra leva de muçulmanos – esses, sim, conquistadores – fizeram suas primeiras incursões no Norte do subcontinente. A partir do século XI, essas incursões se tornaram mais frequentes e violentas. Muitos templos hindus e cidades foram destruídos e saqueados. Délhi foi conquistada pelos muçulmanos em 1192: eram sultões com origem turca, persa e afegã. De todas as influências externas, a islâmica é a mais evidente na sociedade e na cultura indianas: é perceptível, por exemplo, pelas inúmeras palavras de origem persa que se misturam com o hindi e com o urdu, entre outras línguas oficiais indianas, como será visto no capítulo "*Curry* cultural". As músicas de Bollywood mostram uma mistura de dança do ventre com *hip-hop* e *techno*. A literatura, a culinária, a música, as artes, a arquitetura, as roupas e os hábitos em geral, todos ganharam um acentuado sabor islâmico, especialmente após os 300 anos de governo dos imperadores mogóis, os últimos muçulmanos a invadirem a Índia, a partir do século XVI.

A ERA DO TAJ MAHAL

Nada simboliza melhor o esplendor da rica cultura indo-islâmica do que a beleza serena avassaladora do monumento mais romântico do mundo. O Taj Mahal replicou o caso da criatura que engoliu o criador. Ele ganhou vida própria e ofuscou o seu construtor. O imperador Shah Jahan certamente queria ser imortalizado ao erguer o mausoléu para a sua amada esposa, Mumtaz Mahal, em meados do século XVI. Mas grande parte dos três milhões de turistas que visitam o Taj Mahal a cada ano não tem ideia de quem foi Shah Jahan. Alguns nem desconfiam que aquele delicado gigante de mármore branco é, na verdade, um túmulo, apesar de parecer um palácio de conto de fadas. Shah Jahan criou, sem saber, a imagem-símbolo da Índia, declarado Patrimônio Universal da Humanidade pela Unesco em 1993. O mausoléu situado na cidade de Agra foi incluído entre as Novas Sete Maravilhas do Mundo em 2007, uma lista que incluiu também o Cristo Redentor.

A fama do Taj o fez ser disputado em nome da religião. Alguns hindus chegaram a defender a tese infundada de que ele teria sido um templo do deus Shiva. Em 2005, uma organização muçulmana indiana reivindicou ser a guardiã do monumento. Mas a Suprema Corte decretou: o Taj não tem dono, nem religião. Essa universalidade o torna mais atraente. É quase um sacrilégio vir à Índia e não visitá-lo. Em 2007, o então presidente francês Nicolas Sarkozy viajou para Índia em visita oficial. Mas antes de desembarcar no país, Sarkozy avisou que queria visitar o Taj com a sua então namorada, Carla Bruni. Os responsáveis pelo protocolo indiano ficaram em situação desconfortável: não sabiam como lidar oficialmente com uma namorada de chefe de Estado. Mas Sarkozy bateu o pé e as agências de notícias divulgaram para o mundo a foto-clichê do casal emoldurado pelo templo do amor.

O Taj exerce um imenso fascínio desde que foi erguido. Para o escritor britânico Rudyard Kipling – autor do clássico *Livro da selva* (1894) –, o Taj é "um portão pelo qual todos os sonhos bons passam". A mais bela definição foi a do consagrado poeta indiano Rabindranath Tagore, assunto do capítulo "*Curry* cultural". Ele resumiu a serenidade do Taj como "uma lágrima no rosto do tempo".

Hoje, o Taj é alvo de ideias estapafúrdias de políticos. A ex-ministra-chefe do estado de Uttar Pradesh – onde fica a cidade de Agra –, por exemplo, cogitou construir um shopping center a dois quilômetros do mausoléu. Agra é uma cidade confusa, feia e suja, a 200 km de distância da capital indiana, um contraste absoluto com o luxo do monumento. Mas por muitos anos, Agra era, ao lado de Délhi, o coração do poder mogol. Era um império amplo: estendia-se dos atuais Afeganistão, passando pelo Paquistão, atual Bangladesh, todo o norte da Índia, e quase todo o sul do subcontinente.

A Índia era uma colcha de retalhos de reinos muçulmanos e hindus de vários tamanhos e de forças variadas quando Babur, o primeiro grande mogol, conquistou Délhi em 1526. Babur era um príncipe do reino de Fergana, perto da cidade de Samarcanda, na Ásia Central (atual Uzbequistão). Ele era descendente de dois conquistadores famosos: de Tamerlão, de origem turca, e de Gêngis Khan, da Mongólia. Daí a origem do nome da dinastia: Mogol, um termo persa, derivado da palavra *mongol*. Babur era um governante iluminado e modesto: estudava a vida selvagem da Índia e os costumes dos hindus, que respeitava, apesar de ser muçulmano. Seu espírito aberto foi exemplo para os sucessores. Intelectualizado, o príncipe – que adorava vinho e ópio, um hábito herdado por seus sucessores – traduzia textos religiosos, legais, e compunha poesias. Ele escreveu suas famosas memórias pessoais, chamadas de *Babur-nama*. Morreu em 1530, deixando um império ainda frágil para seu filho Humayun.

Conhecido como um imperador apaixonado pelas estrelas, Humayun era generoso e culto. Ao mesmo tempo, ele era muito supersticioso: só entrava nos lugares com o pé direito e escolhia as cores de suas roupas de acordo com as posições dos planetas. Mas ele havia herdado do pai a paixão pelo ópio, que o deixava constantemente letárgico.

Morreu em 1556, com 47 anos, ao cair da escada de sua biblioteca e rachar a cabeça. Ficou na história a versão-lenda de que ele escorregou porque estava distraído, olhando o céu para encontrar Vênus: mas especula-se que ele tenha caído por causa do efeito do ópio com álcool. Seu nome não ficou submerso na poeira.

Construção indiana mais famosa no mundo, o Taj Mahal foi erguido a mando do imperador Shah Jahan como homenagem à princesa Mumtaz Mahal.

182 | Os indianos

Tumba de Humayun, o segundo imperador mogol, em Délhi.
O Taj Mahal foi inspirado no desenho deste mausoléu.

O segundo maior imperador que a Índia já teve, depois do budista Ashoka, foi o muçulmano Akbar, nascido em 1542. Durante seu governo, o Império Mogol assegurou o seu domínio sobre a Índia. Era um contraste total com relação aos intelectuais pai e avô: Akbar cresceu entre guerreiros do Afeganistão e não aprendeu a ler ou a escrever. Mas apesar de analfabeto, ele foi o mais brilhante de todos os mogóis e tido hoje como um dos maiores governantes da história da Índia. Era um militar hábil, muito inteligente, dono de uma memória extraordinária e, além de tudo, uma mentalidade aberta. Estava muito além de seu tempo, e por isso, assim como Ashoka, Akbar ganhou a alcunha de "o Grande". Primeiro mogol a nascer em solo indiano, Akbar transformou a ocupação estrangeira islâmica em um organizado império aceito pela maioria hindu.

Ele foi um dos maiores promotores da cultura indo-islâmica: inaugurou a tática de casar com princesas rajputs, uma casta alta, para sinalizar sua aliança com líderes hindus. As princesas não muçulmanas de seu extenso harém, com 300 mulheres, tinham a permissão de praticar o hinduísmo e rezar para seus vários deuses. Akbar proibiu a destruição de templos e aboliu os impostos cobrados de peregrinos hindus. Criou um sistema de educação progressista e instituiu o persa como língua oficial do Estado. Na era de Akbar, que governou por quase meio século, Londres tinha 200 mil habitantes. Agra – então capital do Império Mogol – tinha 750 mil.

O IMPERADOR VICIADO

Em 1605, Akbar morreu após um ataque de disenteria. Salim, seu filho – mais tarde apelidado de Jahangir ("o Conquistador do Mundo") – foi, então, declarado imperador. Com temperamento explosivo, era temido por seus descontroles emocionais e seu espírito vingativo. Punições cruéis, como esmagar a cabeça dos inimigos sob as patas dos elefantes reais, foram testemunhadas por viajantes europeus que viveram na corte mogol. Ele mandou cegar um de seus filhos, que decidiu desafiá-lo. Jahangir já demonstrava confiança excessiva na solidez do Império e não percebeu a necessidade de reformar a estrutura do Estado ante os primeiros sinais de declínio financeiro.

O passional Jahangir protagonizou o primeiro caso de amor da corte mogol que ficaria para a História: ele se apaixonou por Noor Mahal, uma bela e inteligente persa, tia de Mumtaz Mahal, a princesa homenageada com o Taj Mahal. Mas o imperador era viciado em ópio e álcool e isso o debilitou. Vivia parte do tempo em estado patético até morrer em 1627. Noor Mahal se transformou, assim, na eminência parda do Império e ficou famosa pela sua competência. Khurram, filho de Jahangir, assumiu o poder. Seguindo a tradição mogol, Khurram ganhou outro nome: Shah Jahan ("Imperador do Mundo").

O IMPERADOR APAIXONADO

Shah Jahan era um general brilhante, mas ficou famoso por sua fúria arquitetônica: ergueu fortes, palácios, jardins com fontes, túmulos e até mesmo uma cidade, Shahjahanabad, hoje a Velha Délhi, a parte antiga da capital indiana. Foi uma das sete cidades que, do século XIII ao XVII, nasceram uma após a outra em Délhi. No século XX, os britânicos adicionaram a oitava cidade à lista: Nova Délhi.

Os mogóis tinham plena consciência do poder simbólico da arquitetura grandiosa: uma prova de que governavam o império mais rico e poderoso do mundo, com

130 milhões de habitantes no seu auge, durante o governo de Shah Jahan. Exímio conhecedor de pedras, ele construiu o Taj Mahal como uma joia de mármore incrustado com delicados desenhos florais feitos com quarenta tipos de pedras semipreciosas. O mármore branco foi escolhido por Shah Jahan para projetar a sua pureza espiritual.[4] Tudo sob a influência da tradição islâmica medieval de erguer mausoléus. O Taj Mahal é cercado por jardins com fontes de água, que representariam o paraíso: a vegetação simbolizava o bem-estar no mundo árido e a água permitiria ao morto aplacar a sua sede antes de chegar ao paraíso. Mil elefantes carregaram o material de construção, tocada por 20 mil homens: um processo que demorou mais de 20 anos. No centro do mausoléu, o túmulo de Mumtaz. O de Shah Jahan, ao lado. Mas na verdade são túmulos vazios: os sarcófagos reais com os corpos estão em uma cripta em um nível abaixo do chão.

Várias lendas alimentam mistérios em torno do mausoléu mais famoso do mundo. Uma delas é a de que Shah Jahan planejava construir um Taj preto, onde seria enterrado: do outro lado das margens do rio Iamuna, seria ligado ao Taj branco da amada por uma ponte. Mas os historiadores não confirmam essa versão até hoje, repetida como mantra por guias turísticos de Agra.[5]

Outro imperador viciado em ópio e vinho, Shah Jahan acabou caindo doente também por causa do consumo excessivo de afrodisíacos nas suas noitadas sexuais com as mulheres de seu harém. A grande amargura de Shah Jahan foi o fato de que não existia entre seus sete filhos sobreviventes o grande amor como o que havia entre ele e sua mulher Mumtaz. A disputa pelo poder provocou uma guerra fratricida. Quem venceu a batalha foi o filho Aurangzeb, que matou três irmãos e encarcerou Shah Jahan durante os últimos oito anos de sua vida no Forte de Agra, a dois quilômetros de distância do Taj Mahal. Diz a lenda que o romântico imperador morreu, em 1666, aos 73 anos de idade, olhando o Taj Mahal pela janela de seu cárcere.

Aurangzeb era um sunita ortodoxo e fanático que restringiu as artes, a música e a literatura. Também aboliu da corte mogol a maconha, o ópio e o álcool, que viciaram vários de seus antepassados. Fazia frequentes jejuns e só comia pratos simples e frugais, para simbolizar sua simplicidade e extrema devoção religiosa. Ele ressuscitou os impostos discriminatórios cobrados dos hindus e promoveu conversões forçadas ao islamismo: um contraste com o governo iluminado de seu bisavô Akbar. Aurangzeb governou por meio século, até morrer em 1707, aos 89 anos de idade.

A partir daí, a dinastia mogol começou a se esfarelar. O império se expandira tanto que mal conseguia se sustentar no final do século XVIII. Havia muitos problemas financeiros por causa das campanhas militares caríssimas e do excesso de construções suntuosas, como o próprio Taj Mahal. Em 1803, os britânicos tomaram o controle

Crianças indianas brincam no Taj Mahal.

de Délhi. A dinastia mogol acabou desaparecendo após a primeira Guerra da Independência, em 1857. Bahadur Shah II, o último mogol, foi acusado pelos britânicos de conspiração. Seus familiares foram todos executados. Morreu em 1862, na então Birmânia (atual Mianmar), onde vivia no exílio imposto pelos próximos conquistadores do subcontinente: os britânicos.

NOTAS

[1] Shubhangi Swarup, "The Pure 'Aryan' Studs of India (The Last of the Aryans)", em *Open Magazine*, New Delhi, pp. 18-23, 15 ago. 2011.
[2] Charles Allen, *The Buddha and the Sahibs*, London, John Murray Publishers, 2002, p. 2.
[3] Niranjan Rajadhyaksha, "The Plain Facts", em *The Mint,* 9 maio 2010.
[4] Giles Tillotson, *Taj Mahal*, New Delhi, Penguin Books, 2008, p. 107.
[5] Idem, p. 68.

E NASCE UMA NOVA ÍNDIA

Há 40 anos, os *hippies* descobriam o caminho para a Índia. Desembarcaram em Goa, um paraíso tropical na costa Oeste indiana. Hoje, as areias da praia de Anjuna estão infestadas de novos-*hippies* e mochileiros: eles promovem as mais badaladas festas *rave* da Índia, regadas a *ecstasy* e cocaína. Mas essa invasão de estrangeiros é malvista por boa parte dos indianos, inclusive por muitos locais. Um deles é Brian Mendonça, poeta e professor de Literatura, de uma família brâmane convertida ao catolicismo, autor do livro *Last Bus to Vasco*, uma coletânea de poesias dedicadas a Goa. "O turismo desmedido destruiu a imagem de Goa, cada vez mais vista como um paraíso do sexo e das drogas", lamenta.

Goa também se transformou em sinônimo de construtoras e mineradoras ilegais ligadas a máfias, prostituição e crimes que escandalizam o país. Novos ricos indianos jogam suas fortunas em roletas nos navios-cassinos ancorados no mar da Arábia. Mas há também a face histórica de Goa, simbolizada por uma bela arquitetura e uma cultura única na Índia, fruto de seu passado de capital do Império Lusitano no Oriente. Os portugueses foram os primeiros invasores europeus a desembarcarem no subcontinente e os últimos a saírem. Eles deixaram suas marcas em casarões e igrejas católicas que lembram as cidades coloniais do litoral brasileiro, como Salvador. Goa prosperou com o comércio das especiarias e chegou a ter mais habitantes do que Lisboa. O primeiro português a desembarcar na Índia foi Vasco da Gama, em maio de 1498, depois de contornar a África e cruzar o oceano Índico. Ele aportou no principado hindu de Calicute, na costa de Malabar, onde hoje fica o estado de Kerala, no sul do país. Havia descoberto no mar o caminho para a Índia. Naquela época, a Índia era uma superpotência das especiarias e a sua intenção era tirar esse valioso comércio das mãos dos árabes.

Vasco da Gama não causou boa impressão entre os indianos. Após um ano no mar, sem tomar banho, os recém-chegados estavam maltrapilhos e fedorentos, para desgosto do rei de Calicute, que se banhava em fontes termais. Horrorizados com a sujeira dos navegadores, sacerdotes hindus borrifavam um líquido na sua direção. Os portugueses achavam que era água-benta. Mas era perfume. O soberano muçulmano já havia se decepcionado com a mesquinhez dos presentes oferecidos pelos visitantes: alguns barris de azeite, de açúcar, poucos colares de coral e meia dúzia de objetos de cobre. Recebido como hóspede de segunda categoria, Vasco da Gama simbolizava o contraste entre o estilo de vida europeu e o fausto indiano na época. Ele voltaria outras vezes. Na última delas, em 1524, acabou caindo doente e morreu. Foi enterrado em uma capela construída pelos franciscanos e, 14 anos depois, seu corpo foi trasladado para Portugal.

Em 1500, Pedro Álvares Cabral liderou uma segunda expedição. Mas sua frota havia se desviado da rota para as Índias e acabou aportando do outro lado do mundo: ele descobrira o Brasil. Passou dez dias no Novo Mundo e depois seguiu viagem até desembarcar em Calicute. Dez anos depois, as forças portuguesas capturaram Goa e lá se fixaram. Além dos interesses comerciais, os portugueses tentaram se impor culturalmente, forçando mudanças de hábitos dos hindus. Nesse sentido, eles foram diferentes dos ingleses, que focaram sua colonização na exploração econômica. No século XVII houve até uma ordem banindo o konkani, língua de Goa, mas isso não provocou uma promoção em massa da língua portuguesa, que continuou restrita às elites. Quando os indianos conquistaram a sua independência do Império Britânico, em 1947, os portugueses bateram o pé e se recusaram a deixar o país. Na terceira semana de dezembro de 1961, 30 mil homens do exército indiano foram deslocados para a fronteira de Goa, forçando a rendição portuguesa. Foi assim que há 50 anos os indianos se livraram dos últimos colonizadores. Hoje em dia, é fácil encontrar indianos católicos simpáticos aos portugueses, mas boa parte dos hindus não tem lembranças muito positivas.

A JOIA DA COROA

A semente que gerou o Império Britânico na Índia foi uma espécie de multinacional, a primeira do mundo. Um grupo de comerciantes britânicos negociou com o Império Mogol – já em marcha para a decadência – a permissão de criar, em 1600, a Companhia das Índias Orientais. O ópio era o ouro da Companhia e praticamente financiou o Império Britânico. O lucro ajudava a reverter o maciço déficit comercial com a China e sustentava o vício dos ingleses pelo chá. O antropólogo Amitav Ghosh, um dos maiores romancistas da Índia de hoje, se debruçou sobre esse período. Em julho de 2011, Ghosh lançou o segundo romance de uma trilogia que tem como pano de fundo justamente a exploração do ópio na Índia colonial: *River of Smoke*,[1] como será visto no capítulo "*Curry* cultural". O autor explica que uma espécie de cortina de silêncio encobre esse assunto: "A história do ópio ainda não foi contada. A exploração britânica ajudou na decadência econômica da Índia. Os camponeses eram forçados a assinar contratos de plantação de papoula e isso destruiu boa parte da agricultura. Antes da chegada dos britânicos, 25% do comércio global se originava na Índia. Até o fim do império, essa porcentagem despencou para menos do que 1%."

O mundo associa a independência da Índia com o movimento de resistência pacífica liderado por Mahatma Gandhi. Mas muito sangue foi derramado em nome da liberdade indiana. A primeira vez foi no século XIX, quando os indianos organizaram uma revolta violenta contra os colonizadores. Foi chamada de Motim de 1857 pelos ingleses. Mas os historiadores indianos rejeitam esse termo. Para eles, foi a Primeira Guerra da Independência, liderada pelos soldados indianos que serviam no exército britânico: os chamados *sipais*. Délhi foi cercada pelos ingleses. Por quatro meses a capital foi bombardeada pela artilharia inglesa. Ambos os lados passavam fome, a cidade ficou sem água e os habitantes no limite físico e mental. No final, os britânicos tomaram Délhi. Três mil indianos foram julgados e executados – enforcados, mortos a tiros, ou explodidos nas bocas de canhões. A partir daí a relação entre o Império e a Colônia se deteriorou. Até então, os britânicos achavam que os indianos eram "gratos" a eles por trazerem uma "civilização avançada".

INDIANOS NA COR, INGLESES NO GOSTO

Depois de 258 anos, os britânicos assumiram a administração da Índia. Eles haviam chegado à conclusão de que não conseguiriam manter seu império apenas através de uma empresa. Ironicamente, o maior símbolo da exploração econômica da Índia hoje está nas mãos de um indiano. Sanjiv Mehta comprou a lendária Companhia das Índias Orientais em 2005, investiu US$ 15 milhões e a transformou em uma sofisticada loja, em pleno coração de Londres, que vende produtos gourmet, como chás, especiarias, cafés, chocolates e geleias. Na Índia, muitos aplaudiram a aquisição de Mehta como um exemplo da "Índia que brilha", e que vira a mesa da história, vingando-se do humilhante passado colonial.[2]

A responsabilidade pelo destino dos indianos havia sido transferida para a rainha Vitória, coroada imperatriz da Índia em 1877. A autoridade da Coroa era representada na colônia pela figura do chamado vice-rei. O modelo administrativo e político britânico foi replicado na Índia. Universidades foram abertas: era preciso ter uma elite educada, falante de inglês, que assimilasse as ideias britânicas e estivesse disposta a colaborar com os colonizadores. A elite indiana absorveu os valores britânicos. Lorde

Thomas Macaulay, autor do primeiro Código Penal da Índia, foi o principal porta-voz da teoria de que os britânicos deveriam moldar os indianos à sua semelhança: "Nós devemos fazer de tudo para formar uma classe que possa ser intérprete entre nós e os milhões que governamos: indianos no sangue e na cor, mas ingleses no gosto, nas opiniões, na moral e no intelecto."[3]

Jawaharlal Nehru, o futuro primeiro-ministro da Índia independente – um brâmane ocidentalizado de uma família aristocrática da região da Caxemira –, foi um dos maiores exemplos de indiano com alma britânica, apesar de ter lutado contra o Império. Ele gostava de ser chamado de "o último inglês a governar a Índia", para deleite dos britânicos.

A HERANÇA DOS *SAHIBS* BRANCOS

Os britânicos souberam cultivar bem a mística do "*sahib* branco" (senhor branco). Poucos milhares de britânicos governavam um país de quase 400 milhões de pessoas. Gandhi costumava dizer que os britânicos não tomaram a Índia, os indianos haviam se entregado a eles. A elite indiana se inspira até hoje nos modos de vida inglês e também americano. E isso é uma das principais consequências da colonização britânica. Várias escolas indianas são espelhos de modelos britânicos. Entre os indianos ricos e de classe média alta é comum o hábito, absorvido dos colonizadores, de frequentar clubes exclusivos, onde bebem uísque e jogam críquete. Eles viajam de trem por malhas ferroviárias iniciadas pelos britânicos, votam pelo sistema parlamentarista, dirigem do lado esquerdo e bebem chá, como os ingleses. Alguns analistas indianos preferem ressaltar a herança positiva que os britânicos deixaram. Outros são bastante críticos e apontam efeitos perversos, como a decadência econômica.

A exploração econômica foi acompanhada por uma sede de conhecimento da cultura colonizada: a Índia era a "joia da Coroa". No século XVIII, começou outro tipo de exploração: a do passado indiano, com foco na religião, nas línguas e nas castas. Mas os ingleses nunca encararam a Índia como sua casa. Eles mantinham distância. Prevaleceu o espírito de "superioridade" dos britânicos. A arrogância se acentuou no século XIX, quando lorde Macaulay soltou uma de suas pérolas mais famosas: a de que "o conjunto inteiro da filosofia e literatura indianas não valia uma única prateleira de uma boa biblioteca europeia". Determinados lugares, como clubes exclusivos, tinham na porta de entrada placas com o aviso: "Indianos e cachorros não entram." O britânico conhecido como o maior expoente do preconceito contra os indianos

Prédio da estação central de trem Chatrapati Shivaji, em Mumbai, um dos mais famosos exemplos de arquitetura da Era Britânica, uma mistura de estilos europeu e indiano.

foi o primeiro-ministro Winston Churchill, uma figura até hoje malvista na Índia. Um de seus desabafos passou à História: "Eles [os indianos] são um povo bestial com uma religião bestial."[4]

Na última fase do governo colonial, a partir da segunda metade do século XIX, a economia estagnou: crescia no máximo 1,5% ao ano. O ritmo de crescimento do PIB indiano era ínfimo: de 0,1% ao ano. Em 1947, a fatia indiana no PIB mundial chegava a meros 4%.[5] Na verdade, a decadência econômica começou antes da chegada dos ingleses, mas se acelerou com a colonização e a Revolução Industrial. Os britânicos importavam da Índia algodão cru a preços baixos e vendiam de volta os tecidos com uma gorda margem de lucro. Isso provocou a penúria dos que trabalhavam em teares manuais.

Antes de o pacifismo de Gandhi entrar em cena, a Índia era agitada por um líder revolucionário socialista: Bhagat Singh. Ele pregava a luta armada e organizava atentados contra os britânicos. Sua marca registrada era um bigodinho fino e um chapéu de feltro. Uma espécie de Che Guevara para os jovens indianos de hoje, o rosto de Bhagat Singh estampa camisetas de universitários. Foi enforcado pelos britânicos. Nessa época, Mohandas Karamchand Gandhi já era uma enorme fonte de dor de cabeça para o Império. Nascido no dia 2 de outubro de 1869, no estado de Gujarat, ele pertencia à subcasta bânia, que tradicionalmente se dedicava ao comércio, como já foi dito no capítulo "O carma das castas". Sua família tinha dinheiro bastante para mandá-lo estudar em Londres, onde se formou em Direito. Curiosamente, a luta pela independência foi liderada por indianos formados na tradição democrática liberal do Ocidente. O primeiro laboratório de experiências sociais de Gandhi foi na África do Sul, onde ele, como advogado da comunidade indiana, criou a mais inovadora forma de protesto do século XX: a *satyagraha*, a resistência pacífica. Do sânscrito, é a combinação da palavra *satya* (amor e verdade) com *agraha* (firmeza e força). Ou seja, a força nascida da verdade e do amor. Gandhi explicava que a violência e o ódio criariam apenas amargura na vítima e brutalidade por parte do atacante.

Depois de mais de 20 anos na África do Sul, ele voltou à Índia em 1915, aos 46 anos. Gandhi – apelidado pelo poeta Rabindranath Tagore de Mahatma, ou "Grande Alma" – renunciou às roupas ocidentais e passou a vestir o *dhoti*, um pano de algodão retangular amarrado nas pernas: parece uma fralda folgada até os joelhos, uma roupa típica dos camponeses, de algodão, feita à mão.

A sua roda de tecer tornou-se o símbolo contra o Império: foi o instrumento que popularizou a tese da exploração dos britânicos.

O midiático Gandhi capturou a imaginação do mundo em 1930, quando organizou a mais icônica de suas campanhas: a Marcha do Sal, de 400 km, por 3 dias, com milhares de apoiadores se aglomerando pelo caminho. Era um protesto contra a coleta de um imposto sobre a produção do sal. Para desespero dos britânicos, ele tinha um gênio instintivo em planejar táticas que eram entendidas pelas pessoas mais simples.

No ano seguinte foi recebido pelo rei George V, no Palácio de Buckingham. Ficou para a história a sua foto, no meio da pompa real inglesa, apenas com o *dhoti* e sandálias de couro. Foi quando Churchill o descreveu como "faquir meio nu". Os jornalistas perguntaram a Gandhi se suas roupas eram apropriadas: "O rei estava vestido por nós dois juntos."[6] Ele havia conquistado o coração da opinião pública europeia: milhares de suíços, italianos e franceses se espremiam nas estações onde o seu trem parava.

A arma mais devastadora de Gandhi foi a greve de fome, usada repetidas vezes mais tarde, na Índia moderna. Na década de 1940, ele deslanchou a campanha "Abandone a Índia", exigindo a partida imediata dos ingleses.

A resistência pacífica de Gandhi foi apenas um ingrediente na conquista da independência indiana. A segunda Guerra Mundial enfraqueceu o fôlego financeiro da Grã-Bretanha, e isso acabou forçando os ingleses a abandonarem o caro projeto imperial.

Hoje, o estrangeiro que chega à Índia não sente, de modo geral, o ressentimento dos indianos contra os ingleses, a não ser entre os nacionalistas hindus. Mas os historiadores indianos fazem críticas duras aos colonizadores: uma das mais contundentes é sobre o papel passivo do Império durante as trágicas ondas de fome que assolaram o país. Cerca de 30 milhões de pessoas morreram entre meados do século xix e início do século xx. Na década de 1950, a grande fome de Bengala Ocidental, como ficou conhecida, matou cerca de três milhões, segundo a historiadora Madhusree Mukherjee.[7] Isso poderia ter sido evitado com o envio de comida: havia grão suficiente na Austrália para alimentar os indianos, afirma a historiadora. Mas Churchill alegou que faltavam navios para transportá-los. Calcutá se transformou em cenário de uma tragédia bíblica: milhares de famintos engatinhando pelas ruas, sem forças para se levantar, muitos morrendo pelo caminho. Crianças foram vendidas, abandonadas nas ruas e até sacrificadas pelos pais.

O PARTO DA ÍNDIA

Em fevereiro de 1947, o governo trabalhista em Londres anunciou que a Grã-Bretanha deixaria a Índia até junho de 1948. O maior império do mundo agiu de forma inédita: desistiu. Caiu por conta própria. O encarregado de liderar o processo final até a independência era uma verdadeira celebridade na Inglaterra: lorde Louis Mountbatten, primo do rei George v. O último governador-geral da Índia chegou à colônia em março de 1947 com a missão de largar o abacaxi o mais rápido possível. Os conflitos entre hindus e muçulmanos, que haviam começado em 1946, só pioravam. Os britânicos não queriam se ver envolvidos na carnificina. No dia 3 de junho de 1947, os indianos foram informados pelo rádio de que o seu país seria desmembrado em dois meses.[8] Um império que levou mais de 200 anos para ser construído se desfez às pressas.

À meia-noite de 15 de agosto de 1947, nascia a Índia, horas depois do Paquistão. Todas as atenções estavam voltadas para Jawaharlal Nehru, 57 anos, o futuro primeiro-ministro e afilhado político de Gandhi. Pouco antes da meia-noite, diante de uma plateia de duas mil pessoas, Nehru anunciou que a Índia tinha um "encontro com o seu destino".

A Índia recém-independente era basicamente rural: três quartos de sua força de trabalho estava na agricultura, que contribuía com 60% do PIB. A indústria era franzina: representava só 25% do PIB. Apenas 16% dos 350 milhões de indianos eram alfabetizados e a expectativa de vida média era de 32 anos.

A liberdade, no entanto, chegara com um preço inaceitável. A independência também significava a partição. Cyril Radcliffe, um juiz britânico que nunca havia pisado na Índia, foi o encarregado de desenhar a nova fronteira entre a Índia e o Paquistão ("Terra dos Puros") em apenas 40 dias. O resultado foi um desastre: sua linha divisória tinha deixado 5 milhões de não muçulmanos – hindus e também os seguidores da religião sikh – no lado paquistanês, e mais de cinco milhões de muçulmanos no lado indiano.[9] O Paquistão nasceu como uma aberração geográfica. Foi dividido em duas partes separadas por uma imensa fatia de território indiano. Uma era o Paquistão Oriental, talhado na região do Punjab, oeste da Índia. A sua continuação foi chamada de Paquistão Ocidental, resultado da divisão do estado indiano de Bengala Ocidental, no leste. Pouco mais de vinte anos após a partição, o Paquistão Oriental se tornou independente: passou a se chamar Bangladesh.

Como em muitos casos de divórcio não amistoso, as discussões aconteceram pela divisão dos bens materiais. Surgiram propostas absurdas: paquistaneses chegaram a propor que o Taj Mahal fosse despedaçado e enviado para eles porque tinha sido construído por governantes islâmicos. Hindus insistiam que o rio Indus, que flui no coração do Paquistão, deveria ser deles de alguma forma porque os *vedas* sagrados tinham sido escritos nas suas margens. Bibliotecas preciosas foram rasgadas ao meio: dicionários repartidos, com A a K indo para a Índia e o resto para o Paquistão.[10] Acima de tudo, foi um parto doloroso. O subcontinente mergulhou em um banho de sangue. "A história mundial se divide em duas eras: antes de Cristo e depois de Cristo. Para milhões que vivem no subcontinente indiano, ela é dividida em 'antes da partição' e 'depois da partição'", constatou Kushwant Singh, um dos mais importantes jornalistas indianos, em seu livro *Train to Pakistan*, um romance histórico que se tornou um clássico, escrito em 1956.[11] Em apenas alguns meses, um milhão de pessoas foram mortas. Essa é a estimativa mais repetida. Mas há outras que chegam ao dobro disso. Foi a maior migração da história: pelo menos dez milhões de pessoas abandonaram em desespero seus vilarejos ancestrais, cruzando uma fronteira invisível. Filas infinitas de pessoas famintas, exaustas, apavoradas e raivosas corriam em direções opostas. O próprio Nehru, em desespero, chegou a interferir pessoalmente para evitar mais carnificina: "Desde que eu assumi o meu posto, eu não tenho feito outra coisa a não ser tentar evitar que as pessoas se matem ou visitado campos de refugiados e hospitais", desabafou.[12] Testemunhas o viam com um bastão de madeira na mão, tentando espantar agressores. Assim ele procurava estimular policiais indiferentes a agirem para impedir mais banho de sangue. "Nós conseguimos a nossa liberdade para matarmos uns aos outros?", gritava ele.[13] Da noite para o dia, Délhi e outras cidades da Índia foram tomadas por campos de refugiados fétidos, lotados de farrapos humanos.

Um capítulo à parte nesse pesadelo foi a tragédia feminina. Alvos preferenciais, as mulheres eram estupradas, raptadas, forçadas a casar. Muitas se matavam antes de serem capturadas: se jogavam em poços ou em fogueiras. Homens matavam filhas, irmãs e esposas para evitar a desonra do estupro: a castidade valia mais do que a vida. A própria mídia contribuía para isso porque glorificava o martírio como uma virtude feminina. Mulheres usadas pelos raptores eram rejeitadas depois pelas suas próprias famílias, tidas como "desonradas". Foi um dos maiores episódios de raptos dos tempos modernos: estima-se que entre 80 a 150 mil mulheres tenham sido raptadas.

O papel de Gandhi durante a partição sempre foi polêmico. Quando ainda se debatia na Índia essa ideia, Gandhi se opôs ferozmente: "Vocês terão de dividir meu corpo antes de partir a Índia." Mas foi obrigado a ceder. Na época, suas tentativas de apaziguar os dois lados e evitar que hindus massacrassem muçulmanos foram mal interpretadas. Muitos o acusavam de "traidor dos hindus". Parte dos indianos nunca o perdoaria por ter aceitado a partição no final. Em um dos campos de refugiados que ele visitou no Punjab, um homem jogou em seu colo um bebê órfão de dois meses. Com lágrimas nos olhos, Gandhi pediu: "Morra com o nome de Deus nos seus lábios, mas não perca o coração."[14] Ele dizia que uniria hindus e muçulmanos mesmo que o cimento fosse o seu sangue. Parecia uma premonição.

A partição deixou feridas abertas dos dois lados da fronteira. Muitos cultivam até hoje um saudosismo incurável pelas cidades abandonadas às pressas. O paquistanês Mehdi Hasan, que vive na cidade de Lahore, a capital cultural do Paquistão, e é professor da Universidade do Punjab, se emociona quando fala da Índia. O acadêmico era uma criança pequena quando seu pai teve que fugir da Índia. "Meu pai colocava todos os dias uma cadeira no jardim de casa voltada para a direção de Panipat", conta, referindo-se à cidade ancestral de sua família, no norte da Índia. "A Índia é hoje para mim uma espécie de sonho distante. Aqui no Paquistão toda essa cultura mista se perdeu", lamenta Hasan, hoje um dos mais conhecidos analistas políticos paquistaneses. Conhecido por sua visão liberal e atitude aberta com relação à Índia, ele já foi chamado de "agente indiano" por um ministro do governo em um debate na tevê em 2008. Mas ele diz que já aprendeu a lidar com insultos: "Milhões de pessoas que migraram da Índia para o Paquistão ainda são chamados pejorativamente de *mohajirs* (refugiados) e ainda não foram aceitos pela sociedade paquistanesa."

O indiano Sohan Lal tinha 20 anos quando seu pai fugiu às pressas de Multan, no Paquistão. Seu pai era um próspero comerciante e a família vivia em uma mansão. "Eu vi várias casas de hindus sendo queimadas e saqueadas. Alguns de nossos familiares foram mortos pelos muçulmanos. Uma noite, meu pai chegou em casa e disse que teríamos que partir para a Índia. Minha mãe começou a empacotar as coisas, mas meu pai disse que a gente não tinha tempo nem para isso. Pegamos apenas o dinheiro, joias, poucas roupas, colocamos no carro. Meu pai pagou uma grande soma de dinheiro para que a polícia nos escoltasse com segurança até a Índia. Do dia para a noite nos transformamos em mendigos em uma nova terra", lamenta Sohan, que parece falar de algo que aconteceu ontem. Mas ele havia deixado algo mais precioso no Paquistão: sua noiva. "Eu nunca cheguei a saber o que aconteceu com ela e com sua família. Eu voltei ao Paquistão três vezes nos últimos 60 anos e não consegui nenhuma informação sobre ela. É como se a família inteira dela tivesse desaparecido da face da terra", diz.

Hoje, aos 84 anos, ele não tem mais energia para administrar o mercadinho que seu pai abriu como uma reencarnação da loja que a família tinha em Multan. Seus dois filhos, de meia-idade, tomam conta do comércio, um tipo de secos e molhados chamado na Índia de *kirana*, a mais comum forma de mercado em todo o país. Completamente empoeirada e suja, a *kirana* de Sohan Lal é entulhada de produtos de todos os tipos que se possa imaginar: de caixas de fósforo a farinha de trigo, tudo em prateleiras de compensado de madeira já carcomidas.

Hoje, a família inteira, filhos e netos com esposas, vive em uma mesma casa, como é tradicional na Índia. A diferença é que os netos de Sohan não querem seguir com o negócio da família. Sonham ter outras profissões, como engenheiros de computação, e nem pensam em pisar no Paquistão. "A Índia é o único país que nós conhecemos. O passado é passado", diz Mukesh, sobrinho de Sohan.

A LUZ QUE SE APAGOU NA VIDA DOS INDIANOS

No final da tarde de 30 de janeiro de 1948, ele se prepararia para liderar uma *puja* na mansão do amigo e milionário G. D. Birla. Era lá que ele se hospedava quando ia a Délhi. Gandhi andava pelo extenso gramado, na direção de 500 pessoas, que o esperavam nos jardins do imenso bangalô. O assassino, no meio da multidão, parou na sua frente, juntou as palmas das mãos, se agachou devagar e o saudou à moda hindu: "*Namastê*, Gandhiji", disse usando o sufixo "ji" que demonstra respeito. Ele sacou uma pistola Beretta e disparou o primeiro de três tiros no peito de Gandhi.

Memorial do Martírio de Mahatma Gandhi, no local onde ele foi assassinado em janeiro de 1948 por um fundamentalista hindu em Délhi.

"Eu vi o assassino puxando o gatilho no terceiro tiro e Gandhi caindo no chão. As pessoas se ajoelharam e fizeram um círculo em torno do corpo", lembrou Krishan Dev Madan, então com 24 anos. Ele era técnico de microfone da All India Radio, que transmitia todos os discursos de Gandhi. Na mesma casa onde testemunhou um dos assassinatos mais dramáticos do século XX, Madan dividiu as suas memórias da tragédia com uma plateia, em um evento organizado por ativistas gandhianos em homenagem ao Mahatma, em dezembro de 2010. O casarão se transformou no Gandhi Smiriti, um museu-memorial que usa efeitos especiais para mostrar a vida e as ideias do "Pai da Nação". Madan não esquece uma figura misteriosa que ele nunca descobriu quem era: um homem alto e forte que pegou o corpo de Gandhi no colo e carregou-o para dentro da mansão. Alguns minutos depois, ele viu Nehru e Mountbatten chegarem e preparou seu equipamento de rádio para gravar o famoso desabafo emocionado do inconsolável Nehru, que caíra no choro várias vezes na frente da multidão: "A luz apagou-se de nossas vidas."

O Mahatma morreu amargurado, aos 78 anos. Vivenciou apenas seis meses de Índia independente: só teve tempo de ver o caos da partição e o seu povo mergulhado em sangue. Seu assassinato não foi ato de um insano. Foi uma conspiração cuidadosamente planejada. Antes de ser condenado à morte, Nathuram Godse, um brâmane ligado a grupos fundamentalistas hindus, fez um discurso se justificando. O assassino alegou que a *ahimsa* (não violência) de Gandhi "emasculava" os hindus e os tornavam incapazes de reagir às agressões dos muçulmanos. Godse levou para o cadafalso da forca um mapa da Índia que incluía o Paquistão e um exemplar da *Bhagavad Gita*. Seu principal inspirador era Veer Savarkar, um admirador de Hitler e Mussolini, preso pelos britânicos. Hoje em dia, a efígie de Gandhi estampa todas as notas de rupias. Em toda a Índia, museus em sua homenagem são frequentados por excursões de escolas. Mas a sua influência na Índia moderna é bastante limitada. Pouco se preservou de suas ideias. Seu sonho utópico de uma Índia sustentada por uma economia de subsistência rural nunca foi levado a sério.

MARAJÁS VARRIDOS DA NOVA ÍNDIA

A nova Índia não deu chance para algumas figuras históricas: os marajás e nababos foram varridos para o porão da História após a Independência. Os britânicos governaram diretamente dois terços do subcontinente. O resto era subcontratado a nobres que governavam 565 estados principescos como espécie de marionetes dos colonizadores. Gastavam seu tempo e dinheiro viajando pelo mundo, acompanhados por concubinas, servos, jogando polo, críquete, promovendo caçadas de tigres, guerras de elefantes e ocupando andares inteiros nos mais luxuosos hotéis da Europa e dos EUA. A lista de excentricidades era imensa. Alguns marajás, por exemplo, exigiam que sua comida fosse preparada com a água do rio Ganges. Em 1905, o marajá de Baroda (Gujarat), viajou de navio a Nápoles e levou com ele suas vacas sagradas, acomodadas nos jardins do hotel onde ficou hospedado. O marajá de Junagadh (Gujarat) tinha uma coleção diferente: em seu palácio, ele construiu aposentos com ventiladores e possuía serviçais para seus 800 cachorros. Gastou milhares de dólares no casamento de sua cadela favorita.

As gastanças aniquilaram as finanças de estados principescos. Na época da Independência, o Rajastão, cujo nome significa "terra dos reis", era uma das regiões mais pobres do país, com as mais baixas taxas de alfabetização e as menores expectativas de vida entre os indianos. Após a independência, os marajás foram escanteados de maneira gentil pelo governo republicano de Nehru. Nada de exílios forçados ou atos de vingança. Por algum tempo até conseguiram manter propriedades e privilégios, como o direito de receber pensões. Mas as regalias dos ex-marajás foram cortadas na década de 1970. A então primeira-ministra Indira Gandhi extinguiu as pensões e encampou suas terras. Eles foram obrigados a remodelar suas vidas e muitos começaram a desfazer-se de seus bens: não podiam bancar mais suas vidas nababescas. Os mais espertos transformaram seus palácios em hotéis de luxos, outros viraram embaixadores e políticos. Houve também os que se afundaram em dívidas e empobreceram.

Forte do século XII localizado em Jaisalmer (estado do Rajastão), perto da fronteira do Paquistão. A cidade era governada por marajás que defendiam o território de invasores.

Karan Singh, hoje com 81 anos, seria um marajá (ou grande rei) se os títulos de nobreza não tivessem sido extintos. Era filho do marajá Hari Singh: um hindu que governava o estado de Jammu & Caxemira e que escolheu, durante a partição, fazer parte da Índia, descartando o Paquistão. Karan Singh foi um dos únicos a abdicar de sua pensão voluntariamente, depois de passar a infância no magnífico palácio Gulab Bawan, hoje um hotel cinco estrelas, com vista para o lago Dal, em Srinagar. Por causa da militância armada dos fundamentalistas islâmicos, o hotel chegou a ficar fechado até o fim dos anos 1990. Ainda hoje é possível ver os túneis subterrâneos construídos para casos de ataque. O hotel fica protegido por um imenso *bunker* de sacos de areia e guardas com metralhadoras na entrada.

Muito raramente os príncipes indianos mostravam interesse por atividades intelectuais. Mas Karan Singh é uma exceção. Bem diferente dos tradicionais marajás extravagantes e esbanjadores, ele é um homem simples, de sorriso fácil, cujos interesses passam longe de carros de luxo ou diamantes: sua obsessão são os livros. Ele ficou conhecido como o "marajá-intelectual". Na sua escrivaninha, enfeitada com uma cabeça de Buda de cristal, pilhas de livros sobre hinduísmo e arte. Do seu escritório se vê uma piscina no centro de um pátio interno decorado com estátuas, como a de Ganesha: as referências ao hinduísmo estão em todos os lugares na residência desse ex-príncipe místico. Formado em Ciência Política, ele escreveu uma tese sobre Sri Aurobindo, revolucionário que promovia ataques ao poder britânico e mais tarde largou as armas para se tornar um guru voltado para os ensinamentos filosóficos da *Bhagavad Gita*, o trecho mais famoso do épico *Mahabárata*.

Karan Singh foi um dos ex-nobres a abraçar a carreira política. Ministro de Indira Gandhi em várias pastas, ex-embaixador nos EUA, hoje ele se dedica a projetar a imagem da Índia no exterior. Presidente do Conselho Indiano para Relações Culturais, ele administra trinta centros culturais indianos no mundo, um deles em São Paulo. "Nós apenas continuamos um trabalho iniciado há muito tempo. A Índia exporta o seu '*soft power*' há dois mil anos", diz, rindo.

UMA DINASTIA TRÁGICA

O país que ensinou ao mundo a luta pacífica teve seu destino político ironicamente decidido pela violência alimentada pela vingança e pelo ódio. O parto da Índia foi acompanhado pelo nascimento de uma dinastia política glamourosa e trágica, por isso mesmo comparada a dos Kennedy. Uma família que, até agora, deu à Índia três primeiros-ministros, começando com Jawaharlal Nehru, nascido em berço político. O pai Motilal era um dos líderes do Congresso Nacional, partido criado em 1885, e que hoje se chama Partido do Congresso. Muito carismático, Nehru venceu todas as eleições que disputou e foi apontado primeiro-ministro em 1951, em 1957 e em 1962, morrendo dois anos depois. Sua filha, Indira, atraiu amor e ódio, por seu estilo autoritário: ela foi escolhida primeira-ministra em 1966. O sobrenome não tem relação com o Mahatma. Veio do marido dela, Feroze Gandhi, um jornalista. Em 1984, a Índia Independente viu pela segunda vez sua liderança política ser eliminada à bala. Em junho, Indira enviou tropas indianas para combater separatistas radicais sikhs entrincheirados dentro do Templo Dourado em Amritsar: eles queriam criar uma nação independente no estado do Punjab. A batalha no mais sagrado templo dos sikhs durou 36 horas e deixou 1.200 mortos. Os sikhs nunca perdoaram Indira e se vingaram quatro meses depois.

Na manhã do dia 31 de outubro, ela atravessou o jardim de seu bangalô branco que dava acesso ao escritório, na rua ao lado, onde seria entrevistada por Peter Ustinov, o famoso ator e escritor inglês. Assim que ela fez o *namastê* para dois de seus seguranças, ambos sikhs, um deles puxou o revólver. Indira olhou para ele: "O que você está fazendo?". O guarda-costas não respondeu e atirou no estômago da primeira-ministra. O segundo segurança descarregou sua arma nela. Foi a nora Sonia que a levou, toda ensanguentada no seu colo, para o hospital. Mas Indira não pode ser salva. Horas depois do assassinato, o coração da capital indiana – onde vivem os diplomatas e o grosso dos correspondentes estrangeiros que cobrem o sul da Ásia – foi palco de cenas de horror. Grupos atacavam as casas e as lojas dos sikhs, facilmente identificáveis por suas barbas e turbantes: muitos foram queimados vivos ou decepados. Pedaços de braços e pernas jogados em bueiros nas ruas. Foram três dias de *pogrom*, com a polícia e o exército praticamente de braços cruzados. Três mil sikhs foram mortos a sangue-frio. Quando tudo terminou, Rajiv Gandhi fez um comentário arrepiante: "Quando uma poderosa árvore cai, a terra treme." Como se o massacre fosse um efeito natural e inevitável da tragédia.

Piloto da Indian Airlines que havia estudado Engenharia em Cambridge, sem experiência política, Rajiv foi apontado pelo presidente da República como o novo primeiro-ministro da Índia. Sua qualificação: filho de Indira e neto de Nehru. Sonia, a bela esposa italiana que detestava política e temia pela vida do marido, implorou a ele que recusasse o cargo. Mas Rajiv não tinha escolha: era o encarregado de manter vivo o nome de sua família nas décadas seguintes. Sonia aprendeu da forma mais dura que na Índia os desejos pessoais são subordinados aos da família. Sem alguém que carregasse o sobrenome mais poderoso da Índia nas campanhas, o Partido do Congresso seria aniquilado nas eleições e a família Gandhi perderia seu poder. Rajiv era um homem gentil, que acreditava na democracia e tinha espírito modernizador. Ele colocou a Índia na rota da reforma que a transformaria em uma estrela emergente da globalização. Mas ele teve apenas sete anos pela frente. Durante uma viagem ao estado de Tamil Nadu, no extremo sul do país, dez mil pessoas o esperavam em um comício. Uma mulher que segurava uma coroa de flores se inclinou como se fosse tocar nos pés dele em um típico sinal de respeito, um gesto semelhante ao do assassino de Mahatma Gandhi. Ela acionou o mecanismo que explodiu a bomba colada em seu corpo: matou na hora 17 pessoas, inclusive Rajiv, e feriu mais de 50. Dhanu, a suicida-bomba, havia sido enviada pelo grupo Tigres de Libertação de Tamil, que lutava contra o governo do Sri Lanka, ilha vizinha à Índia. Foi um dos primeiros atentados suicidas à bomba da história. Um ato de vingança contra a forma de intervenção do governo indiano na guerra daquele país. Sonia teve um ataque de asma ao receber a notícia de que ficara

Escritório de Indira Gandhi, no bangalô onde ela vivia, em Nova Délhi. Hoje, Museu Indira Gandhi.

viúva. Seus gritos de desespero eram ouvidos pelos ativistas do Congresso do lado de fora da casa. Uma biografia não autorizada de Sonia, escrita pelo espanhol Javier Moro (*O sari vermelho*, 2009), provocou grande polêmica e acabou sendo censurada na Índia porque o autor conta que ela havia sido pressionada pela sua família para abandonar a Índia e voltar para a Itália com os dois filhos.

Hoje, o bangalô onde Indira viveu é um museu muito popular, um microcosmo da vida cotidiana da dinastia Nehru-Gandhi. Está conservado como se a família mais poderosa da Índia tivesse acabado de deixar a casa. Nas paredes, fotos de uma família nos seus momentos felizes e de desespero. Indianos de todos os cantos do país visitam o memorial, a maioria gente simples, de pé no chão, mulheres com saris esfarrapados, homens com mãos grossas de pegar na enxada. Eles se acotovelam pelos corredores da mansão e espiam com fascínio os aposentos onde viveu a sua "família real": o quarto de Indira com os livros na sua mesinha de cabeceira, seus chinelos a postos, suas agulhas de tricô como uma prova de que ela tinha um lado caseiro e simples, e o ambiente em que ela costumava fazer a sua reza diária, com as imagens de vários deuses hindus. Os objetos que chamam mais atenção no museu são o sari laranja ensanguentado que Indira usava no momento em que foi assassinada e os trapos que sobraram das roupas de Rajiv Gandhi no atentado.

RAINHA DA ITÁLIA

Nascida em subúrbio industrial de Turim, filha de uma família de classe média, Sonia passou a ser vista como a próxima da fila para assumir o leme do país em nome da dinastia Nehru-Gandhi. Seguia a hierarquia tradicional da família indiana: a nora mais velha de Indira. Mas durante sete anos, Sonia ignorou os pedidos do Congresso para entrar na política. Somente em 1998, aos 52 anos, ela cedeu e tornou-se presidente do partido, então na oposição. Ela se transformou em uma espécie de avatar de Indira, pelo menos no jeito de se vestir e nos gestos. Ao casar, Sonia assumira o papel de nora como uma perfeita indiana, sempre de ouvidos abertos a tudo o que a sogra a ensinava. No início de sua vida na Índia, Sonia ainda usava seus modelitos Prada e Gucci: ela não gostava dos complicados saris e dos folgados *salwar kameez*, as túnicas e calças largas que escondem as curvas femininas. Mas ao entrar para a política, Sonia se transformou. Passou a se enrolar nos saris herdados da sogra, com poucas joias e um relógio grande de estilo masculino, seguindo exatamente o estilo de Indira. Apesar desse esforço para parecer uma indiana típica, a oposição a apelidou maldosamente de "Rainha da Itália" e "Signora Sonia". Mesmo tendo renunciando à nacionalidade italiana e adotado o passaporte indiano, ela é até hoje atacada pelos adversários por não ter sangue indiano. Cada palavra e gesto seus são estudados microscopicamente pelos inimigos: qualquer escorregão serve como "evidência" de que ela nunca poderá ser considerada uma indiana por melhor hindi que fale. Os filhos Rahul e Priyanka começaram a participar das campanhas: cumpriam sua tarefa de reforçar a imagem da família. Sonia foi categórica em rejeitar todos os pedidos para assumir o cargo de primeira-ministra da Índia. Sabia que ela nunca seria aceita. Mas a tradição dinástica falou mais alto e, mesmo sendo uma dona de casa de origem italiana e inexperiente em política, Sonia acabou aceitando o cargo de presidente do Partido do Congresso e assim se tornou a mulher mais poderosa da Índia. Sob a liderança de Sonia, o Congresso ganhou a eleição de 2004: ela demonstrou que não era tão ruim em política quanto os opositores pensavam. Escolheu a dedo um experiente economista, de alta reputação: Manmohangh Singh, então com 72 anos. Extremamente tímido, voz pausada, contida, sempre baixa, ele parece se desculpar quando fala. A marca registrada desse sikh de paciência infinita é um turbante azul claro. Depois de completar os cinco anos do primeiro termo, foi reconduzido ao cargo em 2009. Muitos dizem que Sonia foi astuta ao colocar um inofensivo tecnocrata sem nenhum talento político para esquentar a cadeira que ela gostaria de ver ocupada algum dia pelo filho.

Apelidado de Yuvraj (príncipe), Rahul – bonitão como o pai – também estudou na Inglaterra. A questão não é se ele merece ser primeiro-ministro, mas se ele quer e quando quer assumir o cargo. Os inimigos gostam de pintá-lo como "filhinho de papai". Mas mesmo sem carisma, Rahul é endeusado: os indianos gostam mesmo de ídolos, seja na religião, no cinema, no críquete ou na política. Em 2004, conquistou uma vaga no Parlamento. Desde então, tem tentado injetar vida e jovialidade no carcomido Partido do Congresso. Embarcou em uma série de viagens pelos grotões mais esquecidos de seu país. A mídia maliciosamente batizou essas viagens de "Tour Descoberta da Índia". O brâmane Rahul passou a pernoitar em casas de dalits, onde comia sentado no chão com essas famílias: uma forma de quebrar esse forte tabu casteísta.

TUDO EM FAMÍLIA

A dinastia Nehru-Gandhi é a ponta do *iceberg* da arraigada tradição hereditária das profissões: famílias políticas estão entrincheiradas em todos os níveis de governo, em todo o país. Os partidos não são democráticos internamente: não há tradição de prévias dentro das legendas. Se um membro do parlamento morre, quem disputa a eleição em seu lugar é algum parente. Em todo o sul da Ásia, o nepotismo é visto mais como uma responsabilidade (para com a família) do que como uso indevido dos cargos públicos ou como conduta antiética. Ficou famosa a resposta de um político indiano a um jornalista que lhe questionou por que havia nomeado seu filho para um cargo de alta posição em seu partido. O político ficou espantado com a pergunta "descabida" e reagiu: "Quem mais eu iria nomear? Seu filho?"

Os próprios eleitores tendem a escolher os candidatos com *pedigree* por causa da forte reverência cultural pela família. O curioso é que a política dinástica se expande com rapidez. O escritor britânico Patrick French fez um precioso diagnóstico da política indiana. Na Lok Sabha (Casa do Povo), a Câmara Baixa do Parlamento, com 545 membros, 28,6% se elegeram por causa de suas conexões hereditárias. Todos os parlamentares com menos de 30 anos estão ali porque seus familiares também são políticos.

A política indiana mudou desde a abertura dos anos 1990. Antes, os políticos eram burocratas com o estilo de vida modesto, sempre de roupas brancas, como se fossem seguidores da simplicidade pregada por Gandhi. Mas esse uniforme gandhiano se transformou hoje em um símbolo vazio: os políticos são cada vez mais milionários, como mostram suas declarações de renda.

POVÃO VOTA EM MASSA, CLASSE MÉDIA ESNOBA ELEIÇÃO

Na maior democracia do planeta, os indianos fazem filas quilométricas para votar. Votam porque querem, não porque são obrigados pela lei, como no Brasil. Mas na eleição indiana acontece o inverso de boa parte das democracias: a elite não vota. Os indianos privilegiados reclamam dos seus líderes e costumam desdenhar da importância do voto. Como dizem alguns analistas, os pobres votam porque precisam de um governo que lhes deem benefícios, empregos e mantenha baixo os preços da lentilha, da farinha de trigo e do gás de cozinha. Os números da gigantesca democracia indiana são impressionantes. No pleito de 2009, a comissão eleitoral registrou 714 milhões de eleitores. Desse total, 417 milhões de pessoas, mais do dobro da população brasileira, votaram. O comparecimento às urnas seguiu a média histórica de quase 60%. O megaexercício eleitoral indiano mobilizou um exército de 6,5 milhões de funcionários eleitorais e teve 1,3 milhão de máquinas eletrônicas dispostas em mais de 800 mil cabines de votação, algumas só acessíveis por barcos, helicópteros ou depois de muitas horas de viagens no lombo de mulas em trilhas montanhosas pelo Himalaia. Como o modelo britânico, o Parlamento indiano tem duas casas: além da Lok Sabha, há também a Rajya Sabha (Casa dos Estados), a Câmara Alta, com 250 membros eleitos na sua maioria pelas assembleias estaduais. Nas urnas, os eleitores, principalmente os analfabetos, identificam seus partidos por símbolos que lembram o estilo de arte Naïf e os desenhos de livros de alfabetização, como elefante, arco e flecha, relógio, carro de boi, ventilador, lamparina, bicicleta, balança, enxada e guarda-chuva. Alguns candidatos resolveram levar os símbolos ao pé da letra. Certa vez um partido escolheu um papagaio como seu símbolo. Durante um comício, na década de 1990, um rival resolveu mostrar da forma mais realista possível o que o seu partido faria com os adversários nas urnas: torceu o pescoço do pássaro. A morte do papagaio fez a comissão eleitoral proibir os partidos de escolherem símbolos de animais pequenos e vulneráveis a ataques violentos como esses: imagens de tigres e elefantes continuam liberadas.

Nos últimos vinte anos, o cenário partidário indiano se fragmentou: há uma acirrada competição entre inúmeros partidos regionais e casteístas. O parlamentarismo indiano já foi mais parecido com o modelo britânico, com dois partidos predominantes. Há vinte anos, porém, os governos não são mais formados através de maiorias simples de um só partido. Desde então, o que governa a Índia são coalizões amplas, com mais de dez legendas. Não há grandes diferenças ideológicas entre os partidos. O que distingue o principal partido de oposição, BJP, do Partido do Congresso, é que este reza pela cartilha do secularismo, enquanto o primeiro é visto como aliado de organizações nacionalistas hindus radicais. A única exceção é o partido comunista da Índia, com uma visão tradicional de esquerda, contra a abertura da economia e as privatizações.

A primeira vez que os indianos foram às urnas foi em 1951, quatro anos após conquistarem a sua independência. O entusiasmo foi imenso. Mais de 60% de eleitores compareceram às urnas: 80% deles eram analfabetos. Naquela época, muitos previram, erroneamente, cenários pessimistas para a nascente democracia indiana. Mas com exceção dos 19 meses do chamado Período da Emergência, a Índia independente nunca tirou do seu povo o direito de eleger seus governantes. Um desempenho invejável. Em junho de 1975, Indira silenciou seus críticos e suspendeu a liberdade civil. Ela havia declarado o Estado de Emergência porque a Justiça a havia condenado por irregularidade nas eleições de 1970 e anulado a sua vitória. Na época, Indira era alvo de acusações de corrupção e amargava uma grave crise econômica, com inflação alta no auge da crise do petróleo. Ela colocou seu filho mais novo, Sanjay, para liderar uma imensa e impopular campanha de esterilização da população: quase oito milhões passaram pelo procedimento. Mas Indira pagou caro: ao convocar eleições em 1977, ela não conseguiu garantir nem a sua cadeira no Parlamento.

Acima, homens em fila de votação em eleição estadual de Bihar, em 5 de novembro de 2005. Ao lado, mulheres também esperam para escolher seus representantes.

A ideia de que a democracia indiana foi uma "herança benigna" dos britânicos apenas reforça um estereótipo. A Índia tem uma longa tradição no debate político, desde antes de nossa era. Na época de Ashoka, o Grande, no século III a.C., existiam os Conselhos Budistas que debatiam diferentes pontos de vista e decidiam disputas. O imperador mogol Akbar também foi um dos maiores promotores do diálogo. Essa tradição é visível na Índia do século XXI. Basta observar o gosto que os indianos têm em debater política e outros assuntos. Eles podem discutir os temas do dia ou da semana durante horas, acocorados nas típicas vendinhas de chá nas cidades ou nos vilarejos mais esquecidos do país: críquete, Bollywood e política são os assuntos preferidos. Os indianos não temem dar suas opiniões. A liberdade de expressão é motivo de orgulho, principalmente quando eles se comparam com a vizinha China.

A BARULHENTA MÍDIA INDIANA

Os três principais canais de notícias em inglês do país transmitem todas as noites, no horário nobre, debates sobre o tema do dia. São geralmente mais de cinco convidados falando e berrando pelos cotovelos, muitas vezes ao mesmo tempo. Os ministros do governo se submetem humildemente a duras entrevistas ao vivo nas TVs quando ocorre algum escândalo ou algum fato que é preciso ser explicado.

A mídia vive uma competição selvagem: vale tudo para aumentar a audiência. A televisão chegou à Índia em 1959, quando o país vivia o auge do socialismo de Nehru, e os indianos tinham que se contentar com um enfadonho e único canal estatal. Os canais de televisão aberta desembarcaram no país na década de 1990, junto com a liberalização econômica. Hoje somam 650: é um dos maiores e mais lucrativos mercados de televisão a cabo do mundo. Jornais e revistas têm ampla liberdade de expressão; há mais de 60 mil publicações em dezenas de línguas com circulação de 180 milhões de exemplares, segundo o Registro Geral de Jornais de 2008.

Com uma mídia efervescente, a classe média acabou por transformá-la em seu principal instrumento de pressão política. Os maiores protestos contra a corrupção que a Índia já teve cresceram com a cobertura ao vivo dos canais de notícias 24 horas por dia. Isso atraiu mais e mais gente às manifestações. Um imenso observatório astronômico construído por uma marajá no século XVII no centro de Délhi acabou se transformando em um privilegiado mirante da democracia indiana em 2011. Um senhor de 73 anos que parecia um Mahatma Gandhi rechonchudo começou um jejum que provocaria uma das maiores enxaquecas do governo. Trata-se do ativista social Anna Hazare, que se transformou no maior líder da cruzada anticorrupção da história da Índia.

Hazare paralisou a Índia com suas duas greves de fome para exigir a criação do *lokpal*, a versão indiana do *ombudsman*, uma figura com poder de punir acusados de corrupção. Milhares de pessoas saíram às ruas para apoiá-lo. Em uma nova Índia obcecada com riqueza e *status*, onde jogadores de críquete e estrelas de Bollywood são idolatrados, a classe média emergente desafiava o calor e a chuva das monções para apoiar um simples ex-motorista de caminhão do Exército vindo de uma cidadezinha do interior que ninguém nunca tinha ouvido falar, vestido com uma roupa típica dos agricultores e um chapéu chamado pelos indianos de *topi* que Nehru e Gandhi haviam popularizado durante o movimento de independência. No final, o projeto foi aprovado, mas sem incluir várias exigências feitas pela sociedade civil, deixando espaço para protestos futuros.

BAKSHISH PARA O CHAZINHO

Nenhum movimento de massa conseguiu nos últimos anos capturar a imaginação dos indianos como o protesto de Hazare. Em boa medida, foi uma explosão de frustrações contra a corrupção diária que inferniza as suas vidas e irrita mais do que os grandes escândalos. Os indianos costumam pedir a *bakshish* para o chazinho: é a versão indiana do "trocado para o cafezinho" ou a "cervejinha". Boa parte dos serviços que deveriam ser gratuitos só se consegue molhando a mão dos outros. Em outubro de 2010, Raghunandan Thoniparambil, um funcionário aposentado do Serviço Administrativo, lançou com sucesso o site ipaidabribe.com, que coleciona milhares de exemplos da corrupção cotidiana: são donos de restaurantes que pagam US$ 500 para burocratas do governo liberarem sua licença de funcionamento; policiais que cobram para registrar queixas de roubo de celulares; motoristas obrigados a pagar guardas de trânsito por infrações fictícias; pais que desembolsam uma grande soma eufemisticamente chamada de "doação" para garantir uma vaga para o filho na escola. Em um dos maiores cartórios públicos de Délhi, o que mais chama a atenção é o burburinho que se vê do lado de fora do prédio: escrivães diante de pilhas de papéis amontoados em mesinhas enfileiradas na calçada. São aprendizes de advogados que se tornaram profissionais da propina: eles prometem entregar com eficiência qualquer documento rapidamente, até em algumas horas, desde que o freguês esteja disposto a pagar cem vezes mais. Do lado de dentro do prédio, dezenas de casais jovens em busca de certidões de casamento esperam horas sentados em cadeiras sob ventiladores de teto enferrujados e teias de aranha penduradas nos cantos altos das paredes. Para eles, que pagam apenas US$ 3 pelo documento, os funcionários só têm uma resposta: volte na próxima semana. Uma expressão que na Índia tem o significado elástico: em geral qualquer prazo é fictício. Do lado de fora, um "eficiente" cambista pode cobrar até US$ 250 para entregar o documento em um dia. "Nós ajudamos as pessoas que estão com pressa", diz Bablu, o codinome de um homem gordo, suado, com fala rápida e ágil. A máquina que move o Estado indiano é empoeirada. Um contraste com a modernizada Índia da iniciativa privada.

Os ativistas conquistaram uma poderosa arma na guerra contra a corrupção: a Lei pelo Direito da Informação, em vigor desde 2005. Ela obriga a opaca burocracia indiana a dar informações aos cidadãos no prazo máximo de três meses. Foi uma bomba na cabeça de muitos corruptos com ativistas sociais enviando dezenas de milhares de requisições sobre os mais variados assuntos: de venda de terras públicas a grupos privados, ao destino de benefícios sociais e verbas do governo para construção de escolas e hospitais. Mas vários ativistas já morreram em emboscadas, "acidentes" ou "assaltos".

A luta contra a corrupção está apenas no começo. Um dos debates que mais pega fogo é o da repatriação da montanha de dinheiro sujo escondida no exterior. Em 2008, a mídia indiana divulgou com destaque um levantamento do Global Financial Integrity, uma organização americana de combate à corrupção baseada em Washington, segundo a qual a Índia teria perdido um total de US$ 464 bilhões (valor atualizado em 2010) em fluxo ilegal de capital entre 1948 e 2008: ou seja, mais do dobro do débito externo do país em 2008 (US$ 230 bilhões). Arun Kumar, economista da Universidade Jawaharlal Nehru em Déli e autor do livro *Black Economy in India* diz que o número de escândalos de corrupção aumentam cada vez mais: de 26 entre 1967 e 1997, a Índia passou a ter 150 escândalos de vários tamanho envolvendo todas as áreas da economia entre 2005 e 2008.[15] No *ranking* de 183 países da ONG alemã Transparência Internacional, no Índex de Percepção de Corrupção de 2011, a Índia ficou em 95º lugar (os primeiros da lista são os mais transparentes). Seu desempenho piorou com relação a 2010, quando estava em 83º lugar. A Índia está abaixo do Brasil (73º lugar) e da China (75º lugar), mas melhor do que a Rússia (143º lugar).[16]

Certamente, o vexame dos escândalos durante os desorganizados Jogos da Comunidade Britânica, realizados em outubro de 2010 em Nova Déli, contribuiu para essa queda. Choveram acusações de fraudes em vários contratos ligados ao evento. Naquele mesmo ano, a Índia mergulhou em ondas sucessivas de escândalos que paralisaram o governo e congelaram importantes projetos de desenvolvimento de infraestrutura. Foi a pior crise enfrentada por Manmohan Singh, que passou a ficar na defensiva. A grande ironia é que Singh é honesto: tem fama de incorruptível mesmo entre seus adversários. Mas ele é criticado por ter pulso fraco. Em 2011, quando a Índia completava vinte anos de abertura econômica que impulsionou o crescimento do país, muitos se diziam desiludidos pelo fato de as privatizações terem provocado um aumento sem precedentes nos níveis de corrupção. A mídia passou a levantar o temor de que a Índia pudesse seguir o caminho da Rússia, mergulhando em um tipo de capitalismo oligárquico e selvagem. O alto nível de corrupção jogou uma nuvem escura sobre a imagem de "A Índia que brilha", propagandeada nos últimos anos. Executivos e políticos foram presos na esteira dos escândalos. O nexo maligno das corporações com interesses políticos ameaçava a credibilidade da Índia moderna. Bilhões de rupias são extraídas de várias formas: de verbas do governo que deveriam ser investidas em megaprojetos ou grandes eventos, da expropriação ilegal de terras e do oferecimento ilícito de recursos naturais como água e minério de ferro a parceiros privados, especialmente grandes indústrias e construtoras. O maior escândalo dos últimos tempos envolveu a concessão de licenças de telecomunicação em telefonia sem fio, justamente a menina dos olhos da nova economia. As irregularidades custaram ao governo mais de US$ 50 bilhões e a cabeça do então ministro das Telecomunicações, Andimuthu Raja, que acabou preso, acusado de vender licenças por uma fração de seu valor. Vazamento de gravações de centenas de conversas telefônicas envolveram lobistas de grandes empresas, políticos, empresários, burocratas e até jornalistas famosos.

A FRONTEIRA MAIS PERIGOSA DO MUNDO

Como se não bastassem todos esses problemas, a Índia encara vários movimentos rebeldes e separatistas. O mais famoso de todos fica na Caxemira. Tente localizá-la no mapa e você vai encontrá-la dividida em três pedaços: um na Índia, um no Paquistão e um na China. Para quem não é indiano ou paquistanês, a Caxemira parece uma charada geopolítica nebulosa em uma esquina longínqua do subcontinente asiático. Com tradição islâmica, hindu e budista, essa bela e mística região é rica em história e lendas. Alguns acreditam que Jesus morreu lá. Outros, que Moisés andou pela região para procurar a sua tribo perdida. A Caxemira foi batizada no século XVII pelos imperadores mogóis de "paraíso na terra": era onde eles passavam as suas temporadas de verão, para fugir do calor insuportável de Délhi e de Agra.

Esse paraíso tornou-se, a partir do século XX, um dos lugares mais explosivos do planeta, disputado por duas potências nucleares. Há mais de seis décadas a Índia e o Paquistão veem a Caxemira como sua. A região tornou-se causa de um nacionalismo fervoroso nos dois lados. Tida como um verdadeiro gatilho nuclear, a instabilidade dessa franja do Himalaia traz uma ameaça que afeta o mundo todo. Por isso, ganhou a sinistra reputação na mídia internacional de "a fronteira mais perigosa do mundo".

E nasce uma nova Índia | 213

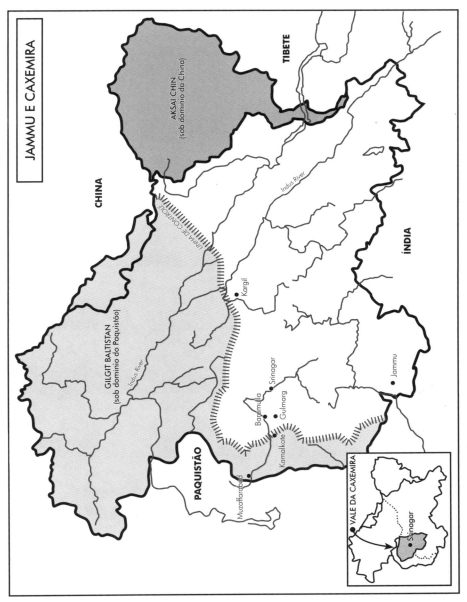

Na região da Caxemira, a Índia mantém uma disputa com China e Paquistão.

Os indianos costumam dizer que a Caxemira é um vulcão adormecido que entra em erupção pelo menor pretexto.

As ruas de Srinagar, a capital, estavam mais silenciosas do que nunca quando desembarquei lá em 2 de maio de 2011, dia em que o mundo tomou conhecimento da morte de Osama bin Laden. Abottabad, a cidade onde ele se escondia, no Paquistão, fica a 150 km de Srinagar, não muito distante dali. Com o barulho dos helicópteros do comando americano que atacou a casa onde Bin Laden vivia, os residentes de Abottabad pensaram que os indianos invadiam a cidade. Esse é o pensamento comum na Caxemira, traumatizada depois de mais de duas décadas de violência: o de que a qualquer momento o inimigo, do outro lado da fronteira, pode atacar.

Mulheres caxemirenses participam de manifestação em favor da independência da Caxemira com relação ao Estado indiano, na cidade de Pampora, a 30 km de Srinagar, a capital.

No dia 6 de maio, Syed Ali Shah Geelani, um dos líderes separatistas mais radicais da Caxemira, que defende a união com o Paquistão, organizou o enterro simbólico de Bin Laden em Srinagar, atraindo centenas de pessoas. No enterro, a multidão chamava Bin Laden de mártir por ter sacrificado sua vida pelo Islã. Mas esse foi um ato isolado. O que prevalecia na região naqueles dias era um silêncio de quem não está triste, nem feliz, mas exausto. Cansados da Índia e do Paquistão, eles sentem que se tornaram apenas um instrumento de disputa entre os dois. Hoje, a mensagem que mais se vê escrita por grafiteiros em muros e paredes das casas é "Índia, volte para casa". Até problemas do cotidiano como falta de água e de eletricidade acabam explodindo em demandas por *azadi*, uma das palavras que o visitante mais ouve por lá: "liberdade".

O Café Arábica em Srinagar é um ponto de encontro famoso da elite local, com som ambiente e cardápio estilo ocidental. É um dos raros lugares onde se pode relaxar e até tomar uma Kingfisher, a cerveja mais famosa da Índia. Quase nenhum restaurante da cidade serve álcool para não arriscar ser atacado por grupos radicais islâmicos. Amit Amla, o dono do Café Arábica, pertence a uma das poucas famílias hindus que restaram em Srinagar. Hoje, mais de 97% da população da Caxemira é muçulmana: quase todos os hindus abandonaram o vale durante os anos da guerrilha islâmica. "A solução para a Caxemira é incluir a região no sucesso econômico da Índia e dar empregos para jovens sem perspectivas", opina Amit.

Mas a Caxemira vive uma paz de gelo fino: qualquer rumor pode quebrar a aparente calma e explodir em protestos violentos. O fantasma da guerrilha islâmica pode surgir das cinzas no momento em que as tropas ocidentais deixarem o Afeganistão. Foi o que aconteceu na década de 1980, com o fracasso da invasão soviética: milhares de *mujahedins*, os guerreiros sagrados do Islã, então combatentes "desempregados", desembarcaram na Caxemira à procura de um novo *front* da *jihad*, a Guerra Santa islâmica. Srinagar passou a ter explosões diárias de bombas e granadas. Naquela época, a Caxemira havia se tornado o grande assunto dos correspondentes estrangeiros que cobrem o sul da Ásia e tem suas bases em Nova Délhi: um movimento separatista apimentado com a virulência da *jihad* islâmica, e ainda por cima com o potencial de acender o pavio de um conflito nuclear. O jornalista caxemirense Basharat Peer escreveu um dos melhores retratos da atmosfera psicológica na qual cresceu a nova geração da Caxemira. Em seu livro *Curfewed Night*, ele descreve o fascínio que os *mujahedin* exerciam sobre meninos como ele – que tinha 13 anos em 1990, quando começou a guerrilha. Os militantes islâmicos eram os seus super-heróis. Como eles costumavam carregar as famosas Kalashnikovs, os garotos alimentavam mitos de que essas metralhadoras russas tinham poderes mágicos mais potentes do que a lendária lâmpada de Aladim. Os meninos caxemirenses sonhavam com os *kamachis*, tênis russos usados pelos militantes islâmicos. Outro modismo que os jihadistas espalharam foi trocar as pedras dos anéis, que os homens do sul da Ásia costumam usar, por balas de Kalashnikov. Assim, foi criada uma linha completa de "joalheria-jihadista", que incluía ainda o uso de cartuchos de Kalashnikov como amuleto pendurado em cordões no pescoço.[17]

Cerca de 30 mil militantes lutaram no auge da resistência armada. O governo indiano diz que em 2012 restavam entre 500 a 700 rebeldes, confinados em áreas florestais. Hoje, a maioria dos grupos separatistas da Caxemira não idolatra mais os guerrilheiros islâmicos, antes batizados de "lutadores da liberdade": eles são chamados agora de "estrangeiros e terroristas". O resultado de duas décadas de *jihad* na região foi a morte de cerca de 70 mil pessoas, a maioria civis, vítimas dos dois lados: forças de segurança e combatentes islâmicos. Pelo menos 8 mil caxemirenses desapareceram. Há muitas acusações contra o Exército, as forças paramilitares e a polícia sobre assassinatos, desaparecimentos, tortura e estupros. A sociedade civil exige o fim de uma lei que há vinte anos oferece imunidade para as forças armadas, que tem carta branca para prender e atirar em qualquer pessoa. A Associação dos Familiares de Pessoas Desaparecidas é presidida por Parveena Ahanger, cujo filho, Javaid Ahmad, 16 anos, foi preso por soldados na noite de 17 de agosto de 1990 e nunca mais voltou para casa. Em agosto de 2011, a comissão de Direitos Humanos do governo estadual anunciou a descoberta de 2.730 túmulos em 38 cemitérios. Desses, 2.156 eram corpos não identificados, pessoas que estavam desaparecidas.[18]

Mais de vinte anos depois do início da insurgência, Srinagar continua pipocada de *bunkers* fortificados a cada esquina. A Caxemira é uma das regiões mais militarizadas do mundo: os números variam entre meio milhão e 700 mil soldados indianos estacionados lá. O governo se justifica afirmando que a insurgência islâmica ainda não foi totalmente esmagada. Carros blindados com militares e policiais armados até os dentes circulam pelas ruas. Soldados estão em todos os lugares: atrás de sacos de areia, no meio das estradas, em pontos estratégicos da cidade, dando a Srinagar um ar de acampamento militar. Desde a chegada no novo aeroporto de Srinagar, já se vê longas filas de militares que se preparam para embarcar de férias e os que chegam para servir. Na verdade, o clima de segurança máxima começa dentro dos aviões com destino para Srinagar: nos voos de passageiros sempre há um militar a paisana e armado, para evitar sequestros. Srinagar é limpa e organizada, mas as pessoas parecem sempre tensas, preocupadas e tristes. O vocabulário dos caxemirenses é recheado de palavras como armas, túmulos, insurgência, depressão, tortura, prisão, órfãos e desaparecidos. Jornalistas locais dizem que não escrevem matérias, mas obituários. Nas ruas, os homens são em número muito maior do que as mulheres. A maioria delas, quando sai, se cobre da cabeça aos pés. Antes da chegada da vertente radical do Islã, a

Caxemira era um tradicional centro do sufismo, o ramo místico do Islã, já explicado no capítulo "Caldeirão dos deuses". A ramificação wahabismo, ao qual pertencia Osama bin Laden, desembarcou lá pelas mãos dos militantes armados na década de 1990 e atrai cada vez mais gente: é o oposto da tradição liberal sufista. Mas as mulheres não abandonaram as tradições antigas e lotam os santuários sufis de Srinagar.

O coração pulsante de Srinagar é o belo lago Dal, cercado de restaurantes, cafés e lojas que vendem caixinhas de papel machê pintadas, açafrão e xales de lã bordados com fios de seda. O lago é como uma cidade na água, recheado de barcos-casas: a maioria funciona como hotéis flutuantes, com o interior de madeira esculpida como renda, *samovares* de prata e narguilés – objetos obrigatórios nas boas casas da Caxemira. As chamadas *shikaras*, os barcos menores que transportam turistas e moradores de uma margem para a outra, têm uma função clandestina, segundo contam os locais: servem de pontos de encontro secretos e noturnos para casais de namorados, uma verdadeira heresia em uma sociedade com padrões de comportamento mais rígidos do que no resto da Índia.

JIHAD CAXEMIRENSE

Na velha Srinagar, diante da Shafat Clothe House, uma empoeirada loja de roupas e sapatos usados, tipo de comércio muito comum na esfarrapada economia da Caxemira, Abdul Sattar fala sem parar. Seu assunto principal é a depressão pós-guerra que lota os poucos consultórios psiquiátricos. Com barba grisalha comprida, típica túnica longa com colete preto, Sattar é uma espécie de líder do bairro: quando ele fala, grupinhos de pessoas o cercam para escutá-lo. Amargo, diz por que toma antidepressivos. "A *azadi* [a causa da liberdade] foi traída pelos políticos. As pessoas estão deprimidas por causa da falta de esperança e da violência", protesta. Mais de duas décadas de guerra entre insurgentes separatistas e tropas do exército indiano deixaram os caxemirenses exaustos e traumatizados. Antidepressivos e sedativos voam das prateleiras das farmácias. Muitos são viciados em haxixe, heroína e em morfina, vendidos sem prescrição médica. Médicos do Hospital de Doenças Psiquiátricas de Srinagar, o único da cidade, lembram que havia apenas um paciente por dia nos anos 1990. Hoje, são 300 diariamente atendidos em consultas de apenas dois minutos.

A partir de 2004, as coisas começaram a mudar, com o enfraquecimento da militância armada: o apoio paquistanês diminuiu. Em meio a uma grave crise humanitária, o Paquistão hoje é obrigado a lutar pela sua sobrevivência e pelo controle de seu próprio Estado, carcomido pela infiltração dos radicais islâmicos e da versão paquistanesa do

Mulheres assistem à procissão que conduz caixão de menino morto durante conflito com a polícia em Srinagar, capital da Caxemira.

Taliban. As mortes conectadas com a insurgência caíram de 4.507 em 2001 para 541 em 2008. Lal Chowk é um espelho dos novos tempos; os consumidores voltaram e o coração comercial de Srinagar ressuscitou. Nos tempos mais violentos, a Lal Chowk era uma constante zona de conflito. Os comerciantes eram obrigados a fechar as portas às 15h. Suas casas de chá serviam de pontos de encontro de militantes na clandestinidade. Moazum Bhat, um franzino jornalista de 24 anos do *Greater Kashmir*, o mais antigo jornal em inglês da região, trabalha em uma ruela esprimida atrás da rua principal da Lal Chowk. Eu o encontrei no escritório poeirento do jornalzinho, na Alameda da Imprensa, onde ficam as sedes de outros periódicos em inglês. Moazum me leva para um café ali perto. É um ponto popular dos jornalistas que vão lá beber *kahwa chai*, um chá-verde temperado com cardamomo, canela, amêndoa ralada e açafrão. "Ninguém aqui está interessado em educação e saúde. Todos querem enriquecer o mais rápido possível. Fazer dinheiro é o mantra de hoje, com a Índia crescendo. A corrupção é generalizada. Basta ver a proliferação das mansões com janelas de vidros espelhados dos políticos e dos altos funcionários do governo", reclama Moazum, que, como muitos dos caxemirenses com quem conversei durante minha viagem pela região, costuma dizer "lá na Índia", ou "os indianos", como se fosse outro país e outra nacionalidade. Moazum conta que mesmo hoje há casos de meninos que cruzam a fronteira para treinar no Paquistão. "Eles não têm medo de nada. Estão acostumados com isso desde que nasceram", explica. Em 2008, eles descobriram as pedras. O novo tipo de protesto foi batizado de "Intifada caxemirense" por se inspirar no exemplo palestino. Em 2010, Srinagar pegou fogo: a cidade viveu a mais explosiva atmosfera política da última década, detonada com a morte do menino Tufail Ahmad Matoo, de 17 anos, no dia 11 de junho, quando voltava de uma aula particular; ele foi atingido na cabeça por uma bomba de gás lacrimogêneo que a polícia jogou para conter uma manifestação. No dia seguinte, milhares de jovens tomaram as ruas em protesto, gritando *slogans* pela independência e lançando pedras nas forças de segurança, que respondiam atirando na multidão. Naquele ano, cerca de 140 meninos, alguns menores de idade, foram mortos por balas da polícia e milhares foram presos.

FUTEBOL COMO ESCAPE

Wasim Khan, capitão do time de futebol de Srinagar, o ISAT (*International Sports Academy Trust*), vivenciou na pele a Intifada. Naqueles dias conturbados de 2010, Khan telefonava diariamente para cada garoto de seu time para saber se poderia contar com eles para treinar. "Sempre tinha um funeral de um amigo ou parente", lembra Khan. Foi praticamente impossível jogar futebol naquele verão. O técnico do time, Marcos Troia, é um simpático argentino com coração meio brasileiro. Ele morou e estudou no Brasil e é casado com Priscila, uma corajosa brasileira que encara há quatro anos a difícil vida na Caxemira, com três filhas pequenas. O técnico já treinou mais de mil meninos desde 2007. Mas chegou a receber ameaças de morte e exigências de deixar a cidade: "Os clubes rivais estão preocupados com a nossa popularidade e por isso aconteceram as ameaças. Também houve campanhas maldosas tentando fazer as pessoas acreditarem que o nosso trabalho estaria ligado com proselitismo cristão. Nós não temos nada a ver com religião, nem com política. Nossa alma é o esporte", conta Marcos. Não é fácil operar numa atmosfera envenenada como a de Srinagar. "Aqui, todos desconfiam de todos, uns brigam com outros: povo com polícia, governo com separatistas. Vinte anos de conflito foi o suficiente para encher as ruas da cidade de suspeição e medo", diz Priscila.

Os caxemirenses, segundo Marcos, adoram futebol. "Eu quero somente fazer deles bons jogadores. O futebol é uma excelente forma de mantê-los fora de problemas. Eles

Marcos (de boné), técnico de futebol argentino casado com uma brasileira, durante treinamento com seu time de meninos caxemirenses, em Srinagar, capital da Caxemira.

se ocupam e não pensam em tomar o caminho errado", explica o técnico argentino que veste frequentemente a camisa da seleção brasileira. Musadik Mehraj, o Musa, é um caxemirense de 18 anos que fala português tão bem que parece brasileiro. Ele foi um dos meninos que o técnico argentino conseguiu enviar para o Brasil por um ano em um sistema de troca-troca com garotos brasileiros que desembarcavam na Índia para jogar. "Eu amei o Brasil. Tudo o que eu queria era voltar para lá", sonha o menino, que jogou em um clube de Marília (SP). Marcos quer mandar mais meninos para treinar no Brasil, mas a Caxemira é complicada demais. Um de seus jogadores mais talentosos, Basharat Bashir Baba, não conseguiu ir para o Brasil porque o governo havia se recusado a lhe dar o passaporte indiano. Em geral, é difícil para os caxemirenses conseguir esse documento. Mas para Basharat foi impossível. Até dar entrada com o pedido de passaporte, o garoto não sabia que antes de ele nascer o seu pai havia treinado no Paquistão e entrado para a milícia islâmica. Bashir, o pai, abandonou a luta armada e virou comerciante. Mas o passado de jihadista marcou a família para sempre e acabou afogando o sonho do menino de ir para o Brasil – que para aqueles jovens jogadores caxemirenses é um paraíso na terra. Ele pintou a parede inteira do quarto de verde e amarelo. Sua história virou um belo documentário, feito pelo cineasta Ashwin Kumar: *Inshallah Football* (2010).

OS GUERREIROS ISLÂMICOS DA INTERNET

Há duas gerações perdidas na Caxemira: a que a partir de 1989 teve a sua adolescência decepada na guerra civil e pegou em armas. E a geração seguinte, os garotos, adolescentes e jovens de hoje, que nem infância tiveram: já nasceram sob os escombros de uma casa que pegou fogo, no meio do tiroteio, entre barreiras de checagem do exército, *bunkers* e acampamentos militares, e centros de interrogação. Viram amigos e familiares morrerem ou desaparecerem. Eles trocaram as Kalashnikovs (arma de fogo) por pedras e não têm medo da morte. São jovens que não têm líderes, não acreditam em partidos políticos e falam por si próprios. Eles sabem inglês, têm diplomas de cursos de computação, andam com iPods grudados no ouvido, são fãs de Bob Dylan e do U2. Suas falas são temperadas com certa dose de radicalismo islâmico, mas ao mesmo tempo eles têm orgulho da antiga e rica tradição de sincretismo religioso da Caxemira. Eles tiram fotos dos protestos com seus celulares modernos e as expõem no Facebook e Youtube.

Roushan Illahi ficou conhecido em toda a Caxemira e até no resto da Índia como MC Kash, um *rapper* caxemirense e fã ardoroso do Manchester United. Ele compôs uma música contra a opressão e violência policial que virou febre em setembro de 2010, em meio à Intifada. O nome da música é "I Protest" ("Eu Protesto"): "Meu paraíso está queimando, com tropas que assassinam e estupram. Eu vou jogar pedras e não vou correr. Eu protesto pela mãe que perdeu seu filho. Eu protesto até a minha liberdade chegar." Kash não foi preso, mas houve batida policial no estúdio onde ele gravou a música. Racionais, articulados e passionais, estes jovens são bem diferentes dos militantes mascarados e armados do passado. Nascido em 1990, no auge da guerrilha, Kash – com seu jeans e moletom de capuz – é como outros meninos caxemirenses de sua idade: o resultado da mistura da influência ocidental com

222 | Os indianos

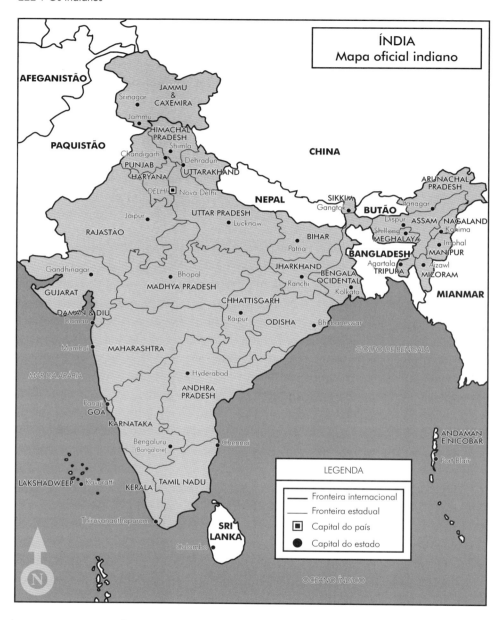

O mapa oficial da Índia (nesta página) é maior que o mapa internacional (na próxima página). Isso porque o mapa divulgado nas escolas e nos livros indianos inclui áreas que estão ocupadas na região da Caxemira, no norte do país, de um lado, pelo Paquistão e, pelo outro, pela China (Aksai Chin).

E nasce uma nova Índia | 223

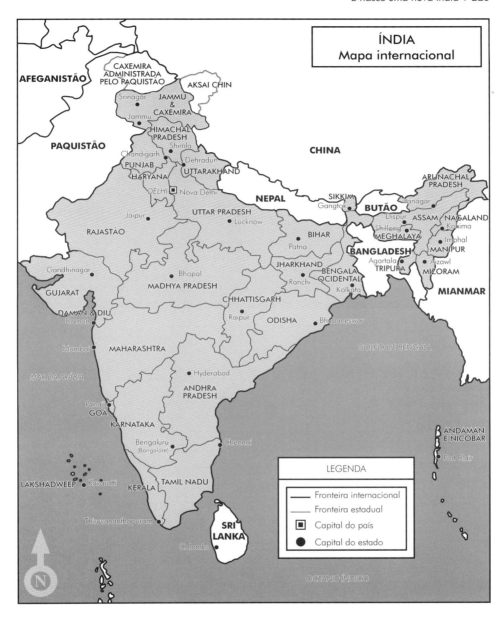

a sua cultura tradicional. Apesar das roupas ocidentais, carrega dentro de si valores islâmicos. Ele e outros que atacam a Índia através das redes sociais foram batizados pela mídia de "Guerreiros da Internet". Os meninos da Intifada acenderam a luz vermelha na Índia e a opinião pública começa a questionar as autoridades sobre o desrespeito aos direitos humanos.

A escritora Arundhati Roy, assunto do capítulo "*Curry* cultural", provocou uma imensa polêmica em 2010 ao defender a ideia de um plebiscito para que os caxemirenses decidam se querem continuar com a Índia ou não. Por causa disso, Roy foi acusada de traidora e separatista. A forma mais fácil de conquistar inimizade com os indianos é questionar a soberania da Índia sobre a Caxemira. Em geral, mesmo os que passaram recentemente a criticar os excessos do exército indiano na região afirmam que ela pertence à Índia. O assunto arrepia os nacionalistas dos dois lados. A Caxemira é vista oficialmente pelo mundo como um território disputado, mas isso irrita os indianos. Revistas internacionais que trazem mapas da Índia em que a Caxemira está dividida entre a Índia, o Paquistão e a China sofrem atraso na circulação. As autoridades indianas só liberam a edição após colarem um selo que esconde esses mapas em cada um dos exemplares.

GUERRAS E O TERROR DO EXÉRCITO DOS PUROS

A raiz de todos os problemas que a Caxemira vive hoje foi plantada na partição em 1947. Homens armados apoiados pelo exército do recém-criado Paquistão invadiram a região norte da Caxemira. Esse foi o estopim do primeiro de uma série de quatro conflitos armados entre os dois rivais. No acordo de paz intermediado pela ONU em 1948, a Índia concordou em submeter a decisão sobre o futuro da Caxemira a um plebiscito, mas sob a condição de que o Paquistão se retirasse da região. O Paquistão não aceitou e o impasse continuou. Em 1949, foi criada uma linha de cessar-fogo. Dois terços da Caxemira ficaram com os indianos, mas até hoje nem Índia, nem Paquistão a aceitam como fronteira legal. Em 1965, os dois países travaram a segunda guerra, após o Paquistão ter invadido a região fronteiriça do deserto de Kutch, no estado do Gujarat, no noroeste da Índia. Dessa vez, quem intermediou as negociações de paz foi a então URSS. A terceira guerra, em 1971, teve como justificativa a repressão do exército paquistanês sobre rebeldes bengaleses no que então era o Paquistão do leste. Foi a oportunidade para Indira Gandhi eliminar um *front* inimigo na região leste. A guerra durou apenas 13 dias, mas pariu um novo país: Bangladesh. O último conflito armado ocorreu em outubro de 1999, quando guerrilheiros e soldados paquistaneses ocuparam pontos estratégicos de Kargil, um deserto frio a cinco mil metros de altitude na parte indiana da Caxemira. Em quatro semanas, a infantaria indiana expulsou os paquistaneses. Esse conflito foi o primeiro em que o mundo temeu por uma guerra nuclear. O total de soldados mortos dos dois lados nos quatro conflitos é de 50 mil.

A última vez que o fantasma de um conflito nuclear assombrou o mundo foi em 2002, quando os dois países quase entraram em guerra novamente. A Índia rompeu relações diplomáticas com o Paquistão porque, em 13 de dezembro de 2001, cinco *fydayeen*, terroristas islâmicos suicidas, atacaram o Parlamento indiano que estava em plena sessão. Cerca de 200 legisladores estavam dentro do prédio. Durante meia hora, os políticos ficaram presos no Parlamento enquanto acontecia o tiroteio e explosões de granadas do lado de fora. No final, os terroristas se explodiram. Oito policiais e um jardineiro perderam a vida. O subcontinente indiano viveu um de seus momentos mais perigosos em maio de 2002: a Índia deslocou a maior parte dos seus 1,2 milhão de militares para as fronteiras com o Paquistão. Foi uma das maiores mobilizações militares na história moderna. Havia rumores de que ambos os lados estavam armando seus equipamentos nucleares. Na TV, os analistas falavam em guerra nuclear e calculavam a extensão da devastação das bombas atômicas indianas e paquistanesas. Estrangeiros começaram a evacuar a Índia. Uma forte pressão diplomática por parte dos EUA acabou com a crise. Em 2003, os dois rivais iniciaram o processo de paz.

Entretanto, sucessivos ataques terroristas promovidos por fundamentalistas islâmicos continuaram a abalar as relações entre os dois vizinhos na década seguinte. As grandes cidades indianas viraram alvos privilegiados com atentados a bombas em mercados, pontos de ônibus, centros comerciais lotados. Nenhuma foi tão castigada pelo terror quanto Mumbai. As autoridades aconselham seus habitantes, em vão, a não frequentar lugares muito lotados. Missão impossível na congestionada capital comercial e financeira da Índia. No dia 11 de julho de 2006, por volta das 18h30, pico do horário do *rush*, explodiu a primeira de sete bombas colocadas em vagões dos superlotados trens de subúrbios, que servem diariamente seis milhões de pessoas. Mais de 200 pessoas morreram e 700 ficaram feridas. As cenas da catástrofe eram de arrepiar: poças de sangue nos trilhos, nos bancos dos vagões amassados, nos vidros das janelas esfaceladas, as roupas dos sobreviventes feridos banhadas de vermelho. Donos de lojas ajudavam a tirar pedaços de corpos das ruas e dos trilhos.

Mas algo muito pior estava para acontecer: o maior ataque terrorista da história da Índia. No dia 28 de novembro de 2008, dez terroristas suicidas saíram do Paquistão de barco e atravessaram o mar da Arábia. Já era de noite quando eles desembarcaram na praia da colônia de pescadores de Cuff Parade, no sul de Mumbai. Para disfarçar sua origem, eles haviam raspado as barbas, usavam fios vermelhos no pulso que os hindus recebem após as *pujas* religiosas, vestiam jeans, camisetas com inscrições de famosas grifes da moda ocidental, como Versace, e mochilas de náilon, pesando oito quilos cada, repletas de armas e explosivos. Eles se dividiram em pares e seguiram em direção a seus alvos com a orientação de matar o máximo de pessoas possível e de fazer reféns em locais cuidadosamente escolhidos: dois tradicionais hotéis cinco estrelas, o Taj Mahal e o Oberoi-Trident, a histórica estação terminal de trem Chhatrapati Shivaji, o badalado Café Leopold, sempre lotado de turistas, o centro cultural Chabad, um dos maiores movimentos do judaísmo ortodoxo, além de um hospital. Foram dois dias de ataques que mataram 173 pessoas, incluindo 22 estrangeiros. A imagem do icônico hotel Taj em chamas, servindo de trincheira para terroristas, se fixou no imaginário indiano como as cenas das torres gêmeas destruídas em Nova York em 2001 para os americanos.

Jornalistas e analistas cobravam retaliação, como "ataques cirúrgicos" a campos terroristas na Caxemira ocupada pelo Paquistão. Ajmal Ameer Kasab, 21 anos, foi o único terrorista capturado vivo: um trunfo valiosíssimo, a prova de que os terroristas haviam vindo do Paquistão. Na prisão indiana, ele contou em minúcias, falando em urdu, a língua oficial do Paquistão, como havia sido treinado nos campos do Lashkar-e-Toiba, o Exército dos Puros. O ataque a Mumbai colocou o holofote internacional sobre o grupo, criado em 1986 pelo professor Hafiz Mohammed Saeed, da Universidade de Engenharia e Tecnologia de Lahore, para arregimentar *mujahedins* (guerrilheiros sagrados do Islã) que haviam lutado contra os soviéticos no Afeganistão. Baseado no Punjab paquistanês, o LeT nasceu com o único objetivo de atacar a Índia. Seu foco inicial era a Caxemira.

ÍNDIA DEIXA DE SER PÁRIA NUCLEAR

Alguns meses antes do ataque a Mumbai em 2008, a Índia e os EUA assinavam o polêmico acordo nuclear que só acirrou a desconfiança dos paquistaneses com relação a seu rival. Pelo acordo, a Índia perdeu a pecha de "pária nuclear" e teria acesso à tecnologia civil nuclear sob a condição de permitir a inspeção internacional de suas usinas civis nucleares. Até então, os únicos países com direito de ter armas nucleares eram os cinco membros permanentes do Conselho de Segurança da ONU: os EUA, a

Rússia, a China, a França e o Reino Unido. A Índia foi aceita informalmente nesse privilegiado clube sem precisar assinar o Tratado de Não Proliferação Nuclear, que a obrigaria a destruir suas armas.

    O acordo nuclear abriu um apetitoso mercado indiano de US$ 150 bilhões para empresas estrangeiras.[19] Até então, as relações entre a Índia e os EUA eram alternadamente cordiais e suspeitas, amistosas e hostis, quentes e frias. O Movimento dos Países Não Alinhados de Nehru, lançado em 1955, era visto por Washington como uma "armação pró-russa". Com a invasão soviética no Afeganistão, em dezembro de 1980, os EUA responderam armando pesadamente o Paquistão e os *mujahedin* afegãos. Em contrapartida, a Índia estava aliada à então URSS. Indira Gandhi nutria uma hostilidade mútua com Richard Nixon que costumava chamá-la de "bruxa".

    Mas o fim da Guerra Fria aqueceu as coisas: com uma imensa classe média consumidora, a Índia tornou-se fundamental na parceria comercial com os EUA. O acordo nuclear alimentou a corrida armamentista no sul da Ásia. Os paquistaneses argumentam que precisam produzir mais armas nucleares para fazer frente ao arsenal do vizinho. A Índia – com seus quase 15 mil quilômetros de fronteira terrestre e 6 mil quilômetros de costa – moderniza suas forças armadas. O país pretende gastar com isso cerca de US$ 100 bilhões nos próximos dez anos: mais de 70% do seu equipamento militar é importado. A Índia é o maior importador de armas do mundo: já ultrapassou a China, segundo levantamento da organização sueca The Stockholm International Peace Research Institute (Sipri), divulgado em março de 2011.[20] Os indianos costumam orgulhar-se do seu poderio militar e nuclear. Seus mísseis balísticos com alcance de até 3 mil quilômetros foram batizados em homenagem a antigas divindades, como Agni, o deus védico do fogo. A mais ousada arma indiana – testada com sucesso no dia 19 de abril de 2012 – é o Agni V, um míssil nuclear balístico intercontinental com mais de cinco mil quilômetros de alcance, incluindo toda a Ásia e 70% da Europa.

    Com as capitais indiana e paquistanesa a menos de 700 quilômetros de distância uma da outra, nem precisa muito esforço para atingir qualquer dos lados: os militares indianos costumam brincar, dizendo que o Paquistão poderia atacar a Índia mesmo com um carro de boi, desde que ele carregue uma ogiva nuclear. Segundo vários levantamentos, Índia e Paquistão teriam um número semelhante de ogivas nucleares: algo em torno de 100 cada lado, preparadas para serem lançadas por jatos ou mísseis escondidos em profundos túneis secretos.

ARAPONGAS E ESPIÕES

No Gujarat, a fronteira indo-paquistanesa fica na beira de um deserto de outro tipo: de sal. No deserto de Kutch, palco da guerra de 1965, onde acampei em dezembro de 2009, há cerca de 150 vilarejos no qual hindus e muçulmanos convivem em uma paz delicada, muitos deles com parentes do outro lado da cerca de arame farpado. Vários são presos ao cruzarem inadvertidamente a fronteira, nos dois lados. Índia e Paquistão costumam trocar de vez em quando seus prisioneiros, que incluem até crianças e mulheres: são centenas para cada lado. Mas existe até uma fronteira turística: Wagah, a 30 minutos de carro da cidade de Amritsar, no estado indiano do Punjab. É um vilarejo empoeirado fortificado com cerca elétrica, minas terrestres e muitos soldados em *bunkers*. Todos os dias, no nascer e no pôr do sol – quando as bandeiras dos dois países são hasteadas e guardadas – soldados indianos e paquistaneses fazem um ritual militar e nacionalista cuidadosamente coreografado na fronteira. Um teatro provocativo em estilo de marcha que serve como barômetro das relações entre os dois países. As bandeiras são abaixadas ao mesmo tempo para que uma não fique nem um milímetro acima da outra. Soldados indianos e paquistaneses marcham em passos de ganso e jogam alternadamente as pernas bem ao alto, como um balé marcial. Não são passos militares reais, eles fazem parte de uma coreografia criada especialmente para representar a rivalidade dos dois vizinhos. Olhos nos olhos, paquistaneses e indianos se encaram ferozmente, sem piscar. Para quem não sabe que é tudo ensaiado, pensa que eles podem sair no tapa a qualquer momento.

Os dois exércitos escolhem seus homens mais bonitos, altos e fortes: até nisso eles competem. Recentemente, os indianos colocaram soldados mulheres na cerimônia: uma provocação sobre as restrições das mulheres paquistanesas. Apesar do show de rivalidade, eles terminam a cerimônia apertando as mãos, sob os olhares de milhares de espectadores entusiasmados. As torcidas competem para ver quem canta mais alto suas músicas patrióticas. Do lado indiano, homens e mulheres misturados, além de cantarem, dançam ao som de músicas de Bollywood. A plateia paquistanesa é separada por gêneros. As mulheres, todas de cabeças cobertas. O público assiste ao exercício militar sentado em arquibancadas, separadas por um imenso portão de ferro: os dois lados se veem de longe. Os paquistaneses colocaram um provocativo retrato voltado para a audiência indiana: o de Mohammed Ali Jinnah, o "pai do Paquistão", e gritam "Vida longa ao Paquistão." Os indianos respondem: "Vitória à Mãe Pátria."

E nasce uma nova Índia | 229

Fronteira para turista ver: todos os dias soldados paquistaneses e indianos repetem o ritual de Wagah. Na foto, meninas desfilam com a bandeira indiana.

Os dois povos são muito parecidos nos hábitos apesar da rivalidade: na língua (o urdu é falado nos dois países e é parecido com o hindi), nas roupas, nas músicas e nas paixões por cinema e por críquete. É justamente na loucura do críquete que se sente a extensão da rivalidade entre indianos e paquistaneses, muito mais acirrada do que a dos brasileiros e argentinos no futebol. Quando os indianos derrotaram os paquistaneses na Copa do Mundo de Críquete na década de 1990, os jornais registraram dezenas de hemorragias coronárias e cerebrais e o Paquistão entrou em estado de luto por uma semana. Em março de 2011, Mohali, uma cidade do Punjab, lotou quando as duas seleções de críquete se enfrentaram na semifinal da Copa do Mundo. O então primeiro-ministro paquistanês Yousaf Raza Gilani assistiu ao jogo no estádio a convite do governo indiano e depois jantou com o primeiro-ministro Manmohan Singh. Multidões faziam filas para comprar ingressos que custavam US$ 1 mil. O governo indiano emitiu 5 mil vistos para torcedores paquistaneses. Para evitar qualquer ato terrorista, Mohali teve seu espaço aéreo fechado e o estádio foi cercado com artilharia antiaérea e por comandos especiais do Exército. No final, a Índia ganhou e se classificou para a final. O jogo foi o pretexto para dois dias de negociações entre dezenas de diplomatas. Ambos os países soltaram prisioneiros que haviam completado suas sentenças em ato simbólico batizado de "diplomacia do críquete".

Como em todos os casos de países que nutrem uma rivalidade ferina, escândalos de espionagem estouram de vez em quando. Em abril de 2010, a diplomata indiana Madhuri Gupta, segunda-secretária do Alto-comissariado da Índia em Islamabad, que servia no Paquistão, foi presa depois de ter sido acusada de passar informações para um empresário paquistanês com quem se envolveu e que era na verdade um operador do serviço secreto do país. Primeira mulher oficial indiana acusada de ser espiã, Madhuri foi maldosamente apelidada de a "Mata Hari indiana", em homenagem à famosa espiã da Segunda Guerra Mundial.

NOTAS

[1] Amitav Ghosh, *River of Smoke*, New Delhi, Penguin Books India, 2011.
[2] Salil Tripathi, "Company Man", em *The Caravan*, New Delhi, set. 2011.
[3] Pavan K. Varma, *Becoming Indian: The Unfinished Revolution of Culture and Identity*, New Delhi, Penguin Books India, 2010, p. 30.
[4] Alex Von Tunzelmann, *Indian Summer: The Secret History of the End of an Empire*, London, Simon & Schuster, 2007, p. 89.

[5] Sanjeev Sanyal, *The Indian Renaissance: India's Rise After Thousand Years of Decline*, New Delhi, Penguin Viking India, 2008, p. 12.
[6] Dominique Lapierra e Larry Collins, *Freedom at Midnight*, New Delhi, Vikas Publishing House, 1997, p. 69.
[7] Madhusree Mukherjee, *Churchill's Secret War: The British Empire and the Ravaging of India During World War II*, Chennai, Tranquebar Press, 2010, p. 271.
[8] Dominique Lapierra e Larry Collins, op. cit, p. 204.
[9] Idem, pp. 358-9.
[10] Idem, p. 215.
[11] Khushwant Singh, *Train to Pakistan*, New Delhi, Ravi Dayal Publisher, 1988. Edição Ilustrada Roli Books, New Delhi, 2006, p. XIX.
[12] Alex Von Tunzelmann, op. cit., p. 282.
[13] Idem, p. 274.
[14] Dominique Lapierra e Larry Collins, op. cit., p. 419.
[15] "Parallel Economy Booms, but Hard to Tell How Big It Is", em *The Times of India*, New Delhi, 8 jun. 2011.
[16] "India Transparency International Corruption Index Blow", 1º dez. 2011, disponível em <http://www.bbc.co.uk/news/world-asia-india-15979649>, acesso em out. 2012.
[17] Basharat Peer, *Curfewed Night,* Noida, Random House India, 2009, p. 23.
[18] Chander Suta Dogra, "Truth, Exhumed", em *Outlook*, New Delhi, p. 38, 12 set. 2011.
[19] Debarshi Asgupta, "The NTH Factor", em *Outlook*, New Delhi, p. 50-4, 28 mar. 2011.
[20] Rajat Pandit, "India World's n. 1 Arms Importer", em *The Times of India*, New Delhi, 14 mar. 2011.

CURRY CULTURAL: CINEMA, LITERATURA E ESPORTE

Os indianos têm duas grandes paixões: o críquete e Bollywood. Ambos se adaptam aos novos tempos: tornaram-se mais enxutos em uma Índia sem tempo e com pressa de enriquecer. E se transformaram em negócios bilionários. O jogo herdado dos britânicos, que antes se arrastava por cinco dias, hoje dura apenas três horas.

A ex-colônia transformou o esporte: shows com música de Bollywood e festas selvagens regadas a uísque, com modelos e astros do cinema no fim de cada partida. A Liga Indiana, um campeonato anual de times indianos, se tornou um dos mais caros eventos do críquete do mundo. Os jogos passaram a ser cobertos não apenas por jornalistas esportivos, mas também por aqueles que escrevem para os suplementos de fofocas dos jornais e para os sites de celebridades. Times foram comprados por barões da nova economia indiana e por estrelas milionárias de Bollywood. O críquete na Índia, assim como o futebol em outros países, inclusive o Brasil, é frequentemente usado como instrumento de negociatas envolvendo políticos, grandes empresários, mídia e celebridades. Os fãs acompanham os campeonatos anuais da Liga pela televisão: um

Ícone nacional e lenda do esporte, Sachin Tendulkar é o Pelé indiano do críquete.

negócio que movimenta pelo menos US$ 4 bilhões. Mas em maio de 2010, a mídia alardeou denúncias de malversação financeira na organização do megaevento, um sinal de que a velha elite corrupta política e financeira ainda estava no jogo.

Os maiores craques do críquete são reverenciados como deuses do panteão hindu. Até trinta anos atrás, esse era um esporte jogado e assistido apenas pela elite. O hóquei de campo, também herdado dos britânicos, era mais popular. Mas a televisão começou a transmitir mais e mais jogos, formando uma massa de espectadores cada vez maior.

O futebol está longe de ser um esporte popular, mas vem ganhando adeptos no país todo. A Índia só se classificou uma única vez para a Copa do Mundo, em 1950, para o campeonato no Brasil. Mas a Fifa exigia o uso de chuteiras e, naquela época, quando o país lutava para se erguer economicamente, os indianos jogavam descalços. Desde os anos 1990, com o início das transmissões dos campeonatos europeus pelas televisões a cabo, a classe média passou a se interessar por futebol. Três estados indianos são especialmente ligados em futebol e costumam se dividir durante as Copas do Mundo entre torcer para o Brasil e a Argentina: Goa, Bengala Ocidental e Kerala. Às vezes, há pancadarias entre as duas torcidas. Os especialistas em esportes contam que o gosto por futebol começou em Calcutá, em 1911, então capital da Índia britânica, a partir da vitória de um time indiano (Mohum Bagan) sobre um britânico (East Yorkshire). Foi uma vitória simbólica contra os colonizadores. O interesse dos indianos pelo futebol brasileiro começou a partir da Copa de 1958; para eles, foi uma quebra da supremacia branca nos esportes. Um time misto de brancos, negros e mulatos (o Brasil) havia vencido os europeus claros, de olhos azuis (a Suécia).

A VIDA NA TELA

A segunda grande paixão dos indianos é conhecida no mundo como Bollywood, uma referência a Bombaim, antigo nome de Mumbai, onde ficam seus estúdios. Alguns se recusam a usar o termo por considerá-lo pejorativo: é uma indicação de que copia Hollywood. Mas é exatamente isso o que acontece. Boa parte dos sucessos de Hollywood é indianizada em Bollywood. O curioso é que a invasão cinematográfica americana fracassou redondamente na Índia: Hollywood representa apenas 5% do mercado. Os indianos gostam mesmo é de ver os personagens vestidos em suas roupas, comendo a sua comida, falando suas línguas e dançando ao som de suas músicas. Mas com a popularização dos canais de televisão a cabo, os filmes estrangeiros começaram a ganhar fãs.

O cinema desembarcou na Índia menos de sete meses depois de o primeiro filme ter sido mostrado em Paris, em 1896. A partir daí, caiu totalmente no gosto dos indianos. Muitos filmes da década de 1920, 1930 e 1940 bebiam nas fontes dos épicos indianos. Na década de 1950, a Índia recém-independente e atolada na miséria já era a segunda maior produtora de cinema do mundo: a chamada "Bollywood Socialista". Naquela época, a Índia flertava com a ex-URSS e os filmes mostravam o orgulho nacional. O ator Raj Kapoor (1924-1988) foi uma espécie de patrono da indústria cinematográfica. Ele costumava encarnar tipos inspirados em Charles Chaplin, como o do famoso vagabundo, em filmes que ele próprio dirigia e escrevia. Suas tramas capturavam uma atmosfera de idealismo indiano após o fim do Império Britânico e o desejo de acabar com a divisão de classes e o preconceito de castas. Os heróis daquele período eram pobres ou lutavam por eles. Nunca tinham sobrenomes que denotassem casta alta. Os ricos eram os vilões nas telas.

Raju foi um de seus personagens mais icônicos, que aparece em vários filmes, como *Shree 420* (1955): ele era um vagabundo de bigodinho, chapéu, calças no tornozelo e sapatos esfarrapados, como Chaplin. Em português, o título do filme seria *Senhor 171*, já que 420 é o artigo do Código Penal que pune trapaceiros. Em uma cena famosa, Raju caminha com uma trouxinha no ombro por uma estrada que leva a Mumbai, enquanto canta: "Meus sapatos são japoneses, minhas calças são inglesas, na minha cabeça tem um chapéu russo, mas meu coração é indiano." Era um hino patriótico em uma Índia que lutava para criar sua indústria após a independência. Raju era um malandro simpático que se apaixona por uma pobre professorinha. Mas de olho em uma vida mais confortável, ele sai de um emprego honesto e mal pago em uma lavanderia para trabalhar com ricos e desonestos. No final, ele se redime e retorna para seus velhos amigos pobres.

Raj Kapoor foi o primeiro indiano a se tornar um superstar internacional; seus filmes fizeram imenso sucesso na Europa do Leste, no norte da África e no Oriente Médio. *O vagabundo* (1951), também com Raj Kapoor no papel principal, tornou-se um megassucesso naquela parte do mundo. O filme conta a história de Raju – Kapoor repetia o nome do personagem –, um menino pobre criado nas favelas de Mumbai. Um drama com conflitos de classe recheado de questionamentos sociais. O garoto cresceu na miséria porque a mãe havia sido abandonada pelo marido, um juiz rico que mais tarde adota Rita, interpretada pela atriz Nargis. Órfã, ela se torna uma advogada por quem Raju se apaixona. Raj Kapoor e Nargis formaram o mais famoso par romântico de Bollywood. Quando visitaram Moscou, ficaram espantados de ver como os soviéticos os idolatravam: os dois haviam se tornado celebridades a ponto de muitas crianças russas terem sido batizadas com seus nomes indianos.

Raj Kapoor era herdeiro da mais celebrada família cinematográfica da Índia. O pai, Prithviraj Kapoor, era um famoso ator de teatro e de cinema. Os irmãos de Raj também se tornaram atores, uma tradição continuada hoje pela quarta geração da família. Em um país onde essa é a instituição mais importante, como visto no capítulo "Ressurreição do *Kama Sutra*", Bollywood continua dominada até hoje por dinastias cinematográficas poderosas.

Mother India (1957, de Mehboob Khan), estrelado por Nargis, foi o filme-símbolo da "Bollywood Socialista". Um épico que conta a história dos sofrimentos dos camponeses indianos simbolizados por uma mãe corajosa abandonada pelo marido. Ela cria os dois filhos sozinha: sobrevive a fome, enchentes, tempestades e a um avaro agiota que buscava favores sexuais, sempre recusados por ela, que manteve sua honra. Lançado dez anos após a Independência, *Mother India* representava a força do indiano em um momento de reconstrução do país e foi indicado para o Oscar de melhor filme estrangeiro. Mas não havia legendas em inglês. Elas só poderiam ser feitas em Londres e aquela era uma época em que a Índia estava mergulhada na pobreza: o diretor não teve dinheiro para bancar isso. Mesmo assim, o filme perdeu o Oscar por apenas um voto para *As noites de Cabíria*, de Federico Fellini.

A década de 1960 foi uma era de musicais "água com açúcar". Mas nos anos 1970, surgiu um novo tipo de personagem que se transformou em um ícone: o chamado "jovem raivoso", encarnado por Amitabh Bachchan, o Big B, um dos maiores astros indianos. Nascido em 1943, alto, com uma bela voz de barítono, Big B fez personagens rebeldes que simbolizavam os oprimidos. Por não acreditarem nas instituições, eles faziam justiça com as suas próprias mãos. O cenário no qual o jovem raivoso ganhou popularidade foi o de uma Índia com a corda no pescoço por causa da alta no preço do petróleo, inflação, desemprego e greves. A esperança inicial da independência tinha desaparecido. O grande filme dessa era foi *Sholay* (1975), o mais assistido, o mais discutido e o mais lembrado de toda a história de Bollywood. Muitos recitam seus diálogos de cor e salteado até hoje. *Sholay* conta a história de dois "ladrões de galinha" – um deles, Jai, representado por Big B. Eles são contratados por um ex-policial aposentado para matar um líder de uma gangue que havia exterminado toda a sua família e cortado os seus dois braços. No final trágico, o líder da gangue mata o ladrão-herói Jai, mas acaba preso pelo policial, que finalmente tem a sua vingança. O filme ficou conhecido como o maior exemplo de *"curry western"*.

QUANDO O RICO NÃO É MAIS O VILÃO

A partir de meados dos anos 1980 e início dos anos 1990, quando a Índia começou a abrir a sua economia, os ricos deixaram de ser os vilões malvados nas telas. O herói que começava a se globalizar não era mais o sindicalista ou o funcionário do porto explorado pelo patrão avaro. Ele foi substituído pelo herdeiro rico, de casta alta, que dirigia Porsches e Ferraris e estudava na Europa, enquanto se preparava para assumir os negócios do pai, como um bom filho indiano. Nessa época, chegam ao auge os dramalhões familiares, com cenas de 15 parentes chorando abraçados no pé da escadaria da sala de sua mansão no bairro mais chique de Londres. As novelas mexicanas ficavam no chinelo. Era a celebração da tradicional família indiana unida, na felicidade e na tristeza, em meio a suntuosos casamentos. As festas eram cheias de homens de turbantes coloridos, mulheres com brincos até os ombros e saris de seda ornamentados com pedras e lantejoulas. Essa foi de longe a pior fase de Bollywood. O galã Shah Rukh Khan virou uma febre nacional e internacional, entre os indianos da diáspora. Seus personagens *yuppies* se casavam com mocinhas modernas, mas "decentes". Os indianos da diáspora começaram a ser representados nas telas como verdadeiros heróis do mundo globalizado, mas mantinham, no entanto, os valores morais e familiares indianos. Hoje, a audiência da diáspora representa a maior parte do total de ganhos de Bollywood.

Os atores indianos têm nomes complicados e são totalmente desconhecidos em boa parte do mundo ocidental. Mas são deuses-vivos para pelo menos metade do planeta: Bollywood é uma lucrativa fábrica de sonhos para um público anual de 3,6 bilhões de espectadores, bem mais do que a audiência de Hollywood. Os filmes em hindi são lançados em mais de 70 países. A própria diplomacia indiana passou a usar a sua indústria cinematográfica como instrumento do que batizou de *soft power* da Índia. Das várias cidades cinematográficas indianas nascem mais de mil filmes por ano, mais do dobro de produções de Hollywood. Só Bollywood faz mais do que 200 filmes por ano. Os atores costumam trabalhar em várias produções ao mesmo tempo.

Mas poucos filmes são minimamente bons. Mais de 90% não recuperam seus custos e desaparecem da memória do público. Com uma produção tão prolífica, a Índia emplacou apenas três finalistas do Oscar em toda a história: além de *Mother India*, *Saalam Bombay* (1988) e *Lagaan* (2001). As tramas em geral são medíocres, infantis e recheadas de clichês. Isso porque os roteiristas são desvalorizados e ganham mal. Volta e meia a massa de trabalhadores de Bollywood entra em greve por causa dos baixos salários. Em 2008, dez mil empregados cruzaram os braços, entre artistas jovens, técnicos, câmeras e carpinteiros. A maior parte do orçamento dos filmes vai para os salários astronômicos das estrelas, que devoram mais de 65% do custo de cada produção. Os atores mais bem pagos embolsam entre US$ 1 milhão a US$ 7 milhões por filme, além de terem participação sobre os lucros. Mas mesmo com salários ruins, Bollywood continua exercendo um imenso poder de atração de migrantes de todos os estados para Mumbai, a terra da fantasia dos indianos, onde muitos acreditam ser possível escapar da miséria dos vilarejos e, se tiver um carma muito bom, até virar uma estrela de cinema.

Até o início deste século, o único motor dessa imensa indústria era a máfia indiana, o dinheiro sujo de construtoras, de políticos e de comerciantes, como mercadores de diamantes. Malas de dinheiro vivo eram comuns nas produtoras de cinema: somente parte dos pagamentos era feito em cheque. Com tanto dinheiro em jogo e falta de transparência sobre a trajetória desses milhões, os atores de sucesso eram alvos frequentes de investigações da Receita Federal. Os bastidores de Bollywood lembravam filmes de máfia: assassinatos de quem devia dinheiro e festas suntuosas onde estrelas beijavam as mãos de chefões do submundo de Mumbai. Atores, diretores e produtores eram feridos em atentados, ameaçados de morte e até assassinados. Muitas vezes, os produtores eram obrigados a pagar extorsões em caso de sucesso nas bilheterias ou escalar parentes e namoradas de mafiosos para o elenco dos filmes.

A partir de 2001, tudo mudou. O governo concedeu *status* de indústria ao cinema indiano. Com isso, os produtores passaram a não depender mais da máfia para bancar seus filmes porque estavam aptos a contrair empréstimos bancários e passaram a gozar de incentivos fiscais. O mercado de filmes indianos, avaliado em US$ 1,9 bilhão em 2010, está projetado para alcançar US$ 3 bilhões até 2015. Bollywood tem hoje uma nova safra de produtores: os empresários que sabem pouco sobre estética de filmes, mas têm dinheiro gerado pela nova economia. Somente alguns deles têm conexões com o submundo criminoso.

TABUS BOLLYWOODIANOS

Um dos mais famosos tabus é o beijo, que incrivelmente era liberado até os anos 1940, quando os colonizadores britânicos estavam mais preocupados em censurar Hollywood e os filmes que pudessem prejudicar a imagem dos brancos entre os colonizados. Mas, aos poucos, o moralismo ganhou asas entre os indianos: as cenas de lábios se aproximando costumavam ser cortadas repentinamente para imagens de periquitos se bicando. A polinização de flores por abelhinhas e as cenas de atrizes debaixo de cachoeiras com os saris molhados se transformaram nas maiores metáforas-clichê para cenas de sexo. Outro recurso era a mocinha virar o rosto da hora H, de forma que o herói beijasse sua bochecha. Nos últimos anos, os censores passaram a fechar os olhos para cenas de beijos. Um filme que mostrou 17 cenas de beijo bateu o recorde e fez o seu ator principal ser apelidado de "o beijoqueiro". Hoje o moralismo arrefeceu e é possível ver cenas mais sugestivas de sexo, como o casal na cama, devidamente coberto com lençol, ou a mocinha no quarto do herói acabando de se vestir.

O biquíni é outro tabu poderoso. As heroínas – puras e honestas – nunca usavam biquínis, reservados apenas para as mulheres estrangeiras e, no caso das indianas, as personagens "imorais". A primeira vez que uma atriz indiana apareceu de biquíni na tela foi em 1966: Sharmila Tagore, então com 20 anos, no filme *An Evening in Paris*, chocou a Índia. Ironicamente, Sharmila é a atual presidente do Conselho de Censura da Índia. Os filmes mais picantes recebem o sinal verde da censura, mas são classificados como de adultos, o que diminui muito a sua audiência e margem de lucro. Na Índia, é comum os pais irem com os filhos no cinema, daí a importância dos chamados "filmes familiares" que não causem nenhum tipo de constrangimento. Atualmente, já é possível ver o biquíni com mais frequência, mas geralmente as atrizes só mostram a parte de cima: costumam cobrir o quadril com uma minissaia ou short. As atrizes iniciantes são as que mais aparecem nesse traje: um preço, entre outros, a ser pago para entrar no sonho de Bollywood. Mas assim que elas ganham fama, se recusam a fazer isso.

A REINVENÇÃO DE BOLLYWOOD

Os melodramas musicais puritanos e *kitschs*, recheados de clichês, continuam sendo a imagem que o mundo tem até hoje do cinema indiano. Em boa parte ainda é verdade, mas está começando a mudar. Até a década de 1990, as salas de cinemas eram imensas, com até mil lugares. Os filmes deviam ter apelo de massa para encher a casa e dar lucro. Era preciso seguir a receita tradicional de Bollywood, pela qual o mesmo filme deveria conter necessariamente vários ingredientes para agradar o paladar dos indianos: romance, comédia, violência, drama, música e dança. Filmes que, como sua comida, tivessem muitos temperos. O público queria rir, se emocionar, sentir frio na espinha, sonhar, tudo no mesmo pacote. Essa fórmula foi batizada de filmes *masala* (mistura), um termo usado na culinária, como será explicado no capítulo "*Namastê*, Índia". Os personagens eram maniqueístas: a mocinha sofredora virgem,

Considerada a mais bela de Bollywood, a atriz e ex-Miss Mundo Aishwarya Rai Bachchan no filme *Jodha e Akbar*, que narra a história de amor entre o imperador mogol Akbar, o Grande, e uma princesa hindu.

o herói bonitão perfeito, o vilão sem nenhuma qualidade e a "*vamp*" que vestia roupas ocidentais e trabalhava fora. A característica mais marcante eram as obrigatórias sequências musicais, cenas dançadas muitas vezes sem nenhuma relação com a trama.

    A receita tradicional de Bollywood inclui cenários exóticos dos mais diferentes e cidades do primeiro mundo. Assim, em uma só música, o herói e a heroína dançam em um palácio de marajá do Rajastão, diante de uma montanha nevada da Suíça, ao lado das pirâmides do Egito, e nas ruas do centro de Londres. Até as praias do Rio já serviram como cenário de Bollywood. No filme *Dhoom 2* (2006), a atriz e ex-Miss Mundo Aishwarya Rai faz o papel de uma policial disfarçada de bandida para desbaratar uma gangue e se apaixona pelo líder da quadrilha.

Bollywood está em pleno processo de reinvenção, porém. Os filmes começam a ficar menos melodramáticos e mais enxutos. Em vez de três horas, as histórias são contadas entre 90 minutos e duas horas e meia. As sementes da revolução que Bollywood começa a experimentar hoje foram lançadas a partir dos anos 1990 com o surgimento das primeiras salas múltiplas de cinema, com apenas 100 a 300 lugares. Com várias salas, era possível segmentar o público e criar vários estilos de filmes, inclusive para o público urbano e moderno que não engolia a receita tradicional *kitsch*.

Pitadas de realismo começaram a ser salpicadas nos dramas indianos, com poucas cenas dançadas e personagens menos maniqueístas. O herói do filme *Dabaang*, um dos maiores sucessos em 2010, estrelado pelo astro Salman Khan, por exemplo, é um policial brâmane corrupto, mas que ajuda os outros e se apaixona pela mocinha de casta baixa. Um dos mais badalados diretores dessa nova safra é Anurag Kashyap, que fez *Dev D* (2009), sobre a desilusão amorosa de um homem, o seu mergulho no submundo de Délhi, nas drogas e nas bebidas. Esse filme foi a décima adaptação de um clássico antigo, *Devdas* (1955). A diferença é que a versão atual mostrou a moderna sexualidade feminina da Índia urbana e não puniu o drogado nem sua namorada prostituta: os dois acabam juntos em um final feliz.

O bengalês Dibakar Banerjee entrou para a lista dos novos diretores de qualidade com o seu *Amor, sexo e traição* (2010), que explora o voyeurismo, as relações entre os jovens da Índia urbana e o sexo, o maior de todos os tabus da moralista indústria cinematográfica indiana. O filme ousou ao ser o primeiro a incluir a palavra "sexo" no seu título.

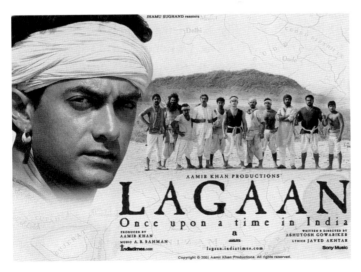

Cartaz do sucesso de Bollywood *Lagaan*, que chegou a ser indicado ao Oscar de melhor filme estrangeiro em 2001. O filme foi estrelado e produzido por Aamir Khan.

A estrela-pensante de Bollywood é o ator e produtor Aamir Khan, um dos maiores responsáveis pelos bons filmes da indústria indiana. Ele ficou famoso mundialmente depois de concorrer ao Oscar de melhor filme estrangeiro em 2001 com *Lagaan: era uma vez na Índia*, uma parábola sobre a Índia britânica, o racismo e o amor. Agricultores de um vilarejo indiano estão sufocados com o peso da chamada *lagaan*, um imposto sobre o uso da terra criado pelos britânicos. Eles propõem um desafio: se os indianos os vencessem em um jogo de críquete, o imposto seria extinto. Se perdessem, ele dobraria. Aamir terminou a década com *Três idiotas* (2009), a história de três amigos em um dos *campus* do badalado Instituto Indiano de Tecnologia. Foi um dos maiores sucessos comerciais da história de Bollywood, embolsando US$ 70 milhões.

Aamir financiou *Delhi Belly* (2011), um exemplo raro de boa comédia em Bollywood, que em geral prima pelo humor pobre no estilo pastelão. Com linguagem pesada, cheia de palavrões e cenas picantes, com beijos e casais na cama, o filme conta a história de três amigos que moram juntos, além de uma aeromoça (namorada de um dos rapazes) e uma jornalista que acaba se envolvendo com um deles. Todos se envolvem em uma confusão com contrabandistas de diamantes. O roteirista do filme, Akshat Verma, que hoje vive nos EUA, teve que penar para conseguir emplacar a sua criação de qualidade no oceano de mediocridade. Valeu a pena: a comédia encheu as salas de cinema e se tornou uma das maiores sensações de 2011.

Bollywood continua sendo machista. Em geral, os filmes indianos são centrados nos heróis. As heroínas são meros enfeites. Mas as coisas começaram a mudar. Um dos maiores sucessos em 2011, por exemplo, *Dirty Picture*, tem como protagonista uma mulher, interpretada por Vidya Balan. É a história de Silk Smitha, uma dançarina-atriz sensual e quase pornográfica da década de 1980. Bollywood parece começar a ressuscitar hoje o passado glorioso das mulheres indianas no cinema: nos anos 1930 e 1940, uma galáxia de estrelas femininas dominava a cena. Os homens eram secundários. O período de vacas magras para as mulheres começou nos anos 1970, quando o "jovem raivoso" de Big B monopolizou o espaço. Enquanto o mundo ocidental vivia a revolução sexual, o cinema indiano demonizava as mulheres independentes, mostrando-as como fáceis e promíscuas. Personagens eram estupradas nos filmes como uma espécie de "punição" por serem liberadas. Somente as "mulheres decentes" de sari viviam felizes para sempre. Mesmo na vida real, as atrizes devem provar a sua "moralidade". Até pouco tempo atrás, quando elas se casavam e se tornavam mães, esperava-se que abandonassem a carreira. Hoje, as atrizes casadas não necessariamente largam a profissão, mas ficam escanteadas, perdem o brilho e os papéis mais interessantes. Por isso, é comum as atrizes adiarem ao máximo o casamento. Tigmanchu Dhulia é um dos diretores mais talentosos dessa "nova Bollywood". Ele foi muito aplaudido com um filme que não seguiu a receita bollywoodiana, em 2011: *O Senhor, Bibi e o Gângster*, uma adaptação de um filme clássico dos anos 1950, que por sua vez era baseado em um romance de um escritor bengalês do século xix. A personagem principal é uma mulher, a desprezada esposa de um nobre indiano decadente que exibia sua amante. A mulher – que na sua solidão acaba se envolvendo com o motorista particular – no final demonstra a sua força sobre o marido. O filme tem cenas de sexo (não explícito, claro) e muitos beijos na boca. Há apenas duas sequências de músicas. "A boa notícia é que o cinema em hindi tem muitas faces hoje. A classe média está faminta por entretenimento. Para atender a essa demanda, as grandes produtoras abriram espaço para filmes com orçamentos baixos mas de alta qualidade", explica Dhulia.

O ator Irrfan Khan se transformou em verdadeiro selo de qualidade; qualquer filme em que ele atue é tido como bom. E ele comemora essa ascensão da "nova Bollywood": "A nova geração quer filmes com personagens fortes e bons roteiros. Os jovens não se satisfazem mais apenas com filmes que tenham grandes estrelas e mostrem as rotineiras cenas de dança. Eles cresceram vendo bons filmes internacionais na televisão a cabo e começaram a cobrar qualidade em Bollywood", explicou Irrfan. Sem os músculos e a habilidade dançante das estrelas normais de Bollywood, Irrfan se impôs pelo talento, reconhecido no exterior: ele fez inúmeros filmes de Hollywood. Assim como ele, vários bons talentos estão caindo nas graças do novo espectador indiano. "Nos últimos anos, filhos de algumas grandes estrelas não conseguiram reproduzir o sucesso dos pais, e novos atores talentosos, sem conexões familiares, estão se tornando estrelas", observa Irrfan. Mas isso não quer dizer que Bollywood já seja outra hoje. "É claro que as grandes produtoras continuam querendo repetir as mesmas fórmulas batidas. Esses produtores não têm interesse em promover novos talentos. Querem apenas usá-los e depois jogá-los fora, quando não são mais úteis. No geral, Bollywood ainda é dominada por grandes estrelas e grandes nomes familiares", ressalta o ator.

O público ainda gosta das grandes produções com astros-heróis de atuação ruim: o mais badalado do momento é Salman Khan. Ele interpreta personagens que personificam os valores da classe média indiana que aspira à ascensão social, sem abandonar a moral familiar tradicional. Salman deixa vazar para a mídia detalhes de sua vida pessoal que o faz parecer com seus personagens, como sua devoção à família e seu estilo protetor, patriarcal e generoso, pagando contas de hospital para subordinados e dando presentes caros a amigos. Salman é um dos grandes ímãs de audiência hoje: desde que estrelado por ele, mesmo que seja ruim, o filme faz sucesso, como aconteceu em 2010 com o péssimo *Bodyguard*, no qual ele encarna o segurança de uma mocinha rica pela qual se apaixona. Um filme que só serviu para mostrar o corpo esculpido do herói, com uma trama vazia e atuação desastrosa. Uma piada muito famosa nos bastidores

Comerciante de pôsteres e de fotos de Bollywood, uma das manias nacionais.

de Bollywood é de que Salman é o único ator-gandhiano em Bollywood — ele fez votos de nunca usar camisa enquanto houver famintos na Índia.

E o ator não está sozinho, pois tornou-se um dos maiores símbolos da idolatria dos músculos dos homens indianos, um fenômeno que começou na década de 1990. Nas academias de ginástica que se proliferam a cada dia, legiões de homens com camisetas justas tentam imitá-lo exercitando apenas braços e troncos, que ficam imensos, enquanto as pernas continuam magricelas.

IDOLATRIA

No coração dos indianos, há pouco espaço para Angelina Jolie ou Brad Pitt. Eles têm a sua própria versão de casal-celebridade: Aishwarya Rai Bachchan e o ator Abishek, filho de Big B. As raízes da devoção dos indianos a seus atores são antigas. Dhundiraj Govind Phalke (1870-1944) foi o primeiro cineasta indiano. Vindo de uma família de brâmanes, ele criou vários filmes mitológicos baseados em textos religiosos. O primeiro deles inaugurou o cinema indiano: *Raja Harishchandra* (1913) foi inspirado no épico *Mahabárata*, assunto do capítulo "Mitologia *versus* História". Conta a história de um rei que nunca mentia e caiu em desgraça por causa disso. Por interpretarem personagens épicos e religiosos, os atores já ganhavam, desde aquela época, uma aura divina. Com o tempo, eles passaram a entrar também para a política. O próprio Big B ganhou uma cadeira no parlamento em 1984, dois anos depois de sofrer um acidente sério no estúdio durante uma cena de luta e teve hemorragia no intestino. Internado em um hospital à beira da morte, a Índia se uniu em comoção. Do lado de fora do hospital em Mumbai, uma multidão fazia vigília. Outros carregavam galões com água do Ganges por centenas de quilômetros até Mumbai, para pagar promessa pela sua recuperação. Fãs escreviam cartas usando como tinta o próprio sangue: um símbolo da disposição de fazer qualquer sacrifício por ele.

O fenômeno do fanatismo é mais acentuado no sul da Índia, onde até templos são erguidos em homenagem aos atores. Suas imagens são cercadas de oferendas como se fossem deuses. Em 1987, quando morreu M. G. Ramachandran, o grande astro do cinema de Tamil Nadu e ex-ministro chefe do Estado, dezenas de fãs tentaram se imolar. MGR, como era chamado, fazia campanha eleitoral vestido como os heroicos personagens de deuses invencíveis da mitologia indiana que encarnava na tela. Em abril de 2006, foi a vez de Bangalore ser tomada pelo caos após a morte do ator Raj Kumar, aos 77 anos: centenas de pessoas tentaram entrar na sua casa e a polícia teve que agir com violência. Oito fãs morreram em meio ao caos. Quatro anos depois, a morte de Vishnuvardhan, outra estrela de Bangalore, obrigou o governo a fechar escolas e suspender transportes públicos. Fãs ensandecidos tentavam chegar perto do corpo e policiais usavam cassetetes. Dezenas de ônibus foram queimados e lojas quebradas. Uma fã se jogou em um poço. Um amigo foi tentar resgatá-la e os dois morreram.

TOLLYWOOD, MOLLYWOOD E OUTRAS "WOOD"

O mundo vê Bollywood como sinônimo do próprio cinema indiano. Mas não é: maior produtora de cinema do planeta, a Índia tem várias indústrias cinematográficas com filmes em outras línguas além do hindi de Bollywood. Mais producente do que Bollywood é Tollywood, a indústria de filmes na língua telugu, do estado de Andhra Pradesh. O complexo cinematográfico fica em Hyderabad, a capital do estado que também abriga uma imensa indústria de tecnologia da informação. Tollywood faz cerca de 270 filmes por ano.

Um de seus sucessos recentes foi *Robot* (2010), uma superprodução tecnológica com cenas filmadas de Viena a Machu Picchu. O galã, encarnado pelo ator mais endeusado do sul da Índia, o veterano Rajinikanth, faz dois papéis: o de um cientista e o do robô que ele criou para substituir soldados. O robô se apaixona por uma estudante de medicina que gosta, no entanto, do cientista. Esse foi um dos filmes mais caros da história da Índia: US$ 40 milhões, sendo que 40% foi gasto com efeitos especiais. O sessentão Rajinikanth é uma versão local de James Bond, só que de bigode, a marca registrada da masculinidade no sul da Índia. Ele já fez mais de 160 filmes. Há mais de 50 mil fã-clubes em homenagem ao ator.

Kollywood é outra indústria cinematográfica de peso. É chamada assim por causa da língua kannada, falada na cidade de Bangalore e em todo resto do estado de Karnataka. Mollywood, referência à língua malayalam, é a indústria de cinema do estado de Kerala. Existe até Lollywood, a indústria cinematográfica de Lahore, a capital cultural do Paquistão. A influência do cinema indiano é tão forte no vizinho rival que, nas festas de casamento, muitas paquistanesas passaram a imitar as atrizes de Bollywood e substituem suas calças com túnicas compridas por sensuais saris que deixam a barriga à mostra, uma marca registrada das mulheres indianas, como será visto no capítulo "*Namastê*, Índia". O charme de Bollywood contamina todos os vizinhos da Índia. Quando o regime do Talibã caiu em 2001, os afegãos voltaram a consumir os filmes indianos e suas músicas. Hoje, em Cabul, as locadoras de DVD e lojas de CDs estão lotadas de produções de Bollywood. Os afegãos sabem de cor e salteado os nomes dos astros indianos e sabem cantar as músicas de seus filmes preferidos. Em uma das principais avenidas da capital afegã, a fachada do mercado Azizullah General Store tem como garota-propaganda uma imensa foto pirateada de uma das mais idolatradas atrizes de Bollywood no momento: Katrina Kaif, meio indiana e meio britânica.

CINEMA-ARTE

A Índia também tem um cinema movido apenas pela qualidade artística, sem pretensões comerciais. O cinema-arte indiano sempre teve vida paralela à Bollywood. O diretor bengalês Satyajit Ray (1921-1992) foi o maior de todos os tempos. Ele colocou a Índia no mapa mundial do cinema com o filme *A canção da estrada*, em 1955. Foi o primeiro da *Trilogia de Apu*, um retrato sensível da vida dos camponeses de Bengala Ocidental e a tentativa de escapar da miséria. O segundo filme, *O invencível* (1956), ganhou o Leão de Ouro no Festival de Veneza. Satyajit Ray recebeu o Oscar especial pelo conjunto da obra em 1992, pouco antes de morrer. Suas dezenas de filmes-arte, no entanto, ficaram mais populares na Europa do que na Índia.

O bengalês Shyam Benegal entrou para o mapa do cinema-arte indiano com o filme *Ankur* (1973), que lidava com a opressão rural: o filho rico de um *zamindar* (dono de terra) retorna à casa da cidade, descobre que a empregada tem um marido surdo e a seduz. A mulher engravida e a esposa descobre o segredo que leva ao clímax do filme. Shekhar Kapur, diretor do aclamado filme *Elizabeth* (1998), foi o primeiro diretor indiano a fazer sucesso em Hollywood. Foi a boa recepção de *Rainha bandida* (1994) que deu a ele a oportunidade de trabalhar nos EUA. Outros diretores indianos acabaram fazendo filmes no exterior, como Mira Nair, que vive nos EUA. Ela dirigiu *Salaam Bombay* (1988), sobre crianças de rua de Mumbai, vinte anos antes do sucesso de *Quem quer ser um milionário?* (2008), do britânico Danny Boyle, que abocanhou vários Oscars. Um dos maiores sucessos de Mira Nair foi *Casamento à indiana* (2001), sobre a reunião de uma família de classe média urbana durante uma típica festa de casamento indiana. Deepa Mehta, nascida na Índia mas radicada no Canadá, também ganhou fama internacional com a sua bela trilogia *Ar, Água e Terra* (de 1996 a 2005), que provocou a ira dos conservadores indianos por tratar de temas como homossexualidade feminina e o sofrimento das viúvas abandonadas nas cidades sagradas hindus.

TELEVISÃO: A FEBRE DOS *REALITY SHOWS* E A RAINHA DAS NOVELAS

Bollywood passou a usar a televisão como palco de propaganda de seus atores e filmes. Os dois se alimentam um do outro: estrelas de Bollywood participam de programas de celebridades e dos *reality shows*, dando audiência para os canais. Com isso, mantêm seus nomes na memória da audiência. O *Big Brother* na Índia, chamado de *Big Boss*, é cada vez mais popular. Nele já desfilaram personagens dos mais variados, como uma atriz pornô canadense de origem indiana, um sadhu-ativista contra a corrupção e um eunuco vestido de sari. Astros como Salman Khan cobram cerca de US$ 1 milhão para apresentar cada episódio do *Big Boss*.

O primeiro programa no estilo *reality show* a fazer sucesso na Índia, em 2000, foi o *Quem quer ser um milionário?*, chamado em hindi de *Kaun Banega Crorepati*. Um jogo de perguntas com prêmios milionários que chegam a US$ 10 milhões e que paralisou a Índia. No décimo ano do programa, o astro de Bollywood Amitabh Bachchan se tornou uma espécie de pai de confessionário para a nação, agindo, em conversas com participantes do programa, como se fosse o patriarca da família. O lema do programa, "Ninguém é pequeno", foi sucesso total em 2011. Há várias outras modalidades de *reality shows*: programas de competição de cantores, de cozinheiros, de namoro e casamento na televisão, tudo seguindo a receita internacional.

A televisão indiana continua dominada pelos dramalhões familiares produzidos por Ekta Kapoor, a "Rainha das novelas". Ela está à frente da Balaji Telefilms, especialista em novelas que exploram as politicagens familiares, principalmente entre sogras e noras, como já visto no capítulo "Ressurreição do *Kama Sutra*". Dizia-se até pouco tempo que a fórmula de sucesso de uma novela era colocar uma mulher bonita sofrendo 24 horas por dia (a nora) por causa de outra que a fazia chorar (a sogra), e ambas com saris brilhosos e quilos de maquiagem no rosto. Ekta Kapoor chegou a ser criticada por permitir que em suas novelas mulheres fossem estapeadas, envenenadas, estupradas e assassinadas dentro da família, com episódios que incluíam sequestros, perda de memória e reencarnação. Mas as novelas tiveram que começar a incluir assuntos picantes. O público está cansado da mesmice e exige que a televisão acompanhe as mudanças na sociedade. Temas sociais críticos, como casamento infantil, aborto de fetos femininos, adultério, homossexualidade e até fenômenos novos como divórcio, passaram a constar do cardápio das tramas novelescas.

MÚSICA MASALA, DANÇAS MITOLÓGICAS E O "PICASSO" INDIANO

Bollywood também dita as cartas na indústria da música. Impossível ir a uma boate em Mumbai ou Délhi e não dançar ao som dos últimos sucessos de trilhas sonoras dos filmes. Nos rádios dos táxis não se ouve música estrangeira, mas os sucessos dos filmes, inclusive os antigos, da década de 1950, que continuam tocando como se tivessem sido lançados recentemente. Uma razão para essa popularidade são as letras ricas em ironias, sensuais e até com alusões históricas e políticas. Como nos filmes, a música é uma *masala*, que mistura de tudo um pouco: *pop*, salsa, *rock*, músicas folclóricas e até músicas devocionais hindus e sufis. Elas são criadas para os filmes, mas depois ganham vida própria e dão muito lucro.

Bollywood tomou quase todo o espaço da música *pop* indiana e absorveu suas estrelas. Um dos mais famosos exemplos é o de Allah Rakha Rahman, que se tornou mundialmente famoso pelo Oscar de melhor trilha sonora pelo filme *Quem quer ser um milionário?*. Na década de 1990, os ingleses dançavam ao som da contagiante música

Bhangra, que nasceu no Punjab e fez sucesso a partir de sua exposição nos musicais de Bollywood assistidos pela diáspora indiana na Grã-Bretanha. Do ponto de vista comercial, além das músicas dos filmes, os CDs de músicas devocionais hindus e sufis são os que mais vendem.

A música indiana oferece, porém, muito mais do que isso. A música clássica, para o gosto mais refinado, é chamada de hindustani, no norte, e carnática, no sul. Ao contrário do público da música erudita ocidental, os espectadores indianos conversam, levantam-se, saem e voltam. Isso é considerado normal. Os músicos travam um verdadeiro diálogo com a audiência. É uma música improvisada, sem começo nem fim, como o *jazz*.

O mais famoso compositor é Ravi Shankar, com seu sitar, que se transformou em um símbolo da música indiana. Sua filha, Anoushka Shankar, seguiu seus passos e se tornou uma sitarista de sucesso. Foi Ravi Shankar que levou a música clássica indiana para o exterior na década de 1950. Sua fama aumentou exponencialmente depois que ele deu aulas para George Harrison. Os Beatles chegaram a usar o sitar em uma de suas canções, *Norwegian Wood*, abrindo o caminho para fusões musicais: o uso de instrumentos indianos em músicas *pop* ocidentais. A tabla é outro instrumento indiano famoso: um conjunto de dois tambores. A música clássica indiana tem um padrão melódico próprio representado pelas *ragas*: são escalas musicais que simbolizam humores diferentes. Essas *ragas* são detalhadas em *Natyashastra* (200 a.C. a 200 d.C.), um tratado sobre as artes atribuído a um personagem lendário, Bhárata. O *Natyashastra* não se limita à música: se refere também a danças, teatro, canto, pintura, escultura. Nele, quatro *ragas* básicas são detalhadas: erótica, heroica, violenta e odiosa. Delas, resultam nove humores imbuídos na peça artística: amor, coragem, alegria, ódio, fúria, pena, terror, surpresa e paz espiritual.

A dança é uma das formas artísticas mais importantes para os indianos. Assim como na música, o estilo clássico é mais apreciado pela elite: o povão gosta de dançar ao som da Bhangra ou da *masala* bollywoodiana. A maioria das riquíssimas danças clássicas é baseada na mitologia. As mais famosas são *bharatnatyam*, *kathak*, *odissi* e *kuchipudi*. Não importa somente o movimento do corpo, mas cada mínimo detalhe dos gestos das mãos e dos pés, e também do rosto, como a forma de mexer a sobrancelha ou de fechar os olhos. As dançarinas de *bharatnatyam*, por exemplo, se vestem com saris multicoloridos de seda drapeados, adornam os cabelos com flores, braceletes dourados e tornozeleiras com guizos que fazem barulho enquanto elas dançam, de pés descalços. O *kathak*, do norte da Índia, tem forte influência islâmica: era a dança típica dos haréns dos imperadores muçulmanos. A dançarina começa com um movimento lento e atinge um clímax de alta velocidade, em giros frenéticos. O ritmo da tabla é acompanhado pelo som dos guizos atados nos tornozelos das dançarinas.

A mesma tradição milenar tem as artes plásticas. Pouco sobreviveu, porém, porque as obras eram feitas em material perecível. As belas pinturas budistas, jainistas e hindus das cavernas de Ajanta e Ellora, pintadas a partir do século II a.C., ficaram para a posteridade. A ênfase da arte na tradição indiana é a essência interna e não a representação física do que está sendo pintado ou esculpido. As cores denotam emoções. O azul, por exemplo, representa a sensualidade, o vermelho, a raiva, o preto, o medo, e o cinza, a compaixão. Os artistas acreditavam que ao homenagear os deuses com suas pinturas e esculturas, seriam recompensados na próxima vida.

A Índia também tem uma antiga tradição nas pinturas em miniatura, patrocinadas principalmente pelos imperadores mogóis: a maior parte representava a natureza e a vida dos nobres. As mais delicadas eram pintadas com um pincel de um único fio de pelo de rabo de esquilo. Logo após a consolidação do Império Britânico, na segunda metade do século XVIII, começaram a ser produzidos quadros com imagens dos "nativos" e de sua "cultura exótica", como cenas de mercados, barbeiros, pescadores. Para isso foram criados ateliês de artistas indianos treinados pelos colonizadores. O mais importante pintor realista de retratos foi Raja Ravi Verma (1848-1914). No fim do século XIX, foi criada a chamada Escola Bengalesa, uma reação aos colonizadores: seus artistas pregavam a volta à tradição indiana, com pinturas inspiradas nos épicos, nos afrescos religiosos das cavernas e nas pinturas em miniatura.

Após a independência, alguns pintores criaram o Grupo de Artistas Progressistas para traçar novas diretrizes da arte indiana. Entre eles, estava Maqbool Fida Husain, o mais badalado pintor da Índia do século XX, apelidado de "Picasso indiano", que se inspirava no Expressionismo, já citado no capítulo "Caldeirão dos deuses". Husain combinava a exuberância de Salvador Dalí com o exibicionismo de Picasso. Com seus cabelos esvoaçantes, mania de carros de luxo, hábito de andar descalço, ele era o artista mais celebrado pela mídia. Sua arte homenageava sua crença na força do princípio feminino, a chamada *Shakti*, refletida em seus retratos de Indira Gandhi, Madre Teresa de Calcutá, e da sua musa, a atriz de Bollywood Madhuri Dixit. Husain foi o primeiro artista a ter quadros com preços competitivos no mercado internacional. Sua pintura mais cara foi *A Batalha do Ganges e Yamuna: Mahabárata*, vendida por US$ 1,6 milhão no leilão da Christie's em Nova York, em março de 2008. Em janeiro de 2012, Nova Délhi sediou a quarta edição da Feira de Arte da Índia, hoje uma das maiores do mundo, com 91 exibidores de 20 países, e obras no valor de US$ 16 milhões. A arte contemporânea indiana se transformou em um negócio milionário.

Acima, show de dança folclórica indiana na cidade de Ahmedabad, capital do estado do Gujarat. Ao lado, artista folclórico se maquia para dança folclórica, em Délhi.

252 | Os indianos

Ao lado, artista faz uma pintura de miniatura na unha de uma turista. Abaixo, utilizando a miniatura como referência, o pintor executa um mural.

QUE LÍNGUA É ESSA? A ERA DO HINGLISH

A transformação da Índia nas duas últimas décadas provocou uma silenciosa revolução linguística. O país tem 22 línguas oficiais reconhecidas pela Constituição: muitas são tão diferentes uma das outras como o chinês do português. Mas cada vez mais o hindi, falado nos filmes de Bollywood, e o inglês, a língua oficial do governo e dos negócios, dominam o território. É um fenômeno curioso, já que o hindi, falado mais no norte, enfrentou uma oposição ferrenha dos indianos do sul na década de 1960. A mistura dos dois, o chamado hinglish, se transformou nos últimos anos em uma espécie de língua favorita da Índia emergente. Boa parte das propagandas é feita nessa curiosa mistura. É uma forma de atrair o maior número possível de consumidores, desde a classe média baixa até a elite que fala inglês. Ligue a TV na Índia e você vai ouvir: "*Hungry Kya*?" ("Você está com fome?"), pergunta um anúncio de uma rede estrangeira de pizzas. A Pepsi, com sua campanha global "*Ask for more*", deu um sabor hinglish à propaganda: "*Yeh dil maange more*" ("Meu coração quer mais"). A Coca-Cola fez o mesmo: "*Life ho to aisi*" ("A vida deveria ser assim").

Antigamente, Bollywood estereotipava os indianos que falassem o hinglish: eles eram representados como esnobes endinheirados e insensíveis. Hoje, quem fala hinglish é antenado e moderno. A nova classe média conversa em hinglish para desespero dos estrangeiros, que costumam ouvir frases como: "Blá-blá-blá, *do it now.*" Ou "Blá-blá-blá, *this is very important*". Você fica imaginando o que é tão importante que precisa ser feito agora. Além de não entender porque eles enxertam determinadas palavras ou frases inteiras em inglês no meio da conversa em hindi: será que não há tradução em hindi para "*this is very important*"? É claro que existe. Mas os indianos da elite já pensam em duas línguas e falam naturalmente o hindi e o inglês como se fossem uma só.

Quando crianças, os indianos endinheirados passam a metade do dia ouvindo e falando inglês nas boas escolas particulares reservadas para a elite. Na outra metade do dia, eles falam a língua da família em casa. O hinglish se tornou tão importante que no ano passado o governo autorizou os burocratas a escreverem em documentos oficiais palavras em inglês no alfabeto do hindi, o devanágari.

As notas de rupias simbolizam a riqueza linguística da Índia com seus vários alfabetos: cada uma tem inscrições em 17 línguas. Mas a variedade é bem maior do que parece. Os indianos falam mais de mil línguas e dialetos. O leque linguístico indiano tem dois grupos principais. Um é o das línguas indo-europeias, ao qual pertencem, entre outras, o bengali (falado no estado de Bengala Ocidental), o gujarati (do Gujarat), o caxemíri (de Jammu & Caxemira), o punjabi (do Punjab), além do hindi e o urdu, falado em vários estados do Norte. O outro grupo é o das línguas dravídicas, do sul,

254 | Os indianos

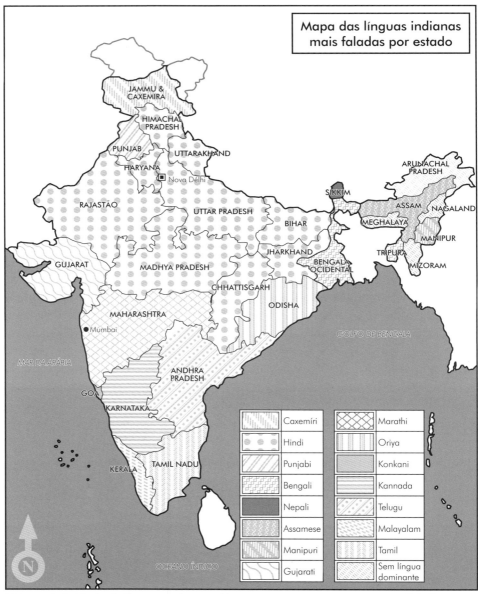

Há uma infinidade de línguas indianas. Alguns estimam que sejam quase 400. Fora as línguas nacionais e regionais presentes no mapa, há o inglês. Falado por cerca de 15% da população nos diferentes estados, é considerado, junto com o hindi, a língua oficial do governo e do mundo dos negócios. Há línguas importantes que não aparecem nesse mapa. É o caso do urdu, adotada principalmente pela população muçulmana.

faladas por 25% da população e totalmente diferentes das do norte: o telugu (de Andhra Pradesh), o tamil (de Tamil Nadu), o malayalam (de Kerala) e o kannada (de Karnataka).

A Constituição previa o uso do inglês em comunicações oficiais até 1965. A partir daí, o hindi deveria passar a ser a língua oficial. Mas no sul havia um forte sentimento contra a "imposição" do hindi, vindo do norte. Protestos violentos explodiram em várias cidades: quebra-quebra nas ruas, conflitos com a polícia, pessoas se imolando e ingerindo inseticida. Fogueiras eram alimentadas com livros em hindi. Ativistas morriam em longas greves de fome na década de 1950. Em 1956, todos os estados foram reorganizados a partir dos idiomas de suas populações. Curiosamente, o inglês dos colonizadores era a língua que os indianos do sul queriam ver como ponte de comunicação com o norte. A violência obrigou o governo a emendar a lei, permitin-

Revista publicada na língua malayalam, do estado de Kerala, no Sul da Índia. É totalmente diferente do hindi e do urdu, línguas dominantes do Norte do país.

do que o inglês continuasse como idioma oficial "indefinidamente". Hoje, as novas gerações do sul da Índia já aceitam estudar o hindi, promovido pela indústria de entretenimento. É o idioma mais falado na Índia, por mais de 40% da população, ou cerca de 500 milhões de pessoas.

Uma espécie de "língua-irmã" do hindi é o urdu, que no Paquistão é o idioma oficial e na Índia é falada por cerca de 59 milhões de pessoas, boa parte muçulmanos. Isso porque o urdu foi resultado da mistura do hindi com a língua dos invasores islâmicos no norte da Índia. A maior diferença do urdu com relação ao hindi é o seu alfabeto, uma forma modificada do árabe, escrito da direita para a esquerda. Quem sabe hindi entende urdu, mas não consegue lê-lo. Há um vasto estoque de palavras persas e árabes no urdu que, no fim do século XVI, havia se tornado uma língua literária de poetas e músicos da corte dos imperadores mogóis.

O sânscrito, que literalmente significa "puro", veio de fora da Índia e pertence à família indo-europeia. Nos tempos antigos, o sânscrito era uma língua ativa usada nos cultos religiosos, na literatura, nos escritos científicos e filosóficos. Durante milênios o seu ensino era monopolizado pelos brâmanes, que se autointitulavam os mantenedores de todo o conhecimento e se recusavam a ensinar a "língua sagrada e pura" para pessoas de outras castas. Através dos séculos, o sânscrito absorveu palavras de outras línguas, mas a excessiva preocupação com pureza acabou fossilizando-o.

Com um leque tão extenso de línguas, é comum ser poliglota na Índia. Segundo o censo de 2001, cerca de 225 milhões de indianos falam pelo menos duas línguas e 87,5 milhões falam três ou mais idiomas. Em Délhi, por exemplo, você ouve uma salada de línguas quando está num restaurante ou em um café: além do hindi, do inglês, ou a mistura dos dois, é comum ouvir o punjabi, o gujarati, o bengali, idiomas dos estados do norte. Antes de os britânicos desembarcarem no subcontinente, os indianos já viviam sob o domínio de outra língua estrangeira, o persa, trazido pelos imperadores mogóis, que passou a ser língua oficial do Império Muçulmano. Em 1835, os britânicos, no auge de seu poder, anunciaram o fim do reinado do persa e o inglês se tornou a língua oficial. Presidente do Comitê pela Instrução Pública, lorde Thomas Macaulay defendia uma forma de "britanizar" a elite indiana e criar um quadro fiel de funcionários públicos, como já visto no capítulo "E nasce uma nova Índia". Ironicamente, o inglês foi a língua do movimento da Independência. Gandhi recorria à língua dos colonizadores para escrever e editar um jornal semanal, apesar de ele se comunicar em hindi: "Eu confesso francamente que editar um jornal em inglês não é um prazer."[1]

As primeiras palavras de Nehru para os indianos no minuto em que a Índia se tornou independente foram em inglês. O Parlamento passou a aprovar leis em hindi e em inglês. Essa herança daria vantagem aos indianos na corrida da globalização. A

Curry cultural | 257

Inglês e hindi convivem
nas placas indicativas
e nas bancas de jornais.

língua de Shakespeare de certa forma substituiu o sânscrito em sua aura de sabedoria. Os jornais e canais de televisão em inglês, por exemplo, têm muito mais prestígio e influência do que os de outras línguas indianas. Os escritores em inglês são glorificados na mesma proporção em que os de outras línguas são praticamente ignorados pela elite. Segundo o próprio primeiro-ministro Manmohan Singh, nenhuma outra herança britânica é tão importante para a Índia moderna quando o inglês.[2] O número de indianos que falam essa língua, segundo o censo de 2001, era de 125 milhões e certamente o número só cresceu desde então. Ou seja, é a segunda língua mais falada na Índia, depois do hindi. Passou o bengali, que tem 91,1 milhões.

Muitos da elite escrevem melhor em inglês do que em hindi. Nas escolas dos ricos, desde o primário as aulas são dadas em inglês. Em boa parte das escolas administradas pelo governo central, o inglês é a língua de instrução a partir de 6 anos de idade. Mas muitas escolas estaduais só usam o inglês como língua de comunicação a partir do nível secundário. Por isso, pais de classe média baixa fazem esforço para pagar escolas particulares que ensinam as matérias em língua inglesa desde o nível primário. Mas na maioria delas, os professores são de péssima qualidade e acabam explicando as matérias em hindi ou em outra língua indiana, limitando-se apenas a ler os livros em inglês. Cursinhos de inglês que prometem ensinar tudo em 90 dias se espalham por todos os cantos do país. O número de crianças matriculadas em escolas particulares cuja língua de ensino é o inglês mais do que dobrou de 2003 para 2008.[3] Em 2006, era a quarta língua de instrução nas escolas. Três anos depois, já tinha pulado para segundo lugar, perdendo apenas para o hindi.[4] O *status* do país como potência econômica global é sustentado pelo seu exército de falantes de inglês.

Curiosamente, os dalits são hoje um dos maiores advogados da língua dos colonizadores: eles argumentam que o inglês os permite ascender socialmente. Quem aprende essa língua, independentemente da casta, consegue empregos gerados pela nova economia, como nos *call centers*. Os dalits identificam as línguas regionais e o sânscrito dominado pelos brâmanes com a opressão de casta. Alguns líderes dalits criaram a imagem de uma deusa para simbolizar a língua inglesa: ela é representada com uma caneta e a Constituição indiana. O pedestal é um monitor de computador, uma associação com o sucesso da Índia na tecnologia da informação. Até mesmo um templo foi erguido em sua homenagem recentemente. Os dalits costumam dizer que se Ambedkar, seu grande líder, não soubesse inglês, ele não teria estudado no exterior e depois se tornado o pai da Constituição indiana. Ambedkar comparava a língua inglesa com o leite das leoas: quem o tomasse se tornava forte.

Para o estrangeiro que acabou de chegar à Índia e está acostumado com o inglês da BBC ou da CNN, o sotaque indiano é um osso duro de roer. Muitos sons em línguas indianas não têm equivalentes em inglês e vice-versa. Dependendo da região de onde veio, o indiano pode pronunciar o "z" do inglês como "j". Assim "zoo" soa como "joo" e "zero" se transforma em "jeero". O "w" é um som que vários indianos acham difícil falar e por isso e eles costumam usar o "v" no lugar. Como no caso de "*want*" (verbo "querer"), muitos dizem "*vant*". A versão indiana desenvolveu o seu próprio vocabulário. Os indianos costumam perguntar: "What's your *good* name?". Não que eles achem que haja um "*bad name*". Eles dizem isso porque em hindi é rude perguntar apenas "Qual é o seu nome?". A forma educada é "Qual é o seu bom nome?". Os indianos também passaram a usar várias palavras inglesas com um significado diferente do original. Em alguns estados da Índia, quando você vê placas anunciando que o local é um "*hotel*", é na verdade um restaurante. Uma das primeiras coisas que um recruta da indústria de tecnologia da informação aprende é como aniquilar o sotaque ou excluir as "indianizações" do seu inglês em sofisticados centros de treinamentos com professores americanos e britânicos.

Durante a colonização, os britânicos também foram influenciados pelos indianos e levaram para casa várias palavras em hindi de outras línguas regionais que hoje constam oficialmente de seus dicionários. *Bungalow* (bangalô, em português), literalmente "casa no estilo bengalês", é traduzido como casa de um andar. *Veranda*, em inglês, veio do hindi, que adotou do português a palavra *varanda*. *Shampoo*, ou *xampu* em português, deriva do verbo *champi* em hindi: massagear a cabeça com óleo. A lista de exemplos é extensa. Em 1886, Henry Yule e Arthur Coke Burnell, dois acadêmicos britânicos, publicaram o dicionário *Anglo-Indian Words and Phrases*, com duas mil palavras. A inclusão de palavras em hindi na literatura em inglês começou com Salman Rushdie nos anos 1980.

LITERATURA EM INGLÊS

O sucesso da Índia globalizada fez a sua literatura em inglês ocupar com brilho o palco mundial. Essa ascensão é comparada por muitos analistas com a da literatura latino-americana a partir da década de 1950. Os escritores de língua inglesa navegam com maestria entre a cultura ocidental e oriental e cada vez mais ganham prêmios com sua literatura global de alta qualidade. Alguns dos melhores autores modernos indianos emigraram do país quando crianças e passaram a maior parte de suas vidas no exterior. Mesmo assim, continuam escrevendo sobre a civilização indiana. Os que vivem na Índia retratam as dramáticas mudanças do país nas últimas duas décadas. A Índia é o terceiro país que mais publica livros em inglês no mundo, atrás dos EUA e do Reino Unido. Grandes editoras americanas criaram divisões dedicadas apenas à Índia. O Festival Literário de Jaipur (Rajastão), que começou em janeiro de 2006, se tornou um dos maiores do planeta, atraindo celebridades literárias globais, da indústria do entretenimento, e um público de mais de 70 mil pessoas.

A literatura indiana em inglês começou com Bankim Chandra Rajmohan, autor de *Wife* (1864). O bengalês Bhabhani Bhattacharya (1906-1988) surgiu pouco depois da independência, em 1947, com o romance *Many Hungers*, sobre a fome na Índia rural. Na década de 1950, surgiu R. K. Narayan (1907-2001), um brâmane, como boa parte dos escritores indianos, de princípios gandhianos. Ele situou parte de seus romances em uma cidade fictícia no sul da Índia que batizou de Maguldi. Um de seus livros, *The Guide* (1958), em que o herói é um charlatão, inspirou um filme de sucesso e levou à sua indicação para o Prêmio Nobel. Outro gandhiano de sucesso foi Raja Rao (1908-2006), autor de *Kanthapura* (1938), sobre as transformações de um vilarejo com as ideias de Mahatma Gandhi. Um dos maiores nomes da literatura global do século xx, V. S. Naipaul – vencedor do prêmio Nobel em 2001 – nasceu em Trinidad e Tobago em 1932, mas seus pais eram indianos. Algumas de suas obras estão relacionados com a Índia, como *An Area of Darkness* (1964), uma semiautobiografia de sua primeira visita ao país, e *Índia: um milhão de motins agora* (1990), um relato não ficcional do que ele viu na Índia naquela época. Nas décadas de 1940 e 1950 nascia uma nova geração que mudaria o cenário da literatura indiana. Eles estudavam em Oxford ou em Harvard e passavam mais tempo nos EUA ou na Europa do que na Índia. Foi criada a chamada "literatura da diáspora": eles escreviam sobre uma Índia distante e as dificuldades de adaptação ao mundo ocidental. Mas alguns passaram a dividir seu tempo entre Europa ou EUA e Índia, para não perder as raízes. O mais famoso de todos é Salman Rushdie, autor do livro que iniciou a onda de sucesso mundial da literatura indiana em inglês: o extraordinário *Os filhos da meia-noite* (1981), um romance com o pano de fundo da partição. Seu realismo mágico, misturando história com ficção, cativou o público e os críticos. Ele foi o primeiro indiano a ganhar o prestigioso prêmio literário britânico Booker, com essa obra-prima. Nascido em 1947 na então Bombaim, o autor era de uma família muçulmana originária da Caxemira que migrou para a Inglaterra quando adolescente. Boa parte de seus livros é sobre a Índia. Ele se transformou em um dos escritores mais polêmicos do mundo ao lançar *Versos satânicos* em 1988, alvo da ira dos fundamentalistas islâmicos e proibido na Índia, como visto no capítulo "Caldeirão dos deuses": os aiatolás iranianos emitiram uma *fatwa* contra ele por considerarem o livro uma blasfêmia, condenando-o à morte, o que o obrigou a viver rodeado por seguranças 24 horas por dia.

Rushdie abriu caminho para uma leva de excelentes romances inspirados na Índia. Rohinton Mistry, nascido em 1952 na então Bombaim e hoje radicado no Canadá, ganhou o Prêmio Booker pelo livro *Such a Long Journey* em 1991, e quatro anos depois escreveu *Um delicado equilíbrio*. Vikram Seth, nascido em Calcutá em 1952, residente na Inglaterra, foi uma sensação quando lançou *A Suitable Boy* (1993), no qual disseca as mentes labirínticas dos arranjadores de casamentos nas famílias indianas. Nos últimos vinte anos, a literatura indiana ganhou as manchetes internacionais, com um leque de escritores premiados. Arundhati Roy – que mora em Nova Délhi até hoje – ganhou o Prêmio Booker em 1997, com *O deus das pequenas coisas*, a história de uma família cristã feudal costurada em uma trama de amor entre castas. Era um momento em que a liberalização da economia tinha apenas poucos anos. A premiação de Roy serviu como exemplo de afirmação da Índia como país vencedor e a autora passou a ser amada no seu país. Mas em 1998, ela escreveu um protesto veemente contra o segundo teste nuclear da Índia. A partir daí, mergulhou em debates, protestando contra a avalanche de construções de represas que leva ao desalojamento de indígenas de suas áreas originais, contra a aquisição de terras de camponeses pobres para construção de parques industriais e outras causas, como será visto no capítulo "Índia rica e indianos pobres". Roy teve sua casa atacada e passou a ser detestada por boa parte da classe média, geralmente muito sensível a críticas sobre o desempenho econômico de seu país.

Depois foi a vez de Jhumpa Lahiri, radicada nos EUA, ganhar as manchetes internacionais ao receber o Pulitzer, o prêmio literário americano, com *Intérprete de males* (1999), que inspirou o filme *Nome de família*, de Mira Nair. Em 2006, Kiram Desai levou o Prêmio Booker, aos 35 anos, a mais jovem premiada. Seu livro, *O legado da perda*, conta a história de um juiz aposentado de Bengala Ocidental que é visitado pela neta órfã. O livro reflete a sua própria experiência emocional de desenraizamento e adaptação ao Ocidente. Hoje, Kiram vive entre Nova York e Índia. Ela faz parte do clube dos escritores da diáspora que muitas vezes são questionados sobre a habilidade de retratar a Índia porque vivem no Ocidente. Kiram é filha da conhecida escritora Anita Desai, que foi selecionada várias vezes como finalista do Booker por 14 romances escritos.

Amitav Ghosh – citado no capítulo "E nasce uma nova Índia" –, nascido em Calcutá em 1956, é tido como um dos grandes nomes atuais da literatura indiana, comparado com Salman Rushdie. Ele divide seu tempo entre a Índia e os EUA, onde é professor de Literatura na Universidade de Princeton. Antropólogo de formação, Ghosh pratica o chamado romance enciclopédico, uma fusão de ficção com ensaio. Sua obra mais famosa é *Mar de papoulas* (2007), um devastador retrato da política opressiva do comércio de ópio pelos britânicos e seus custos políticos e pessoais para os indianos.

Foi o primeiro livro da chamada *Trilogia Ibis*. Em 2011, ele lançou o segundo: *Rio de fumaça*. Com o rigor de um acadêmico, Ghosh recriou o passado com todos os seus cheiros e sons. Histórias de migração, com pessoas que reconstroem suas raízes em lugares novos, é um assunto que o autor acompanha desde os anos 1980. Seus romances são cheios de personagens que peregrinam o mundo, atraídos pela curiosidade, ou pelo interesse comercial, como indianos no Egito ou ingleses em Bangladesh.

Em 2008, quando o crescimento econômico da Índia ainda não tinha sido afetado pela crise mundial, e o país aproveitava a fama do seu sucesso, o jornalista Aravind Adiga colocou o dedo na ferida da desigualdade com seu romance *O tigre branco*, que ganhou o Booker. O livro é um retrato, com humor negro, da falha do badalado modelo econômico indiano em distribuir riquezas e beneficiar a grande maioria pobre. A Índia que Adiga mostra é feia, inescrupulosa, tão escura quanto os apagões diários de horas a fio que atormentam a vida dos indianos nas maiores metrópoles do país. Dessa vez, com o exemplo de Arundhati Roy na memória, a classe média não comemorou tanto a sua vitória. Alguns o criticaram por ter pintado um cenário muito negativo da Índia. Mas a verdade é que é difícil ignorar a Índia retratada por Adiga nas sete cartas que o anti-herói Balram Hawai escreve para Wen Jiabao, o primeiro-ministro da China. Nas cartas, Balram, um motorista particular, conta a sua jornada miserável pela Índia rural, com seu mundo de senhores feudais e crianças subnutridas, e sua ascensão como empresário de sucesso após assassinar o seu patrão em Délhi e fugir. "Nos velhos tempos havia milhares de castas e destinos na Índia. Hoje há apenas duas castas: homens com barrigas grandes e homens com barrigas pequenas. E apenas dois destinos: comer ou ser comido", resume o protagonista, em uma de suas cartas. Balram só consegue furar a rede da miséria através da espertesa, da corrupção e do crime. "A Índia está progredindo, mas grande parte dos indianos está sendo deixada para trás. As histórias desses indianos que não são beneficiados pela modernização também precisam ser contadas", explicou Adiga em uma entrevista que me concedeu.

O Último homem na torre, publicado em 2011, retrata a história dos moradores de um prédio velho, rodeado por favelas em Mumbai, e a divisão deles no momento em que recebem proposta de vender as suas propriedades para um projeto de uma construção de luxo, como muitas que estão sendo erguidas na Índia para os ricos emergentes. Apenas um professor aposentado recusa. Ele é o último homem da torre. "O nosso *boom* capitalista está liberando uma quantidade tremenda de energia amoral. Eu sinto atração e repulsa por essa energia. É uma nova Índia sem culpa ou sem vergonha que me fascina e me horroriza. Meus romances dramatizavam essa ambivalência, com personagens que vão transformar a Índia, fazê-la uma grande potência ou levá-la a uma grande violência", explica Adiga.

LITERATURA EM OUTRAS LÍNGUAS

Muito antes de livros como *O tigre branco*, a literatura indiana em outras línguas que não o inglês já mostrava o lado sombrio da Índia, especialmente a chamada literatura dalit, um termo criado na década de 1960. Escritores dalits, muitos de esquerda, abordavam a questão da igualdade e da justiça social. Alguns poetas serviram de inspiração para os levantes de agricultores em Bengala Ocidental que resultaram na criação da guerrilha maoista, assunto do capítulo "Índia rica e indianos pobres". O poeta Namdeo Laxman Dhasal (1949) quebrou as convenções estilísticas usando palavras e expressões que só os dalits normalmente usam. Sua coletânea poética *Golpitha* (1975) foi batizada assim em homenagem a uma das mais imundas favelas de Mumbai. Ele e mais dois outros escritores formaram, na década de 1970, o movimento Panteras Dalits, inspirado nos Panteras Negras dos EUA, como já visto no capítulo "O carma das castas".

É difícil encontrar livros em hindi nas grandes livrarias da Índia. O inglês domina totalmente o mercado. Os escritores em hindi e das outras dezenas de línguas regionais sempre foram marginalizados. É quase impossível para um autor que não escreva em inglês viver de seu trabalho. Geralmente, eles são funcionários públicos, professores, ou tem seus pequenos negócios privados. Muitos dos maiores escritores da história do país morreram na pobreza depois de passarem a vida financiando seus livros. Com o crescimento econômico e a queda gradual do analfabetismo, a população da Índia rural começa a comprar livros em línguas que não sejam o inglês, impulsionando o mercado de línguas regionais. Premchand foi um dos mais famosos autores em hindi e teve alguns de seus livros adaptados para o cinema pelo grande mestre Satyajit Ray. Apesar de o inglês ser a língua dominante dos escritores indianos que se globalizaram, o único prêmio Nobel que a Índia ganhou em literatura, em 1913, foi concedido a um escritor de uma língua regional: Rabindranath Tagore (1861-1941), que só escrevia em bengalês, autor da coletânea de poemas *Gitanjali*. Descendente de uma família nobre brâmane de Bengala, Tagore era uma espécie de Tolstoi indiano, inclusive na aparência: poeta, romancista, filósofo, ensaísta, educador e pintor. Ele acabou sendo visto como o "grande místico do Oriente", um sábio exótico, imagem ressaltada por sua figura física, barba e cabelos longos, além das longas túnicas indianas que vestia. A língua bengalesa era uma parte tão integral de seus escritos quanto o russo era para Lev Tolstoi.

Em 1912, ao visitar Londres, Tagore conheceu o poeta irlandês William Butler Yeats, que leu alguns dos seus poemas traduzidos para o inglês e se impressionou. André Gide traduziu os poemas de Tagore para o francês e Anna Akhmatova, para o russo. Tagore se tornou o poeta dos poetas, um escritor celebridade viajando o mundo todo, dando palestras, lendo suas obras e fazendo amizades com intelectuais ocidentais, como Bertrand Russel, Bernard Shaw, Albert Einstein, H. G. Wells e Sigmund Freud. Tagore recebeu a comenda britânica Knighthood em 1915, mas devolveu a honraria após um massacre de centenas de indianos no Punjab por tropas do Império Britânico. Ele escreveu as letras dos hinos nacionais da Índia e de Bangladesh. Entusiasta da educação, Tagore criou a Santiniketan com o dinheiro do prêmio Nobel: uma escola alternativa que promovia educação holística com ênfase na automotivação, não na disciplina ou competitividade.

ESCRITORES *FAST-FOOD*

Há outra categoria de escritores, além desse leque que prima pela excelência: as celebridades que vendem muito para um público da classe média emergente, muitos leitores de primeira viagem que devoram histórias sobre a vida da nova Índia urbana. Esse novo tipo de autor surge em uma Índia apressada, sem tempo para livros mais elaborados. São romances facilmente digeríveis sobre amor e trabalho, com enredos que refletem preocupações como arranjar um bom emprego depois da faculdade para ajudar a pagar o dote da irmã prestes a casar. Histórias da Nova Índia, com seus novos cafés, restaurantes multiculinários, chefes neuróticos em escritórios com janelas de vidros espelhados em prédios de concreto. Muitos desses escritores-celebridades pertencem ao mundo das corporações indianas e surfaram na onda do sucesso da Índia na tecnologia da informação, que criou um público de jovens falantes de inglês com uma subcultura própria.

O mais famoso escritor dessa literatura *fast-food* é Chetan Bhagat, um engenheiro nascido em 1975 e formado em um dos famosos institutos de tecnologia indianos. Ele ganhava a vida como banqueiro de investimentos em Hong Kong antes de arriscar a sorte com os livros. Em 2004, Bhagat lançou *Five Point Someone*, que o transformou no maior fenômeno da história do mercado editorial indiano: o livro vendeu mais de um milhão de cópias, quando a média é de no máximo 10 mil exemplares. Seu segundo livro, *One night @ the Call Center* (2005), sobre um grupo de empregados de um dos famosos *call centers* indianos que recebe um telefonema de Deus, foi outro sucesso retumbante. O livro *2 States: The Story of my marriage* (2009), baseado na sua própria vida, é sobre um rapaz do Punjab, com sua cultura do norte da Índia, que se apaixona por uma moça de Tamil Nadu, no sul, e a luta para conseguir a permissão das duas famílias para o casamento. O livro retrata preconceitos típicos da classe média, como o desejo de ter a pele clara, a pressão sobre os filhos pela performance perfeita nos estudos, os gastos exorbitantes com o casamento. Bhagat – que costuma dizer "Sou o garoto-propaganda do sucesso da classe média indiana" – se tornou o autor em inglês que mais vende na Índia toda: cinco milhões de livros até agora. Se é idolatrado por seus leitores, é também desprezado pela elite intelectualizada. Mas ele abriu os portões para uma leva de outros engenheiros, publicitários ou investidores que decidiram escrever livros sobre uma Índia que começa a enriquecer.

NOTAS

[1] Binoo K. John, *Entry From Backside Only: Hazaar Fundas of Indian-English*, New Delhi, Penguin Books, 2007, p. 124.
[2] Atul Sethi, "Raj to Aaj, It's a Crowning Legacy", em *The Times of India*, New Delhi, 9 maio 2010.
[3] Rema Nagarajan, "August, English", em *The Times of India*, New Delhi, 27 mar. 2010.
[4] Rema Nagarajan, "In 3 Years, English Rises to n. 2 Medium", em *The Times of India,* New Delhi, 5 dez. 2009.

NAMASTÊ, ÍNDIA: COMIDA, VESTUÁRIO E MAIS COTIDIANO

"*We are like this only*" ("Nós somos assim mesmo"). É assim que os indianos se descrevem. O *only* no final da frase é uma indianização do inglês para enfatizar o seu jeito de ser diferente. É uma expressão que você vê em artigos de jornais e revistas, em títulos de livros, propagandas e debates na televisão. Uma frase-mantra que resume muito bem a forma como a Índia mastiga as influências externas e as regurgita. Há quem questione se os indianos não estão se ocidentalizando demais e perdendo suas feições originais. Mas outros argumentam que o país faz hoje o que sempre fez em sua longa história de invasões externas: absorve, mas indianiza o que vem de fora, seja na comida, na língua, nas roupas ou no comportamento. Como um dragão de boca aberta, os indianos parecem insaciáveis: eles têm uma fome inesgotável pelas novidades que chegam desde que o país escancarou as suas portas para o mundo na década de 1990.

Metade dos 1,2 bilhão de indianos têm menos de 25 anos. Com espírito aberto, a nova geração prova tudo de novo que lhes caia nas mãos. Literalmente. Eles são obcecados pela explosão de sabores de sua culinária colorida e supercondimentada, com as suas mil e uma especiarias. Não existe "uma" culinária indiana, mas uma constelação de milhares de cozinhas regionais influenciadas pelas religiões do país, pelos costumes de cada casta e pela medicina tradicional aiurveda. Uma verdadeira revolução culinária atingiu a Índia nos últimos tempos. Hábitos começaram a mudar. Alguns tabus casteístas e religiosos passaram a ser ignorados.

Os jovens indianos incluíram em seus cardápios as pizzas e os macarrões chineses, tudo adaptado ao seu gosto condimentado. As grandes cidades testemunham a abertura frenética de restaurantes e bares de todos os tipos, desde os tradicionais italianos até os de gastronomia molecular. Chefs indianos que ficaram famosos no exterior voltam para a Índia para abrir restaurantes luxuosos que servem a "nova cozinha indiana": uma reinterpretação das milenares receitas, preparadas com técnicas francesas. Vineet Bhatia – o único chef indiano com duas estrelas no Michelin, radicado na Inglaterra – é um que aposta na fome por novos sabores dos consumidores indianos. Apelidado de "o mágico das especiarias", ele foi o pioneiro da cozinha moderna indiana em Londres, dando um toque francês a seus pratos individuais, bem diferentes da tradição indiana de pratos comuns em que todos se servem. Bhatia abriu um restaurante de primeiro time em Mumbai, o Ziya, e estrelou uma série de programas de televisão sobre a *"nouvelle cuisine* indiana": *Twist of Taste with Vineet Bhatia.*

Cada vez mais os chefs internacionais desembarcam na Índia, que se transformou em um novo e lucrativo laboratório de experimentação culinária. Os indianos começam a comprar salmão defumado da Noruega e queijo *brie* francês nos mercadinhos de seus bairros. Mas eles também já fazem as suas versões locais de produtos ocidentais, bem mais baratas, como os queijos tipo *gouda*, cheddar e muçarela indianos. Não são produzidos para os estrangeiros, mas para os jovens consumidores que criam novas receitas indianas com alguns ingredientes estrangeiros. As mães começam a reclamar que seus filhos só querem saber de pizzas e massas e torcem o nariz para as receitas tradicionais. Mas os hambúrgueres (de frango ou vegetais) e as pizzas sofrem uma metamorfose: entre os queijos derretidos e ketchup, os indianos acrescentaram seus condimentos e seus ingredientes, como *panner*, uma espécie de ricota (o único queijo indiano). O McDonalds tentou no início impor o menu tradicional, mas foi rejeitado e teve que se curvar ao paladar indiano de forma inédita no mundo: a Índia é o único país onde o McDonalds não serve o Big Mac porque não há hambúrguer de carne de vaca. Também não serve porco, considerado impuro pelos muçulmanos, a segunda religião do país, como visto no capítulo "Caldeirão dos deuses". No lugar do Big Mac, foi criado o Maharaja Mac (ou MacMarajá), com hambúrguer feito de frango.

A total obsessão dos indianos por comida se reflete no número de programas sobre o assunto na televisão. Em 2011 já havia mais de 200 deles, transmitidos em várias línguas. Há também canais 24 horas de comida, com programas que deixaram de ser dirigidos para donas de casas entediadas. Metade da audiência é masculina em um país onde tradicionalmente somente a mulher vai para a cozinha. Entre as várias competições culinárias, uma das mais famosas foi a *Foodistan,* criada em janeiro de 2012, que envolveu até a rivalidade geopolítica do país: uma competição entre cozinheiros indianos e paquistaneses. Mas essa nova onda culinária também levanta uma pontinha de preocupação. Pushpesh Pant, um dos mais respeitados historiadores de culinária da Índia, teme que a diversidade regional seja aniquilada. Segundo Pant, o tradicional conhecimento da variedade infinita de especiarias está desaparecendo. Os indianos não têm mais tempo para esses detalhes e acabam comprando as especiarias já misturadas em pacotinhos industrializados sem saber direito o que estão usando. "Uma variedade imensa de produtos importados são acessíveis nos mercados dos bairros: salsichas, molhos, vinhos, chocolates, queijos, azeitonas, sucos. A boa notícia é a de que tudo isso é proibitivamente caro", diz ele. Professor de Política Internacional na

Cozinheiros do tradicional restaurante Karim na parte antiga de Délhi. O Karim é especializado na chamada culinária mogol, originária da época dos imperadores muçulmanos que governaram quase todo o subcontinente na Idade Média.

Universidade Jawaharlal Nehru, a mais conceituada do país, Pant é um brâmane não vegetariano que segue a tradição de sua casta – e se dedica à culinária. Ele começou a escrever sobre culinária como um passatempo. Hoje, virou uma sumidade no assunto.

A invasão estrangeira no paladar da Índia não é recente. A sua culinária é resultado de várias influências externas. Surpreendentemente, a especiaria considerada a mais típica da Índia, a pimenta malagueta (*chili*), não é indiana. Desembarcou no país no século XVI pelas mãos dos portugueses que o trouxeram do Caribe: *chili* é uma palavra de origem asteca, do México. Por isso, até aquela época os indianos não tinham uma comida tão apimentada. Chamada de "salvadora dos pobres", a pimenta malagueta se popularizou rapidamente: era uma forma barata e fácil de dar gosto aos pratos simples dos camponeses, como arroz com lentilha, além de ter o benefício de ser fonte de vitamina C. Antes do *chili*, as especiarias mais fortes eram sementes de mostarda e pimenta-do-reino. Os portugueses trouxeram vários outros ingredientes para a mesa dos indianos, como o tomate, o pimentão, o abacaxi, o mamão papaia, a goiaba e a castanha.[1] A influência portuguesa é fortíssima em Goa, onde os indianos comem feijoada, chouriço, caldinho e sarapatel, que chamam de *sorpotel*: picadinho de carne de porco e miúdos com molho à base de sangue, suco de tamarindo e vinagre. O prato de Goa que se tornou mais famoso no mundo por ter sido levado para casa pelos britânicos é o *vindaloo*: carne de vaca, que os indianos chamam de bife, temperada com vinagre e alho. Era Vinha D'alhos para os portugueses e virou *vindaloo* para os ingleses. O resultado desse intercâmbio culinário com os portugueses foi a criação de uma verdadeira cozinha "*fusion*" medieval, com receitas da Europa, da Ásia e das Américas.

Os muçulmanos também trouxeram suas comidas, com muitos pratos feitos de carne de carneiro e frango. O costume de marinar carnes em iogurte e especiarias, hoje um mantra na culinária do norte da Índia, veio de cozinheiros persas durante os anos de domínio dos imperadores mogóis. Os famosos *kebabs*, espetinhos de carne moída, geralmente de carneiro, deveriam ser tão macios que até banguelas poderiam comer. Tudo foi indianizado e foi assim que surgiu um dos mais famosos braços da cozinha indiana: a culinária *mughlai*, que hoje é servida em muitos restaurantes de Délhi, antiga capital dos imperadores muçulmanos. A cozinha era tão valorizada por eles que havia um ministro da pasta da culinária que respondia diretamente ao soberano.[2] O prato mais famoso da culinária *mughlai* é o *biryani*: um risoto com aura de aristocrata, muito apreciado também pelos nababos muçulmanos que governavam parte da Índia. O *biryani*, com sua origem traçada ao *pilao* vindo da Pérsia, é feito com carne de frango ou de carneiro, marinado em iogurte e especiarias e enfeitado com o precioso açafrão da Caxemira, o único lugar da Índia onde ele é cultivado. Hoje, o *biryani* é um dos pratos favoritos dos banquetes de casamentos indianos. O outro famoso risoto indiano é de origem oposta: o *khichri*, uma versão camponesa, bem simples, mas nutritivo, que leva lentilhas, turmérico (curcuma) e manteiga. Esse risoto da Índia rural fez sucesso na Índia urbana e conquistou os colonizadores britânicos; eles o batizaram de *kedgeree* e acrescentaram ovos cozidos e peixe defumado. Os britânicos, com sua pobre tradição culinária, absorveram a influência da cozinha de sua colônia. Foi no apetite que os britânicos mais abraçaram a cultura indiana.

O MITO DO *CURRY*

A grande ironia da história da culinária da Índia é o termo *curry*: trata-se de um mito criado pelos britânicos. Na Índia existem infinitos molhos feitos a partir das misturas de especiarias dos mais diferentes tipos, cores e gostos. Assim, se você ler "*curry*" em um menu na Índia, o restaurante é para estrangeiros ou quer dar um ar de moderninho com pratos anglo-indianos. *Curry* é uma palavra que os ingleses criaram a partir de outra na língua tamil: *kari*, ou *caril*, como chamavam os portugueses, que quer dizer molho com vegetais e condimentos.

O pó de *curry* popularizado em todo o mundo foi criado pelos britânicos no século XVIII: eles retornavam às suas casas para se aposentar e não se acostumavam mais com a sua comida insossa. Não se trata de um pó feito de uma determinada planta, mas de uma mistura de dezenas de especiarias que, para os saudosistas britânicos, lembrava o gosto de determinados pratos indianos. A cor amarelada é dada pelo turmérico, e o pó inclui ainda pimenta-do-reino, pimenta-malagueta, cravo, coriandro em pó, cominho, canela, gengibre, noz-moscada e cardamomo, entre outros condimentos. Mas não pergunte a um indiano comum onde se pode comprar pó de *curry*. Ele não saberá.

O *curry* se popularizou tanto que se tornou motivo de debate na Inglaterra vitoriana do século XIX, quando em meio à fome que assolava o país, o duque de Norfolk sugeriu que os camponeses tomassem caldo de *curry* para matar a fome. Hoje, um nome tradicional para restaurantes indianos em Londres é *Curry House*. Há mais de 10 mil deles: são dirigidos na maioria por bangladeshianos e se tornaram parte da paisagem britânica, assim como os *pubs*. O investimento indiano está crescendo na Grã-Bretanha e as cadeias de restaurantes da Índia estão no auge da expansão por lá. Londres, e não Nova Délhi, é a capital mundial do *curry*. Os ingleses haviam se transformado em *curryholics* (viciados em *curry*). A inglesa Nigella Lawson, a maior celebridade da culinária na televisão britânica, foi apelidada de a "rainha do *curry*". Uma das receitas favoritas dos britânicos, o "frango *tikka masala*" é o maior representante da chamada culinária anglo-indiana: hoje é servido em restaurantes da Índia como novidade. O ex-ministro do Exterior britânico Robin Cook anunciou em 2001 que ele era um prato nacional da Grã-Bretanha, por representar seu multiculturalismo.

LABORATÓRIOS DE ESPECIARIAS

As especiarias são usadas há mais de três mil anos. Além de dar sabor, cor e cheiro aos pratos, são associadas aos benefícios pregados pela medicina aiurveda, assunto do capítulo "Hipermercado espiritual". Acredita-se, por exemplo, que a pimenta-do-reino aumenta a quantidade de sêmen. O turmérico, de um amarelo impregnante, é uma das especiarias favoritas dos indianos: é considerado antisséptico e anti-inflamatório. As cozinhas típicas indianas parecem laboratórios de química: seus armários são lotados de vidrinhos com pós, sementes, folhas secas, pastas, líquidos, tudo das mais diferentes cores. Eu já vi cozinhas com mais de 30 potes de especiarias. Elas se dividem entre dois grupos: aquelas que fazem parte integral do prato até o fim do processo, e as aromáticas, que são retiradas ainda na panela.

O *anchoor*, por exemplo, é um pó de manga verde seca, muito usado para pratos picantes adocicados. O gengibre, cultivado na Índia desde tempos antigos, é uma das especiarias mais usadas no dia a dia: fresco, seco ou em pó. O cominho é um campeão das cozinhas indianas. Em pó ou em grão, ele perfuma quase todos os pratos, como arroz, lentilha, vegetais e até as limonadas, a água de coco e o iogurte. A canela em pau, o cravo e as sementes de cardamomo são especiarias aromatizantes usadas tanto em pratos doces quanto salgados. O sabor do prato varia de acordo com a sequência em que se colocam as inúmeras especiarias, e também do tempo em que elas são fritas. Chamado de *tulsi* na Índia, o manjericão não é usado na culinária, apenas em chás contra resfriados e na preparação de sabonetes e pastas de dentes. O manjericão é sagrado para os hindus: muitas casas têm vasos com essas plantas, consideradas auspiciosas.

Um dos conceitos fundamentais da culinária indiana é a *masala*: são misturas de dezenas de especiarias em pó ou em pasta, que podem ser vendidas já preparadas ou feitas em casa. Nos supermercados há prateleiras inteiras repletas com uma variedade imensa de *masalas*, vendidas em caixinhas de acordo com os pratos que se quer fazer: *masalas* para feijão, para peixe, para frango, para carneiro, para risotos, para saladas de frutas e até para sucos. Muitos indianos sofrem quando estão no exterior de saudade da comida supercondimentada. Turistas indianos costumam levar nas suas malas pacotinhos de macarrão instantâneo com o tempero nacional. Para quem nasceu e foi criado com a explosão de sabores, é difícil se acostumar com o gosto "sem graça" dos pratos feitos com poucos condimentos, como os ocidentais. Além disso, os indianos costumam ter uma visão estereotipada da culinária ocidental: eles acreditam que da inglesa, passando pela alemã, até a francesa e italiana, são todos pratos cozidos temperados no máximo com sal. Já ouvi isso várias vezes.

As receitas mais explosivas indianas misturam pimenta-malagueta vermelha e verde, além de pimenta-do-reino em quantidades inimagináveis para um ocidental. A boca tem que queimar para trazer satisfação. Mas para um ocidental, no geral, é difícil enfrentar o "incêndio" todos os dias. Em muitos casos, não se sabe o que se está comendo: não se sente o gosto da lentilha ou da batata. Os restaurantes tradicionais oferecerem comida muito condimentada e apimentada e banhada em *ghee*, a manteiga clarificada, um dos ingredientes mais valorizados pela tradicional culinária indiana. A comida mais apimentada do país é a do estado de Andhra Pradesh. Foi justamente lá que eu tive o meu batismo de sangue, durante a minha primeira viagem à Índia, em abril de 2006, na cidade de Hyderabad. Você coloca a comida na boca e engole. Só depois de alguns segundos sente a explosão. Um incêndio incontrolável. Se você tiver água mineral na frente, não beba. Eu fiz isso. É muito pior. A única salvação está no iogurte. Foi aí que eu aprendi, desde o início, que o iogurte é um santo remédio. Por isso, os indianos costumam usá-lo como acompanhamento nas refeições. Sorvete também ajuda a apagar o incêndio. É claro que nem sempre a comida indiana é tão forte assim. Isso depende da família. As receitas familiares passam de geração a geração: quando a mulher casa e migra para a família do marido, ela aprende com a sogra cada detalhe do repertório culinário da nova família.

O amor pela comida caseira é simbolizado pelos *dabawallahs* de Mumbai. Eles formam um imenso exército de entregadores de marmitas para milhares de trabalhadores da capital financeira indiana que não aceitam comer nada além da comida de sua casa. Criado há mais de cem anos, durante o Império Britânico, o serviço dos *dabawallahs* é um sucesso tão grande que virou notícia em vários jornais do mundo. *Dabba* significa marmita e *wallah*, entregador. Eles entregam mais de 100 mil marmitas

Dabawallahs são os carregadores de marmitas de Mumbai. Eles entregam marmitas feitas pelas esposas para seus maridos em escritórios da cidade. As refeições são transportadas de bicicleta e trem e identificadas com letras e números. Um sistema de código que funciona perfeitamente. Uma opção econômica e saudável.

de almoço todos os dias. É um eficiente sistema que usa o trem urbano de Mumbai, que transporta seis milhões de pessoas diariamente. As marmitas são marcadas com códigos formados por números e letras. Hoje, eles são acionados pela internet e por mensagens via celulares. Os *dabawallahs* viraram atração turística e se transformaram em um exemplo de negócio aprendido até nas faculdades de Administração de Empresas. Mesmo tendo hoje em dia opções como vendedores de petiscos ambulantes e as *dhabas* – a versão indiana dos botecos que servem pratos feitos –, muitos ainda preferem a sua comida caseira. Mas as *dhabas* também se transformaram em uma verdadeira instituição indiana e viraram moda.

A COZINHA NO DIA A DIA

A primeira coisa que um indiano faz quando se levanta é tomar uma xícara de chá com leite acompanhada de uns biscoitos. Mas esse não é o café da manhã. É só para acordar. Em seguida, eles comem os mais variados pratos salgados e condimentados, que variam de acordo com a região do país. No sul, podem ser os *idlis* (bolinhos esponjosos de farinha de arroz fermentado), *dosas* (crepes de farinha de arroz ou de lentilha) ou *vadás* (rosquinhas fritas de pasta de lentilha preta): todos são sempre acompanhados de *sambhar*, um caldo de lentilha, tamarindo e vegetais supercondimentados, além de molho de coco apimentado. No Norte, eles gostam de iniciar o dia comendo *parathas*, um tipo de pão sem fermento feito em casa, com recheio de batata. Os indianos costumam beliscar bastante até a hora do jantar, que nunca é muito cedo.

A mesa na Índia é a mais variada e colorida possível. Fartura e variedade são obrigatórias. Todas as opções servidas ao mesmo tempo. Daí o hábito de *thali*, que significa prato, mas é uma espécie de bandeja, geralmente feita de metal, que acomoda cerca de dez *katoris* (tigelinhas): nelas, são despejadas as mais diferentes comidas e até os doces. Há vários tipos de restaurantes especializados em *thali*, que, assim como as nossas churrascarias, servem comida infinitamente por um preço único. Em uma refeição típica do sul, um monte de arroz é colocado sobre uma folha de bananeira e cercado de pequenas porções de uma imensa variedade de molhos, ensopadinhos vegetais e iogurtes condimentados.

Mesmo nas refeições caseiras, do dia a dia, se espera no mínimo quatro pratos, com a lentilha no papel principal: ela é para o indiano o que é o feijão para o brasileiro. Uma refeição padrão tem dois pratos de vegetais: um seco e outro com molho. No caso dos não vegetarianos, serve-se uma carne cortadinha com molho (pedaços grandes,

Refeição típica indiana. *Dal* amarelo (lentilha) no canto esquerdo inferior, legumes ao molho muito condimentado e apimentado (no canto direito inferior). *Kebabs* vegetarianos feitos de lentilha (no alto da foto à direita), em geral, são entradas. E o pão indiano sem fermento, o *paratha* (no alto à esquerda).

como bifes, não existem): pode ser frango, carneiro ou peixe. Carnes sem molho, em geral, são servidas como entradas, como espetinhos de grelhados.

Os acompanhamentos são os mais variados tipos de pães, arroz, *chutneys*, picles, cebola em conserva e a *raita*, um iogurte temperado com cominho e pepino cortadinho para compensar a comida picante. No Sul e no Leste, o arroz é o principal acompanhamento. O mais comum é o tipo *basmati*, com seus grãos longos e finos, preparado sem tempero nenhum: os molhos dos pratos principais são tão fortes que compensam essa falta de sabor do arroz. Os picles e os *chutneys* são fundamentais na mesa indiana. Não há refeição indiana completa sem eles. Os *chutneys* são molhos frios bastante fortes feitos de vegetais, frutas, ervas e várias especiarias. Adocicados ou salgados, podem ser colocados em tudo. Os mais populares são de manga, menta, coco e coriandro. No norte, o acompanhamento principal é o pão sem fermento. Os deliciosos pães são sempre feitos na hora e servidos quentes: os indianos costumam ser muito exigentes com isso. Como eles não usam talheres, são muito hábeis no uso dos pães como seus substitutos. Quebra-se o pão com uma só mão e o pedaço serve para embrulhar a comida. Nas refeições caseiras, come-se geralmente o *roti*, feito de farinha de trigo integral, sem gordura, em placa de metal chamada *tawa*, colocada sobre o fogo. Mas nos restaurantes, os indianos pedem vários outros tipos de pães, fritos ou feitos em um forno de barro chamado *tandoori*, como o *puri* e o *naam*.

Pratos de forno são consumidos em restaurantes porque as casas, em geral, não têm forno: os fogões são simples, de duas ou quatro bocas, daí por que um grande número de pratos indianos são fritos. Quando há fornos, eles são elétricos ou de

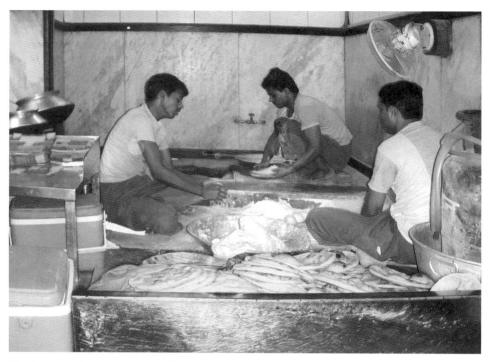

Cozinheiros fazendo pães indianos sem fermento, como o *roti*, o *paratha* e o *naam*.

micro-ondas. As cozinhas tendem a ser espartanas, sem móveis. Tradicionalmente, os cozinheiros cortam os legumes no chão, acocorados: no caso das famílias de classe média com dinheiro, quem faz isso são os empregados, que tanto podem ser mulheres como homens.

Toda essa fartura é oferecida aos hóspedes, tratados como reis nas casas indianas. Se for uma casa pobre, o anfitrião deixa de comer para ter o que oferecer ao convidado. Receber bem é uma questão de honra familiar. Em um país com um histórico tão persistente de fome, estar de estômago cheio é uma obsessão mesmo entre os endinheirados. A primeira coisa que se oferece ao hóspede é o tradicional chá com leite acompanhado de biscoitos, salgadinhos e doces. Você é recebido com chá em todos os lugares, exatamente como se faz no Brasil com o cafezinho. Se o visitante não gosta de chá, deve escolher outra opção, como suco, se não quiser ser visto como mal-educado. As entradas na mesinha de centro podem estar ao alcance do hóspede, mas a dona da casa vai estender o pratinho e dizer: "Pega mais." E insiste. A conversa vai longe, até o fim da noite, quando finalmente o jantar é servido. Logo depois de comer, os convidados vão embora: isso não é falta de educação. É a norma. Hoje em dia, muitos usam talheres, mas tradicionalmente se come com as mãos. Sempre com a direita. A esquerda é totalmente proibida, por ser impura: é reservada para o asseio pessoal.

Cada casta e religião têm suas maneiras particulares de comer e suas receitas específicas. Os brâmanes, por exemplo, costumam ter sua própria culinária, tradicionalmente vegetariana, mas cada vez mais eles aderem às carnes. Nem todos consideram as carnes "impuras". Em Goa, por causa da influência portuguesa, eles comem porco e até carne de vaca. Na Caxemira, os brâmanes incluem carne de carneiro e de frango em seu menu. E em Bengala Ocidental, eles comem peixe. O consumo de comida para um brâmane ortodoxo obedece a um ritual para assegurar sua "pureza": comer faz uma pessoa particularmente vulnerável à "poluição", conceito já explicado no capítulo "Caldeirão dos deuses". Há uma crença de que as qualidades morais da pessoa que cozinha podem migrar para a comida e ser absorvida por quem a come. Acredita-se que as comidas fritas com *ghee*, produto da vaca sagrada, ou cozidas com leite, sejam mais "puras" porque estariam mais protegidas contra a "poluição". Os cozinheiros brâmanes tradicionais se lavam e trocam as roupas antes de cozinhar. Antigamente, os cozinheiros das famílias ricas eram todos brâmanes, devido a essa ligação da comida com a "pureza": eram os chamados *maharaj* (ou marajás, grandes reis). Conheci uma família de casta alta, xátria, a segunda na hierarquia, que tinha um cozinheiro brâmane. O *maharaj* separava a sua comida da panela antes de servir porque brâmanes não podem comer o que sobra de uma refeição; os restos são considerados impuros.

Os hindus sempre tiveram uma atitude solene e religiosa com relação à comida. Comer era uma parte da relação entre o homem e os deuses.

Os indianos têm muitos tabus alimentares ligados à religião e à aiurveda. Poucos povos são tão preocupados com comida e seu efeito no corpo e na mente. Eles evitam alimentos que acreditam atrapalhar o desenvolvimento espiritual e físico. Alguns indianos não comem cebola e alho, não porque não gostem, mas porque se trata de um forte tabu aiurvédico, segundo o qual eles estimulariam instintos básicos, como o impulso sexual: daí serem ingredientes proibidos nas cozinhas dos templos.

MINORIA VEGETARIANA

Apenas 25% da população é vegetariana.[3] As carnes mais consumidas são frango, peixe, bode e carneiro. Kerala, no Sul, é um dos estados onde mais se come carne de vaca por causa da alta concentração de cristãos e muçulmanos, religiões que não consideram o animal sagrado. Outra culinária que oferece muitos pratos à base de carnes – de carneiro e de frango – é a do estado do Punjab, no norte: um de seus pratos mais famosos é o frango na manteiga (em pedaços com molho feito à base de *ghee* e especiarias). A comida do Punjab acabou se transformando na principal representante da culinária da Índia no mundo porque muitos indianos daquele estado migraram para outros países, como Inglaterra, Canadá e Estados Unidos.

A culinária da Caxemira é praticamente baseada nas receitas com carne. Em uma refeição se serve vários pratos de carneiro e de frango. Lá, com seu clima frio e montanhoso, há poucos vegetais. Um de seus pratos mais famosos é o *roghan josh*: um carneiro ao molho vermelho, à base de pimenta-malagueta vermelha e o pó de uma flor seca de cor púrpura chamada *coxcomb*. São famosos os *waazwans*, banquetes extravagantes que existem desde a Idade Média, geralmente organizados em casamentos, com mais de 30 pratos preparados pelos *wazas*, ou chefs, uma profissão que naquele estado é passada de pai para filho. Um prato obrigatório dos *waazwans* é o delicioso *gushtaba*: almôndegas de carneiro, do tamanho de bolas de tênis, com um molho à base de iogurte. Tudo é cozido lentamente no fogo à lenha.

Os vegetarianos não são tantos assim, mas alguns são bastante ruidosos. Em determinados conjuntos residenciais dominados por vegetarianos, uma das perguntas que se faz para quem vai alugar apartamentos é se a pessoa come carne; em caso positivo, ela é vetada. Parte do hábito vegetariano tem motivo econômico já que comida animal é mais cara. Mas também há motivos éticos, contra o fato de tirar uma vida para se alimentar, reforçados pelo jainismo, pelo budismo e depois pelo hinduísmo, como já visto no capítulo "Caldeirão dos deuses". A tradição da culinária vegetariana é forte e desenvolveu pratos sofisticados e muito saborosos. Mesmo entre os que gostam de carne, há o hábito de comer muitos vegetais em cada refeição, sempre muito temperados. Pratos como legumes ao vapor, ou na manteiga, não fazem o menor sucesso. Gandhi, que era vegetariano convicto, certa vez comentou que nunca tinha visto na Índia qualquer prato do tipo "vegetais cozidos".

BOCA DOCE

Os indianos ganharam fama de que gostam de pimenta. É verdade. Mas eles são mais apaixonados ainda por doces. Eles não aparecem apenas na sobremesa, mas também no café da manhã, nas entradas e no chá do meio da tarde. Aparecem também nas celebrações. O doce é um símbolo de vitória. Se um político importante ganha uma eleição, a foto do dia seguinte nos jornais invariavelmente é ele de boca aberta

Guloseimas nas ruas de Ram Jhula, vila que fica aos pés do Himalaia.

mordendo o doce oferecido pelos correligionários. Quando querem apaziguar seus deuses e fazer um pedido, os indianos oferecem doces a eles. Em épocas de festivais religiosos, ou seja, frequentemente, todos se presenteiam com caixas de doces. Os templos hindus também têm a sua própria culinária na qual os doces ocupam lugar de honra. Feitos com puro *ghee* e leite de vaca, são oferecidos primeiro aos deuses e, depois de abençoados, servidos aos devotos.

Os doces são tão reverenciados que os tradicionais doceiros – chamados de *halwai* – eram brâmanes. Há uma variedade infinita, muitos feitos de leite, açúcar e especiarias, como cardamomo, canela, cravo e açafrão. Todos muito bonitos e nas mais variadas cores: branco, bege, amarelo, marrom, laranja, rosa, verde. De longe, nas vitrines, parecem joias. Muitos são cobertos por finíssimas camadas de folhas de prata comestíveis que os estrangeiros desavisados tendem a arrancar antes de comer. A cada ano, mais de 10 toneladas de prata pura são convertidas nessas folhas, que não têm gosto nenhum, são apenas para decoração. Há também doces com ricota, como o *rasgulla*: são bolinhas brancas esponjosas mergulhadas em uma calda de açúcar. Um dos doces mais populares de festas e casamentos, o *jalebi*, só pode ser feito na hora. É uma massinha crocante frita em óleo e depois mergulhada em um xarope doce, servida sempre quente. O doce mais popular, encontrado nos menus de todos os restaurantes indianos, é o *gulab jamun*, feito de leite e farinha, em forma de bolinhas, frito e servido com uma calda açucarada quente com essência de rosas. O medieval *kulfi* é um alívio no verão indiano: um sorvete de doce de leite trazido pelos mogóis da Ásia Central e do Afeganistão. Também muito popular é o *kheer*, um arroz-doce como o nosso, só que perfumado com cardamomo. O chocolate é uma inovação. A nova geração adora, mas os mais tradicionais não trocam seus doces pelo chocolate de jeito nenhum.

PARA MATAR A SEDE

Os indianos não conheciam o chá até o final do século XIX. No início, era servido como remédio para a elite endinheirada. Depois se tornou bebida da moda: indianas aristocráticas serviam chá com biscoitos para exibir suas finas porcelanas chinesas. As plantas de chá foram trazidas da China para a Índia pelos ingleses. Mas o chá indiano é bem diferente do britânico: como toda a culinária indiana, o *chai*, como eles chamam, é incrementado, feito com especiarias, leite e açúcar. Os britânicos fizeram campanhas para popularizar o chá na Índia. O chá açucarado com leite e especiarias começou a ser vendido em estações de trem, desobedecendo às recomendações dos ingleses que desaprovavam essa "indianização". Na verdade, os indianos se inspiraram em suas bebidas tradicionais para modificar o chá britânico. Há séculos os indianos gostam de bebida leitosa com especiarias, recomendada pela medicina aiurveda contra febres e resfriados.

O chá foi se popularizando e no século XX já havia se transformado na bebida nacional. O indiano bebe chá o dia inteiro, em xícaras pequenas. O jeito mais tradi-

Folhas de bétel são usadas para fazer o *paan*, que se mastiga após as refeições para facilitar a digestão. São recheadas com uma mistura de ingredientes ralados, como cardamomo, cravo e anis-doce e provocam efeitos parecidos com os da nicotina.

cional, o chá dos vendedores de rua, é servido em copinhos de vidro iguais àqueles usados nas padarias brasileiras para servir o café com leite ou o tradicional cafezinho passado no coador. O *chaiwallah* – vendedor de chá – é uma figura tradicional. Eles montam suas mesinhas nas calçadas, debaixo de árvores, com um fogareiro portátil de querosene e preparam o chá em uma panela, a 10 centavos de dólar o copo. Em torno deles, os clientes se acocoram nos calcanhares, o jeito tradicional de o indiano comum sentar: um hábito nas casas simples que não têm móveis. A bebida é também uma forma popular e barata de enganar a fome.

Hoje, a Índia é o segundo maior produtor de chá do mundo. O sul do país, porém, prefere o café, sempre servido com leite. Nos últimos anos, os indianos da elite começaram a desenvolver o gosto por *cappuccinos* e expressos por causa da proliferação das redes de cafés internacionais e suas versões indianas.

O *lassi* é o *milk-shake* dos indianos: uma bebida gelada feita de iogurte e gelo, que pode ser temperada ou não com cominho e pimenta. No auge do verão, as pessoas tomam litros de *mimbu pani*, uma limonada também temperada com pimenta, sal e açúcar. O álcool é visto com reservas pelas famílias tradicionais: no estado do Gujarat, seguindo o exemplo de Gandhi, bebidas alcoólicas são proibidas. Mas mesmo assim, o país tem as suas bebidas alcoólicas. A cachacinha indiana é o *arrack*, destilado à base de coco, ou o *feni*, de Goa, feito a partir de castanha de caju. Há também várias marcas de rum: o mais tradicional é o Old Monk. Mas a bebida mais apreciada pelos indianos foi trazida pelos britânicos, o uísque. A Índia é hoje um de seus maiores produtores e consumidores no mundo, nas suas versões próprias, que só os mais corajosos experimentam. As cervejas se tornam cada vez mais populares com a ocidentalização da Índia; a marca que domina o mercado é a Kingfisher. Outra bebida que começa a ser produzida por influência europeia é o vinho, mas esse é um negócio muito incipiente. A marca mais conhecida é a Sula.

Uma mania nacional é mastigar o *paan*: as folhas de bétel, que contêm substâncias estimulantes semelhantes à nicotina. Além de ajudar a digestão e amenizar o gosto forte da comida, tem um efeito relaxante. São folhas recheadas com uma mistura de nozes, cardamomo, coco ralado, cravo e anis-doce. Uma cena clássica nas cidades indianas é ver motoristas de táxis ou de riquixás magrinhos mascando *paan* e cuspindo fora o bagaço, um suco avermelhado, que mancha as calçadas e as paredes dos muros. Os mais pobres mastigam *paan* da mesma forma que os pobres da Bolívia e do Peru mastigam a folha da coca: para aliviar a sensação da fome. Sementes de anis e de erva-doce que refrescam o hálito costumam ser oferecidas no final das refeições.

CHOQUE CULTURAL

Assim como na cozinha e na sala de jantar os indianos têm comportamentos específicos, no banheiro acontece o mesmo. Seus hábitos higiênicos estão ligados ao conhecimento tradicional da aiurveda, como o de se colocar para fora todos os fluidos corporais, as "impurezas" do organismo. A sinfonia matinal de escovação de dentes e da língua é sempre acompanhada de longos e profundos escarros. Os indianos são bastante preocupados com a higiene interna. Os críticos se perguntam por que eles não dão a mesma importância para a sujeira externa. Se os estrangeiros em geral acham as cidades indianas sujas – e esse é de fato um grande problema, como veremos no capítulo "O enigma do elefante" –, os indianos consideram os ocidentais pouco higiênicos em alguns aspectos de seus hábitos pessoais. Um deles, é o de se limpar com papel higiênico. Eles se lavam com água colocada em canequinhas de plástico, que ficam ao lado da privada, ou com jatos de água dentro dos vasos sanitários, acionados por uma torneirinha ao lado. Ou ainda, no caso das casas mais modernas, com mangueirinhas de metal.

O conceito bramânico de "impureza" faz com que dentro das casas rurais não haja toaletes. O banheiro – geralmente nojento – costuma ficar do lado de fora. Banheiro arrumadinho, com azulejos no chão e na parede combinando, box de vidro e pia de mármore é um conceito que começou a chegar recentemente. A maioria das casas até hoje não tem um murinho isolando o chuveiro, de forma que a pessoa tem que passar o rodo no chão após o banho. Os indianos, em geral, tomam banho de balde com ajuda de canequinhas, agachados ou sentados em um pequeno banquinho. Os mais simples têm o hábito de passar óleo nos cabelos. Para os desavisados pode parecer que os cabelos estão oleosos por falta de banho, mas não é: eles acreditam que o óleo de coco fortaleça a raiz dos cabelos.

Os choques culturais chegam a ser maiores em algumas ações do dia a dia. Por exemplo, os indianos têm imensa dificuldade de dizer "não", considerado rude. Isto acontece muito no mundo dos negócios. Empresários estrangeiros se irritam com o fato de seus interlocutores não dizerem na cara que algo não poderá ser feito, por exemplo, no prazo previsto. Quando o indiano responde "vamos ver", "vou tentar", pode esquecer: essa é uma forma de "não" educado. Mas o estrangeiro tende a ler essa resposta literalmente e tem esperança de que a coisa, seja ela qual for, poderá acontecer. Outro ponto de desencontro: admitir que não sabe algo é impensável. Por isso, um indiano comum não admite que não conhece, por exemplo, o caminho para determinado lugar. Muitos indicarão alguma direção qualquer. Poucas coisas são mais importantes do que "salvar a cara". Mesmo uma mentira ou uma informação errada são aceitáveis para que isso não aconteça.

A forma como eles meneiam a cabeça em resposta também provoca muitas dúvidas entre os estrangeiros. O gesto mais típico dos indianos é mexer a cabeça e o pescoço de um lado para o outro, como aqueles cachorrinhos de brinquedo que têm molas no pescoço. Parece um "não", mas na verdade é um "sim" ou um "talvez", ou apenas o reconhecimento de que se ouviu o que a outra pessoa falou. Trata-se de um dos maiores cacoetes nacionais. Os menos ocidentalizados tendem a expressar abertamente toda a sua curiosidade, sem saber que isso pode ser rude em outras culturas. Muitos fazem verdadeiros inquéritos quando encontram um desconhecido: qual é o seu salário, se é casado, se tem filhos, e se não tem, por que não. A privacidade não é um conceito indiano, principalmente no interior. Carteiros podem meter a mão na sua maçaneta, abrir a porta e entrar na sua casa, se ela não estiver trancada. Os indianos estão acostumados a não ter o seu próprio espaço. As casas, em geral, com exceção da classe média endinheirada, são pequenas e lotadas: não existe "o meu cantinho", a "minha cama", o "meu quarto".

Os indianos se assemelham aos brasileiros quando se trata da elasticidade do tempo, em que o atraso de meia hora é normal. A diferença é que na Índia o atraso pode ser um pouco maior do que a "meia horinha" brasileira: pode se estender até uma hora ou mais. Se o eletricista que vai consertar o seu gerador de energia diz que vai chegar às 10h da manhã, pode ter certeza de que ele não aparecerá antes das 11h. Se aparecer. Os indianos chamam essa atitude de "*chalta hai*", ou "deixa estar", "tudo bem". O que será, será. Os cumprimentos de prazos tendem a seguir esse mantra. Na psicologia social indiana, as palavras tendem a ser mais importantes do que as ações: o que você diz, ou seja, a sua intenção, é o que vale. É mais importante expressar a sua intenção de ajudar do que a própria ajuda. Somente com o tempo o estrangeiro consegue ler as entrelinhas do que se fala: quais promessas vão ser cumpridas, por exemplo.

Se há uma questão que intriga o brasileiro recém-chegado à Índia é a origem da expressão "fila indiana". Os indianos em geral ignoram completamente as filas: furá-las é um esporte nacional que engloba todas as castas, idades, classes e religiões. Se você deixar um espaço de 20 centímetros na sua frente na fila, alguém vai se espremer ali, na cara dura. Se você reclamar, ele vai te olhar espantado, com cara de que a pessoa errada é você. Os outros, no geral, ficam calados. Nunca vi ninguém reclamar dos fura-filas, a não ser, é claro, os estrangeiros, que dão verdadeiros chiliques. Os europeus acostumados em manter a distância regulamentar dos outros são os que mais sofrem, mas com o tempo acabam aprendendo a grudar na pessoa a frente. Isso aconteceu comigo várias vezes e nos mais diversos ambientes, do Taj Mahal a banquetes de casamento, passando por bancos, caixas de lojas frequentadas apenas pela classe média etc. Mas o fato é que os que fazem isso não têm a intenção de desrespeitar o outro: estão com pressa e acham que os outros vão entender. Em um país super-habitado e com longo histórico de escassez de comida e serviços ineficientes, a dose de ansiedade é alta quando os indianos veem muita gente aglomerada e todos com o mesmo objetivo ou alvo. A comida pode acabar (mesmo em um jantar de luxo com convidados superalimentados), ou o banco pode fechar mais cedo. O individualismo é uma norma: se faz o que é mais conveniente para si próprio e se pensa em curto prazo.

Nas aglomerações em público, encostar um no outro e pisar no pé não chega a ser um problema, nem merece desculpas. Mas se há um relaxamento nesse aspecto, é preciso tomar cuidado com os toques físicos em público entre homens e mulheres, como já visto no capítulo "Ressurreição do *Kama Sutra*". O cumprimento na Índia nunca é o beijinho, nem no rosto, nem na mão. Na boca, então, nem pensar. Tradicionalmente eles se cumprimentam com o "*Namastê*", ou "*Namaskar*", que significa: "Eu reconheço o divino em você", acompanhado com um gesto de palmas juntas na altura do peito. Entre amigos, o normal é simplesmente dizer "Oi". No máximo as mulheres se abraçam se são muito próximas e se não se veem há muito tempo. Os homens podem se apertar as mãos. Beijinhos entre homens e mulheres só mesmo entre os que são muito expostos às influências externas.

COR É VIDA, BRANCO É MORTE

A influência ocidental tem provocado uma reviravolta no guarda-roupa indiano. Mas o país continua colorido. As cores representam a vida. Combinações que para o olhar ocidental são fortes demais, para os indianos são normais, como rosa-choque com azul-turquesa, verde-abacate com laranja, ou roxo com vermelho. Bege e branco são considerados cores mortas, boas para velório. O famoso "pretinho básico" já aparece em festinhas modernas da Índia urbana, mas é muito limitado a um público de elite. Tradicionalmente considerada pouco auspiciosa, a cor não é popular. Depois de resistirem milhares de anos, os elegantes saris têm sido aposentados no fundo do armário pela nova geração: e de lá saem apenas para brilhar em festas e outras ocasiões especiais. Esse é um fenômeno novo, mas bastante perceptível: o visual das jovens indianas tem mudando bastante desde 2006, quando cheguei, até 2012. As indianas mais velhas tentam convencer as mais novas de que o sari, um tecido de seis metros sem costuras, é fácil de ser usado. Mas a verdade é que não é. Conheci várias jovens que não sabem se enrolar no sari. Quando são obrigadas a vesti-lo para uma festa, são auxiliadas por alguma mulher treinada nos truques para que ele fique preso na cintura sem escorregar. Alfinetes impedem que o sari deslize.

A invenção dos saris prontos para vestir, com as pregas da saia já costuradas, e com botões na cintura, não pegou. Já houve inúmeras tentativas de atrair as jovens, mas todas falharam: saris com jeans por baixo, saris no joelho ou com bolsos. Os estilistas indianos volta e meia recriam os saris, com modernas estampagens geométricas e com estampas de animais (zebras e tigres), como os do Satya Paul, hoje com lojas espalhadas por todo o país, que custam entre US$ 200 a US$ 2 mil. O sari já chegou a ser "perseguido" pelos moderninhos da Nova Índia: em 2009, uma discoteca de Délhi recusou a entrada de uma mulher porque estava enrolada com um sari. Em uma inversão total de valores, o gerente alegou que ela iria chamar atenção desnecessária e podia ser assediada dentro da boate, onde reinam minissaias, tops tomara que caia e shortinhos. Nos últimos anos, até mesmo as moças das cidades pequenas começaram a vestir jeans e camisetas. É comum mulheres vestirem roupas ocidentais na adolescência e na juventude mudar para o sari ou o *salwar kameez* (túnicas compridas com calças) após o casamento: muitas vezes por exigência da família do marido e dele próprio.

Assim, a morte do sari, anunciada várias vezes pela mídia, não se confirmou. Ainda hoje o sari é vestido por mulheres de todas as classes e religiões, na Índia urbana e rural. O que diferencia as pobres das ricas é o tecido: os mais baratos são de poliéster e os mais caros, de algodão e seda. Sem restrições de tamanhos, eles são passados de mãe para filha. Cada região desenvolveu sua forma de vestir o sari. Segundo Ritu Kapur Chishti, coautora do livro *Saris: Tradition and Beyond*, há 108 maneiras de se envolver no sari. No Rajastão, por exemplo, com sua cultura feudal, as mulheres usam a ponta do tecido do sari, que se joga sobre os ombros, chamado *pallav*, para cobrir a cabeça como se fosse um véu. Já no estado de Maharashtra, elas amarram a barra do sari entre as pernas, como uma fralda.

Muitas estrangeiras famosas foram fotografadas com sari, como Cherie Blair, esposa do ex-primeiro-ministro britânico Tony Blair. Mas a crítica indiana foi impiedosa, dizendo que ela parecia desengonçada. As indianas costumam dizer que, por maior esforço que as estrangeiras façam, os saris não caem bem nelas. As únicas exceções são as estrangeiras indianizadas. Um exemplo é o de Sonia Gandhi, nascida na Itália, assunto do capítulo "E nasce uma nova Índia". Ela só vestia roupas ocidentais, mesmo depois de casar com Rajiv Gandhi. Mas assim que entrou para a política, suas calças, saias e vestidos foram substituídos pelos saris: o novo guarda-roupa simbolizava sua total identificação com a Índia. Desde então, ela só aparece vestida com respeitosos saris, parte deles da famosa coleção que sua sogra, Indira Gandhi, deixou de herança. Um deles foi tecido à mão especialmente para Indira pelo seu pai, Jawaharlal Nehru, quando ele estava na prisão. Priyanka, filha de Sonia, foi eleita pela mídia como o maior exemplo da versatilidade e elegância da nova mulher indiana: ela veste tanto

Manequins exibem tecidos para a confecção de saris em loja de shopping center de Délhi.

calças com camisas quanto seus saris politicamente corretos, sempre de algodão, para não parecer uma riquinha arrogante.

O sari tem a vantagem de realçar as curvas e o bumbum, e ao mesmo tempo disfarçar a gordura: é uma excelente opção para as gordinhas. A miniblusinha usada sob o sari não era obrigatória antigamente: ela surgiu por pressão dos britânicos, que impuseram sua moral vitoriana. Tradicionalmente, o sari é um símbolo de feminilidade, da menina que vira mulher: é vestido pela primeira vez na adolescência. Os saris mais sensuais desfilam nas telas de Bollywood. As cenas de saris molhados e escorregadios alimentam as fantasias dos homens indianos. Antigamente, na década de 1950, as heroínas dos filmes vestiam saris comportados, que cobriam todo o corpo. Aos poucos surgiram os saris apertados no bumbum. O sari de Bollywood foi escorregando cada vez mais para abaixo da cintura, mostrando a barriguinha com *piercing* no umbigo. Foi a partir da década de 1990 que o famoso estilista indiano Manish Malhotra criou para os filmes os saris bordados com pedrinhas de cristais e supersensuais que se tornaram uma febre entre as mulheres de elite. Eles eram feitos de tecidos finos e mais transparentes, e suas blusinhas encolhiam a cada ano, até parecer praticamente um sutiã de luxo, incrustado de pedras e lantejoulas: as chamadas blusas *kama sutra*, apertadas e com decotes ousados.

Estilistas internacionais de vez em quando tentam sua sorte no mercado de luxo indiano e criam saris de festas para as mulheres da elite, como Louis Vuitton e Jean Paul Gautier. A última tentativa aconteceu em 2011, com o lançamento do sari de seda pela Hermès francesa, com preços entre US$ 6 mil e US$ 8.500.

O CONFORTO DO *SALWAR KAMEEZ*

A opção ao sari é o confortável *salwar kameez*: um conjunto de túnica até os joelhos ou canela, com uma calça bem larga e a *dupaata*, uma echarpe esticada sobre os seios, a parte do corpo feminino mais visada pelos homens indianos. O *salwar kameez* talvez seja uma das roupas que mais escondem as curvas do corpo feminino, por isso ideal para quem vai a países islâmicos com códigos restritos: foi o meu uniforme nas minhas viagens ao Paquistão, ao Afeganistão e ao Irã. É a roupa mais usada no norte da Índia e no Paquistão. As paquistanesas comuns deliberadamente rejeitaram o sari, acusado de ser uma propaganda hindu. Apenas as de elite vestem saris em casamentos, sob influência de Bollywood.

Essa "guerra fria" entra o sari e o *salwar kameez*, dizem especialistas em moda indiana, foi fabricada politicamente. Era uma forma de reafirmar as identidades étnicas e religiosas. Hoje o *salwar kameez* e o *salwar churidar* (uma calça justa nas pernas) são as opções preferidas da maioria das mulheres urbanas que não vestem roupas ocidentais: são práticos e confortáveis. As jovens gostam mais da versão com o *churidar*, principalmente os mais modernos de algodão e lycra, mais justos nas pernas.

Outro estilo que virou moda é o de usar o *salwar*, bem justo no peito e na cintura, com calças jeans justas. A economista Simrita Dhillon farejou bem essa tendência e fundou em 2005, em Mumbai, a *Golmaal*, uma loja de roupas com estilo chamado de "*indo-western*": ocidentalizadas, como jeans e camisetas, mas como cores vibrantes, tecidos indianos, bordados com fios dourados e prateados. Vestida com um sensual jeans justo, enfeitado com *strass* nos bolsos traseiros, tênis combinando com a blusa rosa-choque, Simrita me explicou em uma entrevista dentro de sua loja: "A nova mulher indiana não quer vestir os tradicionais *salwar kameez* ou saris. Mas também não gosta do estilo básico ocidental. A indiana não quer ser um clone das europeias ou americanas. Nós queremos a moda adaptada ao nosso estilo. Não dá para imaginar as mulheres indianas sem cores vibrantes." Mas há também os que exageram demais no brilho quando adotam o estilo *indo-western*, especialmente os novos ricos que gostam de exibir o seu dinheiro e não se contentam com bordados simples. É comum ver nas prateleiras e cabides das lojas, *kurtas* (espécie de bata) floridas bordadas com fios dourados, enfeitadas com pedras roxas e amarelas e lantejoulas rosa-choque, por exemplo. Difícil encarar, mesmo com toda a boa vontade.

As ruas de Mumbai, lotadas de migrantes de todo o país, são um dos mais ricos postos de observação do imenso leque de variedades de roupas típicas da Índia: se vê de tudo. A roupa que se veste em geral não é resultado apenas de uma escolha pessoal: é uma linguagem, um código antropológico, indica a religião, a comunidade e a região da pessoa. Homens do sul do país transitam com seus *lunghis*, espécie de saias compridas até os pés ou dobradas acima dos joelhos, parecendo uma minissaia. São usadas tanto por pescadores como ministros do governo com camisas de botão e sandálias. O *dhoti* ficou famoso no mundo por ter sido a roupa que Mahatma Gandhi vestia: é um tecido retangular de algodão não costurado enrolado na cintura e nas pernas – parece uma fralda até os joelhos. É umas das vestimentas mais comuns dos homens na Índia rural. O *salwar kameez* também é usado por homens, em cores claras: geralmente pelos muçulmanos do norte da Índia.

Essas roupas são ideais para o calor indiano: de tecidos finos e largos, permitem a circulação do ar. Mas há também os trajes de gala, com origem na aristocracia indiana, que ganharam fama no mundo. Foram exportados para as passarelas internacionais da moda masculina. A *bundgala* – espécie de blazer com colarinho alto, estilo chinês – virou moda por causa dos Beatles, que levaram o modelito para os palcos. Esse terno é redesenhado com frequência por estilistas internacionais. Mas na Europa, a *bundgala* acabou ganhando um ar de uniforme, usado por motoristas e garçons. Na verdade, a origem desse traje é uma roupa da corte dos nobres indianos, de pescoço fechado, chamado *achkan*. Recentemente, um poderoso e vaidoso ministro do governo indiano foi demitido, entre outros motivos, porque ganhara a fama de fútil, por causa de sua imensa coleção de *bundgalas* que ele exibia diariamente na frente dos fotógrafos e cinegrafistas. As versões sem mangas, tipo coletes, foram batizadas de *jaquetas Nehru* porque foram popularizadas pelo ex-primeiro-ministro. Hoje são usadas por quase todos os políticos. Os *sherwanis*, longas jaquetas discretamente bordadas, muito comuns em casamentos, também são herdeiros da tradição aristocrática. As calças *jodhpur* foram outra exportação indiana que ganhou espaço nas passarelas da moda masculina ocidental: calças largas nos quadris e apertadas nas pernas. Só que os indianos não usam com botas, mas com sapatilhas de couro chamadas *nagras*, o tipo de sapato mais comum dos indianos, que antigamente, nas cortes aristocráticas, eram costurados com linhas de ouro e prata e decorados com pedras preciosas e pérolas. No verão, os homens usam sandálias e chinelos de dedo feitos de couro, inclusive em situações formais, como casamentos, e no trabalho.

A grande maioria das indianas tem longas unhas nos dedos dos pés, geralmente pintadas com esmaltes metálicos, isso porque poucas usam sapatos fechados. Até no inverno de Délhi, parecido com o de São Paulo, muitas continuam usando sandálias ou chinelos com meias com separação nos dedos. Assim como as roupas, os acessórios servem como valiosos códigos de identificação. Os turbantes, por exemplo, são de vários tipos e cores. Não são apenas os muçulmanos e sikhs que os usam: os hindus também, em algumas regiões da Índia. Eles são enrolados de formas diferentes, de acordo com cada comunidade, e têm cores e estampas distintas que sinalizam de que vilarejo a pessoa vem, sua casta e sua religião. Há também os sinais de casadas, como o *sindoor*, uma marca vermelha feita de pasta de sândalo na partição do cabelo, o *mangalsutra*, um colarzinho de ouro com pedrinhas pretas, e no caso das recém-casadas ou noivas, as dezenas de *churas* nos dois braços, que são pulseiras vermelhas e brancas. Os acessórios femininos podem cobrir o corpo todo: brincos imensos, colares pesados, anéis nos dedos das mãos e dos pés, tornozeleiras nas duas pernas, *piercing* no nariz e pulseiras nos dois braços. As mulheres indianas são detalhistas nas combinações das roupas com os acessórios: a fivela que prende o seu cabelo combina com as pulseiras, a bolsa e a cor do sari.

Os homens também usam vários acessórios de metal: pulseiras de aço no braço esquerdo (mais frequentes no caso do sikhs, como já visto no capítulo "Caldeirão dos deuses"), e anéis com pedras escolhidas pelos seus astrólogos para trazer sorte, assunto do capítulo "Hipermercado espiritual". Uma das maiores paixões das indianas é o ouro: sem dúvida não há mulher no mundo que use

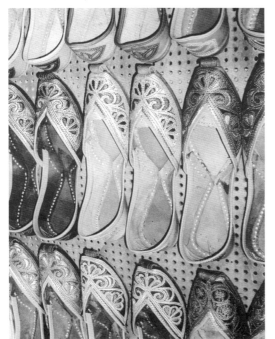

Mojris, sapatilhas típicas indianas.

mais ouro, inclusive no dia a dia, do que elas. Elas ostentam seus brincos e pulseiras de ouro sem medo, pois o nível de violência urbana da Índia não chega aos pés do Brasil, como veremos no capítulo "Índia rica e indianos pobres". Muitas mulheres não saem de casa sem passar o *kajol* nos olhos, uma espécie de lápis preto. Como os indianos valorizam muitos seus olhos pretos e amendoados, a maquiagem para realçar essas qualidades é muito utilizada, mais do que o batom. Elas completam o ritual de embelezamento dessa parte do rosto aplicando o *bindi* entre as duas sobrancelhas. Os camelôs e lojas vendem infinitas variedades desses delicados decalques, em todas as cores e tamanhos. As mãos e os pés também são enfeitados com tatuagens removíveis feitas com pastas de hena: os famosos *mehendis*, imprescindíveis nas cerimônias de casamentos, como já explicado no capítulo "Ressurreição do *Kama Sutra*". Já no ano 300 a.C., Megasthenes, o enviado grego à Índia, havia descrito os indianos como um povo que tinha o hábito de usar muitos enfeites e roupas coloridas. Ele foi um dos primeiros estrangeiros a entender o mantra: "Nós somos assim mesmo".

NOTAS

[1] Lizzie Collingham, *Curry: A Tale of Cooks and Conquerors*, London Vintage, 2006, p. 71.
[2] Salma Husain, *The Emperor's Table: The Art of Mughal Cuisine*, New Delhi, Roli Publishing House, 2009.
[3] K. T. Achaya, *The Ilustrated Foods of India A-Z*, London, Oxford University Press, 2009, p. 284.

A GUERRA FRIA DE BUDA

Boa parte da dor de cabeça da China nasce na Índia. O foco da enxaqueca está na minúscula McLeodganj, um vilarejo da cidade indiana de Dharamsala, no estado de Himachal Pradesh. McLeodganj, apelidada de "Pequena Lhasa", é uma miniatura do Tibete dentro da Índia: o tibetano Tenzin Gyatso, o 14º Dalai Lama, e os cerca de 80 mil refugiados que abandonaram o Tibete, seguindo-o em 1959, reconstruíram ali uma cultura inteira no exílio e tentam preservá-la na mesma proporção em que está sendo destruída sob o domínio chinês.

A quase dois mil metros acima do nível do mar e a 13 horas de viagem de carro de Nova Délhi, McLeodganj – emparedada pelo majestoso Himalaia – se transformou em um quartel-general budista guardado por um exército de monges modernos, munidos de celulares, iPods e iPads que carregam em suas bolsas de panos bordadas com olhos de Buda em meditação. Os mais jovens, no auge da vaidade, combinam as cores de seus hábitos cor de vinho com falsificadas jaquetas North Face, a marca famosa dos turistas que se aventuram a escalar montanhas. Eles caminham a passos largos e driblam os montes de lixo que se acumulam nas ladeiras enlameadas de McLeodganj com seus tênis Nike e Adidas feitos no Vietnã, vendidos nas lojinhas locais por um terço do preço dos originais.

McLeodganj também é lotada de antenados ativistas políticos que dão a vida à causa da liberdade ou da autonomia do Tibete. Eles vivem plugados nos *laptops* ou, no caso dos mais pobres, nos computadores dos minúsculos cybercafés do vilarejo, de onde bombardeiam a internet com notícias de violações de direitos humanos no Tibete. Nas horas vagas, tomam chá de mel com gengibre no restaurante Nick's, um dos principais pontos de encontro dos militantes, no Hotel Kunga, fundado por um ex-motorista do Dalai Lama. Histórias de espiões chineses que frequentam os restaurantes e os templos budistas circulam pelas esquinas das sete ruas do vilarejo budista. Por ano, três mil refugiados tibetanos escapam para a Índia, através do Nepal. Mas o cerco a eles está cada vez mais apertado. Famílias se endividam para pagar propinas aos guardas e aos atravessadores: elas mandam suas crianças para ter educação tibetana no exílio indiano, onde vivem cerca de 150 mil tibetanos hoje. No Tibete, há menos

Monges crianças andam nas ruas de McLeodganj, onde mora o 14º Dalai Lama, no distrito de Dharamsala (estado de Himachal Pradesh), norte da Índia. No mapa, a localização da cidade.

de 6 milhões, uma minoria em sua própria terra por causa da migração em massa deliberada dos chineses da etnia han.

Fundada pelos britânicos entre montanhas de florestas de pinheiros e rododendros, a cidadezinha indiana que hoje tira o sono dos chineses tornou-se uma das principais estações de verão dos colonizadores britânicos até um terremoto destruí-la em 1905, quando foi abandonada. Batizada assim em homenagem a um oficial britânico, McLeodganj ressuscitou pelas mãos do Dalai Lama: *Dalai*, palavra de origem mongol, significa "oceano de sabedoria", e *Lama*, um termo tibetano, é o mesmo que monge. Ele é a reencarnação oficial de Buda, mais precisamente de uma de suas manifestações: Avalokiteshvara, ou o Buda da Compaixão. Os refugiados e os tibetanos já nascidos em solo indiano vivem em torno da residência do Dalai Lama como abelhas-operárias em volta da rainha-mãe. McLeodganj é tão pequena que praticamente de qualquer ponto do vilarejo você pode dizer: "a casa do Dalai Lama é logo ali". O vilarejo se transformou num ímã de turistas, que congestionam e sobrecarregam a pobre infraestrutura do lugar. Há crises frequentes de fornecimento de energia e de água.

A 45 minutos de carro dali, mora Ogyen Trinley Dorje, um monge budista alto, bonito e jovem. Ele vive praticamente como um prisioneiro em seu monastério. Mas o tibetano Ogyen não é um monge qualquer. Desde que ele fugiu do Tibete há 12 anos, a sua história – cinematográfica e com dimensões geopolíticas – é uma verdadeira trama de perseguição, com jogadas diplomáticas e espionagem envolvendo os serviços secretos indiano, chinês e americano. Tudo temperado, é claro, com uma pitada de espiritualidade. Ogyen é conhecido no mundo budista como o 17º Karmapa Lama. Para os discípulos do budismo tibetano, ele carrega a mesma aura divina do Dalai Lama: o Karmapa Lama também é tido como um Bodhisattva (Buda Vivo), um ícone de pureza e desapego. No passado, no Tibete, onde o budismo desembarcou no século VII, os Karmapa Lamas enfrentaram a rivalidade ferina dos Dalai Lamas, que usaram os exércitos mongóis de descendentes de Gengis Khan – todos budistas – para destroná-los. Depois de disputas sangrentas, os Karmapas Lamas foram substituídos pelos Dalai Lamas como líderes espirituais e políticos do Tibete.

Imponente e sério, o 17º Karmapa Lama é o oposto do sorridente 14º Dalai Lama: é dificílimo arrancar uma risada desse monge. Mas ele é considerado brilhante. É poliglota (fala muito bem o mandarim, inclusive), poeta, desenhista de aquarela e ambientalista. Apesar de jovem, Karmapa já é um mestre altamente preparado em filosofia budista. Moderno, gosta de usar o seu iPod, jogar *videogames* e revela conhecimento impressionante sobre futebol. Uma montanha de expectativas pesa em seu ombro. Isso porque ele tem grandes chances de liderar espiritualmente os tibetanos após a morte do atual Dalai Lama. Há uma tradição secular de escolher reencarnações do Dalai entre crianças cujos nascimentos coincidem com a morte do líder religioso. Mas esse processo tradicionalmente demora no mínimo 15 anos, até a criança escolhida estar completamente preparada para assumir as suas funções. Os tibetanos não têm tempo: correm contra o relógio para evitar que os chineses monopolizem o processo de escolha dos próximos líderes espirituais budistas. Seu sucessor será "alguém jovem, inteligente e carismático", disse Dalai Lama em 2008. "Você pode dizer que ele é como uma figura de pai para mim. Eu o vejo como meu professor, meu guru", comentou o 17º Karmapa, sobre o 14º Dalai Lama, em uma entrevista que me concedeu em Délhi, pouco antes de fazer a sua primeira viagem internacional, em 2008. Karmapa é visto pelos exilados como a esperança de levar adiante a herança do Dalai Lama e a luta pacífica pela autonomia do Tibete. Mas quando é perguntado sobre isso, diz que essa possibilidade não é cogitada. "Ainda sou jovem e no momento dedico a maior

Ogyen Trinley Dorje, o 17º Karmapa Lama, em cerimônia em homenagem aos 900 anos da Instituição dos Karmapa Lamas, em Bodhgaya (estado de Bihar), cidade onde os budistas costumam peregrinar porque foi lá que Buda teria alcançado a iluminação.

parte do meu tempo aos estudos. Quando tiver me preparado o bastante, eu posso me tornar uma figura mais pública", afirmou.

O que dá ao monge refugiado na Índia uma aura divina única é o fato de ele ter sido reconhecido como o 17º Karmapa Lama ao mesmo tempo pelo governo comunista chinês, quando ainda morava no Tibete, e pelo próprio Dalai Lama. Se o Karmapa continuasse sob as asas dos chineses, seria um candidato confiável e perfeito para assumir o lugar do Dalai Lama. Mas o tiro saiu pela culatra. O governo chinês ficou furioso e se sentiu traído com a sua escapada do Tibete para a Índia, que estremeceu mais uma

Jovens tibetanas com roupa típica cantam em apresentação organizada em homenagem ao 17º Karmapa Lama, uma das figuras mais importantes do budismo tibetano, na cidade de Bodhgaya.

vez a relação entre os dois gigantes asiáticos. No inverno de 1999, enquanto o mundo comemorava a chegada do novo milênio, os monges tibetanos deram uma espécie de golpe budista contra o poderoso governo comunista chinês. Eles arquitetaram secretamente a complicada fuga do Karmapa, então um menino de 14 anos. Mais tarde, já no exílio, ele explicaria que fugiu porque as autoridades chinesas obstruíam a sua educação religiosa. Ele escapou justamente no auge do inverno pelas montanhas do Himalaia: uma operação complexa arquitetada por monges de alta patente no exílio com a ajuda de indianos com experiência militar na região.

A fuga envolveu o uso de um carro com tração nas quatro rodas para poder andar na região montanhosa, caminhada pelos trechos mais complicados, e até um helicóptero. O monge driblou os exércitos chinês e nepalês, até chegar secretamente à Índia na primeira semana de 2000. Foi um poderosíssimo terremoto diplomático que abalou a complicada amizade indo-chinesa, 37 anos após a guerra entre os dois países. Toda a mídia internacional noticiou com estardalhaço o seu desembarque na Índia: "O próximo Lama do mundo" e "O novo Dalai Lama", diziam as manchetes. O monge fugitivo tornou-se uma peça-chave no intrincado jogo de xadrez entre a Índia e a China. Os indianos, sob pressão total dos chineses, tentaram minimizar o impacto confinando-o em um monastério e proibindo-o de emitir qualquer opinião política. Esse havia sido o segundo monge budista do Tibete a protagonizar uma fuga espetacular da região ocupada pela China. A primeira fuga tinha sido justamente a do o 14º Dalai Lama, a convite do então primeiro-ministro Jawaharlal Nehru. O governo comunista chinês ficou extremamente irritado com a Índia por ter abrigado o Dalai. Três anos depois disso, a China, que reivindicava várias partes do território indiano na região do Himalaia, invadiu o país de Nehru.

A condição da Índia para abrigar os tibetanos foi a de não permitir que eles se engajassem em atividades políticas ou antichinesas em solo indiano. Tudo para não provocar mais do que o necessário o vizinho. Mas o Karmapa enfrentou suspeitas do governo indiano desde o início: um grupo do serviço de inteligência costuma alimentar teorias paranoicas, como a de que a China poderia estar por trás dele como parte de um plano diabólico para se infiltrar em importantes monastérios budistas da região do Himalaia e tentar dominar a disputada fronteira entre os dois países. Até hoje o Karmapa vive em virtual prisão domiciliar no monastério Gyuto Ramoche. Ele nunca é deixado sozinho, sempre há dois homens da inteligência indiana em sua sala privada de encontros. Não pode visitar ninguém a mais de 15 quilômetros de distância sem permissão policial. Só viaja com autorização do governo. Durante oito anos, foi impedido de visitar outros países, com vários pedidos negados. Em abril de 2008, finalmente recebeu o sinal verde: visitou os EUA, onde tem milhares de seguidores. Mas as teorias de que o Karmapa seria um "espião chinês" em território indiano voltaram à tona em janeiro de 2011. Foi quando a polícia indiana achou mais de US$ 1 milhão em moeda estrangeira, inclusive chinesa, no monastério onde ele vive: eram, no entanto, doações de fiéis de vários países.

BUDAS COMUNISTAS

Há uma guerra fria entre a Índia e a China em torno do budismo que inclui a disputa de projetos de bilhões de dólares de locais associados com a vida de Buda na Índia e no Nepal. Os chineses investem muito dinheiro nos pontos de peregrinação budistas do Nepal e fazem de tudo para desacreditar o Dalai Lama. O governo indiano, por sua vez, além de ajudar a promover o Dalai Lama, tem reunido líderes budistas de vários países da Ásia para reforçar a seu *soft power* na região e a sua imagem de "terra natal do Buda". O Dalai Lama é uma peça fundamental nessa geopolítica budista: os estrategistas indianos costumam dizer que ele é o único coringa nas mãos da Índia nessa competição com a China. O governo chinês parou há muitos anos de demonizar "o veneno" das religiões. Assim, Pequim começou a adotar uma postura mais pragmática, tentando manipular o budismo no Tibete. A ideia é influenciar os processos de decisão do budismo tibetano. Ao controlar a religião e o líder espiritual dos tibetanos, o governo chinês acredita que vai conseguir manter a rédea firme sobre a instável e imensa região, o Tibete, que ocupa 30% do território chinês, abriga mísseis intercontinentais em suas altas planícies, além de ser riquíssima em recursos naturais. Com o Dalai Lama na Índia e fora de seu controle, o governo comunista tentou determinar a escolha de outra figura de peso no budismo tibetano: o menino que ocuparia o lugar do falecido 10º Panchen Lama. Em 1995, com 6 anos de idade, Gendun Choekyi Nyima havia sido identificado pelo Dalai Lama como o 11º Panchen Lama. Só que o menino desapareceu. Está sumido há quase 20 anos e as autoridades chinesas se limitam a afirmar que ele está "seguro e saudável". Até hoje, cartazes com fotos dele são espalhadas em todas as comunidades tibetanas no exílio. Outra criança foi escolhida a dedo para ser o 11º Panchen Lama por monges de Lhasa ligados ao governo comunista chinês: Gyaltsen Norbu. Os tibetanos se recusam a aceitá-lo. Restava a Pequim o controle da linhagem dos Karmapa Lamas. Mas a fuga dele estragou os planos.

Agora, com o Dalai envelhecendo, o governo chinês tenta controlar o seu processo de substituição. Em 2007, a China anunciou que somente o governo comunista decidiria que monges poderiam ser reencarnados e quais crianças poderiam ser consideradas reencarnações de monges. Para frustrar os planos de Pequim, que o chama de "lobo em pele de cordeiro", o Dalai quer estabelecer as normas de sua sucessão antes de morrer. "Se após a minha morte o governo chinês escolher meu sucessor, o povo do Tibete não o aceitará. Não haverá um coração tibetano dentro dele. Eu não vou reencarnar em mãos chinesas", declarou. Tradicionalmente, antes de morrer, o monge anterior deixa uma carta com as indicações com detalhes de sua reencarnação. Dalai já deixou bem claro que não renascerá em nenhum lugar sob o domínio chinês. Ele já citou um leque de opções: até mesmo quebrar a tradição e escolher o seu próprio sucessor.

Outra alternativa é colocar um fim na instituição dos Dalai Lamas, abrindo caminho novamente para a dos Karmapa Lamas. Também já se cogitou que o próximo Dalai Lama seja apontado por monges em uma cerimônia semelhante à realizada na escolha do Papa na Igreja Católica. Em outubro de 2011, Dalai anunciou então que vai decidir se irá reencarnar ou não apenas quando completar 90 anos de idade, ou seja, em 2025.

É a primeira vez na história que a linhagem da próxima reencarnação do Dalai Lama começou a ser discutida enquanto o atual ainda está vivo. Tudo para evitar o surgimento de dois Dalai Lamas – um escolhido pelo governo comunista chinês e outro pelos tibetanos no exílio. "O governo chinês não conseguiu dominar a mente dos tibetanos e agora tenta controlar a religião", diz Tempa Tsering, durante uma conversa em seu escritório, na casa onde funciona a representação do Dalai Lama na capital indiana. Casado com a irmã caçula do Dalai Lama, Tempa Tsering é o seu conselheiro mais próximo. Ele também é uma espécie de embaixador em Nova Délhi, de "Sua Santidade", como o Dalai é chamado pelos fiéis budistas. As reencarnações dos Lamas, explicou Tempa Tsering, acontecem com o objetivo de completar a missão não cumprida em vida: "Se o próximo Dalai Lama renascesse no Tibete ocupado pelo regime chinês, ele não conseguiria finalizar sua tarefa. Ele pode renascer em qualquer lugar, até no Rio de Janeiro. Sua reencarnação pode ser também uma mulher. Tudo é possível. O próximo Dalai Lama pode reencarnar como um indiano ou indiana, um chinês ou uma chinesa que vivam num país livre, ou um brasileiro ou uma brasileira." Tsering é um dos muitos com histórias trágicas de fuga do Tibete para a Índia através das montanhas de gelo. Em 1959, com 11 anos, ele viu suas duas irmãs mais novas e a mãe morrerem na penosa travessia que durou 20 dias. Restou apenas seu pai.

Tenzin Gyatso, o 14º Dalai Lama, em entrevista coletiva em Nova Délhi sobre a repressão violenta chinesa ocorrida durante um protesto de rua no Tibete, em março de 2009.

NOVA GERAÇÃO CONTRA O PACIFISMO DO DALAI

Filho de agricultores, nascido em julho de 1935, na região de Amdo, no Tibete, Tenzin Gyatso foi apontado como reencarnação do 13º Dalai Lama com apenas 3 anos. Com 15, já era o líder político dos tibetanos e negociava com o líder chinês Mao Tsé-tung. Em um dos encontros, em 1955, Mao já prenunciava o que vinha pela frente, dizendo ao jovem Dalai que "religião é um veneno". Em 10 de março de 1959, estourou a revolta contra a dominação chinesa no Tibete, com milhares de mortos. Na noite de 17, o Dalai, então com 23 anos, fugiu para a Índia. Ele trocou o tradicional roupão de monge budista por um uniforme militar, colocou um rifle nas costas para atravessar o Himalaia no lombo de um iaque. Sua esperança, logo desfeita, era conseguir a independência do Tibete com ajuda dos anfitriões indianos. O "Buda Vivo" foi recebido de braços abertos por Nehru, mas a Índia não estava disposta a se suicidar pela causa tibetana. Nehru aconselhou o jovem Dalai a ficar na Índia e o advertiu de que se ele fosse para o Ocidente, acabaria se transformando em uma peça de propaganda dos americanos contra o mundo não capitalista no auge da Guerra Fria. Dalai decidiu ficar na terra onde nascera Buda, mas passou a viajar o mundo todo promovendo a causa tibetana e o budismo. Os indianos costumam dizer até hoje que o Dalai é o maior "embaixador" que a Índia já teve: ele é uma propaganda viva da liberdade indiana em contraposição ao autoritarismo chinês. Mas os críticos do Dalai ironizam o movimento "Tibete Livre", comparando-o a um circo de celebridades ocidentais: atores de Hollywood como Richard Gere e Goldie Hawn são figurinhas frequentes nas ruas de McLeodganj.

O imaginário ocidental sobre os tibetanos começou a ser alimentado há muito anos. Na década de 1930, o escritor britânico James Hilton criou a fascinante história de Shangri-lá, uma terra mítica no Himalaia, em seu clássico *Horizonte perdido* (1933). Depois, o cinema reforçaria a imagem de que o Tibete é um "paraíso no teto do mundo" com o belo filme *Sete anos no Tibete* (1997), sobre um alemão que virou conselheiro do Dalai Lama: a verdadeira história de Heinrich Harrer, que escreveu uma biografia em 1952, com o mesmo título. A questão tibetana é tão sensível dentro da Índia que o cineasta Jean Jacques Annaud e o elenco, incluindo Brad Pitt, ouviram um "não" do governo indiano para filmar no Himalaia. Acabaram filmando em outras montanhas: no Nepal, na Argentina, no Peru e no Canadá. Os indianos queriam evitar irritar a China. Martin Scorsese foi outro que ouviu um "não" do governo indiano quando pediu para filmar o seu *Kundun* (1997), sobre a infância do 14º Dalai Lama e sua fuga do Tibete para a Índia: o filme teve que ser rodado no Marrocos e nos EUA.

Um dos maiores temores entre os tibetanos defensores da via pacífica e dos indianos é de que quando Dalai Lama se for, a luta pela autonomia do Tibete se torne violenta. A nova geração tibetana já começou a assumir o lugar do budista mais famoso do planeta. O papel político do Dalai foi transferido em meados de 2011 para um charmoso e articulado advogado tibetano formado em Harvard e especializado em Direito Internacional: Lobsang Sangay, 43 anos, eleito primeiro-ministro do governo tibetano no exílio em McLeodganj, prontamente declarado "terrorista" pelos chineses. O governo tibetano no exílio não é reconhecido por nenhum país. O seu primeiro-ministro é um líder sem território e sem armas. Mas Sangay é tido pelos exilados como o seu Kalon Tripa, como é chamado na língua tibetana o primeiro-ministro. No exílio, os tibetanos aprenderam com os indianos como viver em uma democracia. Lobsang Sangay nunca pisou no Tibete. Nasceu e cresceu em Darjeeling, a região do nordeste da Índia conhecida pelas suas plantações de chá. Mas como quase todos os exilados, tem histórias trágicas na família. Sua avó morreu enquanto fugia pelo Himalaia, um tio foi morto pelos chineses e a tia se suicidou. O pai foi um monge que, como muitos, pegou em armas e entrou para a guerrilha que tentou enfrentar o poderio chinês.

Sorridente, cuidadoso com as palavras, o diplomático Lobsang Sangay tem a espinhosa missão de evitar que a nova geração opte pela violência contra os chineses, enterrando a via pacífica pregada por Dalai Lama. Quando jovem, ele próprio defendia a independência do Tibete: era contra a proposta do Dalai Lama de lutar apenas pela autonomia da região dentro da China. Mas Sangay amenizou a sua posição e hoje faz coro com a política batizada pelo Dalai Lama de "Caminho do Meio", por ser a mais realista. "O poder chinês é forte, está ancorado no Exército. Nós somos fracos. Nós somos fortes em termos de poder virtual porque nós defendemos a não violência. Nós somos pacifistas. Não estamos causando nenhum mal aos chineses. Nós vamos usar as redes sociais e encorajar o uso de tecnologias do século XXI para inspirar os tibetanos na sua luta", disse Sangay, dentro de seu gabinete enfeitado com uma imensa foto do Dalai Lama na parede.

Os tibetanos correm contra o relógio: é preciso enraizar e fortalecer os novos líderes políticos e religiosos antes da morte do Dalai, cuja adoração entre os tibetanos não tem limites. Suas fotos enfeitam as paredes de cada lojinha e café de McLeodganj. Séculos de fé cega em líderes religiosos como Karmapa Lamas ou Dalai Lamas provocaram uma cultura de dependência psicológica do povo tibetano nos seus monges de alta patente. O escritor tibetano Jamyang Norbu, radicado nos EUA, tentou explicar essa dependência em um artigo publicado em 2002 em uma revista americana: o Dalai Lama, segundo ele, "é como uma imensa árvore sob a qual nada cresce". O desafio hoje é fazer novas sementes brotarem. Todos os movimentos dos tibetanos dentro da Índia são milimetricamente observados pelo governo chinês que reclama oficialmente com o governo indiano sempre que os líderes no exílio fazem declarações políticas contra a China e a favor de um Tibete livre.

O governo indiano está dividido: de um lado, o grupo que considera o Dalai e os tibetanos uma preciosa carta nas mãos da Índia para negociar qualquer coisa com a China. De outro, os que acham que a Índia paga caro demais hospedando ele: esse grupo credita a invasão chinesa em 1962 ao fato de a Índia ter abrigado o Dalai três anos antes. Em 2008, o governo indiano ficou em posição delicada: a Índia se transformou em um dos principais palcos de um protesto global contra o autoritarismo do governo chinês, pouco antes das Olimpíadas em Pequim. Isso abalou novamente a relação dos dois países. Os chineses acusaram o Dalai de orquestrar, de seu QG na Índia, as violentas manifestações em Lhasa que deixaram mortos e feridos. A violência usada pelos manifestantes no Tibete no pior protesto dos últimos 20 anos evidenciou a frustração da nova geração com relação à tática pacifista do Dalai Lama.

Foi um dos momentos mais devastadores de sua vida. Normalmente ele é uma presença sorridente, com uma simplicidade que faz qualquer um se sentir à vontade diante dele. Mas naqueles dias da revolta de março de 2008, o "Buda Vivo" parou de sorrir. Sua habitual gargalhada infantil desapareceu, sufocada pelas imagens de TV e fotos de seu povo ensanguentado nas ruas de Lhasa. O Dalai Lama que vi durante três dias seguidos de palestra sobre filosofia budista, de quase quatro horas cada uma, para um seleto público de 100 pessoas em Nova Délhi, naquele ano, estava totalmente irreconhecível: não conseguia se concentrar. Sua mente estava em Lhasa, mas seu corpo estava sentado sobre um trono de madeira trabalhada com uma mesa diante de si no palco do salão do hotel Ashoka, no meio do bairro diplomático da capital indiana, a apenas cinco minutos de carro da embaixada chinesa, que, naqueles dias, havia sido alvo de protestos e inclusive invadida por jovens ativistas tibetanos. Esses protestos fizeram com que o governo chinês acordasse de madrugada a embaixadora indiana em Pequim, Nirupama Rao, para reclamar. Ela teve que ir às pressas para o prédio do Ministério das Relações Exteriores para ouvir uma bronca do colega chinês. Essa convocação no meio da noite deixou o governo indiano e principalmente a opinião pública irritadíssimos com a "arrogância chinesa".

Em março de 2009, Dalai Lama deu uma entrevista dentro do templo acoplado à sua residência em McLeodganj: "Eu me preocupo com o que a nova geração vai fazer no futuro. Eu sempre os aconselho a centrar a atenção na educação e na economia." Com jeito humilde, ele reconheceu que a sua tática de não violência passiva enfrenta fortes resistências entre os tibetanos, cada vez mais decepcionados com a falta de resultado. "Há muita frustração. Eu sei disso. Muitos me criticam, e não é só a nova geração", admitiu. O poeta e ativista Tenzin Tsundue é um deles. Mais famoso militante tibetano na Índia, ele foi um dos organizadores da marcha dos tibetanos contra as Olimpíadas de Pequim, que partiu de Dharamsala no dia 10 de março de 2008 em direção ao Tibete. A marcha foi interceptada pela polícia indiana antes de chegar à China.

"Há uma enorme disparidade entre gerações. Os mais jovens defendem a independência e são contra qualquer compromisso com a China. A maior parte da geração mais velha nunca diverge do Dalai Lama", explica o franzino Tenzin, um admirador do Che Guevara, cuja foto estampa a parede de seu quarto, em uma casa alugada com uns amigos que ele batizou de "Rangzen" ("liberdade", em tibetano). Ele é um revolucionário tibetano, mas nunca incitou a violência. Tenzin Tsundue já virou um especialista em cadeias: conheceu várias na Índia e até no Tibete, onde esteve em 1997, com 22 anos, para "tentar começar uma revolução". No Tibete, ele experimentou o tratamento chinês durante quatro meses: "Fui espancado continuamente." Tenzin segue a linha gandhiana de desobediência civil e protesto pacífico ativo. Ele discorda da tática adotada por Dalai, de dialogar com os chineses sempre que vê uma fresta para negociar. "Diálogo, como palmas, deve acontecer com a vontade dos dois lados. O caminho do meio, apesar de filosoficamente maravilhoso, não é prático com a China", explica Tsundue. A primeira vez que ele chamou a atenção das autoridades indianas foi em 2002, quando escalou 14 andares do luxuoso hotel Oberoi, em Mumbai, onde estava o primeiro-ministro chinês e hasteou a bandeira do Tibete na janela. Em 2005, ele repetiu a façanha, só que na cidade de Bangalore, para irritação dos chineses. Desde então, sempre que uma autoridade chinesa visita a Índia, Tenzin fica sob prisão domiciliar, cercado de policiais. Tenzin Tsundue não acredita no diálogo com os chineses: diz que a China apenas usa as inúmeras mesas de negociações com os enviados do Dalai Lama para se defender das críticas do Ocidente, sem a mínima intenção de negociar. Taxado como rebelde dentro da comunidade tibetana, alguns o chamam até de "anti-Dalai Lama". Ele nasceu em uma tenda no meio de um campo de obras: seus pais – forçados a fugir do Tibete – trabalharam a vida toda em construção de estradas, como muitos outros refugiados.

Estudou com bolsas de estudos: graduou-se em Literatura Inglesa e tornou-se mestre em Literatura e Filosofia pela Universidade de Mumbai. Diz que é imensamente agradecido à Índia, mas critica o fato de o governo indiano impedir os tibetanos de protestarem politicamente.

A nova estratégia de protesto dos tibetanos, desde 2009, com o aumento da repressão chinesa no Tibete, tem sido dramática: a autoimolação. Dezenas deles, principalmente monges e monjas, tem se ateado fogo nas ruas das cidades tibetanas. O protesto radical chegou à capital indiana no dia 26 de março de 2012, quando Jamphel Yeshi, 27 anos, um tibetano que vivia em um campo de refugiados no norte de Délhi, se matou jogando querosene em seu corpo e ateando fogo em si próprio. Ele se suicidou diante de centenas de pessoas, em um parque onde tibetanos protestavam contra a visita do presidente chinês Hu Jintao a Délhi para participar do encontro do BRICS (Brasil, Rússia, Índia, China e África do Sul).

OS GUERREIROS DE BUDA

Trinta anos mais velho do que Tenzin, Lhasang Tsering é outra figura famosa entre os tibetanos que vivem na Índia. Ele parece um inofensivo tibetano, dono de uma aconchegante livraria em uma estreita ladeirinha de McLeodganj. Na Bookworm, as prateleiras estão tomadas por livros de viagens, filosofia, política, religião, mapas da Índia e cursos de línguas. Lhasang, na verdade, foi um dos "guerreiros de Buda", os tibetanos que pegaram em armas contra os chineses. Ele se autodenomina o "residente-diabo" de McLeodganj porque é visto assim por muitos dos seguidores cegos de Dalai que demonizam qualquer um que discorde uma vírgula do "Buda Vivo". E Lhasang não esconde a sua total discordância com a política do Dalai. Durante os anos 1990, Lhasang chegou a editar um jornalzinho crítico da política passiva do governo tibetano no exílio. Pressões e acusações de que estaria servindo a causa dos inimigos acabaram fechando o periódico. Sua voz é rouca e doce, mas sempre que ele fala sobre a repressão chinesa e a política passiva do Dalai Lama, os dentes trincam, as mãos tremem e seu tom de voz se altera. "As negociações com o governo da China nunca evoluíram e o Tibete está se acabando. Nós, tibetanos, somos uma espécie em extinção. Nossa cultura e religião estão sendo esmagadas e o Dalai Lama quer que os tibetanos assistam a isso sem reagir", reclama em uma conversa comigo.

A guerra fria de Buda | 307

Lhasang Tsering (acima) foi um dos "guerreiros de Buda", guerrilheiros tibetanos que pegaram em armas contra a invasão chinesa no Tibete. Hoje ele é dono de uma pequena livraria em McLeodganj. Tenzin Tsundue (ao lado), poeta e escritor tibetano, conhecido como principal ativista político da comunidade de mais de 100 mil que vivem no exílio na Índia. Já foi preso várias vezes pelas autoridades indianas porque, como condição de permanecerem em solo indiano, os tibetanos são proibidos de fazer atividades políticas. Tenzin sempre usa uma faixa vermelha na testa: diz que só vai tirá-la quando a China desocupar o Tibete.

Por causa da fama do Dalai, os tibetanos ganharam uma imagem mundial de pacifistas arraigados, devotos religiosos, seres espirituais incapazes de matar uma mosca. Mas na verdade há uma longa tradição de monges-guerreiros, além do histórico sangrento de disputa de poder entre os lamas no Tibete medieval. Os tibetanos da região de Kham, no sudeste, são conhecidos por serem durões e bons de briga: têm uma longa tradição guerreira. Lhasang Tsering é um deles: ele faz parte de uma velha e amarga geração de tibetanos que se considera hoje uma legião de guerrilheiros traídos. Um grupo de 10 mil guerrilheiros tibetanos lutou contra os chineses entre meados da década de 1950 e meados da década de 1970, com ajuda da CIA: a maioria não sobreviveu.

A partir de 1974, mesmo sem contar mais com a colaboração americana, uma parte da guerrilha insistiu na luta e conseguiu resistir até 1975. Lhasang Tsering fez parte desse contingente. Mas os "guerreiros de Buda" que continuam vivos ainda não cicatrizaram suas feridas. "A CIA usou os tibetanos em seu jogo contra os chineses naquela época", lamenta Lhasang, com olhos marejados de raiva. A guerrilha tibetana foi uma das mais longas operações encobertas da CIA. Muitos guerrilheiros tibetanos foram treinados secretamente no meio das montanhas do estado do Colorado (EUA) na década de 1960.[1] Era uma chance de ouro para tentar desestabilizar o dragão comunista chinês no auge da Guerra Fria. O próprio irmão mais velho do Dalai Lama, Gyalo Thondup, estava à frente das conversações secretas entre tibetanos e americanos. A retirada do apoio americano na década de 1970 foi abrupta e fatal: os tibetanos simplesmente não cabiam mais na política americana, que perdera o interesse em desestabilizar e derrubar o regime chinês. Um acordo do então presidente americano Richard Nixon com os chineses em 1974 secou a fonte de armas e cessou o treinamento da CIA.

Esse passado de luta armada não é um assunto tratado facilmente entre os budistas tibetanos. "Desde 1974, o movimento tibetano passou a ressaltar a não violência e o diálogo. Tornou-se inconveniente falar sobre a luta armada", me explicou o cineasta tibetano Tenzing Sonam, que, junto com a cineasta indiana Ritu Sarin, fez o documentário *A sombra do circo: a CIA no Tibete*. Os indianos perceberam que refugiados tibetanos eram ótimos guerreiros, tropas potenciais que poderiam lutar contra a China, acostumados a viver em altitude. Assim foi criado no alto do

Jovem tibetana vestida com roupas típicas em protesto contra ocupação do Tibete pela China em Nova Délhi, em maio de 2008.

Himalaia o chamado Setor 22, ou Força Especial da Fronteira, uma unidade secreta dentro do Exército indiano formada por tibetanos. Esse grupo não oficial, que existe até hoje, foi muito útil aos indianos na guerra de 1962 contra a China, e depois nas guerras de 1965 e 1971 contra o Paquistão, esta última resultando na criação de Bangladesh. Lhasang Tsering fez parte dessa força. "Eu não consigo entender por que o Dalai Lama aceitou que tibetanos morressem pela liberação de Bangladesh e não pela sua própria sobrevivência. Quando em 2008 os tibetanos jogaram pedras contra o poderoso exército chinês, o Dalai Lama disse que isso era violência. Vamos ser honestos, isso é inaceitável! Então temos que aceitar ser massacrados passivamente. Em nome do quê?", questiona.

Um dos maiores símbolos vivos desse massacre circula pelas ruas de McLeodganj denunciando as torturas chinesas no Tibete: é o monge tibetano Venerando Bagdro. Ele escreveu um livro sobre os seus três anos de tortura em uma prisão do Tibete: *Um inferno na Terra: biografia de um prisioneiro político tibetano*, lançado em 1998. Com apenas 20 anos, Venerando Bagdro foi preso e torturado durante um mês em um campo de prisioneiros pelos guardas chineses. Foi acusado, sem provas, de ter liderado uma manifestação em Lhasa que resultou na morte de um policial chinês. Choques elétricos e pontas acesas de cigarro castigaram várias partes de seu corpo. Passou fome, a ponto de um dia comer um pedaço de sua roupa. A sede era tamanha que chegou a beber sua própria urina. Foi deixado de castigo na neve descalço e nu, uma tortura muito comum no Tibete. "Três vezes eu implorei para me matarem", contou. Os torturadores exigiam que ele desse contatos de organizações e de estrangeiros que apoiaram a manifestação. Bagdro acabou assinando a confissão que os chineses queriam. Foi libertado em 1991 pesando apenas 39 quilos. Mesmo doente, com os rins em frangalhos e com tuberculose, conseguiu fugir a pé pelas montanhas do Himalaia para a fronteira com o Nepal, uma peregrinação de três meses.

Nos últimos 20 anos, quase 10 mil monges e monjas budistas escaparam do Tibete da mesma maneira: andando. Assim como muitos outros tibetanos que experimentaram a violência do regime chinês, Venerando Bagdro desembarcou em McLeodganj com muito ódio. Um sentimento desencorajado pelo Dalai, mas que não conseguiu extinguir. "Fiquei muito tempo no hospital, primeiro em Dharamsala e depois em Paris, a convite de Danielle Miterrand (ex-primeira-dama francesa)", lembra. Depois, circulou pela Europa e Estados Unidos para dar palestras em universidades e entrevistas. "As autoridades chinesas também mandam espiões aqui para McLeodganj para me monitorar e me intimidar. Se eles estão preocupados é porque a minha luta está surtindo efeito e eu fico feliz com isso. Minha família são os 6 milhões de tibetanos", diz.

CHÍNDIA: ENTRE TAPAS E BEIJOS

A China e a Índia têm juntas 40% da população mundial, são vizinhas e já foram chamadas de "irmãs asiáticas". Não são nem grandes amigas, nem inimigas viscerais. Divididas pela grande muralha do Himalaia, têm uma história comum que passa pelo budismo, pela Rota da Seda e pela exploração do colonialismo europeu. Hoje, os dois países vivem a explosão do consumo, crescem acima da média mundial, disputam recursos naturais e sonham ser, nos próximos anos, protagonistas do "século asiático". Os dois países falam sobre cooperação e trabalham juntos em questões como mudança climática, negociações comerciais e também para exigir a reestruturação das instituições financeiras internacionais. Quando se encontram para discutir pendências fronteiriças, o Tibete é uma espécie de elefante dentro da sala. Délhi afirma oficialmente que reconhece o Tibete como parte do território da China. Mas os indianos acreditam que a política chinesa de militarização do Tibete, com seus mísseis estrategicamente posicionados, tem como objetivo encurralar a Índia.

Tudo é grandioso quando se fala da "Chíndia": os dois países são potências nucleares com quase quatro milhões de tropas somadas. O exército indiano é o terceiro maior do mundo, depois do chinês e do americano. Mas há uma longa história de ressentimentos e rivalidades nessa amizade asiática. Há décadas, a Índia e a China fazem um jogo de gato e rato, cheio de intrigas, suspenses e desconfiança. O nível de preocupação dos indianos é observado em notícias sem fundamento sobre possíveis ataques chineses. Com frequência, os jornais e as tevês anunciam "incursões militares" chinesas em determinados trechos disputados da fronteira baseados em pacotes vazios de macarrão instantâneo e de cigarro chineses encontrados. Notícias de que a China constrói projetos de infraestrutura na região fronteiriça tiram o sono de parte dos indianos: alguns alegam que o objetivo é possibilitar a rápida mobilização de tropas.

China e Índia viveram juntos como vizinhos populosos e pacíficos por muito tempo. Em 1914, porém, os britânicos desenharam a linha divisória McMahon, entre os dois países, e interromperam a paz. Os chineses não a aceitam e a consideram uma imposição imperialista. Pior, a linha foi desenhada com margem de erro de 10 quilômetros e nunca foi fisicamente demarcada no chão. A China acredita que quase 150 mil quilômetros quadrados de seu território foram fraudulentamente transferidos para a Índia. A fronteira entre os dois países, de mais de 4 mil quilômetros, é fonte eterna de preocupação. Foi uma das principais razões para a guerra, cinco anos após a independência da Índia, quando o país ainda engatinhava no esforço de se reerguer economicamente de anos de dominação britânica. Até antes do conflito, Nehru acreditava que a Índia e a China estavam predestinadas a serem amigas. Essa amizade foi batizada carinhosamente pelos indianos de "Hindi Chini Bhai Bhai" ("Irmãos indianos e chineses") na década de 1950. Para Nehru, a aproximação entre os dois países poderia ser o eixo em torno do qual giraria a ordem do mundo pós-colonial.

Depois da revolução comunista chinesa, os EUA ofereceram para a Índia o lugar da China no Conselho de Segurança da ONU. Incrivelmente, Nehru recusou a oferta, para não ofender os "irmãos chineses". Uma atitude de que os indianos se arrependem amargamente até hoje. Em 20 de outubro de 1962, a China invadiu a Índia, reivindicando parte de seus territórios e alegando querer "ensinar uma lição" ao país que havia recebido o Dalai Lama três anos antes. As tropas do Exército de Libertação do Povo pegaram os indianos de surpresa quando entraram pela fronteira do Himalaia e obrigaram o mal preparado exército indiano a retroceder. Um mês depois, a China anunciou o cessar-fogo e suas tropas se retiraram unilateralmente de parte do território que invadira, por causa da pressão internacional e da ameaça dos EUA de armar a Índia. Mais de 3.100 soldados indianos e 700 chineses morreram no conflito. A humilhação dos indianos abriu uma profunda ferida psicológica até hoje não cicatrizada. Depois da invasão chinesa, Nehru desabafara: "Nada na minha longa carreira política me angustiou mais do que a virada hostil nas relações entre a Índia e a China."[2] Nehru morreu 18 meses depois da guerra, com seus sonhos de irmandade asiática destruídos. As relações permaneceram frias por quatro décadas. E a questão fronteiriça ainda não foi resolvida.

A Índia hoje reivindica mais de 43 mil quilômetros quadrados de seu território que Pequim ocupou na guerra de 1962. Já a China reivindica mais de 90 mil quilômetros: o estado de Arunachal Pradesh, no nordeste da Índia, uma área do tamanho da Áustria. Os chineses só se referem a Arunachal como "Tibete do Sul". Um lugar dentro de Arunachal é especialmente valioso para os chineses: Tawang, que já fez parte do Tibete, uma bela região de vales e montanhas altas. Os chineses sentem que seu controle sobre o Tibete é incompleto sem essa área. Foi em Tawang que nasceu o 6º Dalai Lama, no século XVII, e por isso tornou-se um dos mais importantes pontos de peregrinação budista, com um imenso mosteiro construído há quatro séculos. A China teme que o atual Dalai Lama possa anunciar que o seu sucessor venha dessa cidade – fora do controle chinês. Em 1986, um susto: a Índia enviou 200 mil homens para Tawang depois que uma escaramuça entre soldados indianos e chineses provocou o medo de um segundo conflito militar. Em 2009, houve nova tensão. Naquele ano, o Dalai Lama visitara Tawang, provocando uma reação irritada dos chineses, que reclamaram oficialmente com o governo indiano. Em resposta, a Índia anunciou que aumentaria sua presença militar naquela área. Pequim reagiu inviabilizando um empréstimo de US$ 2,9 bilhões do Banco de Desenvolvimento Asiático para a Índia porque US$ 60 milhões iriam ser usados para projetos de gerenciamento de enchentes em Arunachal Pradesh. Em 2010, três chineses acusados de espionagem foram presos nessa região. Hoje, Tawang é um dos enclaves budistas mais militarizados do mundo: os exércitos dos dois países têm imensos destacamentos na área.

Apesar dessa medição de forças, a perspectiva de um segundo conflito militar é tida como muito distante pelos analistas. Os dois países estão ocupados demais com o crescimento de suas economias. A China é hoje o maior parceiro comercial da Índia: a maior parte do fluxo é alimentado pelo apetite voraz da China pelo ferro e pelo aço indianos. Em um encontro em 2005 entre oficiais dos dois países, o embaixador chinês na Índia observou que, para eles, o "B" de "Business" era mais importante do que o "B" de "Boundary" (fronteira). A reaproximação indo-chinesa havia se intensificado a partir de 2003, com a visita a Pequim do então primeiro-ministro indiano Atal Bihari Vajpayee. Apesar das divergências, os dois países estão juntos em várias frentes, como o próprio BRICS.

A disputa mais feroz entre a China e a Índia é por conquista de fontes energéticas, como petróleo e gás, para saciar a fome de suas economias. Um novo teatro de competição de recursos e mercados se abre na África e no leste da Ásia, com empresas chinesas e indianas se enraizando em vários países dessas regiões. A China vem ganhando terreno e está muito mais à frente da Índia na África. E não só lá. Em toda a vizinhança indiana, a China investe bilhões em infraestrutura: no Paquistão, em Bangladesh, no Nepal, em Myanmar, no Sri Lanka. Os chineses constroem portos, usinas atômicas, oleodutos, gasodutos, fornecem componentes e jatos militares, expandindo sua influência em torno da Índia.

A China vem ajudando o Paquistão, com o fornecimento de armas e reatores nucleares, e tecnologia para o desenvolvimento do programa de mísseis balísticos. A aliança foi batizada de "Chipak". Depois da guerra de 1971, que humilhou Islamabad com a criação de Bangladesh, a China se tornou o maior fornecedor de armas dos paquistaneses. O Paquistão vê a China como um poderoso aliado caso os EUA diminuam a ajuda militar a Islamabad. A China já fez investimentos caros demais no país. Um deles custou mais de US$ 1 bilhão: a construção do porto de Gwadar, na conflituosa região paquistanesa do Balochistão. Para desespero dos indianos, a China investe pesadamente também em projetos de infraestrutura na Caxemira ocupada pelo Paquistão: em ferrovias, estradas e hidrelétricas. Parte da área que a China ocupou em 1962 e que a Índia reivindica de volta fica justamente ali, no leste da Caxemira paquistanesa: um deserto alto e frio conhecido como Aksai Chin, do tamanho da Suíça. Além disso, a Índia cobra mais de 5 mil quilômetros quadrados que o Paquistão deu gentilmente a Pequim na Caxemira. Para irritação dos indianos, desde 2009, a China passou a se recusar a carimbar passaportes de indianos das regiões da Caxemira e de Arunachal. Os vistos são emitidos em páginas separadas do passaporte: uma indicação de que Pequim não reconhece seus passaportes indianos e suas nacionalidades.

QUANDO BUDA SORRIU

Imediatamente após a China fazer o seu primeiro teste nuclear, em 1964, os indianos começaram a investir nisso. A operação secreta para o primeiro teste nuclear indiano recebeu o nome-código de "O Buda Sorridente". A primeira explosão nuclear da Índia aconteceu no deserto de Thar, no estado do Rajastão. Em 18 de maio de 1974, os cientistas anunciaram a Indira Gandhi: "O Buda sorriu." Em 1995, o governo decidira fazer o segundo teste nuclear indiano. Mas os planos foram cancelados depois que satélites americanos detectaram sinais de preparação para os testes em Pokhran, na mesma região do deserto do Rajastão. A partir daí, os indianos foram mais cautelosos. A maior parte do trabalho era feita à noite. Os pesados equipamentos voltavam para o mesmo local antes do amanhecer para que ninguém suspeitasse de nada pelas imagens dos satélites. Assim, eles ficavam escondidos sob redes de camuflagem e dunas de areias feitas pelos militares indianos. Cerca de 4 mil homens participaram da operação secreta, mas apenas 100 tinham noção da tarefa na qual estavam envolvidos. O segundo teste nuclear surpreendeu os Estados Unidos. Entre os dias 11 e 13 de maio de 1998, cinco explosões nucleares aconteceram a 300 metros abaixo da superfície do deserto de Thar. O governo de Atal Behari Vajpayee apontou a China como ameaça de segurança. Como os chineses haviam fornecido tecnologia nuclear para o Paquistão, a explicação indiana ganhou credibilidade. O teste nuclear provocou uma explosão de euforia na nacionalista classe média indiana: as pessoas saíam às ruas em festa, distribuindo doces uns para os outros, a forma típica de comemoração entre os indianos, como visto no capítulo "*Namastê*, Índia". Homens dançavam ao som de tambores e chacoalhavam os ombros no típico estilo Punjab de dançar que virou moda na Índia toda. Radicais hindus chegaram ao cúmulo de propor a construção de um templo hindu em homenagem a deusa Shakti no local da explosão. A ideia absurda acabou sendo esquecida: a radiação iria matar os peregrinos.

A China foi apontada como causa, mas o Paquistão também estava na mira do recado nuclear indiano. No dia 28 de maio de 1998, apenas duas semanas depois, os paquistaneses também fizeram cinco testes nucleares, nas montanhas de Chagai, na região do Balochistão. Zulfikar Ali Bhutto, então primeiro-ministro do país, fez um comentário que sinalizava a fúria e a determinação paquistanesa. Disse que o Paquistão iria, se necessário fosse, "comer grama" para desenvolver a sua "Bomba Islâmica". Foi o que os paquistaneses fizeram nos anos seguintes.

NOTAS

[1] Mikel Dunham, *Buddha's Warrior's: The Story of the CIA-backed Tibetan Freedom Fighters, the Chinese Invasion, and the Ultimate Fall of Tibet*, New Delhi, Penguin Books India, 2004, pp. 314-5.
[2] Ramachandra Guha, *India After Gandhi*, New Delhi, Macmillan, 2007, p. 333.

ÍNDIA RICA
E INDIANOS POBRES

O país mundialmente conhecido pela sua espiritualidade reverencia vorazmente a riqueza, representada na mitologia hindu pela deusa Lakshmi. Em outubro, durante o Divali, o Ano-Novo hindu, os indianos enfeitam o caminho de suas portas com lamparinas para que Lakshmi entre e os abençoe com mais riquezas no ano que começa. Ganhar dinheiro nesses dias é auspicioso. Por isso, os ricos organizam maratonas de jogos com apostas valendo milhares de dólares em suas mansões nos arredores de Délhi, espécies de sítios de luxo.

Como faz todos os anos na véspera do Divali, em outubro de 2011, Manoj Khanna enfeitou o jardim de sua mansão com lamparinas indicando o caminho da porta e organizou uma festa de pôquer, convidando 50 amigos. Típico novo-rico indiano, Manoj é um excêntrico cinquentão esbelto que costuma vestir calças justas, sapatos de couro de crocodilo com bicos finos e camisas apertadas com botões abertos para exibir o peito depilado, no estilo galã de Bollywood. Dono de uma consultoria de *softwares*, sempre bem-humorado e brincalhão, Manoj é um dos felizes moradores de um enclave rico do bairro Greater Kailash: um condomínio fechado onde as ruas são protegidas com portões e por seguranças. As garagens estão lotadas com BMWS, Audis e Mercedez-Benz. As mulheres, com típicos brincos indianos de ouro quase até o ombro, pesados colares com pedras preciosas e pares idênticos de pulseiras de ouro nos dois braços, como manda a tradição, vestem seus melhores saris de georgette. Os homens exibiam suas túnicas de seda bordadas, seus Rolex e Tag Heuer nos pulsos.

Aos hóspedes que elogiavam a sua mansão de três andares, o anfitrião contava orgulhoso que desembolsou por ela US$ 1 milhão de dólares. "Eu tenho a sorte de viver na melhor época da história do nosso país. Hoje, se você tem disposição e força de vontade, pode decolar voo. Foi o que aconteceu comigo e com milhares de outros. A Índia ainda tem muitos desafios, claro, mas não se compara com vinte anos atrás", diz Manoj.

Dentro do salão da casa, onde o azul-turquesa era a cor dominante da decoração, seis mesas redondas estavam ocupadas com os jogadores de pôquer, que davam lances iniciais de US$ 1 mil. Sunil, um ex-editor de jornal que hoje gerencia fundos de investimentos em uma companhia que vale US$ 250 milhões, explicava a um novato produtor de Bollywood os truques para captar dinheiro para seu próximo filme. Vestido em uma bela túnica de seda bege bordada, Sunil veio de uma família de classe média, como muitos outros ali. Poucos eram de famílias ricas. "Eu tinha uma lambreta que encostava na garagem quando acabava o dinheiro para a gasolina. Aí eu era obrigado a chacoalhar em ônibus lotados até o final do mês", lembra ele, rindo. Aqueles eram os tempos de outra Índia, da década de 1980, que ficou para trás. Pelo menos para os filhos de Lakshmi. São esses os potenciais compradores de uma Índia virtual que está em plena construção. Nos últimos anos, as ruas de todas as cidades foram inundadas de *outdoors* anunciando novos condomínios futurísticos de luxo desenhados por arquitetos ingleses, com chão de mármore italiano, banheiras *jacuzzi*, cozinhas europeias com mesas de granito, campos de golfe, lagos artificiais. São promessas da fuga total do caos urbano e da miséria. Os nomes dos condomínios lembram o sonho americano ou europeu: *Tuscan City, Riviera Towers, Belvedere Park, Hamilton Court* ou *Scottish Castle*. São ilhas de luxo com tudo o que os indianos comuns não têm, como água e luz, fornecida por imensos geradores movidos a diesel.

NOVOS BRÂMANES ATROPELAM GANDHI

Com sua febre consumista, a Índia nunca esteve tão distante dos ideais de simplicidade, vida espartana e consciência ecológica pregados por Mahatma Gandhi, que reutilizava envelopes e escrevia em papéis usados. Ele próprio brincava dizendo que fazia isso porque pertencia à comunidade dos bânias, tradicionalmente dedicada ao comércio, famosa pela extrema parcimônia com que lida com o dinheiro, como já visto no capítulo "O carma das castas". Ironicamente, o seu rosto estampa todas as notas de rupias, de dez a mil. A imagem de Gandhi é usada frequentemente para vender até mesmo itens de luxo, como canetas Montblanc. Em 2009, foi lançada uma edição especial em homenagem ao líder pacifista, propagandeada pelo seu tataraneto.

Em 2006, quando os indianos ainda se acostumavam com a chegada da nova onda consumista, o país parou para discutir o preço de um par de óculos escuros de US$ 5 mil de um dos maiores astros de Bollywood. Hoje, ninguém questiona mais "o direito" de consumir. Uma das atrizes mais famosas chegou a lamentar na imprensa que não tinha mais vontade de usar sua bolsa Birkin, que custa milhares de dólares, porque não há mais sentido: "hoje todo mundo tem uma", segundo ela. Novo-rico que se preze tem que aparecer nas páginas 3 dos suplementos de entretenimento

Índia rica e indianos pobres | 319

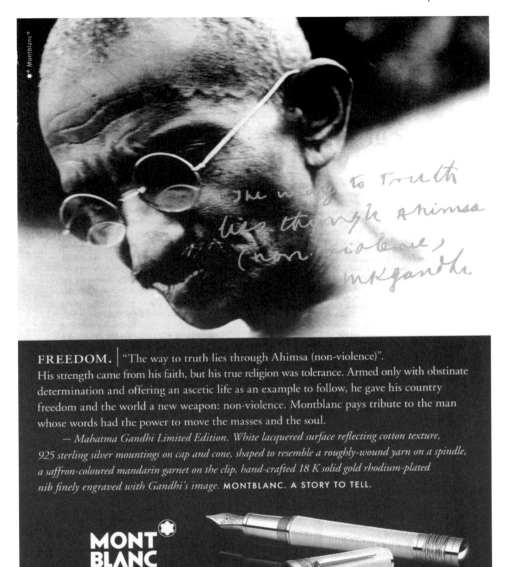

No capitalismo indiano, até o asceta Gandhi torna-se garoto-propaganda. O anúncio é de uma edição limitada de famosa caneta.

dos jornais em inglês: são cadernos recheados de fofocas sobre artistas e celebridades em matérias pagas por suas empresas de relações públicas. Se a pessoa apareceu lá, é porque vale a pena ser convidada para a próxima festa. Se ela ficar muito tempo sem aparecer, é porque caiu em desgraça e deve ser descartada. Muitas dessas festas, com bufês e garçons, são animadas por dançarinas do ventre brancas vindas da Ásia Central e Europa Oriental, que ganham mais de US$ 1 mil por noite. Hoje, elas são presenças quase obrigatórias no circuito noturno de Délhi e Mumbai. A Índia – com sua fixação por pele clara, como visto no capítulo "Ressurreição do *Kama Sutra*" – vive hoje uma invasão de mulheres brancas, inclusive brasileiras, em busca de trabalho como modelos, na indústria de Bollywood e no mercado de prostituição dos mais variáveis níveis.

A nata da nata indiana é mínima comparada ao total da população, apenas 2%. Mas em valores absolutos o número total de ricos – os que têm renda anual acima de US$ 100 mil – chega a 20 milhões. A riqueza dos mais ricos é cada vez mais aparente e concentrada. Em 2011, a Índia tinha um total de 55 bilionários (15 a mais do que em 2010). Eles eram donos de uma riqueza que somava US$ 246 bilhões, ou 17% do PIB. A China tinha pouco mais do dobro: 115 bilionários. Mas eles concentravam menos riqueza em suas mãos do que os indianos: US$ 230 bilhões, ou 4% do PIB.[1]

O tamanho da classe média indiana é motivo de debate. Os mais entusiasmados com o crescimento econômico citam números entre 250 milhões a 300 milhões. A estimativa mais pessimista é de 50 milhões de pessoas.[2] Qualquer que seja o número, a Índia se transformou em um oceano de consumidores: são "os novos brâmanes".

O maior indicador da explosão de consumo na Índia desde as reformas econômicas deslanchadas em 1991 é a chamada "Revolução da Telecom". Hoje os pobres são tão bem conectados quanto os ricos: até o início de 2012 haviam sido distribuídos quase 900 milhões de celulares, mais do que o número combinado de aparelhos nos EUA, na Rússia e no Brasil.[3] Três em cada quatro indianos têm conexões de celulares. Há mais indianos com celulares do que com conta nos bancos. Até os agricultores do interior têm celulares: eles só precisam se esforçar para comprar o modelo de aparelho mais barato do mercado. Não há cobrança para quem recebe chamadas.

ÍNDIA NA LUA

Após a Independência, em 1947, a Índia criou um modelo econômico misto entre o capitalismo e o socialismo. A peça central do plano do então primeiro-ministro Jawaharlal Nehru era a autossuficiência do país. Ele se inspirou na economia planejada dos soviéticos e criou um sistema de planos quinquenais que existe até hoje. Era preciso construir um Estado moderno e, por isso, os grandes projetos de construção eram endeusados: Nehru chamava as hidrelétricas de "Templos da Índia moderna". A Índia começaria a construir seus navios, locomotivas e bicicletas na década de 1960. Em 1969, foi criada a Organização de Pesquisa Espacial Indiana e, seis anos depois, a Índia lançou seu primeiro satélite, o Aryabhata, em homenagem ao antigo matemático indiano, assunto do capítulo "Mitologia *versus* História". Hoje, o país concentra a maior constelação de satélites não militares do mundo, a maioria de comunicação e de meteorologia. Em 2008, a Índia entrou para o seleto grupo de cinco países que fizeram missões lunares, ao enviar a aeronave espacial Chandrayan-1, com câmeras e sensores que mapearam a superfície da Lua e detectaram água. Os indianos agora se preparam para mandar uma missão não tripulada para Marte.

Mas o sistema econômico se tornou ineficiente e corrupto e não conseguiu gerar a sonhada revolução industrial. A Índia tinha criado, na verdade, um capitalismo monopolista. Apenas um pequeno grupo de empresas privadas, a maioria familiares, foi beneficiado e passou a controlar amplos setores da economia, sem concorrência externa e com a proteção do Estado. Um dos maiores símbolos da Era Nehru foi o Ambassador, um carro que parece um filhote de Opala com tanque soviético. Era inspirado em um velho modelo britânico, o Morris Oxford. Criado em 1957, até hoje ele circula, mas é uma espécie de dinossauro em extinção. É desprezado profundamente pela nova classe média, mas virou um *souvenir*: suas miniaturas de plástico são vendidas a rodo por camelôs para turistas.

Em 1967, estourou uma das crises econômicas mais dramáticas do país. A então primeira-ministra Indira Gandhi foi obrigada a desvalorizar a rupia sob pressão dos EUA e do FMI. Era preciso prevenir uma eventual crise de pagamentos estimulando mais exportações para ganhar mais moeda estrangeira. Na década de 1970, a mão de ferro de Indira nacionalizou os bancos e impôs limites às propriedades urbanas. Em 1977, várias multinacionais chegaram a ser expulsas da Índia, como a Coca-Cola e a IBM. Entre outras coisas, o governo exigia que a multinacional revelasse aos parceiros indianos a fórmula do concentrado da bebida. Nos anos 1990, quando a Coca-Cola voltou à Índia, já havia duas versões nacionais, bem mais adocicadas, como manda o gosto indiano: Campa-Cola e Thums Up. A burocracia kafkiana chegou ao auge naquela época. A partir da década de 1950 e até o início dos anos 1980, a Índia amargou o que ficou famosamente conhecido como "taxa de crescimento hindu", de 3,2% ao ano, muito próxima à percentagem de aumento da população. Assim, não contribuía para melhorar a qualidade de vida dos cidadãos. Esse índice era metade daquele dos tigres asiáticos. Com o baixo desempenho da economia e os controles exagerados do setor privado, ficou claro que o país precisava de reformas que facilitassem as importações e dessem mais fôlego à indústria.

Foi na década de 1980, ainda no governo Rajiv Gandhi, que o país experimentou algumas reformas, que serviram de embriões da abertura da economia na década de 1990. Elas fizeram o PIB subir para mais de 5% ao ano. Os primeiros passos no caminho da liberalização foram dados por causa de uma grave crise econômica, em 1991, que deixou a Índia com reservas estrangeiras suficientes para pagar a conta de duas semanas de suas importações, incluindo comida e combustível. O país estava à beira da falência, com apenas US$ 1 bilhão no caixa. No desespero, a Índia empenhou 67 toneladas de ouro para conseguir um empréstimo do FMI. Isso teve um forte impacto psicológico negativo para os indianos comuns, que têm o hábito de colecionar joias de ouro nos seus cofres: o ouro sempre foi visto como símbolo de confiança e honra na Índia.

No dia 24 de julho de 1991, o então ministro das Finanças Manmohan Sigh, um tímido economista educado em Oxford que já havia trabalhado no FMI, citou o escritor francês Victor Hugo para anunciar a abertura da economia e o fim das licenças industriais em um discurso no Parlamento: "Ninguém pode impedir uma ideia cujo momento [de ser concretizada] chegou." Sua tarefa foi salvar a Índia da bancarrota. O país mergulhava de cabeça no capitalismo 13 anos depois de o Partido Comunista Chinês anunciar a abertura de sua economia. As reformas liberalizantes criaram uma atmosfera otimista de confiança. A revista *The Economist* comparava a Índia a um "tigre desenjaulado".

Depois de crescer a uma média de 6% nos anos 1990, o PIB acelerou a uma média anual de 9% ao ano de 2003 a 2008, o segundo crescimento mais rápido depois da China. A partir de 2006, as revistas e os jornais indianos começaram a publicar capas e manchetes com fotos gloriosas de empresários indianos e seus funcionários brancos em suas indústrias espalhadas pelo mundo. Era o reverso da colonização. Os indianos passavam a borracha no passado, quando eram proibidos de entrar nos clubes e hotéis exclusivos frequentados pelos colonizadores. Essa Índia gorda e de sucesso passou a chamar a atenção do mundo. O Fórum Econômico Mundial de 2006 na Suíça foi especial para os gurus capitalistas indianos. Foi quando a Índia apareceu com pompa anunciando os efeitos positivos das reformas. Os lemas "*India Everywhere*" ("Índia em todos os lugares") e "*Incredible India*" ("Índia Incrível") ofuscaram Davos. Cartazes anunciavam que a Índia era a democracia de mercado livre que mais crescia no mundo. Mas em 2011 – exatamente duas décadas após o início das reformas –, o tom de euforia já havia desaparecido em Davos. De "Índia Incrível", o mundo viu uma Índia defensiva prometendo se esforçar para conquistar o crescimento inclusivo, combater a corrupção rompante ao anunciar a realização de uma segunda onda de reformas reclamadas pelos empresários em outubro de 2012.

BANGALORIZAÇÃO DOS EMPREGOS: A GUERRA FRIA ENTRE ÍNDIA E EUA

A tecnologia da informação se transformou na mais forte garota-propaganda da Índia. Em 1981, nasceu a Infosys, hoje um ícone da revolução tecnológica indiana: ela foi criada pelos engenheiros brâmanes Narayana Murthy e Nandam Nilekani, que se transformaram nos dois grandes símbolos do talento indiano. Hoje a segunda maior gigante da tecnologia da informação indiana, a Infosys foi pioneira ao criar o chamado conceito de "modelo de entrega global": os clientes americanos voltavam para casa depois do trabalho e quando retornavam na manhã seguinte, o serviço já estava pronto. Tudo feito de dia na Índia, quando já é noite nos EUA, sem perda de tempo. Essa foi a chave de seu sucesso. No final da década de 1980, as companhias ocidentais começaram a desembarcar em Bangalore, que se tornou o berço da revolução *high-tech* indiana. Hoje, novas cidades entram na disputa pelo título de capital tecnológica na Índia. Uma delas é Gurgaon, cidade-satélite a 24 quilômetros ao sul de Nova Délhi, sempre retratada como símbolo da nova Índia, que emprega 500 mil pessoas em serviços de terceirização. Apelidada de "Cidade do Milênio", Gurgaon, no entanto, ainda fica na promessa: seus prédios de concreto com vidros espelhados dão a impressão de modernidade, mas ainda sofre com uma infraestrutura subdesenvolvida. Assim como tantas outras cidades indianas, Gurgaon amarga falta de água, de luz, com apagões de oito a 12 horas por dia, ruas e estradas coalhadas de buracos. Com uma população de 2 milhões de habitantes, hospeda cerca de 2 mil empresas, sendo 500 delas grandes corporações. A inexistência de um sistema de transporte público eficiente obriga as empresas a gastarem fortunas com frotas de carros para seus funcionários. Para compensar os apagões, as empresas operam gigantescos geradores capazes de sustentar pequenas cidades.

A Índia tem a terceira maior mão de obra tecnológica e a segunda maior indústria de *software* do mundo, depois dos EUA. O país forma 300 mil profissionais de computação a cada ano.[4] Tal especialização ficou famosa no exterior a partir da paranoia com o chamado "*bug* do milênio": o temor de uma pane geral do sistema de computadores em todo o mundo no momento em que os relógios marcassem meia-noite no dia 1º de janeiro de 2000. Houve um aumento incrível na demanda por profissionais baratos de tecnologia da informação indiana, que foi, assim, colocada no mapa mundial enquanto gerenciava aplicações para clientes americanos e europeus, tentando ajudar a evitar o desastre que acabou não acontecendo. Esses profissionais ganharam fama e os EUA começaram a emitir vistos para eles a partir de meados dos anos 1990.

Os *call centers* indianos atendem muitas empresas americanas. Na foto, pavilhão do estado de Punjab, em Feira Internacional do Comércio.

A indústria da tecnologia da informação se tornou uma das máquinas mais poderosas da economia indiana: suas exportações representam 25% do total do país. Deram um salto monumental de US$ 6,3 bilhões, em 2000-2001, para os atuais US$ 60 bilhões. Grande parte dessas vendas são para os EUA (60%) e para a Europa (20%). Mas o número de empregados no setor é ínfimo comparado com o total da mão de obra indiana: emprega apenas 2,8 milhões de pessoas, ou 0,5% da força de trabalho do país. O setor de serviços em geral emprega menos de 1% da população e 34% da mão de obra. Mas é o que mais contribui para a renda nacional, representando mais da metade do PIB. O modelo de crescimento e desenvolvimento indiano é único no mundo: não foi impulsionado pela industrialização, mas pelos serviços.

Apesar da badalação e do sucesso com sua indústria, a Índia ganhou uma fama negativa nos últimos anos: a de roubar empregos dos americanos. De uns anos para cá, esse se tornou um dos assuntos mais delicados das relações entre os dois países. Em junho de 2006, a revista americana *Time* publicou a matéria "India's New Dawn", anunciando a criação de um novo verbo nos Estados Unidos, "Bangalored": significa que o emprego havia mudado para a Índia sem o empregado. Isso fez com que os americanos passassem a debater propostas de punição a companhias que terceirizassem empregos no exterior, como a de proibi-las de contrair empréstimos do governo. Por isso, nos últimos cincos anos a imigração americana passou a recusar cada vez mais esses tipos de vistos para profissionais nascidos na Índia. Além disso, a Índia já começa a enfrentar concorrência de países como Filipinas e Vietnã, que também têm salários baixos e competitivos.

A FUGA DE CÉREBROS E O RETORNO DE ALGUNS DELES

Um dos fatores que impulsionaram a tecnologia da informação foi o sucesso dos profissionais indianos nos Estados Unidos, principalmente no Vale do Silício, na Califórnia. Os imigrantes indianos iniciaram mais da metade das companhias de tecnologia instaladas lá. A fuga de estudantes gerou um intenso debate dentro da Índia: emigrantes eram acusados de usarem a excelente educação recebida gratuitamente do governo indiano para impulsionar suas carreiras sem dar nada de volta ao seu país. O grosso da imigração indiana hoje vai para EUA, Austrália e Canadá, além da Nova Zelândia. Há 25 milhões de indianos no exterior, bem menos do que os 60 milhões da diáspora chinesa.[5] Mas os indianos são os campeões de remessa de dinheiro para casa. Em 2010 enviaram US$ 55 bilhões, enquanto os chineses remeteram US$ 51 bilhões, segundo o Banco Mundial.

A diáspora indiana é uma das de maior sucesso no mundo. Esses indianos atuam nos mais variados ramos de negócios, nas universidades, na medicina, na literatura, na mídia, e até na política. Eles não são apenas os pequenos empreendedores e especialistas em *software*, também são administradores de empresas, banqueiros, hoteleiros e acadêmicos. São os que mais estudam e os que ganham melhor até mesmo em comparação com os americanos brancos: 80% dos indianos residentes nos EUA têm diplomas de terceiro grau. Os indianos-americanos são o grupo étnico mais rico dos EUA, com uma renda anual média de mais de US$ 50 mil.

DE DIA FALTA ÁGUA, DE NOITE FALTA LUZ

Toda a atmosfera positiva com crescimento sustentado criou um prematuro espírito de triunfalismo que podia ser sentido até 2008. A Índia se tornou uma economia de US$ 1 trilhão em 2007. O país já é a décima economia mundial com previsão de chegar ao terceiro lugar até 2030, atrás apenas da China e dos EUA. Muitos analistas começaram a alertar contra uma autoconfiança exagerada. Ao completar vinte anos de reformas econômicas em meados de 2011, a Índia já vivia um clima de preocupação com o futuro. Não houve comemoração.

O motor da máquina indiana engasga toda a hora por falta de combustível. A infraestrutura ainda é decepcionante para um país que ganhou fama de estrela emergente da globalização. Um dos principais problemas é a grave escassez de energia elétrica. Cerca de 400 milhões de indianos não têm acesso à energia elétrica: as crianças estudam de noite com velas. Os apagões em certos vilarejos da Índia rural chegam a 22 horas por dia. Em boa parte das cidades falta luz diariamente por algumas horas. Isso acontece até em metrópoles como a própria capital. Os indianos já introjetaram os apagões como um fato. Várias vezes acabou a luz no meio de entrevistas ou encontros oficiais com empresários ou políticos e a reação é sempre a mesma: nenhuma. As pessoas continuam conversando no escuro como se absolutamente nada tivesse acontecido. Surrupiar energia, sobretudo nos bairros pobres, é praticamente uma lei: as conexões ilegais de cabos elétricos, o "gato", chamado na Índia de *katia*, é uma instituição. Nos bairros mais pobres fica difícil ver o azul do céu. Só se enxerga a densa teia de cabos ilegais entrelaçados. Os tradicionais dhobis, a casta dos que vivem de passar roupas e montam suas mesinhas nas calçadas, usam medievais ferros a carvão ou apelam para a *katia* para usar os elétricos. No estado de Bihar, um dos mais pobres da Índia, geradores de energia se tornaram "passaportes" para casamentos: passaram a ser uma parte do dote exigido pela família do noivo. Em maio de 2012, auge do verão, cidadãos raivosos tomaram as ruas de várias cidades para protestar contra a escuridão crônica e a falta de água. Hoje, a Índia – que importa 85% de seu petróleo cru – é o sexto maior consumidor mundial de energia: o carvão é a sua principal fonte energética.

Os empresários hoje reivindicam, além da melhora da infraestrutura, reformas trabalhistas e a abertura do capital estrangeiro nos serviços financeiros. Em setembro e outubro de 2012, o governo anunciou a permissão da entrada do capital estrangeiro nos mercados de seguros, pensões, nas empresas indianas de aviação, de rádio e de televisão, além do comércio varejista. Este setor é dominado até hoje pelas chamadas lojas *kiranas*, pequenos mercadinhos de bairros que vendem de tudo e empregam muito mais do que as modernas redes de supermercados.

Até pouco tempo atrás o governo tinha como meta chegar aos dois dígitos de crescimento para combater seriamente a pobreza. Mas o sonho de alcançar o crescimento chinês foi arquivado. Com 17% da população mundial e apenas 2,8% do PIB global, a Índia, se quiser combater a sua pobreza, deverá apressar os passos do elefante. Os dois pilares do crescimento – inflação e consolidação fiscal – estão com rachaduras. Os indianos vivem com uma imensa nuvem escura sobre as suas cabeças, sem poder ver o que vem pela frente. Eles rezam para que Lakshmi continue frequentando as suas casas.

Mas para uma maioria de indianos, a deusa da riqueza é um sonho muito distante. Não há como escapar do mar de miséria da Índia. Com um terço dos miseráveis do mundo – 455 milhões de pessoas, mais do dobro da população brasileira –, nem os visitantes que se trancam dentro de carros com ar-condicionado e jamais caminham pelas ruas escapam dos mendigos, que avançam nas suas janelas aproveitando os longos engarrafamentos.

Na Índia, a pobreza e a riqueza são muito bem diferenciadas: pobre é magro, rico é gordo. Por isso, a gordura sempre foi glorificada como sinal de poder. Hoje em dia, as coisas começam a mudar com os novos padrões ocidentais de beleza que valorizam a magreza, mas a mudança é só com relação aos ricos, que fazem dietas e malham nas academias para perderem a barriga. As favelas indianas continuam abrigando pessoas ossudas, mais baixas e mais magras do que a média das que comem bem: a subnutrição endêmica na Índia é visível. Como o escritor Aravind Adiga diz em seu premiado *O tigre branco* (assunto do capítulo "*Curry* cultural"), existem duas Índias: a dos magros e a dos gordos.

Uma das primeiras coisas que me chamou a atenção quando cheguei ao país foi o tamanho mínimo das crianças. As que têm 1 ano e caminham sozinhas são tão pequenas que parecem, ao olhar do recém-chegado, bebês de colo que aprenderam a andar precocemente. Pobre gordo na Índia é raridade. Um cenário bem diferente das favelas brasileiras, com muitos obesos por causa de suas dietas ricas em biscoitos, pães, arroz e macarrão. A Índia também tem sérios problemas hoje com doenças ligadas à obesidade, mas elas atingem a classe média.

Até alguns anos atrás, o Brasil era apelidado de "Belíndia", com sua riqueza que lembrava a Bélgica e a pobreza da Índia. Era um sintoma da imagem que a Índia transmitia: de berço da miséria humana. Nada irrita mais a classe média indiana do que isso. Os indianos, no entanto, fazem o mesmo hoje, só que com a África: quando querem explicar a dimensão de sua miséria, dizem que o país tem a sua porção África. Quando se vangloriam de sua fatia rica – a sua Bélgica –, dizem que há uma Califórnia dentro da Índia. Para um brasileiro, o contraste social não é nenhuma novidade. Mas o nível e a quantidade de miséria são chocantes, mesmo para quem já esteve nas piores favelas brasileiras ou nos rincões mais pobres do interior do Brasil. A "Califórnia indiana" é recente: foi criada na década de 1990, com a ascensão de uma elite pós-liberalização. Já a "África indiana", que sempre existiu, continua de pé. Uma dualidade perversa que o jornalista Jug Suraiya, colunista do *The Times of India*, resumiu como a dupla personalidade do país: a Índia seria dr. Jekyll e mr. Hyde, o médico e o monstro, os dois opostos coexistindo em um mesmo corpo.

A pobreza é tema recorrente de escritores e cineastas estrangeiros, para desgosto da elite indiana. Em 1968, o cineasta francês Louis Malle filmou na Índia o documentário *Calcutta*: ele ousou mostrar pela primeira vez o famoso "Morredouro", onde são acolhidos os moribundos resgatados pelas freiras de Madre Teresa das ruas da capital do estado de Bengala Ocidental, hoje rebatizada de Kolkata. Com isso, acabou provocando as autoridades indianas, que acharam a forma como ele retratara o país negativa demais. O documentário foi banido da Índia. A própria Madre Teresa, Nobel da Paz nascida na Albânia, foi sempre bastante criticada por muitos indianos que a culpavam pelo fato de a Índia ter sido carimbada com a imagem de miseráveis morrendo nas ruas, se transformando no país-símbolo da pobreza para o mundo até o fim do século xx.

Quando *Quem quer ser um milionário?* abocanhou o Oscar em 2008, muitos indianos torceram o nariz para o filme, dizendo que o cineasta britânico Danny Boyle havia sido "injusto" com a Índia. Afinal, o país brilhava no palco da globalização. A elite indiana não gostou de ver a miséria do seu país desfilar no tapete vermelho do primeiro mundo. Não é raro ouvir opiniões, entre a classe média, como a de que o diretor inglês quis "humilhar" a Índia mostrando a miséria das favelas de Mumbai. Mas os próprios favelados saíram às ruas para comemorar, como se suas favelas tivessem sido premiadas: enquanto dançavam ao som dos tambores, chacoalhando os ombros ao estilo Punjab, repetiam o refrão da música "Jai Ho", do indiano Allah Rakha Rahman (assunto do capítulo "*Curry cultural*"), que também ganhou o Oscar: "Jai Ho", coincidentemente, significa "Vitória".

Algumas vezes, a forma de abordar a pobreza de fato extrapola. Em agosto de 2008, por exemplo, a edição indiana de uma revista feminina francesa publicou um controverso ensaio de fotos, chamado pelos críticos de "obsceno". Mostrava pobres indianos posando com itens de luxo: uma mulher montada em uma motocicleta com uma bolsa Birkin, que vale milhares de dólares, um bebê com um babador Fendi de US$ 1 mil e um rapaz carregando uma bolsa Dolce & Gabbana de US$ 500.

O maior símbolo da pobreza indiana é Dharavi. É a primeira coisa que o visitante vê quando o avião começa a descer no céu de Mumbai: um mar de casebres miseráveis que se espalham por uma planície em volta do aeroporto Internacional Chhatrapati Shivaji. Toda a contradição indiana está concentrada na capital comercial do país: crescimento e riqueza, representados por prédios de vidros espelhados como a Bolsa de Valores, misturados com uma avassaladora miséria e com antigas construções corroídas e descascadas pelo tempo e pela maresia. Para perceber a beleza que sobrou da época da colonização britânica, com sua arquitetura única no estilo gótico-sarracênico, é preciso abstrair a sujeira encardida das paredes dilapidadas.

Mumbai era formada por sete ilhas quando os portugueses a compraram, 34 anos depois de descobrirem o Brasil. Mais tarde, um grande projeto de engenharia aterrou as ilhas, unindo-as. Os portugueses a batizaram de Boa Bahia, uma referência ao tranquilo mar da Arábia, por onde desembarcaram. Em 1661, a cidade foi oferecida como dote aos ingleses, quando a princesa portuguesa Catarina de Bragança casou-se com o rei da Inglaterra, Carlos II. Os britânicos chamavam a cidade de "Bom Bay", tentando reproduzir o nome português. E assim a cidade foi chamada até 1995, quando o partido nacional radical hindu Shiv Sena ganhou a eleição local e mudou o nome para Mumbai, em homenagem a Mumba Devi, divindade hindu adorada pelos habitantes originais: os pescadores *koli*.

Em Mumbai, o que há de mais interessante são as pessoas. Nenhuma cidade indiana reúne tantas amostras dos diferentes tipos indianos. Cada um com sua cultura, sua culinária, sua forma de vestir. Apelidada de "Cidade das Sombras", Dharavi se transformou em uma das favelas mais famosas do mundo por ter inspirado o *Quem quer ser um milionário?*. É uma verdadeira cidade no coração financeiro indiano, que abriga, além da Bolsa de Valores, o Banco Central. Mais de 60% dos habitantes de Mumbai são favelados, vivem em cortiços ou outro tipo de habitação ilegal. Frequentemente, ela é descrita como a cidade com uma das piores qualidades de vida na Índia, principalmente pelos moradores de Délhi: as duas cidades nutrem uma rivalidade mútua parecida com a que existe entre Rio de Janeiro e São Paulo. Muitas ruas de Mumbai, mesmo de bairros onde vive a classe média, têm esgoto a céu aberto. Outras não têm asfalto, nem mesmo calçada, e em muitos lugares o lixo fica aglomerado nas ruas.

Vijay Shankar, faxineiro do governo municipal, divide um casebre de madeira com mais 11 pessoas de sua família no imenso labirinto de Dharavi, tida como a segunda maior favela da Ásia: a primeira fica na cidade de Karachi, no Paquistão. É preciso atravessar um claustrofóbico corredor úmido, escuro, ladeado por valas de esgoto para se chegar ao casebre de Vijay. O labirinto é tão estreito que não se pode abrir os braços. Todo cuidado é pouco para não cair nas valas. O ideal é não respirar fundo por causa do cheiro. "Aqui é sempre escuro e fedido. A porta de casa tem que ficar aberta sempre, senão não dá para respirar. A gente convive com o medo de ser mordido pelas ratazanas. Quando dormimos, sempre uma pessoa da nossa família tem que ficar acordada para manter um olho nelas, para que não mordam ninguém ou ataquem a comida", diz Vijay, olhos miúdos e fundos, ressaltados pelas olheiras escuras e a expressão cansada. O medo das ratazanas é perceptível pela quantidade de vendedores de venenos de ratos, geralmente de bicicletas enfeitadas com cartazes coloridos pintados à mão no estilo histórias em quadrinhos, com cenas de ratos comendo o veneno e depois caindo mortos no chão. Na época das monções, os ratos infestam mais as ruas porque escapam dos bueiros inundados. Eles andam pelas calçadas e escondem-se nos vagões dos trens, dentro dos riquixás e dos empoeirados táxis de Mumbai, e aí a viagem do passageiro pode se transformar em um pesadelo.

Vijay gasta metade dos US$ 100 que ganha por mês em remédios e médicos porque sempre alguém da família cai doente. Como ele recebe mais de US$ 2 por dia, não é considerado pobre: é um "aspirante". A casinha de Vijay é semiconstruída, com duas paredes de cimento e as outras duas que faltam ser erguidas, substituídas por tábuas de madeira e placas de metal enferrujado. A falta de espaço é uma realidade que os indianos introjetaram e eles sabem aproveitar cada centímetro livre. Em Mumbai, vi gente dormindo em "prateleiras" construídas nas ruas, apoiadas em muros ou outras construções. No calor infernal do verão, com mais de 40 graus e umidade de quase 100%, os moradores dos casebres minúsculos são obrigados a ficar a maior parte do tempo do lado de fora: seus barracos se transformam em fornos insuportáveis. Em todas as favelas, vê-se a mesma cena de noite ou de manhã bem cedo: as pessoas dormindo nas ruas em *charpois*, uma espécie de cama tradicional com hastes de madeira, só que no lugar do colchão há cordas esticadas.

CELULARES SIM, TOALETES NÃO

As condições sanitárias da Índia estão muito abaixo do que se imagina em um país que se vangloria de ser a segunda economia que mais cresce no mundo. A Índia lidera o topo da lista dos países com o pior sistema sanitário do mundo. Das 1,1 bilhão de pessoas no planeta que defecam a céu aberto, 60% vivem na Índia. Mais da metade da população indiana não tem toalete, segundo o censo de 2011: são mais de 600 milhões de pessoas, três vezes a população brasileira. Quando esses números foram

Homens usam as ruas como toalete sem nenhum constrangimento, em Calcutá (hoje rebatizada de Kolkata), capital do estado de Bengala Ocidental.

divulgados, a mídia indiana estampou manchetes dizendo que há mais indianos com celulares (900 milhões) do que com toaletes em casa.[6]

Quem viaja de trem pela Índia, vê de manhã filas de homens agachados perto dos trilhos, sem nenhum constrangimento. Mas mesmo nas cidades é possível se deparar com essas cenas escatológicas. Praias urbanas de Mumbai costumam servir de toaletes ao ar livre, com homens acocorados nas suas areias de manhã cedinho. Quem mora em apartamentos de frente para a praia está cansado de ver essas cenas. Um amigo italiano que morava em Mumbai pensou, ingenuamente, que eram indianos fazendo ioga em sessões matinais. Os especialistas em sanitarismo explicam que não se trata apenas de pobreza, mas de resistência cultural: tradicionalmente o banheiro é um lugar impuro e não poderia ficar dentro de casa. É um hábito arraigado fazer as necessidades ao céu aberto.

Vários ativistas fazem campanhas de conscientização sobre a importância de se ter banheiros. Uma das maiores vítimas são as mulheres que, sem toaletes em casa, esperam até a noite para fazer suas necessidades e geralmente se arriscam sofrer algum tipo de assalto porque têm que andar no escuro até um lugar coberto longe de suas casas. Mas as campanhas começam a fazer efeito. Muitas delas agora exigem que o noivo construa o banheiro em casa para que ela aceite se casar. Anita Bai Narre foi premiada em março de 2012 com um cheque de US$ 10 mil oferecido pelo ministro de Desenvolvimento Rural e por uma ONG que luta pelo sanitarismo, por ter tido a coragem de exigir a construção de um banheiro na casa da família do marido, após o seu casamento em maio de 2011. Por causa de sua atitude, outras mulheres do vilarejo onde ela vive, no estado de Madhya Pradesh, passaram a seguir o exemplo. Hoje, de todas as 160 casas do vilarejo, pelo menos 100 têm toaletes.

Há muita contaminação da água por fezes humanas, provocando doenças principalmente nas crianças: mais de 100 mil delas, até os onze meses de idade, morrem de diarreia por ano, segundo a publicação *The Lancet*, em um estudo divulgado em maio de 2013.[7] O esgoto não tratado de muitas cidades – inclusive grandes centros como Mumbai e Calcutá (ou Kolkata) – desemboca nos rios, lagos e mar. Quando começam as torrenciais chuvas das monções – de junho a setembro –, muitas cidades são alagadas com água contaminada. A monção mais trágica da história da Índia aconteceu em 2005 em Mumbai. A cidade submergiu, matando 400 pessoas, de um total de quase 1.000 em toda a Índia. Muitas pessoas morreram afogadas, eletrocutadas pelos fios elétricos expostos nas ruas, outras foram sugadas pela força da água. Mas muitos morreram e ficaram doentes por causa da contaminação das águas por fezes, inclusive humana, e por urina de rato, que provoca leptospirose. Milhares de carcaças de vacas, búfalos e outros animais boiavam pelas ruas envenenando o ambiente.

Um dos lugares mais sujos que eu vi nos seis anos em que vivi na Índia foi o interior do estado de Bihar, no nordeste do país. Montanhas de lixo escaladas por famílias de porcos, ao lado de esgoto a céu aberto. Tudo ao lado dos majestosos portões de monastérios budistas impecavelmente limpos por dentro, construídos por japoneses, coreanos e tailandeses na cidade de Bodhgaya, o maior centro de peregrinação budista da Índia, por ser o lugar onde Buda alcançou a iluminação, como já visto no capítulo "Caldeirão dos deuses". No "melhor" café da cidade, recomendado por guias turísticos, dezenas de camundongos desfilam pelo chão em um trânsito incessante.

Além do problema de qualidade da água, há também a falta dela, que chega a provocar conflitos de rua em algumas cidades do interior e obriga as empresas a contratarem serviços privados de abastecimento. O drama maior começa em abril, início do verão. Em alguns lugares, as filas diante das torneiras públicas começam às 4h da manhã, quando a água do governo municipal é fornecida por um tempo limitado. Em muitas favelas há somente uma torneira de água para toda a comunidade. As brigas acontecem diariamente. É comum conhecer pessoas de classe média que já incluíram em seus hábitos diários a tarefa de acordar às 6h da manhã, ou antes disso, para encher os baldes com a água fornecida pelos caminhões pipas. Se acordam mais tarde, ficam na secura o dia todo. A classe média alta encarrega os empregados dessa tarefa.

A FAVELA-INDÚSTRIA: DHARAVI

O grande medo dos favelados indianos é a violência religiosa. Dharavi é o que os indianos chamam de *masala*, ou mistura, como já visto no capítulo "*Namastê, Índia*": lá se acha todo o tipo de gente. São migrantes do país todo, que falam várias línguas e dialetos, pessoas de todas as castas e de diversas religiões. Daí a coexistência de pequenos templos hindus com mesquitas islâmicas no meio do formigueiro humano. Essa mistura religiosa é o ingrediente mais explosivo das favelas indianas: a violência comunal está sempre à espreita, como um fantasma. A qualquer momento pode explodir. A geografia de Dharavi não é só dividida por religiões, mas também por grupos profissionais. Raj Singh é da terceira geração de uma família de artesãos de cerâmica. São os *kumbarhs*, que para muitos é a alma de Dharavi: têm *status* especial na hierarquia da favela porque são os mais antigos. Eles migraram para Mumbai há cem anos, vindos do Gujarat, estado vizinho. Os *kumbarhs* são refugiados da miséria rural, assim como as comunidades dos costureiros, dos lavadeiros, dos artesãos de couro e dos recicladores de plástico e de lixo eletrônico. Sempre escondido sob a densa fumaça dos fornos que cozinham os vasos, Raj é um dos privilegiados da favela: consegue tirar US$ 140 por mês. "A vida é dura aqui. Não temos toaletes e sofremos com falta de água. Mas apesar disso eu prefiro ficar aqui do que ir para um subúrbio distante onde não teria como vender meus vasos e potes", diz Raj, ora gesticulando com suas mãos, ora alisando o barro úmido para dar forma a um vaso novo. Ele, como muito outros ali, está preocupado com o projeto de redesenvolvimento de Dharavi.

O plano é dar apartamentos em bairros afastados para os moradores que chegaram lá até o ano 2000. Mas a estratégia não surtiu efeito em outros lugares onde já se tentou isso: os favelados venderam os apartamentos que haviam recebido para voltar para as favelas, perto do trabalho. "Os nossos líderes lutaram pela independência do povo, não para construtoras e pessoas desonestas", era a mensagem de uma placa bem escrita à mão colada em uma casa caindo aos pedaços que abrigava várias lojinhas de secos e molhados e foi lacrada pelo governo municipal por algum motivo. O projeto de redesenvolvimento de Dharavi foi anunciado em 2004, mas encontrou muita oposição. A ideia é construir uma verdadeira cidade comercial no local, um projeto orçado em US$ 2,5 bilhões. Dharavi é um ímã que atrai cada vez mais gente em busca de aluguéis menos salgados. Mumbai é uma cidade cara para se achar um teto, comparável com preços de primeiro mundo, apesar de sua péssima infraestrutura. Por causa de seu gigantismo e de sua produtividade, Dharavi – com 1 milhão de habitantes espremidos em 175 hectares – captura a imaginação dos indianos de uma forma diferente das outras favelas: ela é vista como pobre, mas é também um símbolo da criatividade e da resistência do povo.

Para muitos visitantes, passar por cima de Dharavi de avião é o encontro mais próximo que têm com a realidade indiana. Mas desde o início do milênio, a comunidade está se transformando no maior centro de peregrinação de turismo de favela da Índia. Alguns moradores reclamam que os estrangeiros só querem capturar com suas lentes as cenas mais empobrecidas. Mas em geral, seus habitantes nem prestam atenção nos turistas brancos que circulam por lá, pois estão sempre muito ocupados nas milhares de indústrias de quintais. A cada ano, US$ 700 milhões são gerados nesses negócios. A indústria de couro, por exemplo, emprega 40 mil pessoas. Seus comerciantes, geralmente muçulmanos, têm medo de reconhecer que lidam com couro de vaca e respondem invariavelmente, quando perguntados sobre qual material usam: "É couro de búfalo."

Dharavi é um dos maiores centros da indústria de reciclagem da Índia. Lá nada é considerado lixo, nem o lixo. Tudo é reaproveitado. As condições de trabalho são da era da pré-revolução industrial: ninguém usa luvas, máscaras, botas ou capacetes. A maioria trabalha em ambientes insalubres e claustrofóbicos. Mas seus moradores se esforçam muito para manter seus casebres os mais limpos possíveis. Quase todos têm celulares, um sinal do sucesso da revolução da telecomunicação. Favelas como Dharavi, por mais imundas que sejam, são muito menos pobres do que os medievais vilarejos rurais de onde vieram a maioria de seus habitantes. As lojinhas retratam o poder aquisitivo de seus habitantes: só vendem pacotinhos que parecem amostras grátis de produtos. Pendurados por varais de barbantes, são minúsculas embalagens de sabão em pó, xampu, café instantâneo e leite em pó. Na Índia, todas as marcas líderes do mercado fabricam, além das embalagens normais para a classe média, os famosos sachês de 1 rupia (US$ 0,20), mínimos, com alguns gramas do produto: é a única forma de os pobres consumirem algo. Em junho de 2009, o governo anunciou que a Índia estaria livre de suas 50 mil favelas em cinco anos, ou seja, até 2014.[8] São 50 milhões de habitantes, quase 18 milhões a mais do que no início do século.[9] A promessa logo pareceu como um sonho utópico. Em 2010 foi oficialmente reconhecido o óbvio: que isso não iria acontecer.

O artesanato de potes de barro é o ganha-pão de muitos moradores da favela Dharavi, em Mumbai.

FAMÍLIAS OSSUDAS

A nova Índia se prepara no momento para uma nova era de urbanização: ela vai ganhar meio bilhão de habitantes em suas cidades até 2050, segundo previsão da Organização das Nações Unidas.[10] Somando com os quase 400 milhões de indianos urbanos, o país terá no futuro uma massa de 900 milhões concentrada em suas cidades. Na contramão de outros países em desenvolvimento, a Índia tem sido uma urbanizadora relutante, seguindo o ponto de vista gandhiano de manter a população no campo. Apenas 30% de sua população vive nas cidades hoje: na China são 45% e no Brasil, quase 90%.[11] Ou seja, mais de 800 milhões ainda vivem na Índia rural. Mas como qualquer percentagem indiana é impressionante, o país já tem a segunda maior população urbana do mundo, depois da China.

Na lista das dez cidades mais populosas do mundo, três são indianas: Délhi e Mumbai, com 22 milhões de habitantes cada uma, um pouco a frente de São Paulo (20 milhões), e Calcutá, com 15,5 milhões, a oitava no *ranking* global.[12] A urbanização indiana não acontece no ritmo esperado por causa do desencorajamento do emprego urbano. Apesar de a grande maioria viver no campo, 60% do PIB é gerado em centros urbanos, que concentram 60% da geração de emprego. Jawaharlal Nehru sonhava com cidades planejadas, como Chandigarh, capital do estado do Punjab, construída pelo arquiteto francês Le Corbusier. O seu modernismo concreto lembra um pouco Brasília, com sua aparência quase antisséptica para padrões indianos. O que Nehru defendia era o oposto da economia de subsistência rural pregada por Gandhi, que sonhava com o "Gram Swaraj" ("República do Vilarejo"). O pesadelo de Gandhi era uma sociedade industrial que sugaria os indianos dos vilarejos para as cidades, onde eles amargariam uma vida fétida em favelas urbanas. Seus críticos o acusavam de defender a pobreza. Mas nem o sonho de Nehru, nem o de Gandhi foram concretizados.

Há criminalidade e tráfico de drogas nas favelas indianas, mas nada que se compare ao nível gritante das favelas brasileiras mais violentas. Na área mais nobre de Mumbai, a zona sul, Cuff Parade, uma favela de pescadores ganhou fama mundial por ter sido o porto de desembarque de dez terroristas fundamentalistas islâmicos que vinham do Paquistão de barco, pelo mar da Arábia, para promover o pior atentado da história da Índia, em novembro de 2008, como foi visto no capítulo "E nasce uma nova Índia".

Em uma manhã de janeiro de 2007, Payal Parekh, uma bela indiana de olhar amendoado e pele de "café mocha", como ela própria diz, herdeira de uma fábrica de tecidos de seda, me levou para acompanhá-la a uma sessão de fotos em Cuff Parade, perto da casa dela. Além de ajudar o pai nos negócios, nas horas vagas ela fotografa a cidade onde vive. Payal começou a fotografar os bairros pobres de sua cidade depois de voltar de Nova York, em 2004. Viveu 10 anos em Manhattan, onde estudou Marketing e Negócios Internacionais no Instituto de Tecnologia da Moda da Universidade de Nova York. Ela não demonstra nenhum nervosismo. Estaciona o carro ao lado da favela. Com a Pentax na bolsa e uma pequena máquina digital na mão, óculos Channel no rosto, um estiloso jeans, sapatilha e uma elegante túnica branca cobrindo os quadris, ela vai entrando por uma ruazinha de terra, sem pedir permissão a ninguém.

Payal começa a clicar em preto e branco o dia a dia dos moradores: o jovem cortando o cabelo no barbeiro, a lavadeira batendo o sari na pedra, as moças levando água do poço em cumbucas de barro sobre as cabeças. As crianças com seus impecáveis uniformes escolares: os meninos de gravatinha, as meninas de trancinhas e lacinhos nos cabelos pretos brilhosos. A higiene pessoal é mais importante do que a higiene coletiva das ruas. Do lado de dentro das casas, elas são limpas, mas do lado de fora, seja o que Deus quiser. Payal se agacha para fotografar uma mulher sentada no chão sujo. Ela estava tão concentrada esfregando o sari que nem notou a presença da fotógrafa. "Posso bater uma foto sua?", perguntou. A indiana, uma cristã dalit, fica ruborizada, diz que sente vergonha. Mas Payal, com doçura, usa todo o seu hindi e convence a mulher a se deixar fotografar. Ela rasga um belo sorriso para a câmera. "Não tenho o menor medo de entrar nas favelas. É preciso apenas pedir permissão antes de fotografar porque muitos são tímidos", conta. Logo as crianças cercam a fotógrafa e a acompanham para onde ela vai. As mais velhas, de 6 a 7 anos, carregam invariavelmente no colo os irmãos mais novos porque estão encarregadas de tomar conta deles enquanto os pais trabalham fora. Os pequenos, de 1 ano, quase todos estão "protegidos" pelos traços do *kajol* em torno dos olhos: é o equivalente ao lápis preto com os quais as mulheres delineiam os olhos normalmente. Os indianos mais simples acreditam que isso livra as crianças de pegar doenças.

A miséria faminta do interior da Índia não está ausente nas cidades. Em 2010, a mídia divulgou notícias de uma crise silenciosa de subnutrição e até desnutrição nas favelas de Mumbai: entre 40% e 60% das crianças até 4 anos apresentavam esses sintomas. A cada ano, cerca de 3,5% das crianças morrem antes dos 6 anos, inclusive de fome, no coração financeiro da Índia.[13] Não é preciso viajar milhares de quilômetros na direção dos grotões do interior para ver miséria. Hordas de famílias ossudas desembarcam diariamente nas grandes cidades fugindo do buraco negro da fome. As estações de trem oferecem os cenários mais desoladores da pobreza urbana. De noite, o chão das estações fica coberto de corpos magricelos.

A pior cena que vi foi na estação de trem da cidade de Gaya, no estado de Bihar. Famílias inteiras de famintos vestidos com farrapos dividindo espaço com ratos obesos, que passam por ali atraídos pela comida servida nos trens. São tantas pessoas que

Trem de subúrbio de Mumbai, usado por 6 a 7 milhões de pessoas por dia, é o principal meio de transporte da capital financeira da Índia, e oferece cenas desalentadoras pelo caminho.

é impossível deslizar a mala de rodinhas pelo chão. É preciso saltar entre os corpos, procurando não pisar em cima de ninguém. As cenas mais comuns nas grandes cidades são as hordas de mendigos em sinais de trânsito: crianças, mulheres e homens de todas as idades, com ou sem deficiência física. As crianças pequenas tentam chamar a atenção e amolecer o coração dos endinheirados se maquiando com imensos bigodes e demonstrando suas acrobacias enquanto o sinal está vermelho. Os mendigos repetem incansavelmente: "*Didi, didi, khana ke lie*" ("Irmã, irmã, dê algo para que eu possa comer"), enquanto reforçam o pedido imitando com as mãos o gesto de colocar comida na boca. Eles não desistem, são insistentes, mesmo que a pessoa diga "não" várias vezes ou os ignore por cinco minutos. Eles batem nos vidros dos carros com as juntas dos dedos das mãos e muitas vezes só param quando o motorista, irritado, olha para ele como se fosse sair do carro e brigar. São cenas comuns no trânsito. Se a pessoa der dinheiro, mais mendigos correm para a direção do carro porque ali está uma pessoa bondosa que pode ajudar todos. Por isso, um dos conselhos mais comuns de se ouvir dos indianos é: não dê esmolas porque você vai se ver cercado de mendigos em alguns minutos. Já

Índia rica e indianos pobres | 339

Criança de rua engatinha nas ruas de Délhi e meninos trabalham em mina ilegal em Laplan, no estado do Rajastão: infância prejudicada.

ouvi de um indiano uma história desse tipo: quando ele deu esmola andando na rua, foi seguido por uns dez mendigos. Foi obrigado a se refugiar dentro de um cinema.

Muitos tentam ignorar os pedintes, fingir que são transparentes. Parece haver uma exaustão pelo excesso de pobreza, toda hora em todos os lugares. Há também histórias divulgadas pela mídia, segundo as quais há mendigos que se deformam de propósito – pernas ou braços amputados – para ganhar mais esmolas. Os jornais e revistas também publicam notícias frequentes de mendigos que subcontratam crianças de colo para sensibilizar as pessoas. Ou seja, haveria uma indústria cruel de exploração da miséria. A ONG Save The Children divulgou em 2010 o primeiro censo de crianças de rua de Délhi, a maioria delas entre 7 a 14 anos: 70% têm que se virar sozinhas para conseguir se alimentar apesar de terem pais e familiares vivendo na cidade. Apenas 10% das cerca de 50 mil crianças de rua da capital estão totalmente cortadas do contato com suas casas. Elas pedem esmolas, roubam e servem como mão de obra de trabalho infantil, além de engrossarem as fileiras dos milhões de vendedores ambulantes. Empregadores as forçam a trabalhar por longas horas, sem comida, e por mixarias de salários, com muitos casos de abusos sexuais.[14]

O estereótipo do país dos mendigos incomoda e as autoridades tentam tirá-los do meio do trânsito por leis que nunca pegam, como multas para motoristas que dão esmolas. Nas vésperas dos Jogos da Comunidade Britânica, realizados em Délhi em 2010, houve uma intensa "faxina" para remover temporariamente as dezenas de milhares de mendigos que vivem nas ruas da capital. Muitas favelas foram escondidas atrás de imensos *outdoors* com o lema parafraseando uma música dos Beatles "Come Out and Play" na estrada para o aeroporto. Milhares de mendigos foram "deportados" para os subúrbios: Délhi parecia outra cidade sem as famílias indigentes esparramadas sob seus viadutos. Logo depois do evento, todos voltaram aos seus pontos de mendigagem.

A GUERRA DOS NÚMEROS DA POBREZA

A Índia talvez seja o país pobre mais rico do mundo. Ou seja, um país rico com uma impressionante economia de primeiro mundo habitado por um dos povos mais pobres do planeta que vive em condições abismais de miséria. O Índice de Fome Global de 2011 situa a Índia em 67º lugar entre os 81 piores países em termos de subnutrição.[15] Dois terços da população indiana não estão comendo o mínimo de calorias diárias. A situação na verdade piorou: em 1993-1994, um indiano em média consumia 2.153 calorias na Índia rural, mas em 2009-2010 esse consumo caiu para 2.020. Na Índia urbana o mesmo aconteceu: de 2.071 calorias antes, passou a 1.946

calorias na pesquisa mais recente, segundo a Organização Nacional de Pesquisa, ligada ao governo.[16]

A Índia é campeã mundial em subnutrição infantil, com índices piores do que os da África Subsaariana. O estudo Levantamento de Fome e de Subnutrição divulgado no início de 2012 pelo primeiro-ministro Manmohan Singh diz que 42% das crianças indianas, ou 61 milhões, são subnutridas. Singh reconheceu que, apesar do crescimento econômico, a Índia ainda amarga um nível "inaceitável" de subnutrição. Uma "vergonha nacional", lamentou ele.[17] Mais de 2 mil crianças indianas morrem a cada dia. Apesar desses números desoladores, a Índia é classificada como país de desenvolvimento humano médio pelas Nações Unidas. Em novembro de 2010, o presidente Obama disse a um grupo de estudantes em Mumbai que a Índia não estava mais em processo de ascensão: já era uma potência. Ele celebrava uma economia que crescia a um ritmo de "tirar o fôlego". Mas alguns dias antes, em Nova York, as Nações Unidas divulgava a 20ª edição do Índice de Desenvolvimento Humano (IDH), no qual a Índia ficava em 119º lugar em uma lista de 169 países. Os oito estados mais pobres da Índia tinham mais miseráveis do que as 26 nações mais pobres da África. E em termos de expectativa de vida e desigualdade de gêneros, a Índia estava pior do que seus vizinhos Bangladesh e Paquistão.

O país vem diminuindo a sua miséria, mas não há consenso sobre o ritmo dessa redução. Os críticos do modelo de desenvolvimento dizem que tem sido a passo de tartaruga. O governo diz que 50 milhões foram resgatados da miséria nos últimos cinco anos.[18] Segundo o Banco Mundial, em 1981, 60% da população era pobre: hoje seriam 42%, ou 455 milhões, pelo critério de quem ganha menos de US$ 1,25 por dia, a linha de pobreza extrema, ou de miséria. Mas se o parâmetro for US$ 2 por dia – a linha de pobreza global –, esse número passa de 800 milhões de pessoas. Oficialmente, a Índia não sabe quantos pobres tem. A cada cinco anos é feito um censo para identificar os lares elegíveis para receber benefícios sociais, mas as inúmeras tentativas de contagem geram debates ferinos. Assim, dependendo da fonte, o número varia de 27% da população (menos de 300 milhões), 37% (400 milhões), 50% (600 milhões) e até 77% da população (mais de 830 milhões). Qualquer que seja a percentagem, é muita gente. Pelos cálculos mais otimistas, a Índia teria um Brasil e meio de pobres. Pelos mais pessimistas, mais de quatro vezes o tamanho da população brasileira.

Até o fim dos anos 1990, o sistema de distribuição pública de comida subsidiada era universal e cobria toda a população. Depois, o governo passou a alvejar somente os que estavam abaixo da linha de pobreza. Desde então, a guerra dos números começou. O governo tenta diminuir o máximo possível para não aumentar os gastos com os programas sociais. Em maio de 2011, a gritaria aumentou quando a Comissão de Planejamento (uma espécie de conselho governamental) divulgou uma proposta surreal de critério para delinear a linha da pobreza: o indiano que ganhasse, por dia, o equivalente US$ 0,60 nas cidades e US$ 0,50 no campo já não seria considerado pobre. Muitos passaram a chamar a linha da pobreza de "linha da fome". E o pior é que depois foi divulgado que nada menos do que 30% da população estaria se equilibrando nessa "linha da fome".

Boa parte dos especialistas defende a volta da universalização dos benefícios. Seria uma forma de errar menos, seguindo o raciocínio oposto. No lugar de determinar quem são os pobres, identificar os ricos para excluí-los da lista dos beneficiados. Hoje, muitos necessitados ficam de fora ao mesmo tempo que os que não precisariam dos benefícios são incluídos. Intermediários, funcionários públicos e políticos corruptos desviam a sua parte também. A Índia debate hoje a possibilidade de adoção de programas de transferência de dinheiro, como o Bolsa Família. Mas o medo dos ativistas sociais é de que o governo se limite apenas à transferência de dinheiro como única forma de combate à pobreza. O indiano Amartya Sen, Prêmio Nobel de Economia, é um dos que alertam para o perigo de a transferência de dinheiro se transformar no único pilar da política social indiana, com base em "leituras distorcidas" das experiências brasileira e mexicana. O problema é que, na Índia, os serviços públicos como saúde e educação são raquíticos. "E não é assim que a transferência de dinheiro funciona no Brasil, no México ou em outros casos de sucesso no mundo. Na América Latina, a transferência de dinheiro condicional é um complemento, não um substituto aos serviços públicos de saúde e educação", explicou Sen.[19]

A Índia tem hoje quase vinte programas de combate à pobreza, de forma direta ou indireta. Em maio de 2011, o Banco Mundial anunciou o resultado de um estudo que constatava que o país gasta mais em programas de combate à pobreza do que a maioria dos países em desenvolvimento, mas falha em erradicar o mal por causa da corrupção generalizada e da ineficiência na hora de colocá-los em prática: em 2010, a Índia gastou 2% de seu PIB, US$ 28,6 bilhões, em programas sociais, a porcentagem mais alta da Ásia e três vezes maior do que a da China.[20] Nenhum programa ganhou tanta repercussão como o chamado "Garantia de Emprego Rural Mahatma Gandhi", criado em 2005. Ele garante a um dos membros de cada família pobre do interior cem dias de trabalho por ano ganhando um salário mínimo diário equivalente a cerca de US$ 2. Geralmente, são frentes de trabalho em construções de estradas, e o investimento do governo chega a US$ 10 bilhões por ano. Seus entusiastas dizem que o programa tem ajudado a aumentar os salários pagos aos agricultores no interior. Mas há muitos buracos. No total, 113,2 milhões de casas estavam aptas para receber o benefício até 2010. Mas das quase 55 milhões de casas beneficiadas, 34 milhões completaram apenas 15 dias de trabalho.[21] Há também denúncias de intermediários e funcionários públicos inventando "trabalhadores fantasmas" e embolsando o dinheiro.

Outro pilar da guerra à miséria indiana, além das frentes de trabalho no interior, são os subsídios de comida para quase 180 milhões de pobres através de um sistema de distribuição pública que custa quase US$ 20 bilhões por ano.[22] O sistema, porém, é ineficiente: os produtos para os pobres são desviados e vendidos no mercado aberto. Grãos apodrecem nas lojas de distribuição. Quase 60% não chegam às mãos dos beneficiários, segundo o Banco Mundial. O programa de merenda escolar com comida preparada por cozinheiros para 120 milhões de crianças – o maior do mundo –, com grande impacto na nutrição e no aumento da presença das crianças nas escolas, está na mira de indústrias de biscoito. Essas empresas chegaram a promover um *lobby* pesado sobre membros do Parlamento para substituir as nutritivas merendas por pacotes de biscoitos. Muitos parlamentares "sensibilizados" pelo *lobby* escreveram cartas para os ministros da área. Até agora o governo resistiu à pressão, mas os produtores de biscoito conseguiram abocanhar alguns projetos de merenda estaduais.

Na sua tentativa de estancar a roubalheira dos benefícios sociais e combater a pobreza, o governo indiano adotou uma arma ousada e inédita: a identificação eletrônica de sua imensa população através de uma identidade biométrica. Cada pessoa terá um documento com um número único de 12 dígitos que não poderá ser duplicado porque é baseado nas impressões digitais e na retina de cada pessoa. Será o maior e mais avançado banco de dados de identidades pessoais do mundo. Anunciado em 2010, o projeto – que ainda está em andamento – é visto por muitos como um esquema que pode transformar a Índia. Quem está à frente do programa é Nandan Nilekani, um dos mais famosos empresários da Nova Índia, ex-executivo da Infosys. Os intermediários serão obrigados a entregar produtos subsidiados para indivíduos que podem confirmar o recebimento escaneando as suas impressões digitais. Atualmente, poucos pobres conseguem provar quem são: eles não têm identidades, certidões de nascimento, passaportes, carteiras de motoristas ou provas de residências.

Um dos grandes obstáculos dos funcionários do censo de 2011 foi estabelecer a idade de muitos pobres, pois eles não sabem sua data de nascimento. Foi preciso dar um jeitinho porque eles precisam dessas datas para se cadastrarem no programa de identidade única. Os entrevistadores então mostraram calendários com fatos históricos marcantes para ajudar os entrevistados a achar sua idade: datas como a da independência da Índia, a do assassinato do ex-primeiro-ministro Rajiv Gandhi, a da morte de Madre Teresa e até a da vitória da seleção indiana na Copa do Mundo do Críquete em 1983. Esse problema é resistente: o último levantamento oficial, de 2007, mostrou que 25% dos bebês nascidos no país não são registrados e não têm certidões de nascimento.[23] A economia moderna não existe para eles por causa de sua falta de identidade: não podem abrir contas em bancos, por exemplo. Atualmente, pouco mais da metade da população tem conta bancárias. O número de identidade será ligado instantaneamente a uma conta bancária. É uma forma de criar cidadania nova em uma sociedade onde a identidade é quase sempre mediada por grupos baseados em suas castas, clãs e religiões.

A ÍNDIA BRILHA PARA QUEM?

A Índia ascendeu economicamente apesar de sua pobreza. Mas não conseguiu domá-la durante os últimos vinte anos de crescimento sustentado. O PIB vai bem, mas os indicadores sociais continuam decepcionantes. O crescimento econômico não necessariamente significa desenvolvimento se o Estado não souber utilizar os seus ganhos em políticas sociais de forma competente, como explicou Amartya Sen, em um extenso artigo de capa publicado pela revista indiana *Outlook*, na sua edição de 14 de novembro de 2011: "*Putting growth in its place*" ("Colocando o crescimento em seu lugar"), assinado em conjunto com Jean Drèze, um economista belga que se tornou cidadão indiano, considerado uma das maiores sumidades do país no combate à pobreza.

Eles lamentam o avanço lentíssimo da qualidade de vida dos indianos e os terríveis indicadores sociais que deixam a Índia atrás do Afeganistão, do Camboja, do Haiti, de Myanmar e do Paquistão em mortalidade infantil. Se fosse para medir sua atuação com a da China, a Índia deveria olhar para os indicadores sociais, ressaltou Sen, que listou as comparações. A taxa de alfabetização na China é de quase 96%, por exemplo, enquanto na Índia é de 74% (segundo o resultado do censo de 2011). O gasto da China com saúde (2,3% do PIB) é bem maior do que o da Índia (1,4% do PIB). As crianças chinesas ficam em média 7,6 anos na escola, enquanto as indianas, somente 4,4. Um chinês vive em média 74 anos, quase 10 a mais do que um indiano (65 anos).

Mais desoladora ainda é a comparação com seus pobres países vizinhos. No geral, a Índia tinha os melhores indicadores do sul da Ásia em 1990, um ano antes da liberalização da economia, observaram Sen e Drèze. Mas hoje, o país amarga os segundos piores indicadores, à frente apenas do rival Paquistão. Bangladesh, por exemplo, hoje um símbolo de miséria para o mundo da mesma forma como a Índia já foi há cinquenta anos, surpreendentemente ultrapassou a Índia em vários indicadores sociais nos últimos vinte anos. "O ritmo da melhoria do nível de vida tem sido muito baixo, até mais devagar do que o de Bangladesh e do Nepal. Provavelmente não há nenhum exemplo na história do desenvolvimento do mundo, de uma economia crescendo tão rápido por tanto tempo com resultados tão limitados em termos de progresso social", opinaram Sen e Drèze. A desigualdade dobrou na Índia nas duas últimas décadas.[24]

CURANDEIRO NO PAPEL DE MÉDICO

A pobreza na Índia se tornou muito resistente. "Os pobres não são uma massa indiferenciada de pessoas que vive abaixo de uma linha estatística", escreve o cientista político Anirudh Krishna. Segundo ele, a pobreza é uma piscina de necessitados: aqueles que escapam são substituídos por outros que caem nessa piscina por algum motivo

O curandeiro Mohammad Khan Ajmeri em seu consultório ao ar livre, repleto de vidros e poções para todos os males, na Velha Délhi.

depois de terem atingido uma relativa prosperidade. O estudioso alerta que, por isso, os programas sociais não devem visar apenas tirar pessoas da pobreza, mas também evitar que outras as substituam.[25] Krishna – que viveu bastante tempo na Índia rural como funcionário público do governo no início de sua carreira – explica que os que caem na pobreza amargam uma cadeia de eventos negativos, como contas de hospitais, desemprego e débitos. Um dos fatores que mais arrastam famílias indianas para a miséria são os gastos com a saúde. Mais de 30 milhões são empurradas para baixo da linha de pobreza a cada ano por causa de doenças. O sistema de saúde da Índia é um dos mais privatizados do mundo: do total de gastos com a saúde na Índia, quase 70% vai para o setor privado.[26] Segundo a Organização Mundial de Saúde, o número de médicos por 100 mil habitantes na Índia é de apenas 70, índice de país pobre. Na União Europeia há 310 médicos para cada 100 mil habitantes.[27] Ao mesmo tempo, o país é o destino mais popular de turismo médico do mundo. Seus hospitais cinco estrelas recebem cerca de 100 mil pacientes estrangeiros por ano. Europeus e americanos se tratam nesses oásis hospitalares da elite indiana, que cobram bem menos do que no primeiro mundo. Há gente da Ásia Central batendo ombros com pacientes da África. Americanos na fila com afegãos. Mas aos pobres não resta outra saída, a não ser frequentar curandeiros, figuras presentes em todos os bairros pobres do país. Mohammad Khan Ajmeri é um dos curandeiros que ficam sentados um ao lado do outro, em uma espécie de "corredor polonês", na calçada do Mena Bazzar, um dos mais populares e antigos mercados de rua, surgido no século XVII. O que mais chama a atenção em seu rosto é a barba branca que contrasta com os dentes pretos e podres de tanto mascar tabaco. Ajmeri tem orgulho de sua profissão, herdada do pai, que herdou do avô, e assim sucessivamente. Suas "poções mágicas", em vidrinhos reutilizados de óleo e mostarda, dispostos em uma tábua de madeira sobre a calçada, são feitas de plantas que "curam quase tudo": de problemas cardíacos a unha encravada. O remédio mais caro, de US$ 5, é o que Ajmeri jura curar diabetes. A prática da medicina sem licença é ilegal na Índia, mas essa ilegalidade fica no papel. Ajmeri "bate o cartão" naquele ponto há vinte anos, todos os domingos.

Mas o curandeiro mais famoso do pedaço é Hakim Mohammad Ghaya, que montou uma "clínica de cirurgia a céu aberto" em um terreno baldio nos pés da maior mesquita da Índia, a Jama Masjid, um dos principais pontos turísticos de Délhi. Há trinta anos ele armou ali uma barraca onde improvisou o que chama de "centro de cirurgia aberta Rahat", sob uma tenda de plástico empoeirada com duas camas improvisadas e a companhia de cabras circulando em torno. Ele diz ser um descendente dos tradicionais faquires-curadores muçulmanos, muito populares: são a última luz da esperança de cura de milhões de desesperados. Ghaya conta que é capaz de tratar de artrite, diabetes e até câncer do sistema linfático. Seu método de "operar" é o mesmo que se usava na Idade Média: para qualquer que seja o paciente e doença, ele faz pequenos cortes nos pés com gilete para deixar o "sangue ruim" sair do corpo. "A pessoa que remove sangue impuro duas vezes ao ano não precisa temer nenhuma doença", assegura. Por precaução, ele aconselha aos pacientes tomar injeção contra tétano antes da "operação". Hakim armazena todas as giletes usadas – e quebradas – dentro de um gigantesco galão de plástico imundo. Assim, ele prova que não as reutiliza. Hakim jura que não cobra nada. "O paciente dá o que puder no final do tratamento", conta.

As dívidas com remédios e médicos são um dos vários motivos que resultam em um fenômeno trágico que assola a Índia rural, onde vivem 70% dos indianos, mais de 800 milhões de pessoas: o do suicídio de agricultores e pequenos proprietários de terra. Eles são obrigados a contrair empréstimos de agiotas e, sem condições de pagar o débito, têm se suicidado em massa, a maioria tomando pesticida ou se enforcando. Muitos chegam a esse extremo por vergonha de não ter como cumprir suas obrigações sociais na rígida cultura hindu, como a de pagar o dote das filhas quando elas se casam. A Índia rural vivia até a década de 1950 um sistema feudal, com os chamados *zamindars* (senhores de terra) dando as cartas: os camponeses miseráveis cultivavam as suas terras, mas só podiam manter uma pequena porção de grãos com eles. O sistema foi abolido, mas ainda restaram muitos resquícios. Poucos agricultores têm documentos com posse formal de suas terras. Por isso, não podem receber empréstimos oficiais e são obrigados a pedir dinheiro de agiotas a juros altos. Entre 1995 e 2009, mais de 240 mil agricultores cometeram suicídio por causa de suas dívidas.[28]

A ÚLTIMA GRANDE SOCIEDADE RURAL DO MUNDO

Kalawati Bandurkar, 55 anos, uma viúva com nove filhos, se transformou em símbolo desse fenômeno terrível: em 2005, seu marido, um agricultor de algodão da região de Vidarbha, a capital nacional do suicídio rural, pôs fim à sua vida bebendo pesticida. Só em Vidarbha, no estado de Maharashtra, quase 9 mil cometeram suicídio entre 2004 e 2011. Kalawati ficou famosa quando Rahul Gandhi a citou em discurso no Parlamento em 2008. Cinco anos depois do marido, seu genro se matou porque perdeu a esperança, assolado por dívidas. E em setembro de 2011, sua filha se imolou e morreu. "Você não pode depender de ninguém: nem da chuva, nem do governo", diz ela. Devota dos deuses hindus Ganesha e Parvati, ela não os culpa.

"Eu nunca reclamo dos deuses. O problema é causado pelos homens", desabafa.[29] A história dos que sobrevivem não é menos trágica: as viúvas herdam o débito, perdem o *status*. Kalawati herdou a dívida de US$ 2 mil de bancos e parentes. Outra história que ganhou fama foi a de Anil Nasre, 52 anos, que se matou tomando pesticida em 26 de março de 2010, deixando mulher, uma filha e um filho. Ele escreveu uma carta para o filho Trilok, que estudou Engenharia de *Software* com o dinheiro do empréstimo que ele contraiu e depois não conseguiu honrar. "Em 2006 eu peguei um empréstimo para pagar a sua faculdade. Naquele dia tive tanto orgulho do filho que iria se tornar um engenheiro de *software*. Mas a gente precisava pagar os impostos, o aluguel do quarto etc. E tivemos que contrair mais empréstimos. Eu estou tão orgulhoso que você conseguiu um *laptop* Dell com sua bolsa de estudo. Tome conta de sua irmã e de sua mãe. Eu espero que você entenda."[30]

A Índia é a última grande sociedade rural do mundo, com uma massa de agricultores que trabalham em terras de pequenos proprietários: 80% deles têm menos de dois hectares de terra. Mais de 60% da população (cerca de 700 milhões) depende da agricultura. Mas a fatia da agricultura no PIB está encolhendo. Em 1950, três anos depois da Independência, a agricultura representava 53% do PIB: passou a 30% na década de 1990 e despencou para 14% do PIB em 2011-2012. A Índia rural parece remanescente de um mundo antigo, com suas mulheres agachadas fazendo *chapatis* (o pão sem fermento que se come com lentilha), com o fogareiro alimentado por bolos de esterco. Vilarejo atrás de vilarejo, o que se vê em boa parte da Índia rural é uma desolação. Cabras, búfalos ossudos e porcos ciscando no lixo. Essa é a Bhárat, como os indianos se referem ao lado atrasado e pobre de seu país.

São quilômetros e quilômetros de *kachhas* – as casinhas de barro e palha. Poucas são as chamadas *pucca*, de alvenaria. As impressionantes "lojas-caixas" de madeira, geralmente suspensas por quatro pés (para que as caixas possam ser removidas para outro lugar), marcam a paisagem. De relance, parece que uma pessoa não cabe lá dentro. Mas um olhar mais atento vê que dentro dos caixotes de um metro por um metro e meio, algo se mexe. É a perna do dono do caixote que está lá dentro, de cócoras, exibindo a flexibilidade de mestre de ioga que os pobres têm, com seus corpos magros e musculosos. São vendinhas de chá e de *bidi*, os cigarros de palha dos pobres. Há também os "barbeiros-caixas", mais inacreditável ainda porque duas pessoas cabem lá dentro: o barbeiro e o cliente.

Outra grande fonte de estresse para os indianos rurais são as desapropriações de terras para construção de cidades, de parques industriais e para criação de áreas de exploração de minérios. Desde 2000, o governo começou a implantar as chamadas

Contraste de Mumbai em 2006: favela e prédios de classe média alta do bairro de Powai, pensado originalmente para ser modelo de bairro da Nova Índia, inspirado nos subúrbios americanos.

Zonas Econômicas Especiais, copiando o modelo chinês de zonas francas de exportações. Em junho de 2011, centenas de agricultores interromperam uma autoestrada em Noida, cidade a meia hora de Délhi, para protestar contra a aquisição barata de suas terras por parte do governo estadual e a venda para construtoras a preços altos para fazer conjuntos habitacionais de luxo para classe média alta. Houve uma batalha judicial: de um lado, quase 200 agricultores. De outro, 6 mil pessoas que haviam comprado os apartamentos na planta.

O caso de Noida virou um ícone do que começou a acontecer por toda a Índia nos últimos anos: aquisições de terra usando essa lei para favorecer a iniciativa privada. Um dos assuntos mais quentes do noticiário nacional da Índia hoje são as máfias de tudo o que se pode imaginar: do setor imobiliário, da mineração, do carvão, da pedra, da água, da areia, da gasolina, do querosene e da terra, muitas vezes com a patronagem dos *netas*, como são chamados os políticos, e *babus*, ou burocratas – justamente os que deveriam ir atrás deles.

As máfias estão cada vez mais ousadas. No dia 11 de junho de 2011, por exemplo, em pleno dia, o jornalista especializado em crimes Jyotirmoy Dey, 56 anos, foi morto a tiros por pistoleiros contratados em Powai, um bairro novo da elite de Mumbai, inspirado nos modelos de subúrbios americanos. O jornalista cobria o submundo de Mumbai, associado ao setor imobiliário, daí os aluguéis serem tão caros lá.[31] Kalia, um dos matadores presos, havia acertado receber US$ 4 mil pelo serviço, mas aumentou seu preço para US$ 10 mil depois de descobrir que sua presa era um jornalista famoso na capital comercial indiana. Os preços variam de acordo com a cidade e com os riscos: entre US$ 100 a US$ 10 mil. Mumbai sempre foi a mais vantajosa para os matadores, mas os preços têm caído porque hoje em dia eles contam com armas mais modernas que torna o serviço mais fácil e menos arriscado. Se há alguns anos matar alguém em Mumbai custaria não menos do que US$ 50 mil, hoje é possível pagar apenas U$ 2 mil para aniquilar um adversário no coração financeiro da Índia.[32]

Há uma intensa disputa por terras. Em 2007, o estado de Bengala Ocidental foi palco de uma batalha de rua. O governo queria adquirir grande parte da terra de agricultores na região de Nandigram para instalar uma unidade industrial. Mas a população foi contra. No dia 14 de março, explodiu uma revolta e o Estado deslocou três mil policiais para forçar a aquisição das terras. Os agricultores montaram barricadas. A polícia abriu fogo e muitos foram mortos: os números variam, mas pelo menos 14 perderam a vida. O fogo de Nandigram espalhou-se como pólvora pelo estado de Bengala Ocidental e atingiu outro vilarejo, Singur, onde a multinacional indiana Tata Motors pretendia montar uma fábrica dos carros Nano – que ficou famoso como o mais barato do mundo, vendido inicialmente por US$ 2 mil cada. Mas a reação dos agricultores foi tão forte contra a aquisição forçada de suas terras que os planos foram por água abaixo. Ironicamente, Buddhadeb Bhattacharya, o ministro-chefe daquele estado na época era um comunista. Mas por ter tentado forçar essas aquisições de terra, ele acabou perdendo a eleição estadual em 2011 e seu partido foi varrido depois de três décadas no poder.

MAOISTAS NO CORAÇÃO DA ÍNDIA

Os conflitos de terras são gasolina pura na fogueira ateada no coração da Índia pela guerrilha maoista, que hoje atua em um terço dos mais de 600 distritos do país. Dentro das densas selvas e em áreas montanhosas, os guerrilheiros traçaram o chamado "Corredor Vermelho", que corta sete estados: vai da fronteira do Nepal, no nordeste do país, ao estado de Andhra Pradesh, no centro-sul. Os guerrilheiros não têm o controle territorial desse corredor, mas montaram seus acampamentos lá. E travam suas batalhas nessa região: eles atacam as forças de segurança e alvos de infraestrutura e voltam para as tendas e casinhas de barros dos pequenos vilarejos escondidos no meio das florestas. Eles não estão limitados somente ao "Corredor Vermelho", frequentemente desenhado nos mapas publicados por revistas e jornais. Seus 50 mil guerrilheiros e ideólogos estão presentes de alguma forma em pelo menos 20 dos 28 estados indianos.[33]

A guerrilha atua em áreas remotas que somadas equivalem ao território da Holanda. Nesses 40 mil quilômetros quadrados abandonados pelo Estado, vive uma população de 2,5 milhões.[34] Os maoistas acreditam que a tradição feudal da Índia, a opressora hierarquia de castas que massacra os que estão na base da pirâmide e também o explosivo problema da distribuição de terras são ingredientes suficientes para fermentar uma revolução. O conflito já matou mais de 6 mil pessoas em quatro décadas. Eles conseguem armas basicamente da captura da polícia e das forças de segurança. A Caxemira recebe atenção internacional por ser vista como uma espécie de "fagulha nuclear", como já explicado no capítulo "E nasce uma nova Índia". Já a guerrilha maoista é vista como uma insurgência de rebeldes pobres, lutando uma batalha longínqua em uma terra esquecida.

Os maoistas não ameaçam a existência do Estado, mas é a prova mais cabal da falha de todos os governantes em oferecer o mínimo para a população mais pobre que vive nos grotões. A guerrilha tem ainda o poder de atrapalhar os projetos de investimento milionários encabeçados por grandes empresas. De 2008 a 2011, segundo o governo, mais de 3.200 pessoas, incluindo civis e forças de segurança, morreram no conflito.[35] A ironia é que essas regiões miseráveis são riquíssimas: cerca de 70% dos distritos afetados pela guerrilha têm grandes reservas de bauxita, urânio, ferro e carvão, por exemplo. O governo acusa os maoistas de bloquear o desenvolvimento, ao impedir a construção de estradas e perseguir funcionários de companhias privadas. Os maoistas, por sua vez, jogam a população local contra os projetos do governo, acusando-o de ajudar as grandes empresas a "roubar" a riqueza da região e desalojar a população pobre.

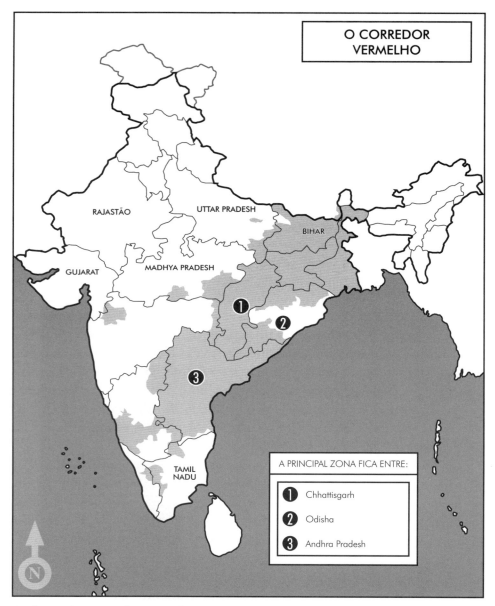

O chamado "Corredor Vermelho" atravessa vários estados do leste, centro e sul da Índia. Os guerrilheiros maoistas adotam uma tática de ataque e retirada para seus acampamentos nas densas florestas do país.

Desde que começou, com o levante na década de 1960, a insurgência teve períodos de intensa atividade seguidos de anos de relativa calma. Mas, desde 2004, a guerrilha faz ações espetaculares: ataques a trens, explosões de carros, assassinatos e sequestros de políticos e empresários, matanças de policiais, como a que ocorreu em 2007, com 55 soldados mortos em um só dia. Em 2010, 75 homens das forças de segurança foram massacrados em um dos maiores golpes da guerrilha contra o governo. Em outubro de 2009, um inspetor de polícia foi torturado e morto: ele teve sua cabeça decepada e exposta ao público pelos maoistas. Foi uma execução ao estilo Talibã que causou um grande impacto psicológico. Eles procuram chegar o mais próximo possível de centros urbanos. Em 2009, conseguiram praticamente controlar o distrito de Lalgarh a 250 quilômetros de Calcutá, a capital de Bengala Ocidental. A última grande ação que rendeu notícias internacionais foi o sequestro, em março de 2012, de dois italianos no estado de Odisha. Eles viviam há muitos anos na Índia promovendo turismo de aventura nas áreas onde a guerrilha atua. Os guerrilheiros só os liberaram depois de o governo do estado ter soltado alguns maoistas da prisão. Foi a primeira vez que os maoistas sequestraram estrangeiros. Os sequestros têm sido uma tática frequente: entre 2008 e 2011, houve 1554. Um entre cinco prisioneiros foi morto.

Os estudiosos do assunto explicam que os guerrilheiros são muito bem organizados e disciplinados. A maioria de seus recrutas são analfabetos. Portanto, nunca leram as teorias do Camarada Mao. Não são revolucionários informados que travam uma guerra conceitual. São os indianos que moram em casebres de barro em pequenos vilarejos no meio das florestas e usam arco e flecha até hoje. Há sempre uma ligação entre a presença da guerrilha maoista, a pobreza rural extrema, áreas ricas em minerais e uma alta concentração de indígenas explorados por donos de terras. Cerca de 80% da riqueza mineral e 70% das florestas estão em áreas habitadas pelos indígenas, que representam 8% da população. Entre eles, há um forte ressentimento, por terem sido esquecidos pelo Estado. Nos distritos afetados pela guerrilha, o analfabetismo ultrapassa 50%.

Hoje, a principal porta-voz dos indígenas é a premiada escritora Arundhati Roy (assunto do capítulo "*Curry* cultural"), que acusa o governo de ter declarado uma guerra contra eles para ganhar acesso aos recursos naturais e minérios das terras. Ela escreveu o ensaio "Caminhando com os camaradas", resultado de sua viagem ao coração da guerrilha no estado de Chhattisgarh, guiada pelos próprios insurgentes. Ela conta que decidiu fazer isso após receber um bilhete sob a sua porta convidando-a a encontrar os rebeldes, com o pedido de levar uma câmera e um coco para se identificar no local do encontro. Por três semanas, ela seguiu os maoistas dentro da densa floresta, dormindo a céu aberto. "Neste momento, na Índia Central, a guerrilha maoista é composta quase

354 | Os indianos

Ônibus destruído por mina terrestre colocada por guerrilheiros maoistas no estado de Chhattisgarh, no centro-leste da Índia.

inteiramente de famílias tribais desesperadamente pobres, que vivem em condição de fome crônica semelhante a dos países da África Subsaariana", afirma Roy.[36] A escritora foi acusada por seus críticos de romantizar a guerrilha e simpatizar com os rebeldes. Mas ela se transformou em uma das vozes mais potentes de protesto contra a miséria. "Se os tribais pegaram em armas, eles o fizeram porque o governo não deu nada a eles, a não ser a violência, e ainda quer tirar deles a sua única posse: suas terras."[37]

De fato, os principais analistas da questão maoista explicam que a guerrilha tem um fôlego de 40 anos por causa do apoio que têm da população esquecida pelo Estado.

Há um grande número de mulheres em seus quadros, fato curioso em uma sociedade tão patriarcal quanto a indiana. Mas esse é justamente um dos motivos da adesão de mulheres à guerrilha. São inúmeros os casos de guerrilheiras que escolheram as metralhadoras por causa da opressão que sofrem por parte de sua própria comunidade e da violência sexual, ou seja, os estupros constantes a que são submetidas por donos de terras, homens de castas altas ou das forças de segurança. Elas formam 45% dos quadros do Exército da Guerrilha de Libertação do Povo, como é chamado o exército dos maoistas. Os indígenas são a maioria esmagadora da tropa rebelde, mas há também um contingente de guerrilheiros de castas baixas e dalits: isso por causa da hostilidade tradicional com as castas altas. Boa parte dos comandantes da guerrilha é formada por indianos das chamadas castas intermediárias e baixas que há milênios se dedicam à agricultura.

Ajai Sahni, diretor do Instituto de Gerenciamento de Conflitos, com sede em Nova Délhi, explica que os líderes maoistas têm uma estratégia de longo prazo: de 20 a 25 anos de luta. Eles chamam as áreas que dominam de "zonas liberadas" e têm como meta cercar as cidades a partir do campo. Eles dizem que o Estado indiano é semifeudal e semicolonial e que seu objetivo é estabelecer uma "sociedade comunista". A doutrina da rebelião é explicada no documento dos ideólogos maoistas intitulado "Estratégia e Táticas da Revolução Indiana". Os ideólogos da guerrilha reconhecem que lutam uma guerra em que "o inimigo é forte e nós somos fracos, o inimigo é grande e nós somos pequenos".[38] A primeira fase da guerrilha foi a organização de uma força irregular de camponeses que se retraía quando o inimigo avançava, e atacava quando o inimigo descansava. Quando o inimigo se retirava, a guerrilha o perseguia. Na segunda fase, o objetivo não é capturar território, mas varrer o inimigo com um exército bem treinado de guerrilheiros que ocasionalmente se reúnem em grandes números para atacar inimigos vulneráveis. Os maoistas parecem já estar na segunda fase. Na terceira fase, que eles sonham alcançar um dia, a guerrilha vai procurar capturar e controlar territórios, antes de tomar o poder. Mas não há até hoje quem acredite remotamente na hipótese de que os maoistas vão conseguir passar da segunda para a terceira fase. Sudeep Chakravarti, jornalista especializado no assunto, explica que a atual fase de insurgência maoista é muito mais bem planejada do que quando começou, na década de 1960. Hoje, essa guerrilha tem uma mistura de rural com algo de urbano. Enquanto a guerrilha ataca estados como Chhattisgarh, Jharkhand, Bihar, Odisha, Andhra Pradesh, Maharashtra e Bengala Ocidental, os ideólogos baseados nas cidades recrutam pessoal para a logística e operações clandestinas variadas. São estudantes, pequenos comerciantes que faliram e camponeses que migraram para as cidades após perderem suas terras.

Das várias tentativas de conter a insurgência, nenhuma foi mais controversa do que a criação da milícia Salva Judum (que significa "purificação"), em 2005, bancada por governos estaduais. A milícia foi alvo de grupos de defesa dos direitos humanos, que a acusaram de promover assassinatos e estupros. O governo diz, por sua vez, que parte dos guerrilheiros passou a agir como gangues criminosas, extorquindo dinheiro de empresários locais, e criando tribunais de julgamento para punir os "colaboradores do capitalismo". Os moradores fogem com medo da violência cometida pelos dois lados. Os analistas dizem que o governo não parece ter muita clareza de como lidar com o problema.

Apesar de serem chamados de maoistas e reverenciarem a imagem de um dos maiores líderes comunistas do mundo, os guerrilheiros indianos não criam seus próprios ídolos e gostam de ficar anônimos. Por isso não há um "Camarada Mao" indiano. Hoje, o líder maoista mais famoso é Muppala Laxman Rao, apelidado de Ganapathy, o GS, secretário-geral do Comitê Central do Partido Comunista da Índia (Maoista), braço político da guerrilha, que raramente concede entrevistas. Ele não se deixa transformar em um ícone e prefere ser visto apenas como um entre vários comandantes. De uma família de casta alta, de proprietários de terra, com diplomas em Ciências e Educação, ele era apenas um professor, pai de família, com um filho, antes de entrar para a guerrilha.

No dia 9 de dezembro de 2010, entrevistei um ideólogo e recrutador de quadros urbanos para a guerrilha, durante uma viagem ao interior de Bihar, um dos estados atingidos pelo conflito. A estreita estrada que liga a cidade de Gaya a Patna, capital do estado, passa através de Jahanabad, um lugar que ganhou fama pela violência da guerrilha maoista. No meio da estrada, em uma tendinha de venda de chá feita de barro e tijolos com telhado de bambu, conheci o comandante Arvindji: esse era seu codinome para se identificar comigo, não necessariamente o nome pelo qual ele é conhecido entre os guerrilheiros. "Os donos das terras obrigam os agricultores de casta baixa a trabalhar em seus campos. Mulheres e crianças são exploradas. A revolta é geral. Não precisamos explicar a eles o que é exploração. Eles sabem mais do que nós", diz. Arvindji é um ideólogo que viaja de um lugar para outro, organizando as pessoas. Ele também lida com o mundo externo: apoiadores, universitários, pessoas que trabalham em ONGs. Como todos os outros, ele não gosta de contar o seu passado. Mas revela que estudou Engenharia. "Nos últimos vinte anos a situação piorou. Hoje há um ataque direto sobre as pessoas e seus recursos – terra, água, floresta e minas. O governo quer dar tudo para a iniciativa privada e deixar os pobres na armadilha da miséria", diz o comandante que tem pouco mais de 30 anos e fala muito rápido, demonstrando ansiedade e pressa. Ele nega que os maoistas desrespeitem os direitos humanos das pessoas que vivem em vilarejos perto das áreas de atuação da guerrilha. "É claro que essa é uma guerra difícil porque o Estado indiano é muito forte, mas esperamos ganhar o apoio da maioria dos pobres", diz.

A guerrilha também é chamada de naxalista, porque a revolta começou no vilarejo de Naxalbari, no estado de Bengala Ocidental, em maio de 1967. Foi um levante de camponeses e plantadores de chá contra os donos das terras, inspirados pela revolução de Mao Tsé-tung em 1949. Mao ainda estava vivo naquela época: ele oferecia uma mistura de sonho ideológico, estratégia inteligente e uma forte dose de romantismo. A rebelião inspirada no exemplo do "Grande Timoneiro" foi recebida com entusiasmo pelos chineses, que viviam o auge da Revolução Cultural, mas eles nunca chegaram a apoiar abertamente a guerrilha indiana. Também nunca houve informações de recebimento de qualquer tipo de armas aos rebeldes maoistas do país vizinho. Mas os naxalistas costumavam dizer no início: "O Camarada Mao é o nosso camarada." Quando a China atacou a Índia na guerra de 1962, alguns esquerdistas indianos chegaram a apoiar a China. Hoje em dia, não há nenhum tipo de simpatia de ambos os lados. O movimento foi reprimido na década de 1970, mas conseguiu sobreviver se retirando para florestas remotas onde a polícia não tem infraestrutura. Os esquerdistas radicais indianos haviam se fragmentado em várias facções na década de 1980. As organizações que defendiam a luta armada se uniram somente em 2004, formando o Partido Comunista da Índia (Maoista), banido pelo governo: é o braço político da guerrilha.

Os esquerdistas indianos sempre foram divididos: os maoistas consideram os integrantes do Partido Comunista da Índia (Marxista) traidores porque tomam parte em eleições e chegaram até a se aliar ao governo do Partido do Congresso no Parlamento até 2008. O mais famoso quartel-general da esquerda indiana sempre foi Kerala, que chegou a ganhar fama mundial na década de 1970: os economistas descobriram que se tratava de uma ilha de excelência de indicadores sociais dentro da Índia. Kerala foi a primeira vitória de um partido comunista pelas urnas no mundo, em 1957, no auge da Guerra Fria. Isso criou uma cultura esquerdista *sui generis* em Kerala, que se transformou em um palco de homenagens ao comunismo. Há uma moda até hoje de se colocar nomes de líderes esquerdistas internacionais nos filhos, como Lenin, Trotski e Che Guevara. A mania vai além dos comunistas: muitas crianças foram batizadas

Pushkin e Gorbachev. Restaurantes, bares, clubes e até cidades ganham nomes russos: Volga Hotel, Sputnik Sports Club, cidades batizadas Moscou e Leningrado.

O estado passou a ser aplaudido por causa de seus índices de desenvolvimento humano muito superiores ao do resto da Índia, como 100% de alfabetização, por exemplo. Há um leque de razões para isso. Não foi apenas o investimento social dos sucessivos governos de esquerda. Kerala tem um histórico de movimento anticastas altas que simboliza a maior conscientização de milhões de castas baixas, comparado com o norte do país. Muito antes da esquerda se instalar lá, existiam reinos avançados, com marajás ilustrados que investiam em educação e saúde. Além disso, o estado sempre teve um forte movimento missionário cristão que também incentivou a educação para todos. Outro fator é o avançado papel histórico das mulheres, com sua tradição matriarcal em várias comunidades locais, um contraste com o norte da Índia. Mas, economicamente, os governos esquerdistas de Kerala não conseguiram acompanhar as mudanças que ocorriam no resto do país. Assim, o estado passou a sofrer vários problemas, como falta de investimento, fraca capacidade de atração de indústrias, e migração de trabalhadores qualificados para o exterior em busca de oportunidades que não encontram na Índia.

NOTAS

[1] Ruchir Sharma, *Breakout Nations: In Pursuit of the Next Economic Miracles*, London, Penguin Group, 2012, p. 45.
[2] Sanjeev Sanyal, *The Indian Renaissance: India's Rise After Thousand Years of Decline*, New Delhi, Penguin Viking India, 2008, pp. 95-6.
[3] "The Signposts of Change", em *Outlook Business*, New Delhi, p. 18, 5 mar. 2011.
[4] "Turn the Page", em *The Times of India*, New Delhi, 5 jan. 2011.
[5] "Diminishing Returns", em *The Economist*, London, p. 26, 23 jul. 2011.
[6] Uma Vishnu, "The Census Truth: More Indians Have Access to Phones than to Toilets", em *The Indian Express*, New Delhi, 14 mar. 2012.
[7] Disponível em: http://www.thehindu.com/news/national/one-lakh-children-in-india-die-of-diarrhoea-annually-lancet/article4712400.ece, acesso em mar. 2015.
[8] "Nearly 49,000 Slums in India", em *The Times of India*, New Delhi, 27 maio 2010.
[9] Mahendra Kumar Singh, "Over 8m Slumdwellers in Mumbai by 2011", em *The Times of India*, New Delhi, 15 nov. 2010.
[10] Aarti Dhar, "India Will See Highest Urban Population Rise in 40 Years", em *The Hindu*, Chennai, 7 abr. 2012.
[11] Gubir Singh, *Building Cities of the Future*, New Delhi, Businessworld, pp. 42-9, 20 jun. 2011.
[12] Sanchita Sharma, "7 billion & Growing", em *Hindustan Times*, New Delhi, 30 out. 2011.
[13] Apeksha Vora, "Mumbai's Silent Pangs", em *Mint*, New Delhi, 12 dez. 2010.
[14] Aarti Dhar, "Delhi Has Over 50,000 Children: Study", em *The Hindu*, Chennai, 29 abr. 2011.
[15] Subodh Varma, "Superpower? 230 Indians Go Hungry Daily", em *The Times of India*, New Delhi, 15 jan. 2012.
[16] Subodh Varma, "Poverty 'Down', but Not the Hungry,", em *The Times of India*, New Delhi, 1º abr. 2012.

[17] Aarti Dhar, "42 Per Cent of Indian Children Are Malnourished", em *The Hindu*, Chennai, 11 jan. 2012.
[18] Samar Halarnkar, "Not Much on the Plate", em *Hindustan Times*, New Delhi, 12 abr. 2012.
[19] Amartya Sen e Jean Drèze, "Putting Growth in Its Place", em *Outlook*, New Delhi, pp. 50-9, 14 nov. 2011.
[20] "India's Anti-Poverty Programs Are Big but Troubled", em *The New York Times*, New York, 18 maio 2011.
[21] Ruhi Tewari, "Rural Jobs Scheme Fails to Achieve Target", em *The Mint*, New Delhi, 8 jul. 2011.
[22] Pragya Singh, "The Growth of Doubters", em *Outlook*, pp. 26-9, 25 jul. 2011.
[23] "Missing as Birth", em *Business Today*, New Delhi, p. 34, 1º abr. 2012.
[24] "India's Income Inequality Has Doubled in 20 Years", em *The Times of India*, New Delhi, 7 dez. 2011.
[25] Akash Kapur, "Understanding the Puzzling Nature of Poverty", em *International Herald Tribune*, New York, 18 nov. 2010.
[26] "The State of Healthcare", em *The Mint*, New Delhi, 23 fev. 2012.
[27] "Sonia Worried Over Migration of Docs", em *Hindustan Times*, New Delhi, 22 dez. 2011.
[28] "Subodh Varma, Growth Curb", em *Crest*, New Delhi, 22 jan. 2011.
[29] Damayanti Datta e Kiran Tare, "Rahul's Lost Widows", em *India Today*, New Delhi, pp. 18-24, 7 nov. 2011.
[30] Prashant Panjiar, "The Departed", em *Tehelka*, New Delhi, pp. 26-41, 10 abr. 2010.
[31] Kiran Tare, Shantanu Guha e Sandeep Unnithan, "Overlords of the Underworld", em *India Today*, New Delhi, pp. 20-8, 27 jun. 2011.
[32] Abdus Salam, "Price of Murder: 3 Lakh", em *India Today*, New Delhi, p. 62, 9 abr. 2012.
[33] Sudeep Chakravarti, *Red Sun: Travels in Naxalite Country*, New Delhi, Penguin Viking India, 2008, p. 4.
[34] Smita Gupta, "The State at the Doorstep", em *Outlook*, New Delhi, pp. 30-8, 26 abr. 2010.
[35] Vishwa Mohan, "Killing Fields: Red Zone Deadliest", em *The Times of India*, New Delhi, 6 abr. 2012.
[36] Arundhati Roy, *Broken Republic*, New Delhi, Penguin Books, 2011, p. 7.
[37] Idem.
[38] Aman Sethi, "The Afterlife of a Massacre", em *The Caravan*, New Delhi, maio 2011.

O ENIGMA DO ELEFANTE

Na Índia, ninguém tem tempo a perder. As suas cidades são impacientes, frenéticas, caóticas. "Buzine, por favor" é o aviso que se lê nas traseiras dos coloridos caminhões indianos, tradicionalmente decorados com desenhos de flores e bezerros mamando em vacas. Eles desviam de riquixás, Mercedes-Benz, vacas, vendedores ambulantes e, dependendo da cidade, até de camelos e de elefantes urbanos que transitam de noite com farol de milha pendurado no rabo, ou o seu substituto: um reluzente CD de computador. Todos buzinam, a toda hora. O espelho retrovisor é solenemente ignorado. Sinais vermelhos não são vistos como uma ordem para parar, mas uma sugestão: o motorista sempre "negocia" com eles. Atropelar as leis de trânsito é a norma. A impaciência das ruas tritura a imagem estereotipada de que os indianos são 1,2 bilhão de seres espirituais, uma nação de *sadus* sentados em posição de lótus meditando: a maioria corre para sobreviver. Dentro dos aviões, eles costumam se levantar assim que a aeronave pousa no solo e imediatamente ligam seus celulares: na hora de sair, é um corre-corre, empurra-empurra. Nas grandes cidades, o nível de estresse é tão alto que muitas vezes as pessoas esquecem regras mínimas, como dizer "obrigado" e pedir desculpas. Furar filas é praticamente um esporte nacional em um país com tanta gente em todos os lugares.

Nada é mais parecido com o trânsito indiano do que um jogo de *videogame*: surgem mil obstáculos e surpresas repentinas no meio do cenário. Os motoristas só pisam no freio no último segundo antes de bater seja lá no que for. É uma lei da selva motorizada. Os mais fortes vencem: os carros de luxo são os senhores do trânsito, mais do que as vacas. Os riquixás estão na base da pirâmide hierárquica: são os insetos que ziguezagueiam costurando entre os outros com precisão milimétrica. Seus motoristas encaram o trânsito engarrafado como tabuleiros de xadrez, sempre atentos ao próximo lance para se encaixar na posição certa. Por mais adepta à caminhada que a pessoa seja, acaba desistindo de andar nas cidades, pois muitas vezes não há calçadas e é obrigada a se arriscar no meio da rua. Quando existem calçadas, elas estão ocupadas com carros, tábuas de passar roupa dos *dhobis*, carrinhos de madeira dos vendedores de legumes, carrocinhas de sorvete, sapateiros sentados no chão munidos de ceras e solas de borrachas empilhadas. Não existe lugar para carro, lugar para vaca, lugar para gente. Qualquer lugar é lugar pra qualquer um. Você que cave o seu espaço.

A Índia tem quase 100 milhões de veículos de vários tamanhos. É o segundo maior mercado de carros do mundo, depois da China.[1] O país parece paralisado pelo tráfego. E a culpa não é da vaca sagrada. Ficar duas horas no trânsito é normal. Délhi lidera o *ranking* das cidades indianas motorizadas, com 1,7 milhão de veículos e ganha mil carros novos a cada dia. Por isso, diante das garagens das casas, seus moradores penduram placas com o aviso: "Não estacione aqui. Seus pneus serão furados." Mas, apesar do caos, Délhi é citada como um exemplo de cidade por causa do seu eficiente metrô que se expande cada vez mais. A capital indiana também inaugurou com sucesso o corredor de transporte reservado para ônibus modernos, feitos em parceria com uma empresa brasileira. A elite não pode andar de helicóptero tão facilmente como no Brasil: por razões de segurança, boa parte do espaço aéreo é limitado. Assim, os ricos adotam outras soluções para não perder tempo no trânsito. Tarun Tahiliani, um dos mais famosos estilistas indianos, por exemplo, anda pela cidade a bordo de uma van de luxo, onde pode assistir a filmes, carregar o *laptop* e tirar uma soneca, muitas vezes longa, de uma hora.

As estradas interestaduais não têm apenas os veículos normais, como carros e caminhões: carroças dirigidas por camelos e carros de boi também trafegam livremente. A Índia se transformou no país campeão de acidentes de carros: 360 pessoas morrem a cada dia em acidentes, 10% do total do mundo todo. É como se um avião Jumbo caísse todos os dias no país.[2] Uma das imagens mais comuns é a família inteira na moto: o pai, a mãe de sari sentada com as pernas jogadas para o lado e dois filhos pequenos, um na frente, no colo do pai, e outro no colo da mãe, que ainda segura uma bolsa com uma das mãos. Só o pai usa capacete: as mulheres não costumam usar e a lei permitia isso até recentemente. Se o homem for da religião sikh, pode usar o turbante no lugar do capacete.

Com tantos carros, o ar fica pesado. Délhi e Mumbai estão entre as cidades mais poluídas do mundo. A capital indiana já adotou medidas para melhorar a situação, obrigando seus ônibus e riquixás a circularem apenas com CNG, gás não poluente. Bangalore, apelidada de "cidade dos jardins", era o paraíso dos aposentados indianos antes de se tornar a capital da tecnologia da informação do país. Hoje a cidade pena com o excesso de carros. Seus habitantes costumam até brincar dizendo que o mais incrível é o tráfego continuar se movendo. As cidades indianas estão costuradas por viadutos expressos, um atrás do outro. Teoricamente, eles deveriam aliviar a pressão.

Cenas do peculiar trânsito indiano: riquixás; quatro pessoas sem capacete numa moto; elefante e camelo entre carros e ônibus; e riquixás de bicicleta apreendidos.

Macaco urbano come doce na varanda de um apartamento na cidade de Dharamsala, no estado de Himachal Pradesh, norte da Índia.

Mas o problema continua. Deslocar-se por Mumbai é uma façanha: o jeito mais rápido é justamente o lotado trem urbano. Mas nem pensar tentar entrar neles na hora do *rush*: eles carregam seis milhões de passageiros por dia. Feitos para levar 1.700 passageiros, podem chegar a 5 mil, com muitos "surfistas" nos tetos. O metrô de superfície está sendo construído para aliviar o trânsito infernal dessa cidade espremida em uma estreita fatia de terra. O sonho geral dos indianos urbanos é um dia acordar e ver que a sua cidade se transformou em uma Xangai – o ícone do desenvolvimento moderno para eles, com prédios altos e envidraçados, ruas limpas e shoppings centers.

Nas "selvas de pedra" indianas, alguns animais ainda dividem espaço com os homens. O mais comum de se ver são os macacos, principalmente da espécie *Rhesus macaque*, que correm livremente pelas largas avenidas da chamada Délhi de Lutyens, o arquiteto britânico que desenhou a capital imperial em 1911. Eles deslizam pelos postes e tomam banho nos lagos artificiais das praças. Roubam sanduíches e frutas dos turistas. Muitos indianos os alimentam porque veneram o deus hindu Hanuman, assunto do capítulo "Caldeirão dos deuses". Os moradores já sabem que devem tomar cuidado com as portas escancaradas: se os macacos entram, roubam roupas do varal, objetos da casa e podem fazer estragos na cozinha. Se o morador tenta espantá-los corre o risco de ser mordido: eles são agressivos. Em 2008, o vice-prefeito de Délhi, S. S. Bajwa, caiu da varanda de seu prédio ao tentar espantar um deles, que ameaçava entrar em sua casa, e morreu.

Depois disso, as autoridades contrataram duplas de "caçadores" – um homem com uma espécie de macaco bem maior e temida, o langur (*Semnopithecus entellus*).

Até empresas privadas contratam os langures com seus donos. Os macacos capturados são levados para santuários ecológicos, mas acabam voltando. Em julho de 2011, o Instituto de Ciências Médicas de Délhi, um dos maiores hospitais públicos da capital, foi obrigado a instalar portas com sensores de movimento para evitar a entrada de macacos no departamento de Neurocirurgia: eles buscam a comida dos pacientes e às vezes roubam as garrafas de soro para aplacar a sede. Ocorre pelo menos um caso de mordida por semana na área em torno do hospital.

Camelos, touros, búfalos e vacas também habitam o asfalto urbano. Em Jaipur, capital do Rajastão, os camelos – enfeitados com panos coloridos, tornozeleiras e colares – fazem papel de "burro de carga" e também dão dinheiro a seus donos quando levam turistas para passear. Há até elefantes urbanos. Existe uma reverência tradicional por esses animais, associados com o deus Ganesha. Eles são símbolos da sorte, da fertilidade, da força e da estabilidade. Por isso, "trabalham" nas cidades durante festivais hindus. Ainda é possível dobrar a esquina de sua casa e dar de cara com a bunda de um elefante, como já aconteceu comigo várias vezes em Délhi e em Mumbai. Eles se arrastam pelo trânsito como se fossem caminhões velhos. O mais incrível é que ninguém olha para eles. São os estrangeiros de queixos caídos que os fotografam é que chamam a atenção dos indianos. Mas, teoricamente, os elefantes só podem circular pelas ruas das cidades à noite e mesmo assim com a obrigação de andar com sinalização no traseiro para que os motoristas os vejam na escuridão.

O Haathi Khana – ou "casa dos elefantes" – é quase uma lenda urbana em Délhi. Mas esse terreno, sob um viaduto, é banhado pelo rio Yamuna, o principal da cidade. Lá vivem mais de dez deles, ignorados pelos humanos. São bem menos do que os quarenta que existiam há alguns anos: a modernização está acabando com essa peculiaridade indiana. Os *mahouts* – seus donos – falam uma língua macia com os elefantes: "Eles nos entendem muito bem", garante Iqbal Khan. Gangaram e Lakshmi mergulham de vez em quando no rio fétido. Elas ganham cada uma mais de mil rupias por dia (US$ 25) em "bicos" variados, seja como diversão para turistas, seja para carregar noivos em festas de casamento, ou em participações especiais em festas religiosas, como espécies de reencarnações de Ganesha. Em Mumbai, esses animais também podem ser vistos, mas suas aparições são cada vez mais raras. Quando eu morava lá, entre 2006 e 2008, vi certo dia um elefante acompanhado de seu *mahout*, que pedia esmola em uma rua movimentada. O animal parou diante de um ponto de ônibus. Ele estava devidamente treinado para pegar as notas oferecidas com a ponta da tromba e levá-las vagarosamente até o alto para o *mahout* montado nele. Depois seguiu pelo meio da rua, ignorando os ônibus e os carros ao lado. Em 2006, o governo de Mumbai determinou que suas dezenas de elefantes passassem a ser identificados com um chip. Isso aconteceu logo após a morte de uma fêmea de 30 anos atropelada por um motorista bêbado. A foto do animal deitado morto no chão nas primeiras páginas dos jornais causou comoção.

Os homens vencem a guerra por espaço, mas há conflitos com consequências trágicas. O elefante asiático, com espaço reduzido, muitas vezes tem dificuldade de conseguir os 140 quilos de comida de que precisa diariamente. Nas pequenas e médias cidades próximas aos *habitats* dos elefantes selvagens – que somam 30 mil na Índia –, as pessoas temem os paquidermes. Em janeiro de 2010, uma horda de 150 elefantes atacou, em busca de comida, um vilarejo do estado de Assam, no nordeste do país, matando um casal e a filha de 5 anos. Eles destruíram quatro casas enquanto as pessoas dormiam.

A cada ano o conflito homem-elefante mata 400 pessoas e 100 paquidermes em todos os 17 estados habitados por esses animais.[3] Perdidos da manada, quatro elefantes invadiram a cidade de Mysore, no estado de Karnataka, em 2011. Um segurança de um caixa eletrônico foi trucidado por eles e vários carros foram destruídos. O governo criou o "Projeto Elefante" para diminuir o conflito. Os exercícios de mitigação incluem barulho de tambores, lançamento de fogos de artifícios, construção de muros de pedras, cercas elétricas e o uso de *koonkies*, os elefantes domesticados que dirigem os selvagens de volta para a floresta. Seu espaço está sendo invadido por homens e por construção de novas estradas e mais campos de cultivo. Vários são atropelados por trens. Muitos elefantes já se viciaram em *mahua*, uma cerveja de arroz caseira feita pelos camponeses. Ficou famoso o ataque de "Osama bin Laden" a um vilarejo do estado de Jharkhand em 2007. Osama, como foi batizado um furioso elefante viciado em *mahua*, liderava uma manada que chegou a esmagar sete pessoas de outubro a

Os elefantes estão totalmente incorporados na vida cotidiana da Índia. Na foto, um estacionamento de elefantes. Devidamente paramentados, os animais levam turistas para o alto do Forte de Amber, no estado do Rajastão.

dezembro de 2006. O governo local aconselha os camponeses a não estocar cerveja de arroz e, além disso, espalhar urina de tigre em volta de suas casas: os elefantes evitam os territórios desses felinos.

O imponente tigre real de bengala é outro animal estressado na Índia moderna. Em 2009, a badalada campanha publicitária "Índia Incrível" do Ministério do Turismo mostrava a foto de um tigre e a mensagem: "Uma razão especial para visitar a Índia em 2009. Não há momento melhor do que esse para visitar a terra dos tigres." Mas o anúncio deveria acrescentar: venha rápido, antes que os tigres desapareçam. Os indianos sempre se orgulharam dos seus tigres. Mas, apesar disso, o animal amarga hoje o *status* de um refugiado dentro do seu país: há apenas 1.706, uma queda aguda comparada com os 3.508 em 1997. Na virada do século XIX para XX – uma época em que os marajás e colonizadores britânicos se divertiam em expedições de caças montados em elefantes que traziam carcaças de dezenas de tigres –, a Índia tinha 40 mil desses animais. A principal causa de seu desaparecimento é a caça, um negócio milionário. Eles costumam ser exportados para a China, onde são usados como matéria-prima na fabricação de remédios da medicina tradicional. A segunda causa da queda vertiginosa do número desses animais é o conflito com os homens, que cada vez mais vivem próximo ou dentro de seus *habitats*. Assim, quando tigres atacam seres humanos, eles costumam ser linchados ou mortos a tiros pelos moradores revoltados. Dos 29 estados indianos, 17 têm tigres.

LIMPADORES DE ORELHA E OUTRAS PROFISSÕES PECULIARES

As cidades indianas são uma passarela de todos os tipos de profissionais de rua que se possa imaginar. Passear na Délhi Antiga, por exemplo – como é chamada a parte medieval da capital indiana, onde vivem hoje os pobres e a classe média baixa –, é como visitar uma mistura de museu de profissões antigas. É o caso dos *kaanwallahs*: os limpadores de orelha. Eles são uma das figuras mais curiosas da selva urbana indiana. Ao lado do gigante "M" amarelo de neon do McDonald's, um grupo de limpadores de orelha – o mais velho, com 67 anos, e o mais novo, com 24 – teme que sua profissão acabe sendo proibida por causa do *lobby* médico. Usando turbantes ou chapéus vermelhos, sua marca registrada, eles gritam: "Venham ter suas orelhas limpas." A maioria dos clientes é motorista de táxi, de riquixá ou contínuos de escritórios da região.

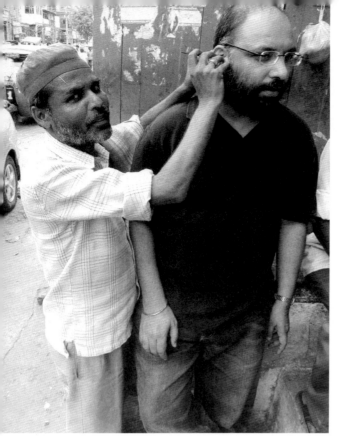

Murad, um dos kaanwallahs (limpadores de orelha) da Velha Délhi, limpa orelha de cliente com sua fina espátula de metal coberta com algodão. Essa parte antiga da capital indiana já foi o centro do poder mogol na Idade Média.

Murad, um muçulmano de 40 anos, pai de quatro filhos, é um dos *kaanwallahs* que fazem ponto ali no coração da Délhi Antiga, em uma movimentada avenida que desemboca no medieval Forte Vermelho. Como todos os outros indianos que não têm outra saída a não ser viver desses bicos, Murad herdou a "profissão" do pai, o pai do avô e assim por gerações seguidas. Para limpar um ouvido, ele cobra 10 rupias, ou US$ 0,20. Se o ouvido estiver doente, custa mais porque ele aplica "remédios", como ele chama as pastas herbais cujas receitas ele diz que recebeu de seu pai. "Os médicos falam mal da gente, mas nós também falamos mal dos médicos", conta Murad em entrevista. Barba grisalha por fazer, rugas profundas, olhos que piscam freneticamente por causa de um problema de falta de lubrificação natural, Murad parece ter mais do que a sua idade. As *silai*, hastes de metal usadas para limpar os ouvidos, ficam estrategicamente fincadas entre o chapéu e a testa, bem à mão. Murad abre uma pequena bolsinha de pano azul pendurada no seu ombro e de lá tira seus "instrumentos de limpeza". Ele carrega no ombro um trapo sujo e rasgado. Quando vejo ele limpar a orelha de um cliente, entendo sua função: é nele que ele esfrega a sujeira que tira de dentro dos ouvidos. Todos os outros quatro *kaanwallahs* ao lado dele seguem o mesmo estilo: as pequenas bolsinhas de pano a tiracolo, os chapeuzinhos vermelhos e as toalhas nojentas no ombro. "Espero que meus filhos tenham outra profissão. Eles estão estudando. Vão progredir. Eu quero ser o último da minha família a viver disso. Não dá dinheiro", conta Murad.

Algumas dessas profissões milenares amargam a extinção. Os *saperas*, encantadores de cobras, são um símbolo do choque da Índia antiga com a Índia moderna. Só é possível vê-los em alguns poucos pontos turísticos, pois foram colocados na ilegalidade por pressão de grupos de defesa dos animais. Poucos conseguem escalar a cascata burocrática para registrar as suas serpentes. Quando o fazem, são obrigados a injetar um microchip sob a barriga da cobra, detectável a uma distância de 50 cm. Sem lugar na nova economia, os *saperas* aproveitaram a sua condição de casta baixa para exigir cotas em empregos estatais previstas na Constituição. Em Badarpur, um esquecido vilarejo empoeirado na fronteira de Délhi com o estado de Haryana, há uma pequena *basti sapera*, uma favela de encantadores de cobras, onde vivem mais de 250 famílias que chegaram ali há 200 anos. Em agosto de 2011, eu visitei Badarpur para ver o que tinha acontecido com esse estereótipo apagado das ruas indianas. Hoje, como não podem mais exibir suas cobras, a maioria está desempregada e o alcoolismo é comum. Por isso, os *saperas* são vistos como "criadores de problemas". Poucos acreditam nas suas *majmas* (mágicas). Jai Karan sobrevive do dinheiro que arrecada tocando o seu *dhol*, um grande tambor, em festas de casamento. "A nossa situação é desesperadora. Nós pedimos empregos para nossos filhos em zoológicos e nos departamentos florestais por causa de nossa habilidade ancestral de lidar com animais. Mas raramente nos chamam. Nós temos os documentos que provam sermos de casta baixa, mas nos pedem propina para dar empregos através das cotas", diz Karan.

Encantador de serpente, chamado de *sapera*, burla a lei que proíbe essa atividade e ganha uns trocados de turistas tocando flauta com a sua cobra no Forte de Ajmer, no estado do Rajastão.

A Índia tem um verdadeiro exército de mais de 400 milhões de trabalhadores informais. São os vendedores de legumes e frutas que arrastam pelas ruas suas pesadas carroças de madeira. São os vendedores ambulantes que se equilibram em bicicletas amontoadas de *jhadu*, as tradicionais vassourinhas de palha de meio metro de comprimento usadas para varrer os chãos das casas. São os barbeiros de rua com seus espelhos pendurados nos muros e caixotes de madeira no lugar das cadeiras. São os pesadores de pessoas com suas pequenas balanças nas calçadas. São os vendedores de *masala chai*, os dhobi – a casta dos passadores de roupa que armam suas imensas tábuas nas calçadas dos bairros de classe média e cobram apenas o equivalente a seis centavos de dólar por uma peça. São os motoristas de riquixás e de táxis de pontos semilegais que funcionam debaixo de tendas de plástico, onde eles descansam e comem, sem nenhum direito legal. São os *kabariwallah*, uma verdadeira instituição indiana: quem chega à Índia e dorme em quartos cujas janelas são próximas da rua, acorda com o despertador dos seus gritos. "*Kabari wallah, Kabari wallah*" ("Compro tralhas, compro tralhas"), gritam eles de suas bicicletas com cestinhas que contêm imensos sacos de estopa. Eles recebem menos de US$ 0,20 por cada quilo de jornais velhos e de garrafas de vidro. São ainda os *bartanwallah*, que recolhem roupas usadas e as trocam por panelas: até hoje não descobri por que eles fazem somente esse tipo de escambo, talvez seja mais uma tradição milenar indiana imutável. Eles cantam anunciando seus produtos ou serviços de um jeito que lembra o velho vendedor de pamonha no Brasil.

A Índia continua um imenso celeiro de trabalhadores desqualificados e informais, com empregos ruins e salários baixos, mesmo depois de vinte anos de crescimento sustentado. De aproximadamente 473 milhões de pessoas empregadas, a esmagadora maioria – mais de 90% – é informal, segundo a NSSO. Jawaharlal Nehru deu prioridade à industrialização da Índia na década de 1950. A estratégia de Nehru era de capital intensivo: o objetivo era desenvolver a capacidade tecnológica do país. O crescimento indiano continua hoje com o mesmo perfil, não empregando muita gente, bem diferente do modelo chinês, baseado em trabalho intensivo. Os críticos do modelo econômico indiano batem na tecla de que o crescimento não é inclusivo e que tem criado muito poucos empregos. Segundo levantamento divulgado em 2011 pela Organização de Pesquisa Nacional, ligada ao governo, de 2005 a 2010 teriam sido criados apenas 1 milhão de postos de trabalho.[4] A grande maioria, no setor informal. Um imenso contraste com a promessa de criação de 50 milhões de empregos nesse período.

O setor organizado emprega cerca de 30 milhões: menos de 10% da força de trabalho total do país. Esse número se manteve praticamente inalterado nas últimas duas décadas.

O que cresce são vagas em setores informais e em pequenas fábricas de quintal que pagam pouco e não oferecem nenhum benefício social. Em parte isso se explica

Taxista sikh descansa no porta-malas de seu táxi em Calcutá. Ao lado, motorista de riquixá de bicicleta tira uma soneca, na parte velha de Délhi.

pelo fato de a Índia ter uma das leis trabalhistas mais rígidas do mundo, que torna difícil a demissão. Apesar de concentrar 52% da mão de obra indiana, a agricultura tem baixa produtividade: representa somente 14% do PIB. Quando a Índia se tornou independente, em 1947, esse setor era bem mais produtivo: representava quase 60% do PIB. Os serviços, com a menina dos olhos da indústria da tecnologia da informação e dos *call centers*, são os campeões do bolo do PIB: 55%. Daí a imagem de que a Índia é o "escritório" do mundo. Mas os serviços empregam uma minoria, como visto no capítulo anterior: concentram somente 34% da mão de obra total. A indústria está em segundo lugar na contribuição do PIB, com 30%. Mas não emprega muito: somente 14% da força de trabalho. A trajetória de crescimento econômico da Índia foi bem peculiar: saltou direto da economia agrícola para a de serviços, sem ter passado por uma revolução industrial.

Nenhuma cena simboliza mais a informalidade do trabalho na Índia do que a imensa quantidade de trabalhadores que dorme nas ruas das grandes cidades. Alguns até parecem mendigos. Mas não são. Motoristas de táxis dormem dentro de seus veículos, até mesmo os de riquixás conseguem descansar espremidos dentro daqueles carrinhos que parecem brinquedos. Serventes de lojas dormem nas calçadas. Mesmo em prédios de famílias ricas há casos de empregados domésticos dormindo nas escadas ou no chão da cozinha. Um amigo brasileiro que acabara de chegar a Mumbai em 2006 e morava em um prédio de luxo me telefonou certo dia para me contar que, ao levantar mais cedo para pegar o jornal na porta, viu várias pessoas dormindo nas escadas. Ele ficou apavorado achando que manifestantes "sem-tetos" tinham invadido o seu prédio. Só descobriu que eram os empregados dos vizinhos quando foi perguntar aos responsáveis pelo prédio o que era aquilo. Mesmo para um brasileiro acostumado com a pobreza, impressiona o número de pessoas que dorme nas calçadas e debaixo de viadutos.

A classe média tem à sua disposição um imenso exército de serviçais, despreparados, mas muito baratos: e é justamente essa mão de obra servil que sustenta a vida confortável e rica da elite. Há um para cada função, uma divisão que muitas vezes tem ligação com as suas castas. Assim, um limpa o banheiro (geralmente um dalit), outro limpa o chão da casa, outro cozinha e limpa o pó dos móveis. Todos ganham no final do mês salários de subsistência, sem nenhum contrato ou direitos trabalhistas. Uma faxineira que diariamente, de domingo a domingo, limpa o chão da casa – ou seja, varre e passa pano de chão com desinfetante – ganha entre US$ 10 a, no máximo, US$ 20 por mês, dependendo da bondade do patrão. A empregada que dorme na casa pode ganhar entre US$ 50 e US$ 80 por mês. Eles trabalham 30 dias por mês, sem direito a nenhuma folga, nem no domingo. Não tiram férias nem contam com nenhum benefício social. As leis trabalhistas não os protegem. Segundo a Organização

Internacional do Trabalho (OIT), a Índia tem 4,75 milhões de empregados domésticos: 72% deles são mulheres, incluindo meninas adolescentes que trabalham 12 horas por dia sem folgas.[5] Teoricamente, apenas meninas com mais de 14 anos podem trabalhar e, ainda assim, por meio dia, para que possam estudar.

Com salários tão baixos, a maioria das famílias de classe média tem condições de contratar motoristas. O estrangeiro que desembarca para morar na Índia sempre tem um choque cultural com esse cenário da era da pré-Revolução Industrial. Em primeiro lugar, fica tonto por ser obrigado a lidar com tanta gente: o *staff*, como dizem as donas de casa indianas. E quando tenta arranjar um empregado só que faça tudo, tem dificuldades, mesmo que tente pagar um salário justo. Muitas vezes a empregada que cozinha não aceita limpar o chão da casa e muito menos o banheiro: isso é coisa para as castas muito baixas. Ainda há muitos que contratam dalits apenas para limpar os toaletes. Mas hoje já há agências de empregadas profissionais para os ricos e estrangeiros: elas falam inglês e recebem salários duas a três vezes maiores do que os da massa dos serviçais que trabalham nas casas da classe média indiana.

É comum as famílias empregarem os "agregados", aquela figura tão conhecida até alguns anos atrás nas regiões menos desenvolvidas do Brasil: eles são tratados quase como parentes, mas continuam sendo mal pagos ou trabalham de graça. Às vezes a mídia divulga casos de empregadas maltratadas fisicamente pelos patrões.

OPERÁRIO EM CONSTRUÇÃO

Uma massa de trabalhadores mal pagos constrói os projetos de infraestrutura da Nova Índia. Um batalhão de quase 50 milhões, boa parte migrantes da empobrecida Índia rural e refugiados de países vizinhos, como Bangladesh, que entram ilegalmente no país. Mas o trabalho é geralmente ruim. Nos prédios da classe média alta e dos ricos se vê pintura de parede malfeita, maçaneta mal colocada, azulejo borrado com tinta: são os sinais mais evidentes da existência do trabalho não profissional. Os operários parecem ter sido congelados na era medieval. As técnicas de construção, no geral, são atrasadíssimas. Eles reproduzem cenas da Índia dos imperadores mogóis: assim como há 500 anos, eles parecem formigas com pesadas cestas de palha recheadas de pedras, tijolos e areia na cabeça. É muito comum ver as mulheres fazendo esse trabalho. Poucos têm o privilégio de contar com a ajuda de carrinhos de mão.

Todas as cidades indianas têm os seus bazares matinais de trabalho: os operários se reúnem em locais já conhecidos para serem pinçados pelos intermediários, que buscam mão de obra barata para construções das mais variadas. Os contratadores chegam em minicaminhonetes. Depois de uma curta e caótica negociação, os operários sobem nas caminhonetes e seguem para o canteiro de obra. Os recém-chegados de outros estados ficam atados em armadilhas feitas pelos intermediários, enroscados em débitos impossíveis de se livrar. Eles são obrigados a pegar o salário adiantado para pagar os custos iniciais de sua migração. Amargam condições abismais de trabalho e salários baixíssimos que os permitem apenas comprar comida para manter o corpo funcionando. São obrigados a colocar as mulheres e os filhos no batente da construção por quase nada, praticamente de graça. As crianças muito pequenas ficam em volta dos montes de cimento, brincando com gravetos e comendo areia, sob o risco de levarem um tijolo na cabeça.

O jornalista Aman Sethi lançou em 2011 um aclamado livro *A Free Man*, no qual retratou em detalhes o dia a dia do operariado indiano através da história de Mohammed Ashraf, que ele escolheu como seu personagem principal. O trabalhador frequentava o famoso Bazar Sadar em Délhi, uma das maiores feiras de trabalhadores diaristas do país. Há uma intrincada hierarquia que coloca um tipo de operário no alto e outro na base. Os contratadores vão lá buscar os que aprenderam na prática a ser encanadores, carpinteiros ou pintores. Os menos valorizados são os que fazem o papel de burros de carga, levando para cima e para baixo areia, água e cimento, ou quebrando as estruturas preexistentes: eles ganham entre US$ 2 e US$ 3 por dia. Mas quando o trabalho perde o ritmo, eles recebem menos. Os operários contaram a Aman Sethi que o contratador sempre chega oferecendo empregos por até mais de US$ 100 por mês. No primeiro e segundo dias de trabalho, ele paga uma diária equivalente a US$ 4 como sinal de que não vai dar bolo. No terceiro, dá US$ 2, e promete pagar o resto no fim da semana. Mas sempre paga apenas uma parte do que deve. Por isso, os trabalhadores que não estão presos por dívidas costumam comparecer ao batente somente enquanto estão sendo pagos. Se o dinheiro sumir, eles também somem e a obra emperra.

Muitos trabalhadores não organizados ganham US$ 1 por dia, apesar de o piso, que varia de estado para estado, ser pelo menos o dobro disso.[6] Essas condições semifeudais de trabalho acabam, de vez em quando, em explosões de raiva. Já houve alguns casos de espancamento até a morte de patrões por turbas de operários revoltados. Em janeiro de 2012, a casa do presidente de uma fábrica de cerâmica foi atacada e ele foi espancado até a morte. Isso aconteceu em meio a discussões sobre reajuste salarial e após o líder do sindicato dos trabalhadores ter sido morto por policiais.

Desde a conquista de sua independência, o país escolheu dar ênfase ao ensino superior e assim produziu uma elite especializada. A massa de desqualificados só era capaz de ser empregada na agricultura. Hoje, a Índia paga a conta e está com pressa para reverter o problema. A taxa de alfabetização subiu de 18% em 1951 para 52% em 1991. Um número baixo quando comparado com índices de alfabetização

Alunos dalits em escolinha de reforço da favela de Lele Wadi, no bairro de Andheri, em Mumbai. A escolinha, mantida por uma ONG, dá aulas extras para crianças dalits da comunidade, já que a escola pública é considerada ruim.

de 90% de outros países da Ásia, como Coreia do Sul e Tailândia, na década de 1990. Hoje, três anos após a aprovação da Lei do Direito da Educação, que garante ensino gratuito e compulsório para todas as crianças de 6 a 14 anos, a grande maioria, mais de 90%, está matriculada em escolas. Mas boa parte dos 220 milhões de alunos não pode contar com a presença de seus professores nas escolas: nos estados mais pobres a falta de educadores chega a quase 60%. Há escassez de 1,2 milhão de professores. Vários estudos já mediram o baixo nível de ensino. Quase 10% dos estudantes com 9 anos de idade em escolas urbanas acreditam que Mahatma Gandhi está vivo, segundo pesquisas divulgadas no início de 2012. Depois de cinco anos de escola, menos de 60% são capazes de ler um texto curto, enquanto mais da metade tem dificuldades em fazer uma simples conta aritmética.[7] Para completar o cenário sombrio, a evasão escolar é alta: 66% das crianças indianas não completam o primário.[8] Estudo do Programa para Estudantes Internacionais, divulgado pela Organização de Cooperação Econômica e de Desenvolvimento, em dezembro de 2011, mostrou que alunos do nível secundário da Índia ficaram quase em último lugar no *ranking* mundial, acima apenas do Quirguistão.[9] Mas apesar de todos esses sinais preocupantes, os resultados preliminares do censo de 2011 indicaram uma melhoria na educação. A taxa de alfabetização aumentou de 65% em 2001 para 74%. As previsões dizem que a Índia deverá estar totalmente alfabetizada em 20 anos.

Sharad Barathe, um líder dalit da favela Lele Wadi, no bairro de Andheri, em Mumbai, mantém, através de sua ONG Bahujan Hijay, uma escolinha de aulas de reforço para as crianças da comunidade. "Muitos que moram nessa favela são ex-intocáveis como eu. E como essas crianças são pobres, não podem estudar em escolas particulares, têm que ir para as públicas, que são muito ruins. Esse reforço é fundamental para que elas consigam ler, escrever e fazer contas", contou. As aulas são em uma salinha pintada de azul, com as paredes enfeitadas com desenhos de frutas, legumes e letras do alfabeto devanágari, a escrita do hindi. Sharad mostra, a poucos metros da escolinha, algumas casas de dalits que conseguiram ascender porque estudaram e têm uma vida digna, apesar de continuar sendo muito dura.

Em um casebre de um cômodo com televisão, um telefone, e até um aquário, vive uma família de dalits que reflete essa Índia que tenta conquistar um espaço no crescimento econômico. Vestida com sari vermelho, muito sorridente, Ladibai conta que ela e o marido, Bhimrao, desembarcaram em Mumbai em 1954 para tentar melhorar de vida. Antes, eles eram agricultores em um vilarejo miserável no mesmo estado de Maharashtra – do qual Mumbai é a capital. O filho Vishwas é o exemplo da ascensão social. Educado e muito bem articulado, ele conta com orgulho que trabalha como contador de uma empresa de logística. Enquanto os pais dormem na única cama da casa, na sala, ele e a mulher Vaishali estendem dois colchonetes na cozinha de noite. "Meus pais mendigavam nas ruas quando chegaram aqui. Além de pobres, sofriam humilhações por serem dalits. Não tinham o que comer. São analfabetos. Mas eu consegui estudar e hoje tenho um bom emprego", conta. "A minha geração já vive em um país completamente diferente. Aqui nas cidades, não passa pelas mesmas humilhações que sei que ainda acontecem no interior. A gente sabe que se estudar consegue melhorar. Meus filhos vão ser melhores do que eu", diz Vishwas, que recebe um salário equivalente a US$ 200 e paga cerca de US$ 30 de aluguel pelo casebre. A mulher dele trabalha como babá em uma casa de classe média e ganha US$ 80.

O mito de que a Índia era um celeiro de trabalhadores qualificados foi alimentado pela existência de uma numerosa classe média altamente educada. Porém, mesmo sendo ampla por causa do tamanho da população indiana, a classe média é percentualmente minoritária. O contingente de trabalhadores qualificados é mínimo. As grandes empresas são obrigadas a investir em centros de treinamento para os recém-empregados. Azim Premji, presidente da Wipro, apelidado de Bill Gates da tecnologia da informação indiana, é o empresário que até agora desembolsou mais dinheiro para educar jovens: ele doou nada menos do que US$ 2 bilhões em 2010 a uma fundação educacional que ele mesmo criou. Uma pesquisa feita em 2011 pelo portal de empregos indianos Naukri.com revelou algo parecido: mais de 60% dos recrutadores de mão de obra encaravam escassez de talentos nos setores de tecnologia da informação, construção, bancos, financeiras e telecomunicações.[10] O país precisa de milhões de pessoas qualificadas, como eletricistas, carpinteiros, encanadores, trabalhadores de construção. Segundo a Comissão de Planejamento do governo, apenas 14% da mão de obra é qualificada.[11]

O SONHO DA UNIVERSIDADE

A Índia produz três milhões de graduados por ano, além de mais de 350 mil pós-graduados. Hoje, quase 14 milhões de indianos estão matriculados em universidades, quase três vezes mais do que em 1990.[12] A meta é aumentar esse número para 45 milhões até 2020. Mas há muitas "fábricas" de diplomas e lojas de ensino entre as quase oito mil instituições de ensino superior do país. Os escândalos no ensino superior acendem debates sobre a necessidade de controlar sua qualidade. Em 2012, havia 1,5 milhão de vagas para estudantes de engenharia, quase quatro vezes mais do que em 2000. Mas 75% dos formandos não estão aptos a trabalhar. E se considerar os graduados de todas as áreas, 85% deles não têm preparo para conseguir empregos nas indústrias globais.[13]

A Índia tem uma longa tradição em educação superior. Há muitos séculos, o país sediava centros de excelência em educação que atraíam estudantes da China e da Ásia Central, como Takshila (hoje no Paquistão), Nalanda (em Bihar) e Ujjaini (em Madhya Pradesh), como já visto no capítulo "Mitologia *versus* História". Eram instituições promovidas por governantes budistas, então uma religião estatal. Mas com o declínio do budismo, a partir do século XI, essas universidades entraram em decadência. Depois de muitos séculos, a educação superior voltou a ser promovida na era britânica, pois os colonizadores precisavam de uma elite local que fizesse a ponte deles com a massa dos colonizados. Os herdeiros dessa tradição de ensino superior são os famosos institutos indianos de tecnologia (IITs), criados por Nehru após a independência, um dos grandes motivos de orgulho dos indianos.

Nos últimos 15 anos houve um aumento dramático no interesse pelos IITs. Antes, apenas os mais brilhantes e os que realmente estavam interessados em ciências tentavam o exame. Mas a classe média indiana descobriu que perdia muito em esquecer os IITs: a educação é vista pela maioria como a melhor rota para mobilidade social. Depois de dois anos de árdua preparação em cursinhos, são aprovados apenas 2% do total de estudantes que se qualificam para prestar os exames para entrar nos IITs. São quase meio milhão de candidatos para nove mil vagas em média: um dos exames mais difíceis do mundo.[14]

Os IITs são um verdadeiro fantasma para milhões de adolescentes, que desde crianças vivem sob pressão total de suas famílias para passarem nos exames. O *glamour* de ser um estudante de um IIT é irresistível. E para os jovens – homens e mulheres – entrar para um IIT é ter certeza de que estará bem cotado no mercado de casamentos arranjados. Há uma milionária indústria de cursos de treinamento. Os melhores são tão concorridos que os alunos também são obrigados a prestar exames. O estresse estudantil por causa dos exames leva até ao suicídio. Essa competição acirrada é a prova de que não há instituições de ensino de qualidade em quantidade suficiente para atender à demanda. Isso faz com que representantes de faculdades americanas desembarquem na Índia e alguns até montam escritórios no país, para pescar estudantes com dinheiro. Eles também já começam a explorar parcerias com faculdades locais. A maior parte das universidades indianas de qualidade são governamentais, praticamente de graça, mas difíceis de entrar. Para muitas famílias endinheiradas é muito melhor colocar os filhos em universidades americanas: opções seguras e menos traumatizantes.

GENTE, GENTE, GENTE

O grande desafio dos indianos será ampliar o seu sistema de ensino para treinar seu imenso contingente de mão de obra. Até alguns anos atrás, o crescimento da população era temido como uma espécie de bomba malthusiana

A loja "New India" na Velha Délhi contrasta com o entorno, um cenário caótico e lotado.

que levaria a Índia à desgraça. Mas hoje isso é visto como uma benção: o crescimento da população diminui a proporção de dependentes (crianças e idosos), que já vem caindo mesmo desde meados dos anos 1960. Quanto mais alta a proporção de população em idade de trabalho, maior será a taxa de poupança na economia e isso impulsiona o crescimento. É o chamado dividendo demográfico – um círculo vicioso benéfico para a jovem Índia: 600 milhões, metade da população, tem menos de 25 anos. O indiano médio terá apenas 29 anos em 2020. Na China, a idade média será de 37 anos, na Europa Ocidental, 45 anos, e no Japão, 48 anos.[15] A população trabalhadora da Índia vai ganhar 136 milhões de pessoas até 2020, enquanto a da China vai crescer menos de 23 milhões.[16] Ou seja, a demografia está a favor da Índia. Mas para aproveitar essa vantagem, o país terá que oferecer saúde e educação a essa massa potencial de trabalhadores. A cada ano, 10 milhões de jovens estão aptos a entrar no mercado de trabalho. Um imenso desafio: é preciso criar no mínimo um milhão de empregos por mês.[17]

As multidões são uma característica inescapável da vida indiana. Há uma enorme pressão de pessoas em cada espaço disponível: você está sempre se espremendo em lojas, livrarias, trens, calçadas, restaurantes. Os indianos se acostumaram a nunca estar sozinhos. Tragédias geralmente ocorrem com números imensos de vítimas: há sempre muita gente em todos os lugares. São estampidos em templos lotados que matam 400. Batidas de trem que acabam com a vida de 200. Em outubro de 2011, foi anunciado que o mundo tinha 7 bilhões de habitantes: 17,5% deles vivem na Índia, em apenas 2,4% do território global. A cada dez anos, enquanto a China ganha 74 milhões de pessoas, a Índia ganha 181 milhões: praticamente um Brasil inteiro, segundo o resultado provisório do censo de 2011.

A Índia está no meio de uma transição demográfica. A diferença entre a Índia e a China em termos de população diminuiu de 238 milhões de habitantes em 2001 para 131 milhões em 2011. A China continua o país mais populoso do mundo, com 1,35 bilhão, mas vai perder a *pole position* para a Índia em 2025, quando o país estará com 1,46 bilhão, segundo as projeções da ONU. Mas, apesar disso, a Índia está na rota da estabilização de sua população. A sua população deverá começar a declinar a partir de 2060, quando haverá 1,7 bilhão de indianos. Em 2009, o então ministro da Saúde, Ghulam Nabi Azad, culpou os apagões sistemáticos pelo aumento da população. Azad provocou uma imensa polêmica e também uma onda de piadas ao dizer que se as pessoas tivessem eletricidade nos vilarejos, iriam assistir à televisão até tarde da noite e dormir. "Quando não se tem eletricidade não há nada para fazer, a não ser produzir bebês", disse. A taxa de fertilidade indiana caiu de 2,6 filhos por mulher em 2009 para 2,5 em 2010: era 3,0 em 2000.[18] A meta do governo é chegar a 2 filhos por mãe até 2015, através de campanhas de conscientização. Desde os anos 1970, o governo indiano tenta desacelerar o ritmo de crescimento de sua população. Houve desde tentativas de convencimento até agressivas campanhas de esterilização forçada. O governo chegou a oferecer dinheiro e óleo de cozinha para os homens que aceitassem se submeter a vasectomias. Mas os resultados eleitorais foram desastrosos, como já visto no capítulo "E nasce uma nova Índia".

A maior democracia do mundo nunca adotou uma política de proibição de filhos como na China: seria um suicídio político. "O governo já tentou adotar medidas coercitivas como esterilização, mas isso não adianta na Índia. Não podemos tratar nossa população como ratos de laboratórios, como aconteceu na China" – me explicou R. Nanda, diretor-executivo da Fundação de População da Índia, uma ONG voltada para estudos demográficos. Nanda deu um exemplo concreto para provar que a saída não é a coerção. No estado de Kerala, com os mais altos índices de alfabetização do país, conseguiu-se alcançar uma taxa de nascimentos menor até do que o da própria China, sem precisar empurrar qualquer proibição na goela dos indianos.

A Índia pode estar em plena era de Lakshmi, reverenciando como nunca a deusa da riqueza. Mas Ganesha, meio menino meio elefante, o removedor de obstáculos, é talvez a divindade mais popular do panteão hindu. Os rituais religiosos sempre começam com uma invocação a ele. Sua imagem sorridente e generosa é onipresente. Os indianos sabem que sem retirar as imensas pedras do meio do caminho, não vão chegar a ser novamente uma potência mundial. A ascensão da China e da Índia nos últimos anos inspirou a criação de uma série de metáforas com nomes de animais: de dragões e elefantes a tigres e tartarugas. Elefantes não galopam, mas andam em velocidades variadas. Desde a Independência, a Índia tem se movido assim, mais devagar ou mais rápido. Mesmo ultrapassada pelos rivais, segue adiante com passos firmes. Quando jornalistas perguntaram a Gandhi o que ele achava da civilização ocidental, ele respondeu ironicamente: "Parece uma boa ideia." O mesmo pode ser dito da moderna civilização indiana. É preciso colocá-la em prática.

NOTAS

[1] "India Has Nearly 95 Million Automobiles", em *Hindustan Times*, New Delhi, 15 fev. 2011.
[2] "What of Road Safety?", em *The Economic Times*, New Delhi, 15 mar. 2012.
[3] Ananda Banerjee, "Making Way for India's Elephants", em *The Mint*, New Delhi, 12 jan. 2012.
[4] "The Indian Employment Puzzle", em *Open*, New Delhi, 17 out. 2011.

[5] Nirmala Sitharaman, "The Helpless", em *The Indian Express*, New Delhi, 11 abr. 2012.
[6] "Minimum Wage for All Workers. All Jobs in Unorganized Sector", em *The Indian Express*, New Delhi, 20 jan. 2010.
[7] "Good News From India: The Meaning of the World's Biggest Election", em *The Economist*, London, p. 11, 23 a 29 maio 2009.
[8] Sanchita Sharma, "7 Billion & Growing", em *Hindustan Times*, New Delhi, 30 out. 2011.
[9] Prashant K. Nanda, "RTE Fails to Lift Learning Outcomes", em *Mint*, New Delhi, 17 jan. 2012.
[10] Dhiraj Nayyar, "Trapped", em *India Today*, New Delhi, pp. 26-7, 26 mar. 2012.
[11] Dipankar Gupta, "Pavements in a Big City Aren't Made of Gold", em *The Mail Today*, New Delhi, 17 nov. 2011.
[12] Charu Sudan Kasturi, "The 13th Year Anxiety", em *The Hindustan Times*, New Delhi, 10 jul. 2011.
[13] Geeta Anand, "India Graduates Millions, but Too Few Are Fit to Hire", em *The Wall Street Jornal*, New York, 7 abr. 2011.
[14] Nida Najar, "Squeezed Out in India, Studdents Turn to US", em *The New York Times*, New York, 13 out. 2011.
[15] Prashant K. Nanda, "India Faces Rising Labour Force, Inequality", em *Mint*, New Delhi, 16 mar. 2012.
[16] "A Bumbiper but Freer Road", em *The Economist*, London, p. 58, 2 out. 2010.
[17] Geeta Anand, op. cit.
[18] Kounteya Sinha, "Fertility Rate in India Drops by 19% in 10 Years", em *The Times of India*, New Delhi, 1º abr. 2012.

CRONOLOGIA

- 6500 a.C. – Início da agricultura.
- 3300-1500 a.C. – Ascensão e desaparecimento da civilização do Vale do Indo (ou civilização harappa).
- 1500-1200 a.C. – Provável chegada das tribos indo-arianas.
- 1500-600 a.C. – Período védico, com ascensão da civilização hindu no norte da Índia e composição dos *vedas*.
- 599-527 a.C. – Vida de Vardhamana Mahavira, fundador da religião jain, contemporâneo de Buda, que viveu na mesma região do norte da Índia e também era um príncipe que virou asceta.
- 566-486 a.C. – Vida de Buda.
- 500 a.C. – Composição do épico *Ramaiana* (até 100 d.C.).
- 400 a.C. – Composição do *Mahabárata* (até 400 d.C.); Panini faz a compilação da gramática do sânscrito.
- 327 a.C. – Alexandre, o Grande, atravessa o rio Indo e entra na Índia. Mas acabou desistindo do país, de onde saiu ferido e morreu logo depois.
- 320-185 a.C. – Império Mauryan, que incluiu o reinado de Ashoka, o Grande, um dos maiores governantes da história da Índia. Em 260 a.C., ele se converte ao budismo, que se transforma praticamente em uma religião estatal. Ashoka morre em 232 a.C., quando começa o declínio do império.
- 50 d.C. – São Tomás, o apóstolo, chega à Índia.
- 320-467 – Império Gupta, a Era de Ouro, quando floresceram as ciências, artes e literatura.
- 600-1000 – Renascimento bramânico, que leva ao declínio do budismo na Índia.

- 850-1100 – Dinastia dos cholas no sul, patronos da literatura, escultura, pintura, música, dança e teatro.
- 1029 – O complexo de Khajuraho, com suas esculturas eróticas, é completado.
- 1192-1398 – Sultanato de Délhi faz o norte da Índia ficar sob domínio muçulmano.
- 1336-1646 – Reino de Vijayanagar no Sul.
- 1498 – Vasco da Gama chega a Calicute.
- 1469-1539 – Vida de Nanak, o primeiro guru dos sikhs.
- 1526 – Babur funda o Império Mogol.
- 1530-1540 – Reinado de Humayun, filho de Babur.
- 1542 – Missionários cristãos começaram a chegar em Goa com São Francisco Xavier.
- 1556-1605 – Reinado de Akbar, o Grande, o maior de todos os imperadores mogóis.
- 1600 – Fundação da Companhia das Índias Orientais.
- 1605-1627 – Reinado do imperador mogol Jahangir.
- 1628-1658 – Shah Jahan, filho de Jahangir, assume o trono.
- 1631 – Morte de Mumtaz Mahal, esposa de Shah Jahan.
- 1632-1652 – Shah Jahan constrói o Taj Mahal.
- 1658-1707 – Reinado de Aurangzeb.
- 1757 – Ascenção do poder britânico na Índia.
- 1857 – Primeira Guerra da Independência (chamada pelos ingleses de Rebelião dos Sepoias).
- 1858 – O último imperador mogol, Bahadur Shah Zafar, é exilado em Burma (atual Myanmar) pelos britânicos. A Companhia das Índias Orientais é dissolvida.
- 1871 – Primeiro censo indiano: a população era de 203 milhões.
- 1877 – A rainha Vitória é proclamada imperatriz da Índia.
- 1893-1914 – Gandhi na África do Sul.
- 1893 – Swami Vivekananda se torna uma celebridade ao participar do Parlamento Mundial das Religiões em Chicago: início da expansão da filosofia hindu para o Ocidente.

Cronologia | 385

- 1911 – O censo aponta uma população de 315 milhões.
- 1913 – Primeiro filme indiano, *Raja Harishchandra*, de Dhundiraj Govind Phalke, inspirado no épico *Mahabárata*. O poeta e escritor Rabindranath Tagore (1861-1941) ganha o Prêmio Nobel de Literatura.
- 1915 – Gandhi volta à Índia.
- 1919 – Massacre de milhares de indianos pela polícia liderado pelos colonizadores britânicos em Amritsar, no Punjab.
- 1922 – Gandhi ganha o apelido "Mahatma" ("a Grande Alma"), do poeta Rabindranath Tagore.
- 1930 – Marcha do Sal, liderada por Gandhi, contra imposto criado pelos britânicos sobre a produção do sal.
- 1930 – Chandrasekhar Venkata Raman ganha o Prêmio Nobel da Física devido ao seu experimento batizado de "Efeito Raman", com difusões de luz em corpos transparentes.
- 1942 – Gandhi deslancha o "Movimento Deixe a Índia", pelo fim do domínio britânico no país.
- 1943 – Mais de três milhões morrem de fome em Bengala Ocidental.
- 1947 – No dia 15 de agosto, a Índia se torna independente. A Partição – com a criação do Paquistão – provoca um banho de sangue.
- 1947-1948 – Primeira guerra entre a Índia e o Paquistão.
- 1948 – Mahatma Gandhi é assassinado no dia 30 de janeiro.
- 1950 – A Índia é proclamada República em uma Constituição secular e democrática no dia 26 de janeiro.
- 1951 – A população da Índia chega a 362 milhões.
- 1952 – Primeira eleição geral. Eleito governo liderado pelo Partido do Congresso, com Jawaharlal Nehru primeiro-ministro.
- 1954 – Nehru adota o objetivo de "uma sociedade de padrão socialista".
- 1956 – Bhim Rao Ambedkar se converte ao budismo, seguido por milhões de dalits, para fugir do preconceito de casta.
- 1958 – O filme *Mother India* é indicado ao Oscar.
- 1959 – A Índia oferece exílio ao 14º Dalai Lama, que fugira do Tibete depois da invasão chinesa. Com ele, chegam milhares de refugiados tibetanos.

- 1961 – O dote que tradicionalmente as mulheres dão para a família do noivo é proibido, mas a lei fica só no papel.
- 1962 – Guerra entre China e Índia por disputas territoriais na fronteira.
- 1963 – Início do programa espacial indiano, com o lançamento de um foguete.
- 1964 – O primeiro-ministro Jawaharlal Nehru morre de ataque do coração. Assume Lal Bahadur Shastri.
- 1965 – Segunda guerra entra a Índia e o Paquistão.
- 1966 – Morre o primeiro-ministro Shastri. Indira Gandhi assume o posto.
- 1967 – Levante camponês em Naxalbari, no estado de Bengala Ocidental, que dá origem à guerrilha maoísta, também chamada de naxalista.
- 1968 – Os Beatles visitam o *ashram* do guru Maharishi Mahesh Yogi em Rishikesh. A Índia se recusa a assinar o Tratado de Não Proliferação Nuclear.
- 1969 – Nacionalização dos bancos.
- 1971 – Terceira guerra entre a Índia e o Paquistão, que leva à criação de Bangladesh.
- 1974 – Índia faz, pela primeira vez, explosões nucleares "pacíficas". É o sexto país a explodir bomba atômica.
- 1975 – Justiça considera Indira Gandhi culpada de acusações de irregularidades na sua eleição. Ela declara estado de emergência.
- 1977 – Indira Gandhi convoca eleições e perde. Multinacionais como a Coca-Cola e a IBM são expulsas do país.
- 1979 – Madre Teresa de Calcutá recebe o Prêmio Nobel da Paz.
- 1980 – Indira Gandhi é reeleita. Sanjay Gandhi, que era preparado para ser seu herdeiro político, seu filho mais novo, morre em um acidente de avião.
- 1981 – Nasce a Infosys, um ícone da revolução da tecnologia da informação indiana. Salman Rushdie é o primeiro escritor indiano a ganhar o prêmio inglês Booker: ele dá o pontapé inicial na onda de sucesso mundial da literatura indiana em inglês, com o seu *Midnight's Children*.
- 1984 – Pior acidente ambiental da história em Bhopal, com vazamento de gás venenoso da empresa americana Union Carbide, que matou duas mil pessoas e deixou 200 mil feridos. Indira Gandhi ordena o ataque ao Templo Dourado em Amritsar, onde radicais sikhs separatistas estão entrincheirados.

No dia 31 de outubro de 1984, ela é assassinada em represália por dois guarda-costas sikhs. Milhares de sikhs são massacrados por grupos hindus. Rajiv Gandhi assume o poder.

- 1987 – A televisão estatal indiana transmite, com sucesso retumbante, minisséries sobre os épicos *Mahabárata* e *Ramaiana*.
- 1988 – O livro *Versos satânicos,* de Salman Rushdie, é banido na Índia, por pressão do *lobby* muçulmano.
- 1989 – Rajiv Gandhi perde a eleição.
- 1990 – Violentos protestos de rua de estudantes depois que o governo determinou cota para castas baixas em empregos públicos. Início da violência armada muçulmana na Caxemira, insuflada por militantes islâmicos depois da derrota soviética na Invasão do Afeganistão.
- 1991– Rajiv Gandhi é assassinado por uma suicida-bomba do grupo Liberação dos Tigres de Tamil Eelam, que lutava contra o governo do Sri Lanka, apoiado pelo governo indiano. Com reservas suficientes apenas para pagar a conta de duas semanas de importações, o país fica à beira da falência. O governo de Narasimha Rao deslancha a reforma da economia: o ministro das finanças era Manmohan Singh.
- 1992 – No dia 6 de dezembro, extremistas hindus destroem a mesquita Babri em Ayodhya (Uttar Pradesh), provocando conflitos sangrentos entre hindus e muçulmanos.
- 1993 – Explosões à bomba matam 257 pessoas em Mumbai, em represália aos massacres de muçulmanos após destruição da mesquita.
- 1994 – Aprovada a lei que proíbe a determinação do sexo do feto pelo exame de ultrassonografia: foi uma tentativa de coibir o aborto de bebês do sexo feminino que não funcionou.
- 1995 – Mayawati se tornou a primeira dalit a dirigir um estado na Índia: Uttar Pradesh.
- 1997 – Eleição de K. R. Narayanan: o primeiro presidente dalit da Índia. Madre Teresa morre de ataque do coração.
- 1998 – Atal Bihari Vajpayee, do BJP (Partido Nacionalista Hindu, de oposição ao Congresso), forma o governo de coalizão. A Índia faz o seu segundo teste nuclear e se declara um Estado possuidor de armamento atômico. Lakshmi Mittal, o barão do aço, foi apresentado pela primeira

vez como o indiano mais rico do mundo. Amartya Sen recebe o prêmio nobel de Economia.

- 1999 – Quarta guerra entre Índia e Paquistão, na região de Kargil, no Himalaia, Caxemira. Militantes armados sequestram um avião da Indian Airline com 189 pessoas a bordo. Os passageiros são liberados depois que o governo aceita libertar três terroristas paquistaneses da prisão.
- 2000 – Fuga do 17º Karmapa Lama do Tibete para a Índia, a segunda mais importante figura do budismo tibetano depois do Dalai Lama.
- 2001 – Ataque terrorista ao Parlamento Indiano. Tensão entre Índia e Paquistão aumenta e os dois países ameaçam entrar em guerra novamente. A expectativa de vida na Índia é de 68 anos.
- 2002 – Trem que levava devotos hindus pega fogo e mata 58 no Gujarat. Muçulmanos são acusados por extremistas hindus. Ocorrem massacres de 2 mil pessoas, a maioria muçulmanos, naquele estado. O filme de Bollywood *Lagaan* é indicado ao Oscar na categoria de Melhor Filme Estrangeiro.
- 2004 – O governo do BJP é derrotado nas urnas pelo Partido do Congresso. Pressão para Sonia Gandhi assumir o cargo de primeira-ministra, mas ela recusa e indica o nome do economista e ex-ministro Manmohan Sigh.
- 2005 – Lançamento do principal programa de combate à miséria, que oferece frentes de emprego rural a famílias pobres.
- 2006 – Em janeiro, o país brilhava no Fórum Econômico de Davos, com o seu lema "A Índia que Brilha". O país atinge o pico do seu crescimento (9,6%). Múltiplas explosões à bomba no sistema de trens urbanos de Mumbai deixam mais de 200 mortos e 700 feridos.
- 2007 – Aliança entre dalits e brâmanes dá vitória a Mayawati em Uttar Pradesh. A Índia elege pela primeira vez uma mulher para presidente: Pratibha Patil. Polícia mata 14 em protesto de pessoas que perderam terras para a criação de zonas econômicas especiais em Bengala Ocidental.
- 2008 – No dia 26 de novembro, 10 terroristas paquistaneses desembarcam na costa de Mumbai e atacam vários pontos da cidade, incluindo o famoso Hotel Taj Mahal, matando 173, incluindo 22 estrangeiros. A Índia e os EUA aprovam o acordo que dá ao país acesso à tecnologia civil nuclear mesmo sem ter assinado o Pacto de Não Proliferação Nuclear. Índia envia aeronave

espacial Chandrayan-1, com câmeras e sensores que mapearam a superfície da Lua e detectaram água.

- 2009 – Reeleição do primeiro-ministro Manmohan Singh.
- 2010 – Índia entra para o Conselho de Segurança da ONU como membro não permanente por um período de dois anos.
- 2011 – A Índia é um dos países com menor proporção de número de meninas até 6 anos de idade com relação ao número de meninos da mesma faixa etária: 914 para cada 1.000, segundo os resultados parciais do censo de 2011. A população indiana chega a 1,2 bilhão, um aumento de 181 milhões em 10 anos, o equivalente à população do Brasil. Gigantescas manifestações contra a corrupção são lideradas pelo ativista Anna Hazare.

BIBLIOGRAFIA

ACHARYA, Shankar. *India After the Global Crisis*. Hyderabad: Orient Blackswan, 2012.

BAHL, Raghav. *Super Power*: The Amazing Race Between China's Hare and India's Tortoise. New Delhi: Penguin Books India, 2010.

BAIRD, Robert. *Religion in Modern India*. 4. ed. New Delhi: Manohar Publishers & Distributors, 2001. (1. ed. 1981).

BANKER, Ashok. *Bollywood*. New Delhi: Penguin Books India, 2001.

BASHAN, A. L. *The Illustrated Cultural History of India*. New Delhi: Oxford University Press, 2007.

BASU, Shrabani. *Curry*: the Story of Britain's Favourite Dish. New Delhi: Rupa Publications India, 2011.

BERINSTAIN, Valérie. *Mughal India*: Splendours of the Peacock Throne. London: Thames & Hudson Ltd., 1998.

BIJAPURKAR, Rama. *We Are Like This Only*: Understanding the Logic of Consumer India. New Delhi: Penguin Books India, 2007.

BOSE, Ajoy. *Behenji*: A Political Biography of Mayawati. New Delhi: Penguin Books India, 2008.

BOSE, Derek. *Everybody Wants a Hit*. Mumbai: Jaico Publishing House, 2006.

BOSE, Mihir. *Bollywood, a History*. New Delhi: Roli Books, 2007. (1. ed. publishing Limited, London, 2006).

BUMILLER, Elizabeth. *May You Be The Mother Of A Hundred Sons*: A Journey Among the Women Of India. New Delhi: Penguin Books India, 1991.

CHAKRAVATI, Sudeep. *Red Sun*: Travels in Naxalite Country. New Delhi: Penguin Viking India, 2008.

CHANDHOKE, Neera; PRIYADARSHI, Praveen. *Contemporary India:* Economy, Society, Politics. New Delhi: Dorling Kindersley (India) Ltda., 2009.

CHANDRA, Bipan; MUKHERJEE, Mridula; MUKHERJEE, Aditya. *India After Independence*. New Delhi: Penguin Books India, 1999.

COHEN, Stephen P.; DASGUPTA, Sunil. *Arming Without Aiming:* India's Military Modernization. New Delhi: Penguin Book India, 2010.

COLLINGHAM, Lizzie. *Curry*: A Tale of Cooks and Conquerors. London: Vintage-Random House Group, 2006.

COUTO, Maria Aurora. *Goa, a Daughter Story*. New Delhi: Penguin Books India, 2004.

DALRYMPLE, William. *City of Djinns*. New Delhi: Penguin Books India, 2004. (1. ed., HarperCollins Publishers UK, 1993).

_____. *The Age of Kali*. New Delhi: HarperCollins Publishers, 1999.

DAS, Gurcharan. *India Unbound:* From Independence to the Global Information Age. New Delhi: Penguin Books India, 2002.

DONIGER, Wendy. *The Hindus:* An Alternative History. New Delhi: Penguin Viking, 2009.

DUNHAM, Mikel. *Buddha's Warriors*: The Story of the CIA-Backed Tibetan Freedom Fighters, the Chinese Invasion, and the Ultimate Fall of Tibet. New Delhi: Penguin Books India, 2004.

FORBES, Geraldine. *The New Cambridge History of Indian Women in Modern India*. Cambridge: Cambridge University Press, 1998.

FRENCH, Patrick. *India, an Intimate Biography of 1,2 Billion People*. New Delhi: Penguin Books India, 2011.

GUHA, Ramachandra. *India After Gandhi*: the History of the World's Largest Democracy. New Delhi: Macmillan, 2007.

GUPTA, Dipankar. *Interrogating Caste*: Understanding Hierarchy & Difference in Indian Society. New Delhi: Penguin Books, 2000.

_____. *The Caged Phoenix*: Can India Fly? New Delhi: Penguin Books India, 2009.

HARDY, Justine. *In The Valley of Mist. Kashmir's Long War*: a Family Story. London: Random House Group, 2009.

HARTSUIKER, Dolf. *Sadhus*: Holy Men of India. London: Thames & Hudson, 1993.

ILAIAH, Kanch. *Why I'm Not a Hindu?*: A Sudra Critique of Hindutva Philosophy, Culture and Political Economy. Calcuta: Samya, 1996.

JAFFRELOT, Christophe. *Dr. Ambedkar and Untouchability*. New Delhi: Permanent Black, 2006.

JHA, D. N. *The Myth of the Holy Cow*. New Delhi: Navayana Publishing, 2009.

JOHN, Binoo K. *Entry from Backside Only:* Hazaar Fundas of Indian-English. New Delhi: Penguin Books, 2007.

KAK, Sanjay. *Until my Freedom has Come*: The New Intifada in Kashmir. New Delhi: Penguin Books India, 2011.

KAKAR, Sudhir. *Indian Identity*. New Delhi: Penguin Book, 2007.

_____; KAKAR, Katharina. *The Indians:* Portrait of a People. New Delhi: Penguin Books India, 2007.

KAUR, Raminder; SINHA, Ajay S. *Bollywood*: Popular Indian Cinema Through a Transnational Lens. New Delhi: Sage Publications, 2005.

KERR, Gordon. *Timeline of India*: From Ancient Civilization to World Power and Economic Miracle. London: Canary Press, 2011.

KHANNA, Tarun. *Billions Entrepreneurs:* How China and India are Reshaping Their Futures and Yours. New Delhi: Penguin Books, 2009.

KIDWAI, Rasheed. *Sonia, a Biography*. New Delhi: Penguin Books India, 2011. (1. ed., 2003).

KISHORE, Kaushal. *The Holy Ganga*. New Delhi: Rupa & Co., 2008.

KNAPP, Stephen. *Spiritual India Handbook*. Mumbai: Jaico Publishing House, 2009.

KNOTT, Kim. *Hinduism*: A Very Short Introduction. New Delhi: Oxford University Press, 1998.

KOLANAD, Gitanjali. *Culture Shock*: A Survival Guide to Customs and Etiquette. Singapore: Marshal Cavendish, 2005. (1. ed., 1994).

KOTHARI, Rita; SNELL, Rupert. *Chutneffying English*: The Phenomenon of Hinglish. New Delhi: Penguin Books India, 2011.

KRISHNA, Nanditha. *Sacred Animals of India*. New Delhi: Penguin Books India, 2010.

KULKE, Hermann; ROTHERMUND, Dietmar. *A History of India*. New York: Routledge, 1998. (1. ed. Croom Helm, Australia, 1986).

LAPIERRE, Dominique; COLLINS, Larry. *Freedom at Midnight*. New Delhi: Vikas Publishing House, 1997.

LUCE, Edward. *In Spite of Gods:* The Strange Rise of Modern India. London: Little Brown, 2006.

LUDDEN, David. *Making India Hindu*: Religion, Community, and the Politics of Democracy in India. 2. ed. New Delhi: Oxford University Press, 2005. (1. ed. 1996).

MCCONNACHIE, James. *The Book of Love*: In Search of The Kamasutra. London: Grove Atlantic, 2007.

MISRA, Neelesh; PANDITA, Rahul. *The Absent State*: Insurgency as an Excuse for Misgovernance. Gurgaon: Hachette India, 2010.

MORROW, Ann. *The Maharajas of India*. New Delhi: Srishti Publishers & Distributors, 1998.

MUKHERJEE, Aditya; MUKHERJEE, Mridula; MAHAJAN, Sucheta. *RSS, School Texts and the Murder of Mahatma Gandhi*: The Hindu Communal Project. New Delhi: Sage Publications India, 2008.

MUKHERJEE, Madhusree. *Churchill's Secret War*: the British Empire and the Ravaging of India During World War II. Chennai: Tranquebar Press, 2010.

MULCHANDANI, Sandhya. *Five Arrows of Kama*. New Delhi: Penguin Books India, 2010.

Nanda, Meera. *The God Market*: How Globalization is Making India More Hindu. Noida: Random House India, 2009.

Nilekani, Nandan. *Imagining India*: Ideas for the New Century. New Delhi: Penguin Books India, 2009. (1. ed., 2008).

Omvedt, Gail. *Buddhism in India*: Challenging Brahmanism and Caste. New Delhi: Sage Publications India, 2003.

_____. *Ambedkar:* Towards an Enlightened India. New Delhi: Penguin Books India, 2004.

Pant, Harsh V. *The China Syndrome*: Grappling with an Uneasy Relationship. New Delhi: HarperCollins Publishers India, 2010.

Peer, Basharat. *Curfewed Night*. Noida: Random House India, 2009.

Piramal, Gita. *Business Legends*. New Delhi: Penguin Books, 1998.

_____. *Business Maharajas*. New Delhi: Penguin Books, 2006.

Prasad, Gitanjali. *The Great Indian Family*: New Roles, Old Responsibilities. New Delhi: Penguin Books, 2006.

Preston, Diana; Preston, Michael. *A Teardrop on the Cheek of Time*: The Story of the Taj Mahal. London: Transworld Publishers, 2007.

Rothermund, Dietmar. *India*: The Rise of an Asian Giant. New Delhi: Stanza, 2008.

Roy, Arundhati. *Broken Republic*. New Delhi: Penguin Books, 2011.

Sanyal, Sanjeev. *The Indian Renaissance*: India's Rise after Thousand Years of Decline. New Delhi: Penguin Viking India, 2008.

Sen, Amartya. *The Argumentative Indian*. London: Penguin Books, 2005.

Sethi, Aman. *A Free Man*. Noida: Random House India, 2011.

Sharma, Ruchir. *Breakout Nations*: In Pursuit of the Next Economic Miracles. London: Allen Lane-Penguin Group, 2012.

Singh, Khushwant. *Train to Pakistan*. New Delhi: Roli Books, 2006. (1. ed. Ravi Dayal Publisher, 1988).

Singh, Prakash. *The Naxalite Movement in India*. New Delhi: Rupa & Co, edição revisada 2006. (1. ed., 1995).

Sinha, Dheeraj. *Consumer India*: Inside the Indian Mind and Wallet. Singapore: John Wiley & Sons, 2011.

Thapar, Romila. *A History Of India*: Volume One. London: Penguin Books, 1966.

Tharoor, Shashi. *The Elephant, The Tiger & The Cellphone*. New Delhi: Penguin Books India, 2007.

Tillotson, Giles. *Taj Mahal*. London: Profile Books, 2008.

Tully, Mark. *Non Stop India*. New Delhi: Penguin Books India, 2011.

Tunzelmann, Alex Von. *Indian Summer*: The Secret History of the End of an Empire. London: Simon & Schuster, 2007.

Varma, Pavan K. *The Great Indian Middle Class*. New Delhi: Penguin Books India, 1998.

_____. *Becoming Indian:* The Unfinished Revolution of Culture and Identity. New Delhi: Penguin Books India, 2010.

Younger, Coralie. *Wicked Women of the Raj*: European Women who Broke Society's Rules and Married Indian Princes. New Delhi: HarperCollins Publishers India, 2003.

ICONOGRAFIA

Capítulo "O carma das castas"
 p. 21, 25, 28, 31, 35, 37: Florência Costa.

Capítulo "Caldeirão dos deuses"
 p. 53, 54, 57, 59, 61, 69, 71, 75: Florência Costa. p. 63, 77: Anindya Chattopadhyay.

Capítulo "Ressurreição do Kama Sutra"
 p. 87: Simone Casagrande. p. 102: Patricia Costa. p. 103 (superior): Anindya Chattopadhyay. p. 103 (inferior), 108: Florência Costa.

Capítulo "As filhas do Oriente"
 p. 116, 119, 125, 132, 138: Florência Costa. p. 137: Anindya Chattopadhyay.

Capítulo "Hipermercado espiritual"
 p. 142, 143, 144, 153, 157: Florência Costa. p. 148: Anindya Chattopadhyay. p. 161: Patricia Costa.

Capítulo "Mitologia versus História"
 p. 166, 172, 182: Florência Costa. p. 171: Anindya Chattopadhyay. p. 181: Fabian Streinger. p. 185: Patricia Costa.

Capítulo "E nasce uma nova Índia"
 p. 191, 197, 199, 202, 208, 229: Florência Costa. p. 207, 214, 218: Anindya Chattopadhyay. p. 220: Shobhan Saxena.

Capítulo "Curry cultural: cinema, literatura e esporte"
 p. 233, 244, 251 (inferior): Anindya Chattopadhyay. p. 251 (superior), 252, 257: Florência Costa. p. 240, 241: Divulgação.

Capítulo "Namastê, Índia: comida, vestuário e mais cotidiano"
 p. 269, 273, 275, 276, 281, 287, 290: Florência Costa. p. 279: Simone Casagrande.

Capítulo "A guerra fria de Buda"
 p. 294, 296, 297, 301, 307, 309: Florência Costa.

Capítulo "Índia rica e indianos pobres"
 p. 324, 331, 338, 339, 354: Anindya Chattopadhyay. p. 335, 345, 349: Florência Costa.

Capítulo "O enigma do elefante"
 p. 363 (1ª e 2ª fotos), 364, 366, 368, 369, 371 (inferior), 375, 378, 379: Florência Costa. p. 363 (3ª, 4ª, 5ª fotos), 371 (superior): Anindya Chattopadhyay.

A AUTORA

Florência Costa trabalhou nos jornais *A Tribuna da Imprensa* e *Jornal do Brasil* até 1991, quando foi para Moscou, onde cobriu o fim da então URSS como correspondente da revista *IstoÉ*, do *Jornal do Brasil* e do Serviço Brasileiro da *Rádio BBC*, de Londres. Em 1995 voltou para o Brasil e trabalhou nas sucursais do *Jornal do Brasil* e de *O Globo* em São Paulo, além da revista *IstoÉ*. Em junho de 2006 desembarcou na Índia como primeira correspondente brasileira no país, a serviço do jornal *O Globo*. Viveu em Mumbai por um ano e meio e depois se mudou para a capital, Nova Délhi, onde morou até outubro de 2012.

CADASTRE-SE

EM NOSSO SITE,
FIQUE POR DENTRO DAS NOVIDADES
E APROVEITE OS MELHORES DESCONTOS

LIVROS NAS ÁREAS DE:

História | Língua Portuguesa
Educação | Geografia | Comunicação
Relações Internacionais | Ciências Sociais
Formação de professor | Interesse geral

ou
editoracontexto.com.br/newscontexto

Siga a Contexto
nas Redes Sociais:
@editoracontexto

GRÁFICA PAYM
Tel. [11] 4392-3344
paym@graficapaym.com.br